U0483830

中国军事专家文库

毛泽东
和中国革命战争

毛泽东军事思想史论

黄迎旭 著

北京出版集团
北京人民出版社

图书在版编目（CIP）数据

毛泽东和中国革命战争：毛泽东军事思想史论／黄迎旭著. — 北京：北京人民出版社，2025.4（2025.8重印）
（中国军事专家文库）
ISBN 978-7-5300-0607-8

Ⅰ．①毛… Ⅱ．①黄… Ⅲ．①毛泽东军事思想—研究 Ⅳ．①A841.65

中国国家版本馆CIP数据核字（2024）第030849号

中国军事专家文库
毛泽东和中国革命战争
毛泽东军事思想史论
MAO ZEDONG HE ZHONGGUO GEMING ZHANZHENG
黄迎旭　著

*

北京出版集团
北京人民出版社　出版
（北京北三环中路6号）
邮政编码：100120

网　　址：www.bph.com.cn
北京出版集团总发行
新华书店经销
北京华联印刷有限公司印刷

*

787毫米×1092毫米　16开本　24.25印张　342千字
2025年4月第1版　2025年8月第2次印刷
ISBN 978-7-5300-0607-8
定价：99.00元
如有印装质量问题，由本社负责调换
质量监督电话：010-58572393
编辑部电话：010-58572414；发行部电话：010-58572371

"中国军事专家文库"编委会

主　　任：彭光谦

副 主 任：黄迎旭　樊高月　包国俊

委　　员：（按姓氏笔画排序）

　　　　　王幸生　刘庭华　齐德学

　　　　　李际均　李炳彦　吴如嵩

　　　　　陈　舟　邵维正　武　军

　　　　　胡光正　姚有志　袁德金

　　　　　徐　焰　黄朴民

总　序

在2021年举国隆重庆祝中国共产党百年华诞后，2027年将迎来中国人民解放军建军的百年华诞。百年征程，华章异彩。以毛泽东同志为代表的中国共产党人坚持把马克思主义的普遍真理与中国革命战争的具体实践相结合，创立了毛泽东军事思想的科学理论体系，指导我军从无到有，从小到大，从弱到强，从胜利走向胜利。我军也由此具备了高度的理论自觉，形成了重视总结经验、重视理论创造的优良传统，军事理论建设取得了极其丰硕的成果。习近平主席强调指出，科学的军事理论就是战斗力，一支强大的军队必须有科学理论作指导，要紧紧扭住战争和作战问题推进军事理论创新，构建具有我军特色、符合现代战争规律的先进作战理论体系，不断开辟当代中国马克思主义军事理论发展的新境界，从而为推进军事理论创新指明了方向。

值此建军百年之际，我们在北京出版集团北京人民出版社支持下，策划出版"中国军事专家文库"（简称"文库"），旨在总结和展现新中国成立特别是改革开放以来我国军事科学研究取得的丰硕成果，为新时代国防和军队建设尽一份绵薄之力。我们相信，"文库"的出版发行，不仅可以为我军官兵加强理论学习、提高理论素养和开发思维能力发挥积极作用，而且可以为关心中国国防和军队建设的人们提供一个了解中国军事理论建设发展的重要窗口。

为了确保"文库"发挥应有的价值和效益，我们在编辑过程中主要遵循以下几条原则。

第一，突出完整性，尽可能覆盖中国军事科学的各个学科方向，包括军事思想、军事战略、战役战术、作战指挥、军事制度、军队建设、军队政治工作、军事历史、军事经济、外国军事等，其中有专著也有论文集，能比较系统地反映中国军事科学发展的情况。

第二，突出学术性，重点关注基础理论研究，着重反映中国军事科学基础理论建设的情况，同时保持对现实的观照，体现军事理论对军事实践的先导作用。

第三，突出权威性，所收著作的作者均为中国军事科研领域中有深厚学术造诣的专家，是各学科方向的领军人物，在军内外享有盛誉，他们的科研成果为推进中国军事科学发展发挥了积极作用。

第四，突出全面性，力求反映中国军事科学发展全貌，所收入著作创作的年代跨度要尽可能大，能够反映中国军事科学发展的大体脉络。

第五，突出实用性，面对的读者群主要是党、政、军高层领导和机关人员，军事科研机构人员和军事院校研究生及地方高校的国防教育人员，以及众多的军事爱好者等。

"文库"是一个长线产品，前期规划出版40本，约1200万字。其中，第一辑出版10本，作者主要是曾在中国人民解放军军事科学院从事过军事理论研究工作的专家。军事科学院是叶剑英元帅建议创办的我国专门从事军事科学研究的机构，是军事科研信息的"集散地"。军事科学院各个时期专家的科研成果反映了那个时期的军队作战和建设理论需求的前沿性问题，对军事理论研究发挥了引领作用。我军的各级院校、科研机构和领导机关也活跃着一批军事专家，他们是我军军事理论研究队伍的重要力量，其在各个时期的研究和创作丰富了我军军事理论的内涵，推动了我军军事理论的发展。在"文库"后续推出的著作中，我们将扩大作者范围，收纳军队各级院校、科研机构和领导机关的军事专家在各个时期的优秀理论成果。

"兵者，国之大事，死生之地，存亡之道，不可不察也。"军事理论研究探寻的是国家安危之道，关乎江山社稷，是世界范围内军事竞争的重要领域。唯有军事理论先进、军事理论素养高的军队，方能在残酷的军事竞争中占据主动，这已经被世界战争史，包括我军历史所充分证明。新时代，我军正在习近平强军思想的指引下开启新征程，为迎接世界新军事革命加速发展的挑战，向着全面建设世界一流军队的方向迈出坚定步伐。"实践发展永无止境，认识真理永无止境，理论创新永无止境。强军是具有很强开创性的事业，我们要不断适应新形势、应对新挑战、解决新问题，在实践上大胆探索，在理论上勇于突破，不断丰富和发展党在新时期的强军思想，让马克思主义军事理论在强军伟大实践中放射出更加灿烂的真理光芒。"

在此，我们特别要向中国人民解放军军事科学院原副院长任海泉中将表示由衷的感谢。他给予"文库"以极大支持和热情鼓励，不仅对"文库"编辑提出了很重要的指导性意见，而且亲自审阅了一部分书稿，非常负责任地撰写了修改意见，展现了军事科研战线领导干部的使命感和高尚情怀。

由于时间仓促，"文库"难免有挂一漏万之处，敬请各位读者批评指正。

"中国军事专家文库"编委会
2024年7月

黄迎旭

军事科学院原战略研究部毛泽东军事思想研究所所长，少将军衔，研究员，博士生导师，长期从事军事思想研究，已出版《马克思恩格斯军事思想新论》《解开战争之谜的钥匙》《薪火照路走向未来》等专著，并主持出版《当代战争论》《毛泽东的国防之道》《马克思主义战争观和当代战争》等著作。

内容简介

在漫长而严酷的中国革命战争中，始终面临着三个基本问题：一是采取什么路径和方法积聚革命力量，造成革命高潮到来的必要条件；二是如何确保军队始终被置于党的绝对领导之下，忠实执行党赋予的政治任务；三是使用怎样的战略战术打败优势之敌，夺取战场胜利。能不能解决好这些问题，决定了中国革命战争的前途和命运。本书运用史论结合的方法，以破解这三个基本问题为主线，系统阐述了毛泽东如何把马克思主义普遍真理与中国革命战争实践相结合，在战胜强大敌人的残酷斗争中，也在严肃的党内路线之争中，在无人走过的地方为中国革命战争开辟出一条康庄大道，创立了以人民战争思想、人民军队思想、人民战争战略战术思想为要义的毛泽东军事思想的历史进程。深入学习和研究毛泽东军事思想，要做到不仅知其然而且知其所以然，掌握贯彻于其中的科学世界观方法论，读一读这部著作将大有裨益。

序 在无路的地方走出一条路

这本书的主旨是用史论结合的方法回答这样一个问题：毛泽东军事思想是如何在解决中国革命战争实践的问题中形成和发展的，现代军人可以从中学习到些什么？

鲁迅曾说过，世上本无路，走的人多了，就有了路。如果推演一下，还可以得出一个道理：在无路的地方走出路来，往往要有第一个行者，然后才有了第二个、第三个、第四个，乃至无穷无尽的行者。跟进的行者多了，无路才变成了有路，羊肠小路才变成了康庄大道。这第一个行者，敢率先走向无路之处，为后来人开辟出一条路来，既是勇者，也是智者。中国革命战争是在无路的地方走出了一条路，独辟蹊径，前无来者，旁无伴者，茫茫四野，全靠自己摸索。回想当初，中国共产党人刚刚踏上这条路时，对于如何走通这条路有各种主张，毛泽东的主张只是诸多主张中的一种，并且还被认为是离经叛道，以致他屡遭排斥，不受待见，几次坐冷板凳。按照他自己的话说，"得过三次大的处分，被'开除党籍'，撤掉过军职，不让我指挥军队，不让我参加党的领导工作。我就在一个房子里，两三年一个鬼也不上门"[①]。然而，在党和红军最危急的时刻，毛泽东被拥戴为统帅，其权威得到了全党全军的承认。周恩来回顾这段历史时说："毛主席取得领导地位，是水到渠成。事实证明，在千军万马中毛主席的领导是正

[①]《建国以来毛泽东军事文稿》下卷，113页，军事科学出版社、中央文献出版社2010年版。

确的。"①经过胜利与失败的反复比较，付出惨痛代价后，大家终于认识到，唯有毛泽东所开辟的路，才是走得通的路。

中国共产党进行武装斗争，从根本上说，必须解决好三个问题：一是采取什么路径和方法积聚革命力量，扭转敌我力量对比，造成革命高潮到来的必要条件；二是如何确保军队始终被置于党的绝对领导之下，忠实执行党赋予的政治任务，避免重蹈国民党军队由革命军队蜕变为新军阀工具的覆辙，并使这支军队不断增强战斗力，有效履行党赋予的政治任务；三是使用什么样的战略战术来打败装备优势之敌，夺取战场上的胜利。能不能解决好这些带根本性的问题，关系到中国革命的成败。从土地革命战争到解放战争，这些问题贯彻始终，只是依据历史条件变化不断变换新的形式和内涵。毛泽东依据变换的情况，不断对这些问题作出新的回答，形成了独具特色的人民战争思想、人民军队思想和人民战争战略战术思想，从理论和实践的结合上回答了什么是中国革命战争的正确之路这个问题，带领全党全军在没有路的地方走出一条路来，走出了一片广阔天地。更重要的是，毛泽东教会了全党全军认识和指导中国革命战争所应遵循的基本立场、观点和方法，大大提高了我党我军开创局面、打通道路的能力，特别是大大提高了纠正错误、克服自我的能力，从而获得了无限生机和活力。

毛泽东具有其他军事家所不具有的特质：第一，他是具有坚定共产主义信仰的革命家；第二，他是具有深厚马克思主义哲学功力的理论家；第三，他是深谙国情又了解世界的政治家；第四，他是拥有丰富的中国革命战争实际经验的军事家；第五，他是植根中国老百姓之中的人民领袖。这一集革命家、理论家、政治家、军事家和人民领袖于一身的特质，使得毛泽东认识和指导中国革命战争的基本立场、观点和方法独具特色，独树

---

① 《周恩来军事文选》第4卷，562页，人民出版社1997年版。

一帜。

（一）着眼于特点，着眼于发展

指导战争遇到的第一个问题，就是要认识战争规律，尤其要认识所从事战争的规律。这个在今天已经不是问题的问题，在中国共产党独立领导中国革命并开展武装斗争之初却缺乏自觉。当时党内大多数人都认为俄国十月革命和北伐战争是武装夺取政权的现成模式，只要"按方吃药"，中国革命就能成功，于是发动了一次次中心城市暴动，走先城市后农村的武装夺取政权道路，结果都以失败告终，付出了一次又一次血的代价。毛泽东最早觉悟到这条道路走不通，因为中国不同于俄国，中国共产党独立领导革命所处的条件也不同于国共合作，只能先在敌人统治薄弱的农村地区实行土地革命与武装斗争相结合，逐步积聚力量，走农村包围城市、最后夺取城市的道路。与此相适应，中国共产党领导的革命战争有着自己的独特规律，要取得胜利，必须认识这些规律，并学会运用这些规律。毛泽东还体察到，要使全党全军对这个问题取得共识，必须在思想路线上解决问题，打破对俄国革命经验和北伐战争经验的教条主义态度，采取马克思主义普遍真理与中国革命战争实际相结合的科学态度，一切从实际出发。早在红四军党内围绕着建军、作战等一系列问题发生激烈争论时，毛泽东就意识到教条主义（当时称之为"主观主义""本本主义"）是导致分歧的深层次原因，也是妨碍依照实际情况制定政略战略的严重障碍。古田会议结束后，毛泽东利用作战间隙到寻乌进行社会调查，撰写了《调查工作》[①]一文，其中说道："马克思主义的'本本'是要学习的，但是必须同我国的实际情况相结合。我们需要'本本'，但是一定要纠正脱离实际情况的本本主义。"[②]毛泽东在这篇文章中还提出了一个重要思想：中国革命斗争的胜利要靠中

[①] 这篇文章1964年编入《毛泽东著作选读》（甲种本）时，毛泽东将题目改为《反对本本主义》。
[②]《毛泽东选集》第1卷，111—112页，人民出版社1991年版。

国同志了解中国情况。这是关于把马克思主义普遍真理与中国革命实际相结合的最初表述，指明了中国共产党人独立自主地探索中国革命道路应当持有的科学态度。可以说，中国共产党历史上几次"左"的、右的错误，思想根源都是在这个问题上发生偏差，唯书本是瞻，唯俄国经验是瞻，唯共产国际指示是瞻，用一个个框子把头脑框了起来，不会进行创造性思维。毛泽东最早认识到要走出一条新的革命道路，必须打破束缚头脑的框子，自觉把马克思主义作为认识中国革命特殊规律的方法论工具，形象地说，马克思主义是"望远镜"和"显微镜"，而不是必须拘泥的教条，更不是中国革命的现成答案或方案，路线方针政策是否正确，不是看是否符合"本本"，而是要看是否符合实际，是否经得起实践检验。这可是大智慧，这个问题通了，就一通百通了。遵义会议以后，全党全军选择了毛泽东，实际上就是选择了这条思想路线，以及贯彻了这样一条思想路线的政治路线和军事路线，从而走上了一条通向胜利的道路。

（二）坚持政治总揽

毛泽东首先是中国革命的政治家，打仗是为实现党的政治任务，而不是单纯为了打仗而打仗。关于这一点，毛泽东在1929年中共红四军第九次代表大会决议案（《古田会议决议》）中就说得很明白了。毛泽东在延安读到克劳塞维茨的《战争论》后，对"战争是政治的继续"这一论断深以为然，并且作了进一步发挥："战争就是政治，战争本身就是政治性质的行动，从古以来没有不带政治性的战争。"[①]毛泽东对战争的政治性质有高度的自觉，运筹战争从来都把政治运筹摆在首要位置，先着力解决政治目的、政治纲领、政治原则、政治策略等一系列政治问题，并且把这种政治运筹贯彻于战争始终，使之与军事运筹融为一体。毛泽东指导战争高人一

[①]《毛泽东军事文集》第2卷，307页，军事科学出版社、中央文献出版社1993年版。

筹，从根本上说，是政治上高人一筹，看得更深更远，常能见人之所未见、想人之所未想。就拿抗日战争的战争指导来说，在中日民族矛盾上升为中国社会主要矛盾，国共合作共同抗日、全民族抗战局面形成之时，毛泽东清醒地指出民族矛盾上升为主要矛盾，国内阶级矛盾退居次要地位，但并没有消除，共产党要把抗日战争进行到底，实现彻底驱逐日寇、建立自由平等新中国的政治目的，必须处理好民族矛盾与阶级矛盾的关系，在集中全力抗击日寇的同时，须对阶级矛盾这条辅线始终保持足够警惕，要有能力应付大地主大资产阶级可能的背叛，这就要求坚持独立自主的政治路线。与此相适应，中国共产党所执行的军事路线，须是独立自主的山地游击战，这既是由中共军力与日本军力对比悬殊所决定的，也是由中共在抗日民族统一战线中保持独立自主的政治路线所决定的。从这个意义上说，这条军事路线也是政治路线。贯彻这条政治路线和军事路线，中共及其领导下的军队发挥了抗日战争的中流砥柱作用，得到了人民拥护，实现了发展壮大，站到了中国政治舞台的中央，成为可以左右中国政治局面的强大力量。毛泽东在20世纪60年代向外宾介绍中国革命战争经验时说："重要的是政治、根据地、人民群众、党和统战工作，只有会做政治工作的人才会打仗，不懂政治的人就不会打仗。"[1]研究和学习毛泽东的战争指导艺术，首先要研究和学习他的政治思想及政治策略思想，否则只能得其皮毛。

（三）要先搞战略

1965年1月，毛泽东在听取"三五"计划汇报时对在座的领导人说："搞军事工作要先搞战略。我从来不研究兵器、战术、筑城、地形四大教程之类的东西。那些让他们去搞。四大教程我根本不管，我也不懂。我只研究战略、战役。"[2]毛泽东如此重视战略问题，是因为他对全局的理解和

---

[1]《建国以来毛泽东军事文稿》下卷，224页，军事科学出版社、中央文献出版社2010年版。
[2]《建国以来毛泽东军事文稿》下卷，291页，军事科学出版社、中央文献出版社2010年版。

把握。他认为，战争胜负，取决于对全局关照得好不好，如果对全局的关照有重大失误，那是一定要失败的。因此，指挥全局的人必须把自己的注意力集中到关照全局的战略问题上面，避免在战略问题上发生重大失误。毛泽东如此重视战略问题，又是因为他对中国革命战争特点的深刻理解和把握。毛泽东体会到这场力量对比悬殊的战争不但持久，而且不是径情直遂的，须迂回曲折，波浪式前进。具体到作战，往往是进攻之后就要转入防御，而防御又往往始于退却，然后在适当地点和时机再转入反攻和进攻。这就要求军队指挥员要有很强的通观全局能力，善于从全局来观照每一个战斗战役，善于把眼下利益与将来利益联系起来通盘考虑，而不是抓着一时一地的利益不放。毛泽东总结中国革命战争几次遭受重大挫折的教训，认为都是在战略上失着，而能够走出困境，也都是在战略上重回正确轨道。哪些是战略问题？毛泽东认为，所谓战略问题，就是影响和决定全局的枢纽性问题，诸如敌我诸特点之间的关系问题、军事战略方针问题、主要战略方向问题、基本战略战术原则问题、作战形式问题、战争各阶段的联系和转换问题、两个战役之间的联系问题、初战部署问题、兵力组成和配置问题、各个部队之间的联系问题、具有决定性意义的战斗部署问题等。只有正确解决了这样一些战略问题，才有取胜的把握，否则难免遭受挫折乃至失败。就拿中央苏区的五次反"围剿"来说，第一、二、三、四次反"围剿"制定和实施了以诱敌深入为要旨的积极防御军事战略，在敌人总体占优势的情况下取得了胜利，而第五次反"围剿"抛弃了诱敌深入，执行"御敌于国门之外"的军事战略，分兵把守，节节抵抗，两个拳头打人，与强敌拼消耗，最终不得不放弃根据地，来一个"大搬家"。毛泽东总结其中教训，认为"左"倾教条主义者不懂得对于弱小的红军来说，面对强敌，首先而且严重的问题是如何保存力量，待机破敌，所以战略防御成为红军作战中最复杂和最重要的问题，而正确的防御只能是积极防御，不能是消极防御。这就是带有根本性的战略问题，这个问题搞错了，就只有失败一途可走。毛泽东拥有非凡战略眼光，善于从战略高度解决问题，具有驾驭和统筹全局的非凡能力，实践结果往往证明他的战略判断和决断是正确的，这是他之所以得到全党全军拥戴的重要原因。

（四）战法不拘一格

打仗有定法，又无定法，所有作战原则都须视情况而定。毛泽东把他所创造的一套战法概括为"你打你的，我打我的"这八个字。这八个字的内核，就是自主作战，即按照适合自己并且为自己所熟悉的套路打，而不是按照敌人给你设下的套路打，使自己立于主动，让他打我时扑个空，而我打他时则让他跑不掉，能歼灭其全部或大部，即"打得赢就打，打不赢就走"。这里贯彻的核心指导原则，即"保存自己，消灭敌人"。在军事史上，论述"保存自己，消灭敌人"这一原则的大有人在，但把这一原则强调到战争目的、战争本质的高度，毛泽东是第一人。毛泽东之所以如此强调这个原则，是基于他对中国革命战争规律的深刻认识。中国革命战争最基本最显著的特点，是敌我力量对比悬殊，是弱军对强军作战。因此，中国革命战争必须处理好保存自己和消灭敌人的关系，力争每战既能有效地保存自己，又能有效地消灭敌人，积小胜为大胜，逐步扭转敌我力量对比，创造出我之总体优势，最终战胜敌人。这就要求实行高度机动灵活的作战，而要想做到机动灵活，最重要的是要讲辩证法。中国革命战争屡屡受挫，从军事上讲是因为一些指挥者不懂辩证法，要么一味进攻而不承认防御，要么单纯防御而不承认进攻，拼消耗，拼时间，打堂堂之阵，做乞丐与龙王斗宝的事情。毛泽东与他们不同，承认战略防御，同时又承认战役战斗的进攻；承认战略的消耗，同时又承认战役战斗的歼灭；承认战略的内线，同时又承认战役战斗的外线，于是创造出了以积极防御为要旨的运动战、歼灭战、速决战等战法，灵活运用于实战，以攻为守，以退为进，以迂为直，不拘一格，变化无常，既有效地保存和发展了自己，又让强敌屡屡丧师。毛泽东战争指导的机动灵活，还突出地表现为知道转变。他在中共七大上曾说："马克思主义者走路，走到哪个地方走不通就要转弯，因为那个地方走不过去。"① 战争指导者必须审时度势，情况变了，指挥也要随之转变，而不能墨守成规，不知变通。毛泽东在秋收起义失败后，率领起义部队从城市转移到乡村，走出了一条农村包围城市的道路。抗日战争烽火燃起，他根据战争情况变化及时转变军事战略，由运动战转变为游击战。解放战争时期，他又及时组建大规模兵团，作战形式转变为运动战。这些战略性转变，都是灵活机动的大手笔，赢得了战略主动。而转变的前提在于预见，"凡事预则立，不预则废"。毛泽东说："没有预见就没有领导。"什么是预见？毛泽东解释说："所谓预见，不是指某种东西已经大量地普遍地在世界上出现了，在眼前出现了，这时才预见；而常常是要求看得更远，就是说在地平线上刚冒出来一点的时候，刚露出一点头的时候，还是小量的不普遍的时候，就能看见，就能看到它的将来的普遍意义。"② 毛泽东在战略上高人一筹，很大程度上在于他的先见之明。如1942年太平洋战争爆发后，毛泽东即着手准备抗战胜利后进军东北，为此部署经略山东，把山东作为未来战略转移的枢纽来建设，做好未来进入东北的战略预置，以增强应付战后国民党变脸的实力基础。而蒋介石对战后安排全无准备，直到日本投降才开始从西南调兵进占东北，比中共军队进入东北整整晚了3个月，完全丧失了先机。毛泽东与蒋介石的高下由此可见。毛泽东善于抓苗头，见微知著，并据此进行战略预置，适时实现战略转变，机动灵活地运用各种作战形式和作战方法，做到了"运用之妙，存乎一心"，常常能够在劣势中创造优势，在被动中争取主动，终将强敌操控在股掌之间。

---

① 《毛泽东文集》第3卷，332页，人民出版社1996年版。
② 《毛泽东文集》第3卷，394—395页，人民出版社1996年版。

（五）依靠人民

中国革命的主观力量曾经非常弱小，所面对的国内外敌人却异乎强大，首先的问题是自己的力量从何而来。毛泽东始终认为赢得中国革命战争，只能把基点放在自己的力量之上，而不能寄托于他人。自己的力量在哪里？在民众之中。毛泽东说："战争的伟力之最深厚的根源，存在于民众之中。"[1]毛泽东相信民众的力量，认为只有得到民众支持的战争，才能取得最终的胜利；而人民反对和抵制的战争，最终难逃失败的下场。进行反压迫、反侵略的革命战争，必须把动员和组织民众作为首要任务。只要把民众动员和组织起来，造成人民战争的汪洋大海，就可以打败任何强敌。为此要进行广泛深入的政治动员，要使全体军民都明白为什么打仗，打仗和他们有什么关系，把战争目的告诉全体军民，并且要把达到目的的步骤和政策告诉他们，使他们把革命战争真正看成是自己的事情，自觉自愿地参与其中，贡献出自己的力量。因此，进行革命战争最重要的事情，就是进行政治动员。同时，要满足民众的经济、政治要求，使他们在经济上得到改善，政治上获得权利，能够真切地感受到革命战争给他们带来的实际利益。在此基础上，把民众组织起来、武装起来，使他们能够拿起枪杆子参加战斗。毛泽东从井冈山起，就把组织民众、武装民众作为红军的主要任务之一，建立起各种形式的民众武装。经过土地革命战争、抗日战争、解放战争，中国革命战争创造出了野战军、地方武装、民兵三结合的人民战争武装力量体制，解决了革命战争的力量基础问题。而要把民众动员起来、组织起来、武装起来，广泛地开展人民战争，根本的前提条件是要有一个能够代表人民利益，密切联系群众，得到人民衷心拥护的政治领导核心。同时，还要有一支紧紧与人民站在一起、奉行为人民服务宗旨、被人

---

[1]《毛泽东军事文集》第2卷，340页，军事科学出版社、中央文献出版社1993年版。

民视为自己军队的人民军队。毛泽东曾说，敌人熟知我们的军事原则，但他们却对付不了，根本原因就是我们实行的是人民战争，得到了人民的拥护。因此，我们不仅可以获得无穷无尽的人力和物力资源，而且可以获得优越的战场条件，从而抵消敌军武器装备优势，甚至置敌军优势武器装备于无用。毛泽东曾说："我们的经验是：依靠人民，再加上一个比较正确的领导，就可以用我们劣势装备战胜优势装备的敌人。"[1]这是中国革命战争取得胜利的基本经验，也是毛泽东敢于迎战任何强敌的信心之源。

（六）正确发挥主观能动性

在遵义会议上，当时的中央负责人把第五次反"围剿"作战失败归结为敌我力量对比悬殊，敌人过于强大，毛泽东完全不同意这个说法。他认为，战争胜负不仅取决于双方力量对比，还取决于主观努力，尤其取决于主观指导。第五次反"围剿"失败，不是败在自己力量弱上，而是败在战争的主观指导根本错了。在《中国革命战争的战略问题》中，毛泽东有针对性地阐述了战争中的主观能动性问题。抗日战争中，亡国论者也以日本军力、国力占据优势而鼓吹抵抗必败的论调，毛泽东在《论持久战》中再次阐述了战争中的人的主观能动性问题。这个问题对于中国革命战争来说，的确太重要了，怎么看待和处理这个问题关系到革命战争成败。毛泽东认为，战争双方的优劣之势，只是双方主动和被动的客观基础，还不是主动和被动的现实，更不是胜负的现实；要分出胜负，还看双方互争主动的竞赛。就是说，主被动与优劣势是分不开的，也与主观指导的高下是分不开的。因为，战争初期和中期，优势之军不是一切皆优势，而劣势之军也不是一切皆劣势，双方互有优劣，从而双方的优劣之势是相对的，这就给双方主观能动性的发挥留下了巨大空间。在战争中，主观指导的正确或错误，

---

[1]《建国以来毛泽东军事文稿》中卷，174—175页，军事科学出版社、中央文献出版社2010年版。

或化劣势为优势，化被动为主动；或化优势为劣势，化主动为被动。从这个意义上说，战争胜负的决定性因素，是人而不是物。毛泽东的战争实践证明了这个道理。在井冈山和赣南闽西根据地的反"进剿"、反"会剿"、反"围剿"作战中，毛泽东都是以弱小兵力应对数倍于己且武器装备占优势的敌军。他实施正确的主观指导，屡屡创造出局部优势，使敌军在局部陷于劣势，从而屡屡战而胜之。解放战争之初，国民党军队占有明显优势，陆、海、空军齐全，装备大量美式武器，还有美国在后面撑腰，而中共军队仅是单一步兵，武器装备绝大部分是缴获来的，以轻武器为主，只有少量缴获的火炮等重武器，而且没有任何国际援助。蒋介石信心满满，准备用3个月到半年时间打赢这场战争，但结果却是共产党军队打赢了。其中的重要原因是，蒋介石的战争指导能力低下，远逊于毛泽东。蒋介石以攻城略地为主要目标，挤压解放区空间，逼迫解放军在预设地域与之决战。毛泽东反其道而行之，以歼敌有生力量为主要目标，不在乎一城一地之得失，在大踏步进退中寻找和创造歼敌战机。蒋介石把每占领一个地方都视为向胜利迈进了一步，都要大肆庆祝或吹嘘一番，而不知道在未能有效大量歼敌有生力量的情况下，每占一个地方就给自己背上一个包袱，不仅拉长了战线，而且被迫把大量机动部队转为守备部队，从而将歼灭自己有生力量的良机不断送给对手，打来打去，不但退出了解放区，而且国统区也待不住，逃到一个岛子上去了。这场战争精彩诠释了人的主观努力，特别是主观指导对于赢得战争的意义。

研究和学习前人的理论，意在进行思维训练。毛泽东曾说："从战争学习战争——这是我们的主要方法。"[1] 他没有进过军事学堂，他认识战争和指导战争的基本立场、观点和方法，是在中国革命战争实践中锻炼出来

---

[1]《毛泽东军事文集》第1卷，701页，军事科学出版社、中央文献出版社1993年版。

的，是在解决中国革命战争遇到的一个个现实问题的过程中形成的。因此，毛泽东认识和指导战争的基本立场、观点和方法，既体现在他的军事理论著作中，也体现在现实战场的搏杀中。也正因为如此，研究和学习毛泽东的战争指导艺术，不仅要研读他的军事理论著作，而且要研读中国革命战争史，特别是要研读毛泽东的战争实践史，熟知他所导演的一幕幕战争活剧，即在史论结合上下功夫，这样才能了解和掌握贯彻于毛泽东战争指导艺术的真谛——立场、观点和方法，有效地进行思维训练。其实，史论结合是军事理论研究的重要方法，也是进行军事思维训练的重要方法。研究军事理论，进行军事思维训练，脑子里必须有战争史，必须有系统的战例，最忌讳的就是头脑里只有一大堆抽象的原则，而不知道这些原则是怎么得出来的，有什么样的实践根据和历史依据。克劳塞维茨对《战争论》研究方法作过这样的说明："本书的科学性就在于要探讨战争现象的实质，指出它们同构成它们的那些事物之间的联系。作者在本书中没有回避哲学的结论，但是当它们不足以说明问题时，作者就宁愿放弃它们，而采用经验中恰当的现象来说明问题。这正像某些植物一样，只有当它们的枝干长得不太高时，才能结出果实。因此在实际生活的园地里，也不能让理论的枝叶和花朵长得太高，而要使它们接近经验，即接近它们固有的土壤。"[①]这里所说的"土壤"就是战争史和战例。克劳塞维茨在写作过程中研究了130多个战例，还整理了亲身经历的德法战争中的奥尔施塔特会战、俄国反拿破仑战争中的斯摩棱斯克争夺战和波罗季诺会战等实战经验，并将这些战例和实战经验写进了著作，作为其理论的客观依据。这种运用战例和战争史来构建军事理论的方法，在军事理论研究领域是一个普遍现象，这反映了军事理论研究所须遵循的一个重要规律，即重视运用理论思维从已经发

[①] 克劳塞维茨：《战争论》第1卷，15页，解放军出版社1964年版。

生的战争中得出结论，并由此推演出带有普遍性的规律性认识，用以指导未来的战争行动。如此循环往复，军事理论不断向前发展。毛泽东深谙其道。红军长征到陕北后，毛泽东在日理万机之时着重抓了一件事，就是举办红军大学，把一部分军、师级指挥员，包括少部分团级指挥员调集到大学第一科学习，课程有社会进化史、世界政治经济地理、资本主义到帝国主义、联共党史和列宁主义、中国革命基本问题、中国革命战争战略问题、政治经济学、哲学、党的建设、战役问题和兵团战术等。毛泽东亲自讲授中国革命战争战略问题。从保留下来的授课提纲看，毛泽东的讲授内容既有十年土地革命战争特别是第一至第五次反"围剿"的一个个战例，又有运用马克思主义世界观方法论从实战抽象出来的理论结论，是有史有论，史论结合。后来毛泽东以授课内容为基础，撰写了《中国革命战争的战略问题》。这是一部史论结合的军事理论著作，不仅较为详细地记述了第一至第五次反"围剿"作战经过，而且合乎逻辑地从中提炼出了红军实施积极防御所应遵循的战略战术原则，把他认识和指导战争的基本立场、观点和方法融会贯通于其中，从而使红军指挥员不仅可以得到关于中国革命战争的军事理论知识，更可以学习到思维方法，进行思维训练。这种史论结合的方法，应当是我们今天研究和学习毛泽东战争指导艺术，特别是学习毛泽东认识和指导战争的基本立场、观点和方法，进行军事思维训练所应遵循的重要方法。

目　录

从大革命失败得到的最惨痛教训 1

- 一、一个决定中国革命前途和命运的历史性课题 1
- 二、三湾改编破题 6
- 三、"八月失败"初步暴露问题 14
- 四、红四军"七大"前后的一场大争论 20
- 五、中央"九月来信"为结束争论指明方向 31
- 六、《古田会议决议》：保持军队党的先进性质 36

认识土地革命战争规律的曲折之路 50

- 一、独辟蹊径 50
- 二、对红军战略战术的初步探索 59
- 三、克服李立三路线的影响 85
- 四、全部红军作战原则形成 95
- 五、行之有效的红军作战原则一度被否定 107
- 六、红军作战原则的理论总结 114

为抗日持久战制定政略和战略 120

- 一、抗日战争的政治路线和政治策略 120
- 二、抗日战争的军事战略方针 135

三、中共军事力量的战略展开 ……………………………………… 151

　　四、全面抗战10个月总结和六届六中全会报告 ………………… 156

　　五、增强全党在军权问题上的马克思主义理论自觉 …………… 171

　　六、反摩擦斗争的政治军事策略 ………………………………… 179

　　七、抗日战争的国际战略思想 …………………………………… 193

　　八、毛泽东军事思想成为党的军事理论旗帜 …………………… 214

应付抗战胜利后局势的总方针：争取和，准备战 …………………… 224

　　一、应付战后局面的战略预置 …………………………………… 224

　　二、战后形势预判 ………………………………………………… 237

　　三、立于不败之地 ………………………………………………… 247

　　四、求得有利于我之和平 ………………………………………… 261

夺取全国解放战争胜利的四部曲 ……………………………………… 274

　　一、内线防御：粉碎蒋介石的进攻 ……………………………… 274

　　二、外线进攻：将战争引向国民党统治区 ……………………… 288

　　三、战略决战：三大战役一气呵成 ……………………………… 298

　　四、战略大追击：宜将剩勇追穷寇 ……………………………… 321

跋　中国革命战争的哲学——毛泽东军事辩证法 …………………… 348

后　记 …………………………………………………………………… 360

从大革命失败得到的最惨痛教训

一、一个决定中国革命前途和命运的历史性课题

蒋介石和汪精卫的屠杀政策，使中国共产党人从血泊中体会到了掌握军队的极端重要性。

但是，怎样建设一支能够执行党的政治任务并且不会像国民党军队那样最终沦为军阀工具的革命军队，使这支军队永远属于人民，是中共开展武装斗争必须回答和解决好的首要政治问题。

国民党军队是国民党在共产国际指导和帮助下，联手中共创建的革命军队，是中国近代历史上第一个由革命政党领导的军队，初衷是举行北伐革命，以国民革命政府取代北洋军阀政府，建立一个能够真正实行"三民主义"的共和国。这支军队不仅接受了苏联的武器装备和军事顾问指导，而且仿效苏联红军建立起了党领导军队的一整套制度。黄埔军官学校甫一建立即设立了领导政治工作的政治部，并任命一名党代表监督校内的各项工作。后来，在黄埔军校基础上创建的国民革命军，不仅把这个制度适用于由黄埔军校发展起来的第一军，而且适用于由地方军事势力改编而成的其他各军，在军、师两级成立政治部，并配备党代表。在建军过程中，国民党成立了国民政府军事委员会，下设国民革命军总司令部作为执行机构，同时设立直属军事委员会的总政治部，负责筹建和管理军队内部的国民党组织。国民党在军队内部的组织是设在团一级的党支部，团政治指导员办公室直接领导连队政治指导员，政治指导员负责宣传教育和党务工作。对

于中国军队来说，这是一套前无古人的全新制度，体现了国民党对军队的领导权。但是，在这套制度下，国民党党务人员和政治工作人员不掌握军事指挥权和领导权，军队的指挥权以及人权、事权和财权基本由军事将领个人说了算，国民党对军队的领导权被架空，因而并不能有效限制和约束军事将领的权力，使他们很容易在军队中营造起封建性的人身依附网[1]，形成军事将领的个人势力，因而也就不能有效地遏制诸如蒋介石这样的军事将领向新军阀演化，把一支革命军队演变为他们谋取私利的工具，最终反过来把国民党"绑架"了。

中共作为国民党的合作者，派了大批党员到国民革命军和国民军（冯玉祥的军队）去做政治工作，职责是帮助国民党巩固部队和促进军队的"革命化"，而不谋求也不染指军队的领导权和指挥权。1926年2月召开的中共中央特别会议通过的《北方区政治军事工作问题》决议案强调，在国民军中开展政治工作，"须采用以下两个原则：A. 是帮助国民军不应使之从（重）新造成新的军阀系（统）。B. 帮助国民军，须经过国民党或国民党的左派领袖们，使国民党或国民党中之左派领袖，能多影响于国（民）军，渐近于能指导国民军。如此国民军才能左派化，才能接受革命的策略，才能有革命的行动"[2]。同年7月召开的中共中央扩大会议通过的《军事运动决议案》也强调："对于国民革命军和国民军，如果我们派人去做政治工作，便须取'少而好'的主义，如果有人去当军官，其责任必须是使这个军队愈渐团结和革命化，极力避免革命军队的过早分化。"[3]中共在军队中"自觉"地把自己摆在了辅助位置上。叶挺领导的独立团是共产党直接掌握的部队，该团大部分连以上干部是共产党员，班、排长中也有不少是由共产

---

[1] 李宗仁回忆：北伐进军到长沙，其间蒋介石要与他"桃园三结义"，要求互换"兰谱"，结拜为异姓兄弟，以拉拢私人关系。（《李宗仁回忆录》上，237—238页，广西师范大学出版社2005年版）
[2]《中共中央文件选集》第2册，62页，中共中央党校出版社1989年版。
[3]《中共中央文件选集》第2册，228页，中共中央党校出版社1989年版。

党员担任；团一级建立了共产党支部，任命军官由共产党说了算。但这仅仅是一个团的力量，不足以影响整个国民革命军，甚至也不能影响独立团所在的第四军。根据1925年10月中共中央扩大执行委员会通过的《组织问题决议案》成立的"中央之下"的"军事运动委员会"（后改称"军事部"），也只是中共在国民革命军和国民军中开展政治工作的指导机关和联络协调机关，而不是军事统率机关，不掌握军权，仅负责指导共产党员在国民革命军和国民军中开展政治工作。这就使得中共在国民党军队中开展的政治工作并不能阻止这支军队走上军阀主义道路。毛泽东在八七会议（中共中央紧急会议）上批评陈独秀的中央说："从前我们骂中山专做军事运动，我们恰恰相反，不做军事运动专做民众运动。蒋唐都是拿枪杆起的，我们独不管。"[1]这是切中要害的批评，道出了大革命失败的主要教训，同时也道出了掌握军权的极端重要性，点明了中共在军权问题上不能再有任何的糊涂和幼稚。[2]

总结大革命失败的教训，中共必须创建自己领导的军队，并且必须保证党领导下的这支军队，永远是一支属于人民的军队，在党的领导下为人民利益而战，而不再沦为军阀的私人工具。这是一个历史性课题，能否解决好，不仅关系到这支军队的前途和命运，更关系到中国革命的前途和命运。

中共创建一支听命于党的军队，首先碰到的是军队成分问题。

中共武装反抗国民党的屠杀政策，虽然中央领导机构仍驻在上海这样的大城市，但工作中心实际上转移到了农村，以土地革命为中心任务，以

---

[1]《毛泽东军事文集》第1卷，2页，军事科学出版社、中央文献出版社1993年版。
[2] 毛泽东在1927年8月18日改组后的中共湖南省委第一次会议上说：暴动的发动是要夺取政权，要夺取政权，没有兵力的拥卫去夺取，这是自欺的话。我们党从前的错误，就是忽略了军事，现在应以百分之六十的精力注意军事运动，实行枪杆子夺取政权，建设政权。（《毛泽东军事文集》第1卷，7页，军事科学出版社、中央文献出版社1993年版）可见，毛泽东从革命失败中得到的最深刻教训，就是夺取和建设政权不能没有军队。

农民为主力军,进行的是土地革命战争,党所领导的军队由此也以农民为主要成分。中国农民是一个复杂集合体。毛泽东在《中国社会各阶级分析》中把农民分别归入小资产阶级(自耕农)、半无产阶级(半自耕农、贫农)、无产阶级(雇农)、游民无产者(失去土地的农民),指出他们在中国半殖民地进程中大部分破产,因而具有革命性,是中国无产阶级的主要同盟军。后来,毛泽东在《湖南农民运动考察报告》中把农民分为富农、中农、贫农三种,贫农又分为赤贫(农村游民无产者)、次贫(佃农、半自耕农等)两类,认为贫农具有极强烈的革命积极性,"没有贫农(照绅士的话说,没有'痞子'),决不能造成现时乡村的革命状态,决不能打倒土豪劣绅,完成民主革命"[1]。但是,农民是小生产者,他们不能独立完成民主革命(太平天国运动、义和团运动已经证明了这一点),更不能完成以社会主义为前途的新民主主义革命,因此中国新民主主义革命不能没有农民革命运动,但农民革命运动只能置于无产阶级领导之下,纳入中国共产党领导的新民主主义革命轨道。中共六大所通过的《农民运动决议案》强调:"农民运动与工人运动的联系,与巩固工人阶级和共产党在农民运动中思想上和组织上的领导,是土地革命胜利的先决条件。"[2]在中国革命进程中,党必须解决好依靠农民和领导农民的关系问题,把农民革命运动提升到新民主主义革命的水平。在革命形式基本是武装斗争的历史条件下,中国共产党要实现新民主主义革命的历史任务,必须把自己创建和领导的以农民为主要成分的军队建设成为一支无产阶级性质的新型人民军队,而不能沦为历史上的"农民起义军",否则中国革命前途同样堪忧。

从实际情况看,中共开展武装斗争初期,军队中工人成分很少,甚至农民成分也不很多,相当一部分是游民无产者。毛泽东1928年11月在给中

---

[1]《毛泽东选集》第1卷,21页,人民出版社1991年版。
[2]《中共中央文件选集》第4册,364页,中共中央党校出版社1989年版。

共中央的报告中说："红军成分,一部是工人、农民,一部是游民无产者。游民成分太多,当然不好。但因天天在战斗,伤亡又大,游民分子却有战斗力,能找到游民补充已属不易。"①因而亟盼湖南省委能送一些工人来,以提高红军中工人成分所占比重。这反映了非工人成分特别是游民成分过大的问题,困扰着红军的建设和发展。

按照理论的逻辑,无产阶级性质的军队必须以工人为主要成分,尤其要以工人为骨干;如果以农民为主要成分,这支军队势必沦为农民武装。1930年7月陈独秀在托派刊物《无产者》上发表《关于所谓"红军"问题》一文,非议中共在农村领导以农民为主体的军队"做游击战争",认为其前途不外是"(一)统治阶级的内战一时停止,'红军'便要被击溃,或为所收买;(二)因自己内讧而溃散;(三)逐步与农村资产阶级(商人与富农)妥协,变成他们的'白军',或为他们的经济手段所压迫而溃散"②。陈独秀从欧洲和俄国革命经验出发,认为无产阶级革命只能以城市为中心,依靠工业无产阶级,而中共把革命中心转移到农村,以农民为主力军,甚至依靠游民无产者,党势必蜕变为"农民党",党领导的军队只能成为"农民军",最终导致脱离无产阶级领导的轨道。③陈独秀所持立场是教条主义的,但他所提出的问题,却是中国共产党建设军队、开展武装斗争必须认真加以解决的重要政治课题。

中共中央对此已有自觉。早在1928年6月,中共中央即致电会师不久的朱德、毛泽东,要求他们着力对红军"加以组织上政治上的改造",使之

---

① 《毛泽东军事文集》第1卷,27页,军事科学出版社、中央文献出版社1993年版。
② 唐宝林:《陈独秀全传》,624页,社会科学文献出版社2013年版。
③ 郑超麟回忆:"有一次,向忠发和周恩来两人到陈独秀家里谈话,那时已离分裂不远。话题自然转到'红军'去。陈独秀问道:'照马克思主义说,究竟是城市支配农村,还是农村支配城市?'向忠发信口回答说:'当然是农村支配城市!'可是,周恩来修正说:'论理是城市支配农村,然而……'"(《郑超麟回忆录》,230页,东方出版社1996年版)

"成为彻底实行土地革命的军队"①。同年9月、10月间中共中央再次致信朱德、毛泽东,进一步提出:"改造红军是目前的重要任务。士兵必须按征兵制,由工农份子充任之,在过渡期间,可用自愿制,对于动摇不断的军官,尽可能的撤换,用自己的可靠同志担任。红军的兵士无论征兵制或自愿制,均须规定服役期间,红军军官应力求工人化,就近在自己的部队中,选择最积极最可靠的工人兵士,加以短期训练,担任军官。采用苏联经验,实行政治委员会与政治部制度——将现有的政治部加以改造,多参加工人同志。"②中共中央认识到军队成分对军队性质的影响,提出了解决之道:一是用征兵制方法征集工农入伍,使工农成为军队主要成分;二是尽可能用工人担任军官,把军队指挥权由旧军官转移到工人手里;三是依照苏联军队建立政治工作制度,把党的政治工作贯彻于军队之中。

用加强党的领导和政治工作来保证军队无产阶级性质的思路无疑是正确的,但存在着空泛并脱离实际的倾向,且不说实行征兵制、规定服役期限不可能,就是军官职位基本由工人充任,也没有实现的条件。在农村割据区域建设红军所遇到的问题,远比居于中心城市的中共中央领导者们所设想的要复杂得多。

二、三湾改编破题

毛泽东领导的三湾改编破了这个"题",为做好建设无产阶级性质的新型人民军队这篇大"文章"开了一个可以贯通全篇的好头。

秋收暴动失败后,毛泽东率领起义部队沿湘赣边界向南转移,一路遭围追堵截,损失惨重,军心涣散,逃亡日增,濒临溃散,特别是芦溪一战,

---

① 《中央致朱德、毛泽东并前委信》(1928年6月4日),《中共中央文件选集》第4册,250、253页,中共中央党校出版社1989年版。
② 《中央给润之、湘赣边特委及四军军长的指示》(1929年9、10月间),《中共中央文件选集》第4册,675页,中共中央党校出版社1989年版。

总指挥卢德铭牺牲，更加重了部队的失败情绪。1927年9月29日起义部队到达江西省永新县三湾村时，部队尚余700多人，官兵们疲惫不堪，心绪茫然，不知出路何在。

利用暂时摆脱了敌人的时机，毛泽东着手对部队进行整编。

这时，毛泽东首先考虑的问题，是如何把行将溃散的部队凝聚起来，带出困境。这支为举行秋收暴动而组织起来的部队，一部分来自平江、浏阳等地的农军，一部分来自安源矿工，一部分来自武汉国民政府警卫团。总指挥卢德铭牺牲后，部队失去指挥核心。毛泽东虽然是中共中央特派员、中共湖南省委前敌委员会书记，对秋收暴动负有最高责任，但还不被大多数官兵所认识，途中曾发生过一些兵佐把他当成挑夫的误会。[①]特别是一些原国民革命军的军官并不认可毛泽东的权威，对毛泽东力主的停止攻打长沙的决策一直持异议，对南下湘赣边行动始终三心二意。在这种情况下，如果不迅速形成强有力的领导力量，确立领导中枢，这支部队必散无疑。然而，要迅速形成对部队的强有力领导，确立领导中枢，仅仅靠个人是根本做不到的。

毛泽东选择了建立党领导军队的制度，依靠党的力量来领导这支部队、巩固这支部队。

毛泽东设计并建立的党领导军队制度，是在部队各级都设立党的组织：团、营设立党委，连设立支部，排、班建立党小组；连以上各级设立党代表，实行同级党的书记兼任同级党代表的党代表制度；党的"前敌委员会"，是部队的统一领导机构。这套制度独具特色：一是军队的指挥权和领导权统一于党的领导机构；二是党的各级组织掌握本级军事单位的领导权，

---

① 赖毅的回忆录《毛委员在连队建党》记述：最初，一连有些同志不认识他，以为是老百姓，便要拉他挑担子。毛泽东同志笑着说，我给你们挑了好几天了，今天你们连长叫我休息休息。见过他的战士便说："怎么能叫他挑担子？他是中央派来的毛委员呀！"（《星火燎原》选编之一，173页，中国人民解放军战士出版社1979年版）

军队的人权、事权不由军事将领个人说了算，所有重大决策都必须经过党的组织，而每一级党组织都必须对上一级党组织负责；三是党的领导贯彻到部队的基层，把工作直接做到士兵群众中去，紧紧抓住了士兵。[①]这套制度的实质，是确保党对军队的绝对领导。

毛泽东在三湾改编中建立的党领导军队制度，是极具创造性的。中国共产党在提出开展武装斗争、建立革命武装这一历史性任务的时候，并没有预先设计出一套党领导军队的制度。中共中央直到1927年11月召开临时政治局扩大会议时，才要求"在新军队的各级组织之中"建立"党代表政治部的制度"[②]。至于这种制度的具体内容，没有任何解释。如果从字面上看，这种"党代表政治部制度"类似于北伐战争期间国民党军队的政治工作制度，远远没有达到毛泽东建立的党领导军队制度的水平。

正是依靠这种全新的党领导军队制度，毛泽东把部队置于党的集中统一领导之下，迅速结束了部队的涣散状态，使党的意志和决策得到坚决贯彻和执行，部队的凝聚力和战斗力得到大幅度提升。在继续南下的途中，又有一些军官相继离队，其中包括曾担任师长的余洒度，起义时的团以上领导人只剩下毛泽东和余贲民两个人，但这支几乎陷于绝境的部队并没有因此而散掉，而是走上了井冈山，成为促成中国革命战争燎原之势的星星之火。毛泽东在向中共中央汇报三湾改编建立的党领导军队制度时曾说："党的组织，现分为连支部、营委、团委、军委四级，连有支部，班有小组。红军所以艰难奋战而不溃散，'支部建在连上'是一个重要原因。"[③]

但是，毛泽东设计和建立党领导军队制度，绝不仅仅着眼于危难关头

[①] 1927年8月21日，中共中央临时政治局常委会议通过的《中国共产党的政治任务与策略的决议案》中规定："这种军队之中要有极广泛的政治工作及党代表制度，强固的本党兵士支部。"（《中共中央文件选集》第3册，340页，中共中央党校出版社1989年版）该决议案虽然已经强调党要紧紧抓住士兵，但并没有明确党的支部要建在连队。
[②]《中共中央文件选集》第3册，464页，中共中央党校出版社1989年版。
[③]《毛泽东军事文集》第1卷，30页，军事科学出版社、中央文献出版社1993年版。

巩固部队，更着眼于这支军队的长远发展。这套制度的要旨，不仅是确保军队能够经得起严酷战争的考验，不被强敌所压垮，更是确保军权牢牢掌握在党的手里而不会归于个人，确保军队不折不扣地执行党的意志和指令。在以后的实践中，党领导军队的机构设置多有变动和调整，但这一要旨始终没变，从而也就从根本上保证了中共领导的军队不会重蹈国民党军队的覆辙，走上军阀主义道路，而始终保持人民军队的性质。同时，这套制度保证党在军队中卓有成效地开展思想政治工作，特别是把党的思想政治工作做到士兵中间去，确保无产阶级思想意识在军队官兵中的主导地位。

毛泽东在三湾改编中除了建立起党领导军队这一根本性制度外，还建立起了军队内部的民主主义制度。历史证明，党的领导加上军队内部的民主主义，缔造了无产阶级新型人民军队的性质。

中国近代军制始于清政府建立的新军。这支后来演化为北洋军阀工具的军队，实行雇佣制度和内部压迫制度，基本上靠封建等级制和人身依附维系内部关系。国民党军队创建之初是一支具有革命性的军队，建立了新式的政治工作制度，但仍实行旧式募兵制[①]，并未彻底根除封建等级制和人身依附的弊端，保留了许多旧军队的传统和习气。虽然有少数部队受五四运动以来的民主主义思潮的影响，在内部建立和实行了民主主义制度如建立士兵委员会[②]，但在整个国民革命军中却终究不成气候。

---

① 黄仁宇记述："募兵开始于1927年7月，去蒋被任校长才二月，机构设于上海，由陈果夫主持。此间所募兵多系浙江人（此亦效法曾国藩、戚继光办法），除注重蒋之家乡奉化县外，及于绍兴、金华、台州与处州。再次之则及于江苏与安徽两省。每次募足数十人或数百人，即分批南送。迄今尚无适当记录统计其总人数及所募兵员日后事业上之发展，我们只知道募兵'耗费甚大'。"（黄仁宇：《从大历史的角度读蒋介石日记》，24页，九州出版社2008年版）
② 彭德怀回忆，他所在的部队编入唐生智的国民革命军第八军后，于1927年初公开成立士兵委员会，实行士兵自治，自觉管理军风军纪，不赌博、不强奸妇女、不扰民；反对克扣军饷，实行经济公开，士兵有阅读进步书报的自由；士兵委员会有权逮捕反革命分子押送革命军事法庭，并有陪审权。连组织连士兵委员会，班组织小组；由各连士兵委员会召开联席会议，选举营士兵委员会。由于没有实际工作经验，士兵委员会没有得到发展，可是士兵活跃，没有逃兵。（《彭德怀自述》，45—46页，人民出版社1981年版）

显然，把旧军队制度（包括国民革命军所实行的制度）完全搬到中共领导的革命军队中来，不仅不适应这支军队当时所处的形势，也与中国共产党人所追求的公平、正义、民主的社会理想相悖。

毛泽东在三湾改编中宣布了两条有关军队内部制度的决定，一是废除雇佣制度，二是实行民主主义制度，在连以上建立各级士兵委员会，实行民主管理，官兵在政治上一律平等。这两条是对中国军队制度的重大改革。

废除雇佣制度后实行什么制度呢？毛泽东在三湾改编时没有明确说[①]。其实，除了志愿兵制度之外也没有别的选择。曾经参加三湾改编的陈伯钧回忆说：

到达永新三湾，毛委员毅然决定改编部队，在部队中建立党的基层组织，整顿纪律。原来一个师的部队，缩编为一个团——工农革命军第一军第一师第一团，辖一、三两个营。毛委员同时宣布：凡不愿意留队者，可以回到农村去工作，一律发给五块钱的路费，并开具介绍信。[②]

罗荣桓也回忆说：

整编后，干部多余了。这些干部，大多是投笔从戎的知识分子，其中有些人在这一连串的挫折面前，在这危险、艰苦的斗争面前，惊惶失措、灰心动摇起来，少数人已经不告而别了。如果不迅速处理他们，势必会动摇军心。毛泽东同志采取了坚决措施，根据自愿，要留则留，要走的就发给五块钱路费，疏散到农村去。整顿后留下来的是经过战斗和艰苦生活考

[①] 所有回忆或记述三湾改编的文章都仅仅提到宣布废除雇佣制度，而没有提到宣布实行什么制度。这可能反映了当时的真实情况。在敌情紧急的情况下，不可能一切都做得十分周详。

[②] 陈伯钧：《毛委员率领我们上井冈山》，《星火燎原》选编之一，162页，中国人民解放军战士出版社1979年版。

验的坚定的革命者，人虽少，却精悍得多。①

从这些记述可以看出，三湾改编在废除募兵制的同时，采取了志愿兵制度。中共在筹划建立自己的军队时，便已确定采取志愿兵制度。1927年8月21日中共中央临时政治局常委会议通过的《中国共产党的政治任务与策略的决议案》明确提出："创造新的革命军队，不要有雇佣的性质，而要开始于志愿兵的征调，渐进于义务的征兵制，建立工农的革命军。"②毛泽东领导三湾改编，将这个制度率先落到了实处。③同年11月召开的中央临时政治局扩大会议通过的《中国现状与党的任务决议案》进一步明确规定："中央认为必须特别指出：中国革命总经验，尤其是屡次失败的教训，都证明要使中国现在的雇佣军队，变成革命斗争靠得住的工具，是不可能的，因此，凡是暴动胜利而有可能组织正式的革命军队的地方，本党应当组织完全与雇佣军队不同的工农革命军。工农革命军组织上的主要原则，便是志愿兵制度，工农革命军的主要成分，应当是阶级觉悟的革命的工人和农民。"同时明确规定："新军队的名称定为工农革命军。"④需要指出的是，"工农革命军"这个名称，是毛泽东首先提出来，并首先用于自己所领导的军队。⑤中共军队所实行的志愿兵制度，就是通过政治教育和动员激发工农群众的

---

① 罗荣桓：《秋收起义与我军初创时期》，《星火燎原》选编之一，130页，中国人民解放军战士出版社1979年版。
② 《中共中央文件选集》第3册，340页，中共中央党校出版社1989年版。
③ 中共中央于1928年6月4日给朱德、毛泽东的信（"中央六月来信"）中批评朱、毛红军还是"一种国民党时代的雇佣式的军队，未加以组织上政治上的改造"。（《中共中央文件选集》第4册，250页，中共中央党校出版社1989年版）这实属由于消息隔绝不了解情况而作出的错误指责，但也说明三湾改编废除雇佣制度完全合乎中共中央关于新革命军队的设想。
④ 《中共中央文件选集》第3册，464页，中共中央党校出版社1989年版。
⑤ 八七会议之后，中共中央收到湖南省委来信，信中提议："我们应高高打出共产党的旗子与蒋唐冯阎等军阀所打的国民党旗子相对，国民党旗子已经成为军阀的旗子，只有共产党旗子才是人民的旗子。"毛泽东曾回忆说："我在长沙发了一封信向中央提议：国民党旗帜不要了，要共产党；不要国民革命军，要工农革命军；不要国民党政府，要工农革命委员会。"由此推断，那封信即是毛泽东写的。（《中共中央文件选集》第3册，354、356页，中共中央党校出版社1989年版）

政治觉悟和革命热情,使他们自觉自愿地为阶级和民族利益参加军队,不计报酬,长期服役。这种兵役制度适应中国革命战争的需要,是中国共产党人在当时历史条件下自然而然的选择。

毛泽东在三湾改编中还宣布建立军队内部民主主义制度。在旧军队的雇佣制度下,官长和士兵没有政治平等可言,士兵被视为供官长驱使的工具,不享有任何民主权利,可以被任意打骂。士兵参军仅仅是为了养家糊口,并无什么信仰,也不关心为何而战。毛泽东在军队中实行民主主义制度,实质是在政治上解放了士兵,士兵与官长享有了同等的政治权利,成为军队的主人,从而也就真正使士兵把这支军队视为自己的军队,把这支军队的奋斗目标视为自己的奋斗目标,并把自己的利益和这支军队紧紧地联结在一起,从而激发出高昂的政治热情和献身精神,军队也因此有了巨大的凝聚力和战斗力。毛泽东在总结这个制度的功用时说:

> 红军的物质生活如此菲薄,战斗如此频繁,仍能坚持不敝,除党的作用外,就是靠实行军队内的民主主义。官长不打士兵,官兵待遇平等,士兵有开会说话的自由,废除烦琐的礼节,经济公开。士兵管理伙食,仍能从每日五分的油盐柴菜钱中节余一点作零用,名为"伙食尾子",每人每日约得六七十文。这些办法,士兵很满意。尤其是新来的俘虏兵,他们感觉国民党军队和我们军队是两个世界。他们虽然感觉红军的物质生活不如白军,但是精神得到了解放。同样一个兵,昨天在敌军不勇敢,今天在红军很勇敢,就是民主主义的影响。红军像一个火炉,俘虏兵过来马上就熔化了。中国不但人民需要民主主义,军队也需要民主主义。军队内部的民主主义制度,将是破坏封建雇佣军队的一个重要武器。[①]

---

① 《毛泽东军事文集》第1卷,29—30页,军事科学出版社、中央文献出版社1993年版。

废除雇佣制度和建立军队内部的民主主义制度，是紧紧联系在一起的。红军①的物质生活十分匮乏，战斗十分艰苦，没有坚定政治信念和高昂献身热情，根本不会加入到这支军队中来，即使加入了也会离开。在这种异常艰难困苦的环境中，靠什么坚定官兵政治信念、激发官兵献身精神？显然，靠发军饷是行不通的，而且红军当时也无军饷可发。唯一可行的，就是从政治和精神两个方面解放官兵，使他们切实感受到参加红军是获得了解放，享有了政治平等，进入了一个在红军之外根本不存在的新世界。②从而使红军虽然物质生活匮乏，战斗异常艰苦，但却仍然对官兵具有巨大的吸引力，即使屡遭失败也不溃散。而军队内部的民主主义制度，无疑是使官兵在政治和精神两个方面获得解放的重要制度。

毛泽东能够在秋收起义失败后把部队带上井冈山，并且能够使这支部队不断发展壮大，打开一片天地，一个是靠党领导军队的制度，再一个就是靠军队内部的民主主义制度。

毛泽东、朱德领导的红四军也因此在建军方面走在各地红军的前列。当中共中央比较具体地了解到红四军的全面情况后，于1929年2月开始在中央机关报《红旗》上连续发表文章，介绍红四军建军、作战，以及发动群众开展土地革命的经验。3月17日周恩来在代表中共中央给贺龙并湘鄂西前委的指示信中说："在朱、毛军队中，党的组织是以连为单位，每连建一个支部，连以下分小组，连以上有营委、团委等组织。因为每连都有组织，所以在平日及作战时，都有党的指导和帮助。据朱、毛处来人

---

① 1928年5月25日中共中央发出的《军事工作大纲》明确规定："在割据区域所建立之军队，可正式定名为红军，取消以前工农革命（军）的名义，惟在暴动各县有工农革命独立团的，仍可听其存在。"（《中共中央文件选集》第4册，233页，中共中央党校出版社1989年版）

② 工农革命军经过三湾改编，精神面貌焕然一新。一位连长给妻子的信中说道："我天天行军打仗，钱也没有用，衣也没有穿，但是精神非常的愉快，较之从前过优美生活的时代好多了，因为是自由的，绝不受任何人的压迫；同志之间亦同心同德，团结一致。"（《毛泽东年谱（1893—1949）》上卷，223页，人民出版社、中央文献出版社1993年版）

说，这样组织，感觉还好。将来你们部队建党时，这个经验可以备你们参考。"①1930年1月中共中央军事部编印的《军事通讯》第1期刊载了陈毅《关于朱毛红军的历史及其状况的报告》，并在"编者按"中说"这是很值得我们宝贵的一个报告"，朱毛红军的编制、战术、与群众的关系、对内的军事和政治训练等，"都是在中国'别开生面'，在过去所没有看过听过的"②。这时，中共中央把毛泽东、朱德领导的红四军视为红军建设的典范。

三、"八月失败"初步暴露问题

毛泽东设计和建立的党领导军队制度和军队内部民主主义制度，是一种全新创造，并无先例可循。如何实行党对军队的领导，如何处理好党的领导和军队内部民主主义的关系，都是需要在实践中进一步解决好的问题。

红军内部的民主，包括党内民主和军队内部民主。毛泽东领导的红军所实行的军队内部民主，其基本组织形式是士兵委员会。根据最初的设计，部队各级均设有由民主选举产生的士兵委员会；士兵委员会负有监督官长和管理经济（主要是伙食）的职权。宋任穷回忆：

三湾改编后，各级士兵委员会陆续建立起来了。它是由选举产生的，首先在党内酝酿（当时党员还是秘密的），然后在全体军人大会上选举产生。营士兵委员会则先由各连产生若干代表，然后再由三个连的代表选举产生。团士兵委员会的建立，也是这个程序。士兵委员会不设什么机构，也没有专职人员，只是遇事在一起开会研究。它的工作，一是搞政治民主，那时来自旧军队的军官不少，打人骂人的军阀习气还存在，有的相当严重。

---

① 《周恩来军事文选》第1卷，77页，人民出版社1997年版。
② 军事科学院军事历史研究所编著：《中国人民解放军八十年大事记》，21页，军事科学出版社2007年版。

士兵委员会同这种旧习气作斗争。二是搞经济民主，参与管理经济，管理伙食，把伙食搞好，按时分账，分伙食尾子。营、团士兵委员会的主要工作放在连里，因为连是基础。党的支部和党代表，都把抓士兵委员会，作为党的工作的重要组成部分。①

部队中的各级士兵委员会是在三湾改编以后逐步建立起来的。从建立井冈山革命根据地到开辟赣南闽西革命根据地，毛泽东、朱德领导的红四军②建立起了由连到军的各级士兵委员会，并建立起一整套与之有关的制度。1929年9月陈毅赴上海向中共中央汇报时，比较详细地介绍了红四军各级士兵委员会的情况：

四军士兵的组织，在军团营连均设士兵委员会，官长同时为士委会员，全连士兵大会选举五人至七人或九人为连士委执委，推主席一人，以全营人数按每五人举一代表组成全营士兵代表会，推举十一人至十三人组织营士执委，推举一人为主席，按全团人数每十人举代表一人组织全团代表会，推举十七人至十九人组织团士执委，推举一人任主席，全军按每三十人或五十人举一代表组织全军代表会，选举十九人至二十一人或二十三人组织军士执委，选一人为主席，军士执委举五人或七人为常委，团举五人或七人为常委，营举三人或五人为常委，连无常委机关，军团常委均设机关于政治部内日常办公，营常委不设机关，各级士委的任务，规定是下：一、参加军队管理。二、维持红军纪律。三、监督军队的经济。四、作群众运动。五、作士兵政治教育。此外士委与军事机关的关系，士委只能对于某

---

① 《宋任穷回忆录》，24—25页，解放军出版社2007年版。
② 1928年4月朱德、陈毅率领湘南暴动中建立的工农革命军（包括南昌起义军队余部和湘南农军）转移到井冈山，与毛泽东领导的部队会师，成立工农革命军第四军，朱德任军长，毛泽东任党代表，王尔琢任参谋长，下辖3个师。5月取消师番号，辖4个团。6月根据中共中央指示，改称红军第四军。

个问题建议或置问，而不能直接去干涉或处理，士委开会须由党代表参加，等于一个政治顾问的性质，在非常时期党代表可以解散士委，或不准其开会，另诉诸士委代表会。①

从陈毅的介绍中可以看出，红四军中的士兵委员会在这个时期里发展得非常"完备"，成为一个能覆盖部队各级的群众性士兵组织，这也就意味着士兵有权参与部队各级的管理。而从士兵委员会成员产生的办法看，士兵委员会成员对选举他们的士兵负责。这确实是一个充分尊重士兵民主权利的制度，对于纠正和克服从旧军队带过来的军阀习气具有积极作用。

但是，这种倡导和保证普遍民主的组织形式，被用于以农民为主要成分的革命军队中，难免带来鼓励极端民主化的副作用。罗荣桓曾说："为了反对旧军队的一套带兵方法，实行政治上的官兵平等，建立新式的带兵方法，这就需要实行民主政策。士兵委员会就是实现民主的一个组织形式，那时，士兵委员会有很大的权力，军官要受士兵委员会的监督，做错了事，要受士兵委员会的批评，甚至制裁。表面看来，这样做似乎是会鼓励极端民主化和平均主义的思想，但当时的主要问题是必须坚决反掉旧军队的一套带兵方法，奠定新型的官兵关系——阶级的团结。"②罗荣桓强调在红四军创建之初，由于反对旧军队的军阀主义习气和带兵方法是主要问题，因此士兵委员会这种组织形式不可避免地带来的极端民主化倾向不是什么大问题。这个分析无疑是正确的。但随着时间推移，极端民主化倾向的消极影响愈来愈彰显出来，特别是这种倾向折射到党内，破坏党的民主集中制，涣散了党的组织，削弱了党的领导，带来了严重后果。

---

① 《中共中央文件选集》第5册，758—759页，中共中央党校出版社1990年版。
② 罗荣桓：《秋收起义与我军初创时期》，《星火燎原》选编之一，130页，中国人民解放军战士出版社1979年版。

首先暴露出问题的是"八月失败"。

1928年6月底,湘赣两省决定联手对井冈山革命根据地举行第一次"会剿"。恰在这时,中共湖南省委作出要求红四军主力开到湘南去的决定,并派出代表杜修经、边界特委书记杨开明进山监督执行。经毛泽东主持召开的红四军军委、边界特委、永新县委联席会议讨论,认为"当时正是统治阶级暂时稳定时期"[1],出湘南属于"冒进",决定不执行这个决定。7月中旬湘赣两省国民党军开始出动,动作较快的是湖南的国民党军(湘军),已进至宁冈,并准备前出永新,而江西的国民党军(赣军)则进展迟缓。针对这样的战场态势,红四军军委决定集中二十八团、二十九团、三十一团侧击湘军,但进入阵地后发现它已经通过。于是,军委立即决定改变部署:毛泽东率三十一团对付即将进抵永新的赣军,朱德、陈毅率二十八团、二十九团出湖南酃县(今炎陵县),威逼茶陵,抄湘军后路,迫其退出"会剿",然后回师永新,会合三十一团共同对付赣军。

如果不折不扣地按照这个部署行动,不仅可以打破湘赣两省的"会剿",而且有可能"使割据地区推广至吉安、安福、萍乡,和平江、浏阳衔接起来"[2],因为赣敌不久后即因发生内讧仓皇后撤,为红四军扩大根据地提供了战机。然而,联席会议所确定的部署并没有得到彻底贯彻。

二十八团、二十九团顺利攻打茶陵、酃县后,没有进一步执行回师永新的计划。由湖南宜章农军组成的二十九团,得知湖南省委决定后要求回湘南,并且擅自行动,向郴州进发;军部未能制止,便率二十八团随后跟进。二十九团先胜后败,攻占郴州后遭国民党军范石生部反击,力量不敌,匆忙撤退。二十九团失去控制,自由行动,大部跑向宜章,结果一部分被当地土匪武装消灭,一部分散失掉了。二十八团虽然损失不大,但回师井

---

[1]《毛泽东军事文集》第1卷,24页,军事科学出版社、中央文献出版社1993年版。
[2]《毛泽东军事文集》第1卷,24页,军事科学出版社、中央文献出版社1993年版。

冈山途中发生营长袁崇全叛变事件，团长王尔琢牺牲。井冈山革命根据地也因为红四军主力不在，遭受重大损失，大部被敌占领。这就是井冈山时期的"八月失败"。

毛泽东总结"八月失败"的教训认为，根本原因是湖南省委有些人"未曾把统治阶级政权暂时稳定的时期和破裂的时期这两个不同时期分别清楚"，在统治阶级政权暂时稳定时期主张分兵冒进，"完全不注意建立中心区域的坚实基础，不顾主观力量的可能，只图无限量的推广"①。而杜修经、杨开明等人"只知形式地执行湖南省委向湘南去的命令，附和红军第二十九团（成分是宜章农民）逃避斗争欲回家乡的情绪"②，是招致失败的重要原因。

毛泽东的这个总结无疑是正确而且深刻的，但却放过了士兵委员会这种组织形式在其中所起的消极作用。③其实，二十九团擅自行动既是湖南省委错误决定造成的恶果，也是极端民主化的恶果。

亲历其事的李步云在回忆这段历史时，提到两个细节。一是离开酃县后，二十九团上上下下都得知湖南省委要红四军回湘南的决定。团长胡少海、党代表龚楚力主回湘南。尤其是龚楚，是力主回湘南的主角。他告诉各营党代表，并要求他们告诉各连士兵委员会负责人，造成"非回湘南不可"的声势。二是李步云本人以连士兵委员会负责人身份参加军部召开的军事干部会议，因此见证了会议过程。参加会议的有100多人，龚楚被选为大会主席，讨论的是行动方向问题。二十九团的人主张回湘南，二十八团的人主张回师赣南，双方发生激烈争论。大会主席宣布停止讨论，要求

---

① 《毛泽东军事文集》第1卷，22页，军事科学出版社、中央文献出版社1993年版。
② 《毛泽东军事文集》第1卷，24页，军事科学出版社、中央文献出版社1993年版。
③ 《中国工农红军第一方面军史》记述："7月15日，部队行至酃县与宁冈交界之沔渡，第29团各级士兵会竟然擅自作出部队开赴湘南的决定，军部发现这一严重问题后，未能有力地加以制止，从担心第29团会吃亏着想，决定率领第28团同第29团一起回湘南。"

举手表决，结果80多人举手同意回湘南，于是形成决议。①

李步云的这个回忆同大部分史书的记述不太一致。根据大部分史书记述，二十九团开进湘南未经随部队行动的军部批准，二十九团擅自行动后，军部才率二十八团跟进；而李步云却记得二十九团行动之前，军部召开了讨论下一步行动方向的军事干部会议，二十八团和二十九团的干部都参加了会议，并且就开进湘南作了表决，形成决议。如果这个记述符合事实，那么军部率二十八团跟进就不完全是被动的。其实，哪一种记述更靠近事实，已经无关紧要了。这里的关键问题是，军部附和了大多数人的错误意见，未能正确引导部队，放任事态发展。②这其中的症结，就是军部形式主义地贯彻民主原则，放弃了集中的权力，而实质上是对极端民主化的容忍和妥协，从而使得党的领导在军队内部产生严重分歧时表现得软弱无力，成为群众错误意见的尾巴。

毛泽东总结"八月失败"教训时未提及这个问题，是因为他认为造成失败的根本原因，还是湖南省委依据错误的形势估量所作出的错误决定。虽然他提到了农民的家乡观念问题，但仅强调这种观念为只知机械执行省委决定的杜修经等人所利用，而没有进一步分析这种观念转化为整个部队的行动，是经过民主讨论程序这个中介环节的，没有触及极端民主化问题。

在军队内部实行民主实行到决定重大军事行动都要通过广泛的民主讨论的地步，不仅违反军事指挥规律，而且助长极端民主化倾向，削弱和冲击党对军队的领导，涣散军队的组织纪律，瓦解军队的集中统一。这对于处于严酷战争环境的党和红军来说，是一个致命的问题。

---

① 李步云：《八月冒进湘南》，《中国共产党历史资料丛书：井冈山革命根据地》（下），671—678页，中共党史资料出版社1987年版。

② 谭震林分析"八月失败"原因时说："八月失败，不只是杜修经的责任，朱德、陈毅也有责任，朱德同志是军长，陈毅同志是军委书记，要是他们坚持不听湖南省委指示，不去湘南，杜修经是无法把部队拉走的，'将在外，君令有所不受'嘛！"［《回顾井冈山斗争历史》，见《中国共产党历史资料丛书：井冈山革命根据地》（下），17页，中共党史资料出版社1987年版］

四、红四军"七大"前后的一场大争论

如果说,总结"八月失败"教训,还可以把根本原因归结为湖南省委的瞎指挥,但红四军"七大"前后所爆发的那场争论,就使得毛泽东以及中共中央不得不重视极端民主化给人民军队建设带来的严重危害了。

事情的起因有二。最初起因,是毛泽东不同意中央"二月来信"精神并向中央力争。1929年2月,担任中共中央政治局常委的周恩来受政治局委托,按照2月2日政治局会议精神,起草了给红四军毛泽东、朱德并转湘赣边特委的信,即中央"二月来信"。这封信依据中国革命尚处于低潮的估量,要求红四军避免集中目标,实行分编和分散游击,毛泽东、朱德离开红军,以免"徒惹敌人更多的注意"[①]。这封信经过中共中央政治局会议讨论和通过后,发往奋战在闽赣边的红四军。当时交通不便,中央"二月来信"到达闽赣根据地已经是两个月以后了。毛泽东于4月3日接到信,5日即回信表达了不同意见。他直言不讳地说道:"中央此信对客观形势及主观力量的估量都太悲观了。""我们感觉党在从前犯了盲动主义极大的错误,现时却在一些地方颇有取消主义的倾向了。"[②]因此,他不同意红军分编和分散游击,也不同意自己和朱德离开部队。从2月到4月的两个多月时间里,国内形势发生很大变化,蒋桂战争爆发,军阀再起战火,中共中央也随之悄然改变了对革命形势的悲观估量。4月7日中共中央给毛泽东、朱德发出又一封指示信,修正了中央"二月来信"的指示,不再强调红四军分散游击,也不要求毛泽东、朱德到上海中央来。虽然这一指示是在接到毛泽东的回信之前[③]发出的,但显然同毛泽东的意见不谋而合。尽管毛泽东的意见

---
① 《周恩来军事文选》第1卷,69页,人民出版社1997年版。
② 《毛泽东军事文集》第1卷,59页,军事科学出版社、中央文献出版社1993年版。
③ 毛泽东给中央的回信是1929年4月5日起草的。

被证明是正确的，中央"二月来信"由于中央"四月来信"而不了了之，但却使红四军一部分同志对毛泽东有了"拒绝执行中央指示"的印象，并且不以为然，从而埋下了分歧的种子。其实，毛泽东的做法并未违反组织原则，完全是党内上下级之间的正常意见交换，是为党的纪律所允许的。

事情的直接起因，则是关于前委和军委关系的争论。

前委，全称为中共前敌委员会，是中共中央在1927年8月以后发动武装起义时便开始实行的制度，负责领导武装起义的政治、军事诸事宜，后来延续了下来，成为各根据地的最高领导机构。毛泽东在湘赣秋收暴动前夕，即以中央特派员身份担任了中共湖南省委属下的前敌委员会书记一职。秋收起义部队改编为工农革命军第一军第一师后，毛泽东仍然履行前委书记责任。1928年3月湖南省委派周鲁上山传达中共临时政治局扩大会议精神时，把会议对毛泽东的处分"开除中央临时政治局候补委员"[①]误传为"开除党籍"，并撤销了以毛泽东为书记的前委。1928年4月朱、毛红军会师后，合编为红四军，选举组成中共红四军委员会（军委），毛泽东任书记。[②]5月下旬先后召开中共湘赣边界第一次代表大会和中共红四军第五次代表大会，选举毛泽东担任中共湘赣边界特别委员会书记[③]，决定陈毅接任红四军军委书记。湘赣边界特委统一领导井冈山革命根据地的军事、政治斗争。1928年6月中共中央在给朱德、毛泽东的指示信（即中央"六月来信"）中明确规定，"有前敌委员会组织之必要"，"所有这一区域的工作完全受前委指挥"，"前委之下组织军事委员会"，并指

[①] 1927年11月召开的中央临时政治局扩大会议通过的《政治纪律决议案》宣称："毛泽东同志为'八七'紧急会议后中央派赴湖南改组省委执行中央秋暴政策的特派员，事实上为湖南省委中心，湖南省委所作的错误毛同志应负严重的责任，应予以开除中央政治局候补委员。"（《中共中央文件选集》第3册，483—484页，中共中央党校出版社1989年版）

[②] 1928年3月改任师长的毛泽东奉命率部前出湘南，行至郴县时，得知"开除党籍"为误传。

[③] 1928年6月间湖南省委为了执行湘南、湘东武装起义计划，派杨开明任湘赣边界特委书记。

定毛泽东为前委书记，朱德为军委书记。①11月特委和军委接到中央"六月来信"后，即按照中央指示精神，成立以毛泽东为书记的前委，前委直接对中央负责；之后，经中共红四军第六次代表大会产生了新一届军委，由中共中央指定的朱德担任书记。至此，形成了前委领导红四军军委的格局。②

1929年1月，红四军为了打破敌第三次"会剿"，离开井冈山根据地，向赣南、闽西出动。萧克回忆了离开井冈山后红四军党的领导体制的变化过程，他说：

> 沿途行军打仗，形势严峻，军情紧急，"遂决议军委暂时停止办公，把权力集中到前委"。于是以朱德为书记的军委停止了活动。红四军在以毛泽东为书记的前委领导下，在半年中，由于形势的发展，工作多了，到了5月，前委颇觉"兼顾不（过）来，遂决定组织军的最高党部（即军委）"，也就是说，四军军委这一级党的组织，在停止活动四个月之后，又恢复了。前委还决定军委书记一职，由新到四军的刘安恭担任。③

这时，问题出来了。由中共中央派来的刘安恭④担任军委书记后，在一次军委会议上对前委这一上级党组织作出一条决议：前委只讨论行动问题，不要管军事。⑤这个违反组织原则的决议一出，立即引起了激烈争论。有人主张既然有红四军，就应当设军委，而且前委过于集权，包办了下级党部

---

① 《中共中央文件选集》第4册，256、257页，中共中央党校出版社1989年版。
② 关于红四军党的领导体制的发展演变，参见中国工农红军第一方面军史编审委员会撰写的《中国工农红军第一方面军史》的相关记述。
③ 萧克：《朱毛红军侧记》，88页，中共中央党校出版社1993年版。
④ 刘安恭曾经留学苏联，学习军事，回国后于1929年上半年被派遣到红四军，担任过军委书记、政治部主任等职。后任第2纵队司令。1929年10月在闽粤边界的战斗中牺牲。
⑤ 中共中央文献研究室编：《朱德年谱（新编本）》上，145页，中央文献出版社2006年版。

的工作，设立军委有助于改进这些缺点；也有人反对设立军委，认为在游击战争环境中有前委直接指导就行了，没有必要实行前委和军委的分权。出乎意料的是，争论既起，便有无限扩大之势，关于红军建设和作战的诸多问题的不同意见纷纷冒了出来，而且逐渐超出红四军的领导层，把各级人员都卷了进来。

1929年5月底，前委在闽西永定湖雷召开会议（即"湖雷会议"）。会上，前委内部围绕着如何实现党的领导、前委和军委关系等问题发生争论，而争论更多的是前委的领导方式问题。①6月8日前委在闽西上杭白砂召开扩大会议（即"白砂会议"），继续展开争论，毛泽东和朱德把分歧摆到了桌面上。《朱德年谱（新编本）》记述了大致情况：

毛泽东在会议上提出书面意见，认为前委、军委分权，"前委不好放手工作，但责任又要承担，陷于不生不死的状态"；指出"对于决议案没有服从的诚意，讨论时不切实争论，决议后又要反对且归咎于个人，因此，前委在组织上的指导原则根本发生问题"；表示"我不能承担这种不生不死的责任，请示马上调换书记，让我离开前委"。朱德在党以什么方式领导红四军的问题上发表意见，认为党应该经过无产阶级组织的各种机关（苏维埃）起核心作用去管理一切；表示极端拥护一切工作归支部的原则，并认为红四军在原则上坚持得不够，成为一切工作集中于前委，前委对外代替群众机关，对内代替各级党部；还认为党员在党内要严格执行纪律，自由要受

---

① 《毛泽东年谱（1893—1949）》记载：5月底，毛泽东在永定湖雷主持召开红四军前委会议。会上，对个人领导和党的领导、前委和军委分权等问题发生争论。一种意见要求成立军委，认为"既名四军，就要有军委"，建立军委是为了完成党的组织系统；指责前委"管得太多"，"权力太集中"，"代替了群众组织"，是"书记专政"，有"家长制"倾向。一种意见认为，领导工作的重心还在军队，"军队指挥需要集中而敏捷"，由前委直接领导和指挥更有利于作战，不必设重叠的机构，并批评硬要成立军委实际上是"分权主义"。争论结果，未能统一，前委的民主集中制领导原则无法贯彻实行，书记难以继续工作。（《毛泽东年谱（1893—1949）》上卷，276—277页，人民出版社、中央文献出版社1993年版）

到纪律的限制,只有赞成执行铁的纪律,方能培养全数党员对党的训练和信仰奋斗有所归依。这次会议以三十六票对五票的压倒多数通过了撤销军委的决定。①

萧克对毛、朱在这次会议上的分歧作了更详尽一些的记述:

毛泽东认为,由于前委和军委的根本分歧使党的"三个最大的组织原则发生动摇"。第一,有人反对党管一切,说"党管得太多了,权太集中于前委了";第二,有人反对一切归支部,说"支部只是教育同志的机关";第三,有人反对党员的个人自由受限制,要求党员要有相当的自由。有人"主张党过问的范围是要限制的",甚至说"一支枪也要过问党?"毛泽东认为,由于组织上的指导原则发生根本问题,所以现在的工作没法开展,"完全做不起来"。所以,他提出了辞职,他说他不能担负这种不生不死的责任,请求马上更换书记,让他离开前委。

朱德对毛泽东三条意见提出了不同看法。第一,他认为"党管理一切为最高原则,共产主义中实在找不出来",并说这种口号"是违背党的无产阶级专政的主张",所以,他不同意"党管一切"的说法。第二,对于"一切工作归支部"的原则,他是"极端拥护的",但是他认为四军在原则上坚持得不够,成为"一切工作集中于前委"。前委"对外代替群众机关,对内代替各级党部","这样何尝有工作归支部呢?"第三,他认为党员在党内要严格执行纪律,自由要受纪律的限制,他认为"只有赞成执行铁的纪律,方能培养全数党员对党的训练和信仰奋斗有所归依"。同时,他指出,恰恰在这个问题上,前委书记毛泽东没有做好,不仅自由发表意见,自由谩骂

---

① 中共中央文献研究室编:《朱德年谱(新编本)》上,148页,中央文献出版社2006年版。

同志，而且对中央和省委的指示也不认真执行。①

6月上旬，红四军进驻闽西连城的新泉、才溪一带休整。因为"白砂会议"的争论未能得出结论，加上前委领导号召"放手争论"，所以在新泉、才溪休整期间，红四军党内争论激烈起来。萧克回忆说：

四军驻新泉的七八天，连以上尤其是支队、纵队干部天天开会，老是争论这么几个问题：党应不应当管理一切？是管理一切、领导一切还是指导一切？等等。当时，领导上号召大家发表意见，放手争论。②

6月14日毛泽东根据前委提出的"各作一篇文章，表明他们自己的意见"③的要求，给当时任第1纵队司令的林彪写了一封信，发展了他在"白砂会议"上的意见，把这场争论所涉及问题列为14个：（一）个人领导与党的领导；（二）军事观点与政治观点；（三）小团体主义与反小团体主义；（四）流寇思想与反流寇思想；（五）罗霄山脉中段政权问题；（六）地方武装问题；（七）城市政策与红军军纪问题；（八）对时局的估量；（九）湘南之失败；（十）科学化、规律化问题；（十一）四军军事技术问题；（十二）形式主义与需要主义；（十三）分权主义与集权；（十四）其他腐败思想。毛泽东认为，争论的主要问题，是"个人领导与党的领导"问题，这也是"四军历史问题的总线索"④。毛泽东认为，四军的大部分是从旧式军队脱胎出来的，而且是从失败环境中拖出来的。既然是从旧式军队脱胎出来

---

① 萧克：《朱毛红军侧记》，90—91页，中共中央党校出版社1993年版。萧克没有明确指出毛、朱的这些意见是在"白砂会议"上提出的，说得有些含糊。但与《朱德年谱（新编本）》相印证，萧克所记述的毛、朱分歧，就是毛、朱在"白砂会议"上所发表的各自意见。
② 萧克：《朱毛红军侧记》，93页，中共中央党校出版社1993年版。
③ 金冲及主编：《毛泽东传（1893—1949）》上，201页，中央文献出版社1996年版。
④ 《毛泽东军事文集》第1卷，74页，军事科学出版社、中央文献出版社1993年版。

的，便带来了旧思想、旧习惯、旧制度的拥护者；既然是从失败环境中拖出来的，党的组织便非常薄弱，"十分原因中有九分是靠了个人领导才得救的，因此造成了个人庞大的领导权"。这些原因综合在一起，造成了四军内部"个人与党斗争的盈虚消长"①。红四军内部近期发生的争论，"就是个人领导和党的领导争雄的具体的表现"②，而且他把这场争论上升到"两个思想系统的斗争"③的高度。

从掌握的史料看，红四军内部的这场争论主要是在党内进行的。但是，争论涉及党委（支部）领导和士兵委员会的关系问题。毛泽东在给林彪的信中写道：

为要成立新的指导机关——军委，便不得不搜出旧的理由，攻击旧的指导机关——前委以至支部。他们提出攻击的理由最具体的是：（一）党代替了群众的组织，（二）四军党内有家长制。他们这种攻击又全陷于形式主义。党的组织代替群众组织，自有四军党以来就是严禁的，就前委指导下的工农组织说来，未曾有党的支部代替过工农协会的事，就士兵组织上说，未曾有任何一连的连支部代替过士兵委员会的事，这是四军中有眼睛的人都见到的。至于党部机关代替了群众机关或政权机关，如纵委代替了纵队士委、纵队司令部、纵队政治部，前委代替了军士委、军司令部、军政治部，亦是从来没有过。④

从这段反驳"党代替了群众的组织"的话来看，在红四军党内的这场争论中，有人指责党的组织代替了群众组织如士兵委员会，限制了群众的

---

① 《毛泽东军事文集》第1卷，71页，军事科学出版社、中央文献出版社1993年版。
② 《毛泽东军事文集》第1卷，74页，军事科学出版社、中央文献出版社1993年版。
③ 《毛泽东军事文集》第1卷，70—71页，军事科学出版社、中央文献出版社1993年版。
④ 《毛泽东军事文集》第1卷，77—78页，军事科学出版社、中央文献出版社1993年版。

民主权利。毛泽东不赞成这个意见，认为红四军自成立以后就不存在党的组织代替群众组织的问题，而党的组织决定重大问题也必须经过集体讨论，征求群众意见，并不存在"只有个人命令没有集体讨论"的"家长制"。至于"纵委或前委的领导加强，一切问题（凡是他们所需要提出的）都能够提出到会议席上讨论决定，然后通知政权机关负责同志去执行，否则谓之自由行动（如自由支配财政、自由支配枪弹等）"这种现象，是"党部领导力量加强的证例，我们不能不承认这是一种进步的现象"①。那种指责"党代替了群众的组织"和"四军党内有家长制"的意见之所以不正确，是因为这种意见体现了基于"唯心主义"和"个人主义"的"分权主义"，而这种分权主义是"与无产阶级的斗争组织（无论是阶级的组织——工会，与阶级先锋队的组织——共产党，或它的武装组织——红军）不相容的"②。毛泽东在这里并不否定士兵委员会这种发扬民主主义的群众组织形式，而是否定以维护士兵委员会的权力为由头而否定党的领导或与党的领导"争权"。在毛泽东看来，军队的一切都应置于党的领导之下，而限制党对军队的领导是绝对不允许的。他高度评价了江西红军独立二、四团的领导体制："至于二、四团，四军的同志见了他们直是惭愧万分，他们是指导员支配军官的，前五册（可能是指"花名册"——引者注）上军官的名字列在指导员的后面，一个子弹不问过党不能支配，他们是绝对的党领导。"③由此可见，毛泽东明确主张党领导军队，就是要管军队的一切，不仅仅要管"行动问题"，也要管"军事问题"；任何群众组织都不能妨碍党对军队的领导，不能妨碍党的意志和决策在军队中的贯彻落实，不能只讲民主而不要集中，而集中的权力在党，而不在个人。毛泽东在给林彪的信中，除了前面引述的话之外，

---

① 《毛泽东军事文集》第1卷，78页，军事科学出版社、中央文献出版社1993年版。
② 《毛泽东军事文集》第1卷，80页，军事科学出版社、中央文献出版社1993年版。
③ 《毛泽东军事文集》第1卷，73页，军事科学出版社、中央文献出版社1993年版。

还有两处强调了党领导军队的"绝对"性①。

6月22日，召开了中共红四军第七次代表大会。这次会议的目的是停止党内争论，增强党内团结。陈毅作为会议主持人作了报告，毛泽东、朱德都发了言，最后大会通过了《红军第四军第七次代表大会决议案》，并选举了新的前委，毛泽东、朱德都入选前委，但毛泽东的前委书记一职却被选掉了，陈毅当选前委书记。这次代表大会的决议案，采取了两个方面都批评的立场，部分地接受了毛泽东的主张，如承认"党管一切"②与党的组织原则并不矛盾，否定了前委之下设军委的必要性，否定了"书记专政"的指责，否定了红四军党组织犯了"代替群众组织的错误"，否定了红四军存在"上级党包办了支部的工作"的现象，同时也否定了毛泽东所强调的"个人与党争权"的指责，认为红四军绝没有个人"与党争权"的事实，红四军党内争论"并不是简单的两种路线思想的斗争的结果"。决议批评了毛泽东"见着前委有'不生''不死'的状态，不去积极挽救，反施以消极态度，这是不对的"，同时也对朱德的思想方法和工作作风提出批评，认为他给林彪的信③所谈的意见是不正确的。尽管这次会议是从团结的愿望出发的，但由于就事论事地解决问题，没有从原则上分清是非，没有分析清楚错误何在及其根源，因此没有能够真正解决红四军党内的分歧，也不能真正克服在这场争论中充分表现出来的单纯军事观点、流寇思想、极端民主化、军阀主义残余等非无产阶级思想。特别是选掉了毛泽东由中央任命的前委书记职务，这不仅违背了组织原则，而且极大削

---

① 一句话："这是党的领导权在四军里不能绝对建立起来的第二个原因"；再一句话："党在这个时期中不能有绝对的指挥权"。(《毛泽东军事文集》第1卷，71—72页，军事科学出版社、中央文献出版社1993）年版

② 毛泽东本人并没有"党管一切"这样的提法，而是强调"党的领导"。

③ 因为林彪在"白砂会议"召开前几个小时给毛泽东写了一封信，指责朱德用手段拉拢部下，想成立军委以脱离前委领导。毛泽东公布了林彪的信。朱德在"白砂会议"之后，1929年6月15日给林彪写了一封信，表明对争论问题的看法。见《朱德年谱（新编本）》上，150—151页，中央文献出版社2006年版。

弱了红四军的领导力量。

红四军"七大"之后,毛泽东离开部队到闽西蛟洋休养,同时帮助和指导闽西特委工作。陈毅则受前委委托赴上海向中共中央汇报和请示工作。在此期间,红四军在朱德指挥下分两路进行反三省"会剿"作战,一路留在闽西坚持内线作战,主力向闽中出击,跳到外线作战,到8月底打破了闽粤赣三省国民党军的"会剿"。9月中旬红四军召开第八次党代表大会,继续讨论"七大"讨论的那些问题,仍然没有能得出结论,因而未能统一思想。10月,红四军主力根据中共中央指示南下东江,但行动受挫。

红四军党内的这场争论持续了将近半年,影响极其深远。实事求是地说,这场争论完全是党内同志之间不同意见的争论,红四军"七大"决议案关于这场争论的定性是基本准确的。就是说,当时红四军内部并不存在个人与党争权的问题。当时所争论的并不是要不要党的领导,而是党如何领导的问题。具体而言,是前委的领导方式问题,即集权和分权的问题。以毛泽东为一方的同志主张"党的领导"应是"集权式"的,党不仅要管政治工作,而且要管军事工作,军队的一切都应置于党的领导之下;以朱德为一方的同志则认为军队必须置于党的领导之下,但党的领导不能代替行政机关和群众组织,特别是前委不能包办一切。其实,这背后所隐含的问题是如何处理集中与民主的关系问题,特别是怎样看待党领导红四军的机关——前委集权的问题。毛泽东坚持党对军队的绝对领导、强调前委实行集权,无疑是正确的,对争论中错误意见的剖析也是准确并且高屋建瓴的,但他在工作方法上的简单、急躁则在一定程度上妨碍了党内民主,特别是对待不同意见缺乏必要的耐心,这使得他的正确主张难以为当时的大多数人所接受,从而加剧了这场旷日持久的党内争论,也导致了他的前委书记一职被选掉。①另外，以毛泽东为一方所强调的"党管一切"这个提法，因为不严谨而容易产生歧义。②但这不是矛盾的主要方面。矛盾的主要方面，还是一些人的"分权主义"，即极端民主化倾向。这部分同志更看重民主的形式，而忽视战争环境中党领导军队的实际需要和成效，其结果就是过分强调民主而否定了必要的集中，其客观效果就是纵容极端民主化而削弱党的领导，妨碍以党的意志统一全军的意志。在这个原则问题上，毛泽东不作任何让步，无疑是正确的。

还需要强调的是，红四军党内爆发的这场争论绝非个人权力之争。毛泽东作为这场争论的关键人物之一，被取消前委书记职务后，并没有利用个人威望带走跟随他从湘赣秋收起义中走出来的部队，而是选择只身离开，到闽西去做地方工作，表现出一个信仰共产主义的共产党人的操守和原则。朱德同样是一个真正的共产主义者。他在南昌起义失败后把起义军余部带出来，为党保留了革命的种子，这个历史功绩是非凡的。但他并没有把这支部队视为自己的囊中私物，始终把它作为党的武装力量。在"赣南三整"③期间，他就着手在部队中建立党的领导，用党的理想、信念统一官兵意志，通过党组织来领导部队。红四军"七大"后他曾几次主动请毛泽东回来，接到中央"九月来信"后更是捐弃前嫌，积极欢迎毛泽东回到前委书记位置上，共同为召开中共红四军第九次代表大会作准备。历史证

---

① 黄克诚回忆，红3军团第3师宣传科长何笃才（曾在红1军团工作）对他说，毛泽东这个人很了不起！论本事，还没有一个人能超过毛泽东；论政治主张，毛泽东的政治主张毫无疑问是最正确的。黄问他，既然如此，你为什么要站到反对毛泽东的一边呢？（指红四军"七大"前后的那场争论）他说，他不反对毛泽东的政治路线，而是反对毛泽东的组织路线。黄问他，毛泽东的组织路线究竟有什么问题？他说，毛泽东过于相信顺从自己的人，对待持不同意见的人不能一视同仁，不及朱老总宽厚坦诚。（《黄克诚自述》，100—101页，人民出版社1994年版）

② 中央"九月来信"否定了这个提法，指出："党管一切这口号，在原则上事实上都是行不通的，党只能经过党团作用作政治的领导。"（《中共中央文件选集》第5册，487页，中共中央党校出版社1990年版）

③ 1927年10月，朱德率领南昌起义军余部转移赣南，在天心圩、大庾、上堡等地对部队进行整编，统一官兵思想，建立党组织，缩编部队，进行军事训练，史称"赣南三整"。

明，毛泽东指责朱德"个人领导和党的领导争雄"是不恰当的。他们之间发生争执，完全是因为在建军、作战及党的领导方式等一系列问题上累积了太多的不同意见，这是一次总的爆发，但并没有超出党内争论的范围。1931年4月苏区中央局扩大会议决议，把这场争论定性为"流氓路线曾经在四军七次代表大会正式进攻，起了领导作用，统治了前委，党的正确路线，一时失败"，是错误的。① 当然，这绝不是说他们之间的争论没有是非之分。他们所争论的问题，绝大部分关系到军队建设方向的大是大非问题，反映了单纯军事观点、流寇主义、小团体主义、军阀主义残余等旧思想对无产阶级建军思想的冲击，特别是反映了极端民主化倾向对党的领导的冲击，而这种冲击如果不能被有效阻止的话，对于党和红军将是致命的。要结束争论、统一思想，需要从理论上正确解决红军建设面临的一系列重大问题，在分清是非的基础上确立红军建设应遵循的基本原则。

解决好党如何领导军队，以及处理好党的领导和军队内部民主主义的关系，很重要的就是要克服极端民主化，确保在充分发扬民主的基础上实现正确集中，确保党对军队的绝对领导。这既是应付残酷的战争环境所必需的，也是坚持人民军队性质所必需的。

五、中央"九月来信"为结束争论指明方向

红四军"七大"前后爆发的这场争论，反映了红四军党内对军队建设的一系列事关根本、事关方向的重大问题存在着不同主张。毛泽东归纳的14个问题，涉及建军、作战、部队管理、根据地建设等方方面面的问题。之所以会出现这样的分歧，原因是多方面的。

第一，在半殖民地半封建的中国社会中建设无产阶级领导下的新型人民

---

① 《接受国际来信及四中全会决议的决议——苏区中央局扩大会议的决议第1号》（1931年4月）。

军队是一个全新的实践,没有任何可以直接借鉴的成熟经验,探索中出现不同意见是完全正常的现象,因为人们的认识水平特别是政治水平是高低不等的。在红四军的领导集体中,毛泽东站得更高,看得更远,更善于从本质上认识和解决问题,他的正确意见一时不被其他同志所接受,实属难免。

第二,一些从旧军队过来的同志还没有彻底摆脱旧式军队的习惯和传统,不善于从实现党的政治任务的高度来思考和谋划红军的建设和作战问题,不懂得中国共产党领导的军队完全不同于所有的旧式军队,其建设和作战必须完全服从党的政治任务,并且必须实行一整套全新的原则,因而难免同新思想、新做法、新制度发生抵触。这就是毛泽东所说的:"红军既是从旧式军队脱胎变来的,便带来了一切旧思想、旧习惯、旧制度的拥护者和一些反对这种思想、习惯、制度的人作斗争。"[1]

第三,还有一些同志教条主义地搬用苏联建军经验,以为所有不合于苏联红军模式的做法,都是不对的。毛泽东所说的"一种形式主义的理论从远方到来"(当时中共党内把苏联称为"远方")[2],就是指这个问题。毛泽东所批评的"不从需要上实际上估量,单从形式上去估量"[3],指的也是这个问题。

第四,红四军是在残酷的战争环境中创建的,从诞生的那一天起就承担着繁重的作战任务和建设根据地的任务。党领导军队制度和军队内部民主主义制度不可能一下子就完善起来,工作机制和方式存在着某些不健全和缺陷,再加上人才缺乏,大多数领导干部在党内担任职务,同时在行政上也担任职务,这就很容易造成工作中的党政不分、党组织越俎代庖的问题。

第五,极端民主化倾向则加剧了争论,使得这场本来在领导人之间产

---

[1]《毛泽东军事文集》第1卷,71页,军事科学出版社、中央文献出版社1993年版。
[2]《毛泽东军事文集》第1卷,73页,军事科学出版社、中央文献出版社1993年版。
[3]《毛泽东军事文集》第1卷,78页,军事科学出版社、中央文献出版社1993年版。

生的意见分歧扩大到部队各级,并且使之难以平息,旷日持久。关于这一点,中央"八月来信"和"九月来信"都明确指出并给予了批评。

解决这场涉及根本、涉及方向的争论,是不能就事论事的。毛泽东在红四军"七大"召开前就提出建议:通过总结过去斗争经验的办法达到统一认识,解决红军建设中存在的主要问题,以提高红军的政治素质和战斗力。①但是,毛泽东的这个建议没有被采纳。正是因为没有能够从政治原则的高度来解决红四军党内的争论问题,所以红四军"七大"没有能够解决问题。红四军"八大"继续就事论事,所以也没有得出什么结果,党内分歧依旧。

要从原则的高度解决问题,首先要克服极端民主化倾向,回到民主集中制的轨道上来,否则只能陷于无休止的争论中而不能自拔。红四军党内发生的激烈争论,已经使人们开始认识到民主是必要的,但走向极端民主化则十分有害——在极端民主化的政治环境中,是做不成任何事情的。陈毅于1929年9月初在给中共中央的《关于朱毛红军的党务概况报告》中指出,红四军党内存在极端民主化的倾向,他说:

四军是由国民革命军改造而来,在初期一般官(兵)同志,皆十足的盲目服从上级,渐渐由党的在下层的发动,一般官兵同志渐渐能够讲话发表意见,到最近又犯了极端民主化的毛病,上级的命令未经下级讨论,下级便不执行或者说上级包办,说上级是家长制。军事机关的命令也常有托故不执行的毛病。②

解决问题的契机,来自中央的"九月来信"。10月底,陈毅带着中央

---
①《毛泽东传(1893—1949)》上,202页,中央文献出版社1996年版。
②《中共中央文件选集》第5册,775—776页,中共中央党校出版社1990年版。

"九月来信"回到红四军。

早在7月间,中共中央在收到红四军"七大"决议案和陈毅的报告后即复信(即中央"八月来信")指出,红军中的党,"必须采取比较集权制,才能行动敏捷,才能便于作战,才能一致地战胜敌人";红军中"党的书记当然要多负些处理日常事务与临时紧急处置的责任——这是书记的责任,绝对不是家长制";"党的一切工作事务一切问题都要拿到支部中去讨论去解决——这是极端民主化的主张",红军"绝对不容许有此种倾向之生长"。①中共中央不赞成红四军党内开展这样的争论,同时支持了毛泽东的基本主张。这封信所明确提出的"比较集权制"这个概念,是当时对"民主集中制"的表述。从现有史料看,没有材料证明毛泽东看到过这封信,也没有材料证明毛泽东对这封信作出过什么反应。②

陈毅于8月下旬到达上海后,中共中央政治局于8月29日召开临时会议专门听取了汇报,并决定周恩来、李立三、陈毅三人组成委员会,由周恩来负责召集,陈毅执笔,起草中共中央给红四军前委的指示信(即中央"九月来信")。这封信有两处指示涉及红四军党内的集中和民主关系问题。

第一处:"军队中的民主化问题 红军不是与工会农会同等的组织,他是经常与敌人在血搏状态中的战斗组织,他的指挥应该集中。固然红军的兵士应该以政治教育发动他们自觉向上,但绝不能动摇指挥集中这个原则。军队中民主化只能在集中指导下存在,并且实行的限度必须依据客观条件

---

① 《周恩来军事文选》第1卷,86、87页,人民出版社1997年版。
② 关于这封信的记载,大部分有关史书阙如,仅《中国工农红军第一方面军史》有记述。其中这样记述:中共中央收到红四军党的"七大"决议和陈毅的报告后,于8月13日召开政治局会议进行讨论。中央政治局常委周恩来根据讨论精神,起草了《中央给四军前委的指示信》(即中央8月21日指示信),指出,红四军党的"七大"侧重于解决内部纠纷是不正确的,批评了"前委同志号召'大家努力来争论'"和"刘安恭同志企图引起红军党内的派别斗争"的错误;肯定了地方武装与红军同时扩大和暂不设红四军军委是正确的。(《中国工农红军第一方面军史》,130—131页,解放军出版社1993年版)

来决定伸缩，不应漫无限制，以妨害军纪之巩固。"

第二处："集权制问题　党的一切权力集中于前委指导机关，这是正确的，绝不能动摇。不能机械地引用'家长制'这个名词来削弱指导机关的权力，来作极端民主化的掩护。前委对于一切问题毫无疑义应先有决定后交下级讨论，绝不能先征求下级同意或者不作决定俟下级发表意见后再作决定，这样不但削弱上级指导机关的权力，而且也不是下级党部的正确生活，这就是极端民主化发展到极度的现象。前委在前次党的争论问题，即表示这个弱点，这是一个损失。"①

中央"九月来信"规定了红四军党内处理集中与民主关系的基本原则：（1）红四军的一切权力集中于前委，实行集权制；（2）军队内部的民主化必须是有限度的，以不能妨碍集中为原则；（3）红军党内民主必须是集中指导下的民主，必须杜绝一切先交下级讨论、上级在下级发表意见后再作决定的错误做法；（4）坚决反对极端民主化倾向。这些原则，为解决红四军党内争论指明了方向，同时也为加强党对军队的领导和正确发扬民主指明了方向。值得注意的是，中央"九月来信"明确把民主集中制表述为"集权制"，去掉了中央"八月来信"在"集权制"前面加的"比较"这个修饰词。这是对毛泽东意见的进一步肯定。

同时，来信还指出了红四军党内这场争论本身的弊端：第一，前委对朱、毛之间的问题，交给下级自由讨论，客观上放任关门闹纠纷；第二，没有从政治上指出正确路线，使同志们得到一个政治领导来判别谁是谁非，只是在回答一些个人问题；第三，前委扩大会议及红四军"七大"客观上助长了极端民主化的发展；第四，对朱毛问题没有顾及他们在政治上责任

---

① 《中共中央文件选集》第5册，484、486页，中共中央党校出版社1990年版。

之重要，放任群众的自由批评，影响两人的威信。因而，"不但不能解决问题，而且只有使纠纷加重"①。这就是说，这场争论本身所暴露出来的就是极端民主化倾向，而要解决争论，首先就要纠正极端民主化倾向。

更重要的是，中央"九月来信"回答了红军的根本任务、纠正错误思想倾向、坚持民主集中制、开展思想教育等一系列重大问题，从而为红四军党内从政治和理论高度统一思想、停止争论、实现团结指明了方向。

六、《古田会议决议》：保持军队党的先进性质

毛泽东接到前委信和中央"九月来信"后，于11月26日赴汀州与朱德会合，回到前委书记位置上。

毛泽东到达汀州后于11月28日召开了前委扩大会议，决定召开中共红四军第九次代表大会。同日，他给中共中央写了一封信，说："四军党内的团结，在中央正确指导之下，完全不成问题。"②这表明，毛泽东和朱德都接受了中共中央的批评③，停止了无谓的公开争论，从团结愿望出发，开始携手为召开中共红四军第九次代表大会作准备。12月28—29日，中共红四军第九次代表大会在闽西上杭县古田村召开。④朱德在会议上作军事报告，毛泽东作政治报告，陈毅传达中央"九月来信"并作了以反对枪毙逃兵为主要内容的讲话。会议最后通过了《中国共产党红军第四军第九次代表大会决议案》（即《古田会议决议》）。这个决议是毛泽东亲笔起草的，但在动笔之前，毛泽东和朱德、陈毅用10多天时间召开了纵队、支队和部分大

---

① 《中共中央文件选集》第5册，488页，中共中央党校出版社1990年版。
② 《毛泽东军事文集》第1卷，84页，军事科学出版社、中央文献出版社1993年版。
③ 中央"九月来信"指出"朱毛两同志工作方法的错误"：第一，两同志常采取对立的形式去相互争论；第二，两同志常离开政治立场互相猜测，这是最不好的现象。两同志的工作方法亦常常犯有主观或不公开的毛病。望两同志及前委要注意纠正这些影响到工作上的严重错误。（《中共中央文件选集》第5册，488—489页，中共中央党校出版社1990年版）
④ 这次会议召开的日期见《毛泽东军事年谱》，21页，广西人民出版社1994年版。

队党代表联席会议，还找部分干部、战士谈话，听取不同意见和反映，共同研究解决问题的办法。《古田会议决议》是集体智慧的结晶，毛泽东发挥了主导作用。

从毛泽东11月28日给中央的信看，他希望能从理论高度找到解决问题的答案。他是这样说的："陈毅同志已到，中央的意思已完全到达。惟党员理论常识太低，须赶急进行教育。除请中央将党内出版物（布报、《红旗》、《列宁主义概论》、《俄国革命运动史》等，我们一点都未收到）寄来外，另请购书一批（价约百元，书名另寄来），请垫付，寄付地点＇＇（现保存抄件中，引号内空缺——引者注）。我们望得书报如饥如渴，务请勿以事小弃置。"[①]吸取红四军"七大"的教训，解决争论，统一思想，不能就事论事，而必须从理论上分清军队建设中的大是大非问题，从而有了提高马克思主义理论修养的迫切需要。

《古田会议决议》是以中央"九月来信"为指导形成的[②]，但大大地向前发展了中央"九月来信"的思想，比较系统地解决了红军建设面临的一系列重大问题，确立了建设无产阶级新型人民军队的基本原则，从而被认为是毛泽东人民军队建设思想形成的标志性文献，在人民军队发展史上占有重要地位。

《古田会议决议》内容涉及八个问题：（一）纠正党内非无产阶级意识的不正确倾向问题；（二）党的组织问题；（三）党内教育问题；（四）红军宣传工作问题；（五）士兵政治训练的问题；（六）废止肉刑问题；（七）优待伤病兵的问题；（八）红军军事系统与政治系统的关系问题。[③]在这八个部分中，

---

① 《毛泽东军事文集》第1卷，84页，军事科学出版社、中央文献出版社1993年版。
② 毛泽东在《古田会议决议》中开宗明义地说："大会站在中央'九月来信'的精神之上，指出四军党内各种非无产阶级意识不正确倾向来源，表现，及其纠正方法，号召同志们起来彻底加以肃清。"（《中共中央文件选集》第5册，800—801页，中央中央党校出版社1990年版）
③ 摘自《中共中央文件选集》第5册。第一个问题的标题，在该部分收入《毛泽东选集》第1卷时，改为"关于纠正党内错误思想"。

最重要的是第一部分。这部分内容，言简意赅地阐明了红军的性质、宗旨和任务，明确了红军政治工作的地位、作用和方法，指出了红军党内错误思想产生的根源、表现和纠正方法。这部分内容是整个决议的核心。

如果说三湾改编确立了党对军队的领导权、创造了民主主义的内部环境的话，那么《古田会议决议》则是进一步解决了如何保持党的无产阶级先进性、充分发挥党的领导核心作用问题，从而奠定了保持人民军队性质的基本路径。

第一，依据红军的性质、宗旨和任务，军队必须置于党的绝对领导之下。中央"九月来信"指出红军的基本任务是："一，发动群众斗争，实行土地革命，建立苏维埃政权；二，实行游击战争，武装农民，并扩大本身组织；三，扩大游击区域及政治影响于全国。"并强调"红军不能实现上面三个任务，则与普通军队无异"。①《古田会议决议》发展了这个思想，指出：

……中国的红军是一个执行革命的政治任务的武装集团。特别是现在，红军决不是单纯地打仗的，它除了打仗消灭敌人军事力量之外，还要担负宣传群众、组织群众、武装群众、帮助群众建立革命政权以至于建立共产党的组织等项重大的任务。红军的打仗，不是单纯地为了打仗而打仗，而是为了宣传群众、组织群众、武装群众，并帮助群众建立革命政权才去打仗的，离了对群众的宣传、组织、武装和建设革命政权等项目标，就是失去了打仗的意义，也就是失去了红军存在的意义。②

---

① 《中共中央文件选集》第5册，477页，中共中央党校出版社1990年版。
② 《毛泽东军事文集》第1卷，87页，军事科学出版社、中央文献出版社1989。在原稿上，这段话的文字是这样的："……不知道红军的任务，在意义上，是一个执行阶级的政治任务的武装集团。在工作上，特别中国现在的工作上，他决不仅是单纯的打仗的，他除了打仗一件工作之外，还要担负宣传群众，组织群众，武装群众，帮助群众建设政权等重大任务。红军之打仗不是为了打仗而打仗，乃是为了宣传群众，组织群众，武装群众，帮助群众建设政权才去打仗的。离了对群众宣传组织武装政权等目标，就完全失了打仗的意义，也就根本失了红军存在的意义。"摘自《中共中央文件选集》第5册，801页，中共中央党校出版社1990年版。

这个内容奠定了整个决议的理论基础，是确定红军建设大方向的出发点。它指明，红军是执行党的政治任务的武装集团，因此红军的任务绝不仅仅是打仗；红军打仗的意义，也绝不仅仅为消灭敌人军事力量，而是为了实现党的政治任务，即宣传、组织、武装群众和建设革命政权。这就从根本上决定红军必须置于党的绝对领导之下，而党领导军队也绝不只是"管政治"，而且要"管军事"，即"党对于军事工作要有积极的注意和讨论"。这就意味着，军队的一切都要由党说了算，而不能由军事将领个人说了算，从而保证军队的领导权和指挥权牢牢掌握在党的手中。当然，这并不是要求红军党的领导机关代替军事指挥员行使指挥职能，也不是要求红军党的领导机关代替行政机关和群众组织去包办一切，而是强调党对红军的军事工作、行政工作、群众工作的全面领导，红军建设和行动的大政方针必须出自党的领导机关。也就是说，党实行政治领导，而党的政治领导必须贯彻到军队各个方面工作之中。

由于坚持党对军队的绝对领导，由于军队必须执行党的政治任务，这样就出现了军队内部军事系统与政治系统的关系问题。对于当时的红军来说，对内有军事建设和思想政治建设两个方面任务，对外有宣传、组织、武装群众和建设革命政权的政治任务。在完成这些任务的过程中，如何把握和处理红军中的军事系统与政治系统的关系问题，决定着党能不能牢牢掌握军队，也决定着党领导建立的根据地政权归谁领导和控制。《古田会议决议》明确规定，红军的内部组织关系，绝不是政治系统隶属军事系统，而是在上一级党委的统一领导之下，军事系统和政治系统"平行地执行工作"[1]，互不隶属。唯有如此，才能防止红军"走到脱离群众、以军队控制政权、离开无产阶级领导"[2]的道路上去。国民党军队中的政治系统实际上成

---

[1]《毛泽东军事文集》第1卷，122页，军事科学出版社、中央文献出版社1993年版。
[2]《毛泽东军事文集》第1卷，87页，军事科学出版社、中央文献出版社1993年版。

为军事系统的附庸,从而造成军事将领个人权力膨胀,以军队控制政权的局面。《古田会议决议》以维护党对军队的领导权为轴心来确定军队政治系统和军事系统的关系,对于加强政治工作、防止军队变质具有深远的历史意义。

第二,必须及时纠正形形色色的非无产阶级思想,以保持党的无产阶级先进性质。红四军党内爆发争论,具有历史的必然性。因为,红四军不是从天上掉下来,而是在中国这片土壤上诞生的,以农民为主体,骨干大多来自旧军队。再加上中国革命战争的道路、方法不是现成的,一切都在探索之中。因此,军如何建,仗如何打,根据地如何搞,肯定会有不同意见,也肯定会冒出各种各样的错误意见,而这些错误意见背后往往有非无产阶级思想在作祟。因此,解决红军党内分歧也往往不能就事论事,而需要在克服形形色色的非无产阶级思想上下功夫。克服非无产阶级思想是坚持党的绝对领导,保证红军党的无产阶级先进性质的重要保证。

《古田会议决议》提出了克服非无产阶级思想的任务。一是从理论上指出错误思想的实质、危害及其产生的根源和纠正的办法,决议对红军中存在的单纯军事观点、极端民主化、非组织观点、绝对平均主义、主观主义、个人主义、流寇思想的分析和批判,充分体现了这样的精神,因此成功地化解了红四军党内围绕着军如何建、仗如何打所产生的一系列分歧,统一了思想。二是开展必要的思想斗争。《古田会议决议》指出,"党的领导机关对于这些不正确的思想缺乏一致的坚决斗争"[1],是这些错误思想存在和发展的重要原因,因此党的领导机关对于各种非无产阶级思想绝不能姑息,而应该及时加以纠正,防止其泛滥。三是开展政治训练,提高党员政治觉

---

[1]《毛泽东军事文集》第1卷,86页,军事科学出版社、中央文献出版社1993年版。

悟和理论水平。《古田会议决议》指出："红军党内最迫切的问题，要算是教育的问题。"①党内要有计划地开展教育，使党员树立正确的观念，增强抵制错误思想的能力。四是坚决克服党组织的松懈涣散状况，贯彻正确的组织路线，严肃党的纪律，严格党员条件，及时清除不合格分子，保证党组织的坚强和纯洁。

第三，必须反对极端民主化，厉行集中指导下的民主。红四军"七大"前后的争论主要发生在党内，反映了极端民主化在红四军党内有了相当发展。中央"九月来信"针对这个问题，要求红四军"纠正一切不正确的倾向"，其中包括"极端民主化"②，强调"军队中的民主化只能在集中指导下存在"③。这种集中指导下的民主，就是"前委对于一切问题毫无疑义应先有决定后交下级讨论，绝不能先征求下级同意或不作决定俟下级发表意见后再作决定"，而后者就是"极端民主化发展到极度的现象"④。《古田会议决议》在第一个部分中专门论述了纠正极端民主化的问题，指出极端民主化的危险，"在于损伤以至完全破坏党的组织，削弱以至完全毁灭党的战斗力，使党担负不起斗争的责任，由此造成革命的失败"，并指出极端民主化来源于"小资产阶级的自由散漫性"，而"这种自由散漫性带到党内，就成了政治上和组织上的极端民主化的思想"。这种思想是和无产阶级的斗争任务根本不相容的。⑤纠正极端民主化，必须厉行集中指导下的民主生活。《古田会议决议》确定了实行这种民主生活的基本原则：

1. 党的领导机关要有正确的指导路线，遇事要拿出办法，以建立领导

---

①《毛泽东军事文集》第1卷，103页，军事科学出版社、中央文献出版社1993年版。
②《中共中央文件选集》第5册，487页，中共中央党校出版社1990年版。
③《中共中央文件选集》第5册，484页，中共中央党校出版社1990年版。
④《中共中央文件选集》第5册，486页，中共中央党校出版社1990年版。
⑤《毛泽东军事文集》第1卷，89页，军事科学出版社、中央文献出版社1993年版。

的中枢。

2. 上级机关要明了下级机关的情况和群众生活的情况，成为正确指导的客观基础。

3. 党的各级机关解决问题，不要太随便，一成决议，就须坚决执行。

4. 上级机关的决议，凡属重要一点的，必须迅速地传达到下级机关和党员群众中去。其办法是开活动分子会，或开支部以至纵队党员大会（须看环境的可能），派人出席作报告。

5. 党的下级机关和党员群众对于上级机关的指示，要经过详尽的讨论，以求彻底地了解指示的意义，并决定对它的执行方法。①

这五条强调了民主必须置于集中指导之下，而集中的权力掌握在党的领导机关手里。这样，就要求党的领导机关必须成为整个军队的领导中枢，遇事先由党的领导机关拿出主意，而党的领导机关一旦形成决议，就必须坚决执行，下级部门和单位对于党的领导机关作出的决议没有拒绝的余地；而党的领导机关作决议必须以充分了解下级单位和群众生活的实际情况为客观基础，形成决议后必须及时把决议传达下去，并组织充分讨论以使决议成为群众的自觉行动。

克服极端民主化，还必须克服非组织观点。一是在党内生活中要贯彻少数服从多数的原则，少数人的意见被多数人的意见否决后，必须服从多数人的意见；二是开会时务必使到会者都充分发表意见，如有争论问题，要把是非弄清楚，而不是调和敷衍；三是正确开展党内批评，不应利用批评作为攻击个人的工具，对党委和党内同志的批评应在党的会议上提出。这三条中的第一条，是重要的党内生活原则，是贯彻民主集中制的重要基

---

① 《毛泽东军事文集》第1卷，90页，军事科学出版社、中央文献出版社1993年版。

础。这条原则的精神实质在于，明确规定党的各级组织中的每一个党员，包括书记在内，都只有一票的权利，任何人都没有凌驾于组织之上的特权。这是确保党的领导是集体领导，而不是个人领导的重要原则。

对于解决党内分歧，《古田会议决议》开辟了新路径。一是允许党员在党内充分发表意见，也允许党员对重大问题展开讨论，但不能无限制无限期地讨论或争论下去，该集中时必须集中，党的领导中枢始终要发挥主导作用。二是允许少数人保留自己的意见，但他们在行动上必须服从得到大多数人赞同的决定，不得以任何理由消极抵制。三是党内批评要讲政治，既要反对把批评作为攻击个人的工具，也要反对批评只注意小的方面而不注意大的方面。四是坚决反对站在个人主义立场或小团体主义立场上闹无原则纠纷，一切应从对党、对人民负责的立场出发。

第四，军队内部的民主主义必须有限度，士兵委员会之类的群众性民主组织必须置于党的领导之下。建立士兵委员会，是三湾改编的重大举措，对于在红军中营造民主主义环境、克服军阀主义习气具有重要意义。但后来暴露出来的士兵委员会越权的问题，在一定程度上助长了极端民主化倾向，干扰了党对军队的集中统一领导。这个问题虽然不属于红四军党内问题，但要确保党对军队的领导、纠正极端民主化倾向，有必要加强党对士兵委员会工作的指导，并规范其权限。正是基于纠正极端民主化的考虑，中央"九月来信"明确指出：

四军中兵委（即士兵委员会——引者注）过去有成绩，其组织路线也很正确。其职权规定为监督军队经济，参加军队管理，厉行士兵政治教育，做群众工作，与军事机关的关系用报告建议而不能直接管涉。发生特别事件政治委员有解散兵委之权，兵委开会政治委员列席等。这些规定虽然较之俄国红军兵委权力扩大得很多，但在目前红军游击时期是可以适用的，不过要注意军队中民主化要有限度，否则于斗争是有害的。①

这里提出了军队内部实行民主主义必须坚持的一个重要原则，即有限度原则。士兵委员会为营造军队内部民主环境，建设政治平等的内部关系发挥了重要作用。但是，不适当地扩大士兵委员会的职权，则是有害的。陈毅在给中央的报告中说：红四军存在的缺点之一，就是"士兵委员会的运用不好，有时超出士委职权的范围，有时又不发挥作用，等于空头机关"②。不适当地扩大和运用士兵委员会的职权，特别是从上到下都设立士兵委员会带来的最大问题，就是造成士兵委员会与党的各级组织关系混乱，容易造成士兵委员会与党的各级组织平起平坐的错觉。随着红军建设的发展，红四军领导人逐步认识到不适当地扩大士兵委员会职权的弊端。1929年春前委对红四军士兵委员会的组织和职责进行了调整，规定各级士兵委员会受同级党代表领导，只负建议与咨询之责，不得干预或直接处理部队事务。③

经过红四军"七大"前后这场争论，进一步规范士兵委员会的组织和职权成为共识。《古田会议决议》提出："编制红军法规，明白地规定红军的任务，军事工作系统和政治工作系统的关系，红军和人民群众的关系，士兵会的权能及其和军事政治机关的关系。"④同时规定："大队士兵会不设党团，工作由支委指导。纵队士兵会要设党团，此党团受纵委指导。"⑤这样，就明确把士兵委员会置于党的领导之下，加强了党对士兵委员会的指导。

---

① 《中共中央文件选集》第5册，483—484页，中共中央党校出版社1990年版。
② 《中共中央文件选集》第5册，770页，中共中央党校出版社1990年版。
③ 《中国工农红军第一方面军史》，129页，解放军出版社1992年版。
④ 《毛泽东军事文集》第1卷，89页，军事科学出版社、中央文献出版社1993年版。
⑤ 《毛泽东军事文集》第1卷，102页，军事科学出版社、中央文献出版社1993年版。

随着党领导军队制度和政治工作制度的不断完善，红军中的军阀主义问题得到越来越强有力的纠正，士兵委员会的主要功能逐步萎缩，这一组织形式也日渐式微直至被废除。1930年9月，中共第六届中央委员会第三次扩大会议通过的《中央政治局关于苏维埃区域目前工作计划》明确规定："原有士兵委员会的组织，要使他的权限逐渐缩小一直做到消灭。当然新创立的红军或是新从敌人军队中瓦解过来的红军，还是要经过士兵委员会这一组织的。"①对此，周恩来在这时召开的中共中央军事委员会扩大会议的讲话中有具体说明："红军中只能有党的领导，党要运用集中指导的原则来建立权威，政治委员在这一原则上有他的极重要的作用。士兵委员会要把上层组织完全取消，连的兵委组织要逐渐减少它的职权，一直做到取消。"②时隔一年，1931年9月苏区中央局秘书欧阳钦在给中共中央的报告中说："士兵会现在仍有工作，以连的单位组织，直属部以伙食单位，没有上层的机关，在政治委员领导下工作，他们的工作审查经济文化运动——识字壁报娱乐等，参加群众工作及帮助维持军容风纪等，但对于军事行动则不干予（预）。"③这反映了士兵委员会已经萎缩，不仅取消了军队上层的士兵委员会，而且连队士兵委员会的职权也日益局限于连队伙食管理、士兵教育等。

限制士兵委员会职权，直至废除这一组织形式，并不是要取消红军的民主主义，而是反映了军队内部民主必须有限度这一原则的要求，体现了军队不同于其他社会组织的特殊性，适应建立和增强党的领导的权威、确保全军意志的统一和行动的一致的需要。士兵委员会在红军创建初期，对于营造军队内部民主主义环境、克服军阀主义残余、实现官兵政治平等发

---

① 《中共中央文件选集》第5册，461页，中共中央党校出版社1990年版。
② 《周恩来军事文选》第1卷，124页，人民出版社1997年版。
③ 欧阳钦：《中央苏维埃区域报告（党政军群工作的综合报告一二次战争及富田事变）》（1931年9月3日于上海），引自中国人民解放军政治学院党史教研室编《中共党史参考资料》第6册，403页。

挥了极其重要的作用。但这种组织形式运用得不好，会激发极端民主化倾向，不利于党对军队的集中统一领导，不利于应付残酷的战争环境。何况红军内部的官兵一致、政治平等，更根本的还是靠党的领导和革命的政治工作。《古田会议决议》中关于废止肉刑问题的主要措施，不是强调发挥士兵委员会的作用，而是强调通过最高军政机关"会衔发布废止肉刑的通令，并颁布新的红军惩罚条例"①，而通令发布后，一方面军政机关要加强对官长的教育和约束，另一方面士兵委员会则要教育士兵自觉遵守纪律。在这里，士兵委员会的主要功能不再是监督官长，而是组织士兵进行自我教育。总结经验，士兵委员会对于纠正官长打人现象的作用很有限，一些部队中虽然有士兵委员会，士兵委员会也可以对官长打人行为进行申诉，但"简直没有什么效力"②，一些官长照打不误。这说明，纠正红军中的打人现象，清除军阀主义残余，主要还是靠党的强有力领导和坚强的革命政治工作。因此，随着红军党组织及政治工作的不断完善，党对军队的集中统一领导的逐步加强，削弱直至废除士兵委员会就是必然的了。

第五，坚持理论联系实际，学会用马克思主义的方法去分析问题。在红四军"七大"前后这场争论中，围绕着建军、作战等一系列问题，特别是围绕着如何实现党对军队的领导、如何发扬民主这个问题所展开的争论，一部分人表现出了教条主义倾向。毛泽东当时把这种倾向称为"形式主义"和"主观主义"。《古田会议决议》把这种"形式主义"和"主观主义"统统归为"主观主义"，并提出纠正的办法：

教育党员用马克思列宁主义的方法去作政治形势的分析和阶级势力的估量，以代替主观主义的分析和估量。

---

① 《毛泽东军事文集》第1卷，118页，军事科学出版社、中央文献出版社1993年版。
② 《毛泽东军事文集》第1卷，117页，军事科学出版社、中央文献出版社1993年版。

要使党员注意社会经济的调查和研究，由此来决定斗争的策略和工作方法，使同志们知道离开了实际情况的调查，就要堕入空想和盲动的深坑。①

主观主义源于不懂得用马克思列宁主义的方法分析和估量形势，而不懂得用马克思列宁主义的方法分析和估量形势，有两种情况：一种情况是理论水平低，根本不懂得马克思列宁主义理论；还有一种情况，就是懂得马克思列宁主义的理论，但不会用这个理论来解决中国革命的实际问题。因此，纠正主观主义，一方面要提高党员的马克思列宁主义理论水平，另一方面则要反对教条主义，提高党员运用马克思列宁主义理论解决中国革命实际问题的自觉性和能力。两相比较，解决好后一个问题更重要。

毛泽东所批评的这种主观主义，主要是指教条主义。在红四军"七大"前后的这场争论中，一些同志讨论问题不是从实际出发，而是从教条或本本出发，不是根据实际需要来寻求解决问题的办法，而是用某些理论信条来裁判现实，分辨是非。如挑起这场争论的刘安恭，有在苏联学习军事的经历，比较了解苏联红军的情况，他主张的那一套，在相当程度上是照搬苏联红军的做法。毛泽东在给林彪的信中指出，红四军党内之所以爆发争论，很重要的一个原因，就是"一种形式主义的理论从远方到来"，而"这种形式论发展下去，势必不问一切事的效果，而只是它的形式，危险将不可胜言"②。毛泽东通过这场争论觉察到，要在党内统一思想，提高党的战斗力，有必要提倡理论联系实际的学风，提倡根据深入调查得到的实际情况来决定斗争策略和工作方法，坚决反对教条主义或者本本主义。否则，非但不能达到思想的高度一致，而且有可能葬送整个革命事业，即所谓"危险将不可胜言"。

---

① 《毛泽东军事文集》第1卷，93页，军事科学出版社、中央文献出版社1993年版。
② 《毛泽东军事文集》第1卷，73、79页，军事科学出版社、中央文献出版社1993年版。

习惯于从本原上思考问题的毛泽东，联系红四军自创立以来经历的多次争论，特别是红四军"七大"前后的这场争论，痛感教条主义或本本主义的危害。他在红四军"九大"之后不久，于1930年5月结合在兴国、寻乌等地开展的农村调查工作，撰写了《调查工作》[1]一文。在这篇文章中，毛泽东指出：

我们说马克思主义是对的，决不是因为马克思这个人是什么"先哲"，而是因为他的理论，在我们的实践中，在我们的斗争中，证明了是对的。我们的斗争需要马克思主义。我们欢迎这个理论，丝毫不存在什么"先哲"一类的形式的甚至神秘的念头在里面。读过马克思主义"本本"的许多人，成了革命叛徒，那些不识字的工人常常能很好地掌握马克思主义。马克思主义的"本本"是要学习的，但是必须同我国的实际情况相结合。我们需要"本本"，但是一定要纠正脱离实际情况的本本主义。[2]

毛泽东在这篇文章中还提出了"没有调查，没有发言权""反对本本主义""中国革命斗争的胜利要靠中国同志了解中国情况""到群众中作实际调查去"[3]等重要论点。这篇文章已经包括了毛泽东思想路线的基本内容：实事求是，群众路线，独立自主。

1961年3月，毛泽东在一次会议[4]上说：

今年一月找出了三十年前我写的一篇文章，我自己看看觉得还有点道

---

[1] 这篇文章曾经遗失。1959年中国革命博物馆在福建龙岩地委收集到这篇文章。1960年1月秘书田家英把文章送给毛泽东。1964年收入《毛泽东著作选读（甲种本）》时，标题改为《反对本本主义》。
[2]《毛泽东选集》第1卷，111—112页，人民出版社1991年版。
[3]《毛泽东选集》第1卷，109、111、115—116页，人民出版社1991年版。
[4] 这是毛泽东于1961年3月13日在广州召开的中共中央中南局、西南局、华东局负责人和这3个地区所属省市自治区负责人参加的工作会议（又称"南三区会议"）。

理，别人看怎么样不知道。"文章是自己的好"，我对自己的文章有些也并不喜欢，这一篇是我喜欢的。这篇文章是经过一番大斗争以后写出来的，是在红四军党的第九次代表大会以后，一九三〇年写的。①

从这段话可以看出，《调查工作》这篇文章的思想是从红四军"七大"前后的那场争论中得出的重要体会，是对《古田会议决议》的重要补充。正是从这场争论中，毛泽东更深切地体会到，解决红军面临的种种问题，包括党的领导和军队内部的民主主义问题，都必须从中国革命的实际出发，而不能从抽象的原则出发。原则必须坚持，但原则只能提供解决问题的方向，而制定具体政策和办法，还是要靠对实际情况的深入调查研究，要靠对具体事物特殊性质和规律的认识和把握。只知道抽象的原则，并不能解决中国革命战争所面临的复杂现实问题；只知道从抽象原则出发，硬要用原则来"裁剪"异常丰富而复杂的现实，只能招致失败。如何实现党对军队的绝对领导，如何发扬军队内部民主，都要从符合中国革命战争的实际需要出发，把有利于争取中国革命战争胜利作为立足点，把实践效果作为检验的标准。忘记了这一条，建设无产阶级性质的新型人民军队，并使这支军队胜利地担负起党赋予的革命政治任务，就一定会落空。

---

① 《毛泽东文集》第8卷，252—253页，人民出版社1999年版。

认识土地革命战争规律的曲折之路

一、独辟蹊径

八七会议是中国革命史的重要转折点之一，其意义是提出了实行土地革命和武装反抗国民党新军阀统治两项基本任务，从而把中国新民主主义革命带进了土地革命战争阶段。①

土地问题是近代中国社会的基本问题。中国要从中世纪走向现代化，不解决土地问题，不彻底改变中国的社会基础，是完全不可能的。然而，国民党新军阀的"宁可错杀一千，决不放过一个"的残酷屠杀政策说明，在中国解决土地问题，缔造中国现代化所必需的社会基础，不经过武装斗争是根本行不通的。八七会议提出了土地革命和武装斗争两项基本任务，大方向是完全正确的。这样，中共就面临着一个必须解决好的基本问题：以土地革命动员群众，以武装斗争推进土地革命，把土地革命和武装斗争有机地结合起来。然而，怎样把土地革命和武装斗争两项基本任务有机地统一起来，以达到中国革命的目的，并没有现成的道路可走。

匆忙调整前进轨道的中国共产党人，当时并没有清楚地意识到这一点。

---

① 八七会议的正式名义是"中共中央委员会紧急会议"。会议讨论和通过的《中国共产党中央执行委员会告全党党员书》不仅批判了陈独秀中央所犯错误，而且提出了一整套应对国共合作破裂后局势的大政方针，涉及中国革命的性质、工人运动、土地革命、与国民党关系、共产党员参加国民政府、武装与军队、与国际的关系等方面的问题。尽管这次会议是在共产国际指导下召开并作出决议的，但它却是中国共产党独立探索中国革命道路的开端。1928年7月召开的中共六大通过的《政治决议案》说："八七会议用布尔什维克的公开的精神，指斥机会主义的错误，提出土地革命的中心口号……定出武装暴动的总方针……将党从机会主义的泥坑之中救出来，重新走上革命的大道。"（《中共中央文件选集》第4册，306页，中共中央党校出版社1989年版）

摆在中国共产党人面前的现成武装斗争模式有两个，一个是俄国的十月革命，一个是国共合作的北伐战争。大多数人认为，这是两个成功的模式，只要按照这两个模式走，中国革命就能够取得胜利。南昌起义后，起义军南下的目标是夺取广州，赤化广东，把广东作为中国革命的前进基地。秋收暴动的初衷亦是如此，先夺取长沙，使整个湖南赤化，然后与广东革命力量相呼应，把革命推向全国。广州暴动更是如此，它的计划是起义军占领中心城市，实现区域赤化，然后再向全国发展。这些思路，都是模仿俄国十月革命和国共合作北伐的思路。这些思路均隐含着一个重大缺陷：武装斗争和土地革命是脱节的，即把土地革命排在武装斗争之后，待武装斗争一举成功后再着手解决土地问题。

中共领导人很快发现，这些没有土地革命伴随的武装起义缺乏坚实的群众基础，特别是缺乏广大农民的热情支持，因此，面对强大反动势力的武力镇压，必然不堪一击。1927年10月24日中共中央为南昌起义失败而发出的中央通告指出：前敌委员会的指导，"既没有明显的土地革命及工农政权的政纲，又没有坚决摧毁豪绅政权的策略"，因此"农民对于这种军队自然是不会出力赞助"[①]。中共六大的《政治决议案》也指出：南昌暴动指导机关的错误之一，是"对于土地革命的不坚决"[②]。中共六大还指出："土地革命是中国革命的主要内容……农民的土地革命，仍旧是中国革命现时阶段的主要内容。"因此，党为推动新的革命高潮到来，当前的主要任务之一，是开展以"没收地主阶级的土地，交由农民代表会议（苏维埃）处理"为中心口号的农民运动。中共中央当时对于毛泽东、方志敏等在农村区域创建

---

① 《中共中央文件选集》第3册，401页，中共中央党校出版社1989年版。
② 《中共中央文件选集》第4册，308页，中共中央党校出版社1989年版。

革命根据地的工作是给予充分肯定的。[①]

应该说，中共在八七会议之后，很快意识到在战略指导上必须高度重视土地问题和农民问题，在开展武装斗争的同时必须开展土地革命，以便为武装斗争造就深厚的群众基础。

但是，从总体上看，中国共产党的战略指导在较长一个时期内没有能够摆脱"城市中心"模式的束缚，在战略布局上，坚持把革命重心放在中心城市的武装暴动上面。其基本思路：一是围绕着"中心城市暴动"组织和发动群众；二是武装割据区域向中心城市作包围式的发展；三是以中心城市暴动实现一省或数省的首先胜利；四是以首先胜利的省为根据地把革命推向全国。总的来说，就是在城乡广泛发动和组织群众，待条件具备时举行以城市为中心的武装暴动，建立工农政权。在这样一个思路中，农村区域的工农武装割据和红军发展被纳入城市中心暴动的轨道，活动于农村的红军被当作中心城市暴动的重要配合力量。

这样一种思路给中国革命战争带来的严重问题，就是在革命主观力量还很弱小时，便急于同强大的反动势力进行决战，其结果就是一次又一次地碰壁，革命力量一次又一次地被削弱。1927年11月到1928年4月间瞿秋白的"左"倾盲动错误，1930年6月到9月间李立三的"左"倾冒险错误，都使中国革命的主观力量遭受到不必要的损失。中共中央在共产国际指导下，及时纠正了这两次"左"倾盲动错误。但是，共产国际的局限性非常大，对中国革命的指导始终跳不出"城市中心"的窠臼，只是从纠正"对

[①] 1928年6月4日中共中央致朱德、毛泽东并红四军前委的信强调：从广州暴动中，我们"特别是认识了城市工人运动之重要；认识了在全省总暴动之先，必须有几个重要的中心区域的割据而向全省的中心区域作包围的发展，如此全省总暴动才有胜利的可能"。并指示：朱、毛的任务，"就是在湘赣或赣粤边界，以你们的军事实力发动广大的工农群众，实行土地革命，造成割据局面，向四周发展而推进湘鄂赣粤四省暴动局面的发展，以你们现在的环境在赣西湘东的边界，就是现在你们占领的永新宁冈及湘东一带，如果地理上比较利于你们的进攻和退守，在这一带本来是有广大的群众基础的，你们便可割据这一地区"。(《中共中央文件选集》第4册，245、251页，中共中央党校出版社1989年版)

形势的错误估计"和"革命急性病"入手,要求中共作策略的调整和改变,却没有意识到错误的根子在于武装斗争模式或革命道路存在问题。这样,中共中央在共产国际指导下纠正瞿秋白、李立三的"左"倾盲动错误,只能就事论事,因此也就不能避免重犯此类错误,而且犯得更大,遭受到的损害也更大。更严重的问题还在于,这样一种革命模式不能把土地革命和武装斗争有机地结合起来,土地革命虽然受到重视,但并不能与武装斗争浑然天成般成为一个整体,因而也就难以赢得农民,难以扩大和夯实中国革命的群众基础。

中国共产党内最早觉悟到"城市中心"的武装斗争模式不适合中国革命的是毛泽东。在全党还热衷于中心城市武装暴动这种模式时,毛泽东就开始另辟蹊径了。

从大革命后期开始到率领秋收起义部队向罗霄山脉中段转移,毛泽东的头脑中形成了三个基本观念:第一个是枪杆子里面出政权,中国革命离开了武装斗争是不行的;第二个是中国革命离不开农民,中国共产党领导的武装斗争必须同解决土地问题的农民运动相结合;第三个是到敌人统治薄弱的农村去搞根据地,即"上山"[1],解决中国革命的立足问题。以这三个基本观念为支持,毛泽东定下了在罗霄山脉中段"安家",实行红色武装割据,搞出一块农村革命根据地的决心。[2]

但是,在农村搞革命根据地是没有先例的,因此毛泽东的这个主张当时并不为大多数人所理解,部队中存在着反对意见,甚至有不满情绪,认

---

[1] 毛泽东在1927年7月4日召开的中共中央常委扩大会议上说:"上山可造成军事势力的基础。"
[2] 1927年9月19日,在攻打长沙失利后,毛泽东在湖南浏阳文家市里仁中学主持召开前敌委员会会议,讨论行动方向问题,经过激烈辩论,会议否决了"直攻长沙"的意见,通过了毛泽东力主的放弃进攻长沙,向敌人统治薄弱的农村、山区进军,寻求落脚地的意见。第二天清晨,毛泽东向起义部队讲话,他说:"大城市现在不是我们要去的地方,我们要到敌人统治比较薄弱的农村去,发动农民群众,实行土地革命。"10月中旬,在鄂县水口,从报纸上得知南昌起义部队潮汕失败的消息,决定放弃退往湘南的设想,正式定下在罗霄山脉建立革命根据地的决心。

为在穷乡僻壤搞根据地不会有什么前途。如当时担任团长的陈浩①就认为上山没有出路，主张先投到国民党那边去，等力量壮大了再说。②而更多的人则对"红旗到底能打多久"存在疑虑，缺乏在罗霄山脉中段发展的足够信心。中共湖南省委更是不主张毛泽东领导的这支武装力量长期经营井冈山地区，多次要求他们下山向湘南或湘东地区发展，控制湘粤大道或造成包围湖南省中心区域的态势，以配合粤湘鄂三省或粤湘赣鄂四省暴动计划。

这实际上包含着两个层面的问题，一个是要不要把革命中心从城市转向农村，建立农村革命根据地，另一个是在哪里建农村革命根据地。而这两个问题，在实践操作中完全是一体的，根本分不开。

1928年6月，毛泽东在给湖南、江西两省省委转中共中央的信中，申述了以宁冈为大本营实行湘赣边界割据的理由："A. 此间系罗霄山脉中段，地势极好，易守难攻。B. 党在此间是由无组织进为有组织，民众比较有基础（赤卫队、赤色游击队组织了），弃之可惜。C. 湘南、赣南只能影响一省并只及于上游，此间可影响两省并能及于下游。"③因此，决不能放弃井冈山地区，把队伍拉到湘南或赣南去。

显然，仅仅从地理、地缘优势来申述坚持井冈山革命根据地的理由是远远不够的，还必须解决更带根本性、长远性的问题，才能坚定大多数人在创建农村革命根据地的道路上走下去的信心。井冈山的"八月失败"，促使毛泽东更深入地思考这个问题，力图求得规律性的认识。

毛泽东在1928年10月4—6日召开的中共湘赣边界第二次代表大会上作政治报告，第一次系统阐述了"工农武装割据"思想。他指出：一国之

---

① 秋收起义部队在三湾改编中被缩编为工农革命军第1军第1师第2团，陈浩任团长。
② 谭震林回忆说："茶陵县被敌人占领，当地赤卫队200多人也只好上了井冈山。部队撤退中，团长陈浩公开讲搞工农兵有出息，到国民党那边去，把力量扩大了再说。其理由是我们力量太小，上山没有出路，对革命悲观失望。"［《中国共产党历史资料丛书：井冈山革命根据地》（下），12页，中共党史资料出版社1987年版］
③《毛泽东军事文集》第1卷，8—9页，军事科学出版社、中央文献出版社1993年版。

内，在四面白色政权的包围之中，有一块或若干小块红色政权的区域长期存在，这在世界其他国家都是从来没有过的事情，但却偏偏在中国发生了，这是有其十分独特的原因的，"而其存在和发展，亦必有相当的条件"[①]：

第一，它的发生不能在任何帝国主义的国家，也不能在任何帝国主义直接统治的殖民地，必然是在帝国主义间接统治的经济落后的半殖民地的中国。帝国主义和国内买办豪绅阶级支持着的各派新旧军阀，从民国元年以来，相互间进行着继续不断的战争，这是半殖民地中国的特征之一。不但全世界帝国主义国家没有一国有这种现象，就是帝国主义直接统治的殖民地也没有一处有这种现象，仅仅帝国主义间接统治的中国这样的国家才有这种现象。这种现象产生的原因有两种，即地方的农业经济（不是统一的资本主义经济）和帝国主义划分势力范围的分裂剥削政策。因为有了白色政权间的长期的分裂和战争，便给了一种条件，使一小块或若干小块的共产党领导的红色区域，能够在四周白色政权包围的中间发生和坚持下来。

第二，中国红色政权首先发生和能够长期存在的地方，不是那种并未经过民主革命影响的地方，例如四川、贵州、云南及北方各省，而是在1926和1927两年资产阶级民主革命过程中工农兵士群众曾经大大地起来过的地方，例如湖南、广东、湖北、江西等省。这些省份的许多地方，曾经有过很广大的工会和农民协会的组织，有过工农阶级对地方豪绅阶级和资产阶级的许多经济的和政治的斗争。

第三，小地方民众政权之能否长期地存在，则决定于全国革命形势是否向前发展这一个条件。全国革命形势是向前发展的，则小块红色区域长期存在，不但没有疑义，而且必然地要作为取得全国政权的许多力量中间

---

① 《毛泽东军事文集》第1卷，12页，军事科学出版社、中央文献出版社1993年版。

的一个力量。全国革命形势若不是继续向前发展,而有一个比较长期的停顿,则小块红色区域的存在则是不可能的。现在中国革命形势是跟着国内买办豪绅阶级和国际资产阶级的继续分裂和战争,而继续地向前发展的。

第四,相当力量的正式红军的存在,是红色政权存在的必要条件。若只有地方性质的赤卫队而没有正式的红军,则只能对付挨户团,而不能对付正式的白色军队。所以虽有很好的工农群众,若没有相当力量的正式武装,便决然不能造成割据局面,更不能造成长期的和日益发展的割据局面。

第五,红色政权的长期存在并且发展,除了上述条件之外,还须有一个要紧的条件,就是共产党组织的有力量和它的政策的不错误。[①]

毛泽东的这个论述,回答了红色政权为什么能够在白色政权的包围中长期存在并发展的问题,告诉人们经过1924—1927年大革命洗礼的半殖民地半封建中国,存在着实行工农武装割据的客观条件,只要中国共产党在主观指导上不犯大的错误,只要建设一支能够不折不扣地执行党的革命政治任务的人民军队,红色政权完全可以在白色政权的包围中求得生存和发展,从而解决了"红旗到底能打多久"问题。

毛泽东的思考并没有到此止步,他还要进一步解决中国革命究竟要走一条什么样的道路的问题,这样才能真正把建立和巩固农村革命根据地摆到战略地位,而不是仅仅作为危急关头的权宜之计,从根本上避免"左"倾盲动的错误。

1930年1月毛泽东在给林彪元旦来信的复信中,向前发展了在中共湘赣边界第二次代表大会政治报告中所阐述的"工农武装割据"思想。他明确指出,那种"希望用比较轻便的流动游击方式去扩大政治影响,等到全

[①]《毛泽东军事文集》第1卷,12—14页,军事科学出版社、中央文献出版社1993年版。

国各地争取群众的工作做好了，或做到某种地步了，然后再来一个全国武装起义，那时把红军的力量加上去，就成为全国范围的大革命"的观念，"是于中国革命的实情不适合的"①。适合中国革命实情的唯一正确观念，就是"用这种红色政权的巩固和扩大去促进全国革命高潮"②，即农村包围城市。

毛泽东彻底颠覆了"城市中心"论，确立起了全新的观念：

第一，在半殖民地半封建的中国，红军、游击队和红色区域发展，是无产阶级领导下的农民斗争的最高形式，是党把土地革命和武装斗争结合起来的唯一出路，是半殖民地农民斗争的必然结果，同时也是促进全国革命高潮的最重要因素。这是中国无产阶级革命不同于欧洲发达工业国家无产阶级革命的根本之处。

第二，以创建农村革命根据地为基础，有计划地建设红色政权，深入进行土地革命，经由赤卫队、地方红军直到正规红军的途径扩大人民武装的这一整套办法，无疑是适合中国革命实际情况的正确办法。

第三，党在农村区域实行武装割据，可以公开打出旗帜，表明自己的主张和政策，以影响和争取群众，是走向中国革命高潮到来的必经之路。

第四，处在惶惶不可终日、混乱状态之下的中国，到处布满了干柴，革命主观力量虽然还非常弱小，但终将是"星星之火，可以燎原"。小块红色政权的巩固和发展，终将造成中国革命的"星火燎原"之势。这里的重要问题，是必须正确估量敌我力量对比，既要避免因看小了反革命力量而犯革命急性病，又要避免因看大了反革命力量而悲观失望。而应当看到，中国革命高潮已如出现在海平线上看得见桅杆尖头的一只航船，已如升起在东方的已见光芒四射的一轮朝阳，已如躁动于母腹中的快要成熟的婴儿。

①《毛泽东军事文集》第1卷，126页，军事科学出版社、中央文献出版社1993年版。
②《毛泽东军事文集》第1卷，126页，军事科学出版社、中央文献出版社1993年版。

毛泽东给林彪的这封信，是经过两年多艰苦思索获得的结果。它从中国革命道路的战略高度回答和解决了要不要建立和巩固农村革命根据地、要不要在农村区域坚持武装斗争的问题，标志着毛泽东的农村包围城市革命道路思想基本形成。

这条道路的实质，就是从中国的半殖民地半封建社会的国情出发，利用各个帝国主义支持下的各地军阀之间的矛盾，利用经济落后的农村对经济发达的城市的相对独立性，利用广袤国土提供的战略回旋空间，在反动政权统治相对薄弱的广大农村地区公开实行工农武装割据，建立工农红色政权，开展土地革命，把土地革命和武装斗争有机地结合起来，不断壮大中国革命的群众基础和主观力量，逐步扭转敌我力量对比，造成中国革命力量的压倒优势，最后夺取中心城市，建立以工农联盟为基础的无产阶级领导的人民民主专政国家政权。扼要地说，这是一条先农村后城市的革命道路，是一条既不同于俄国十月革命也不同于国共合作的北伐战争的革命道路，中国革命的战略指导必须长期把中国革命的战略重心放在农村而不是城市。

值得在这里提一笔的是，"农村包围城市"思想虽然在这时已经形成，但这一经典表述却还没有出现，毛泽东自己并没有用这一经典表述来概括自己的思想。考察现存文献，第一个对毛泽东的中国革命道路思想作这一经典表述的人，是当时实际主持中央工作的李立三。然而，他却不是从肯定的立场，而是从否定的立场提出这一经典表述的。李立三在1930年5月15日出版的《布尔什维克》上发表题为《新的革命高潮前面的诸问题》一文，他说：

没有中心城市，产业区域，特别是铁路海员兵工厂群众的罢工高潮，决不能有一省与几省政权的胜利。想"以乡村来包围城市"，"单凭红军来夺取中心城市"都只是一种幻想，一种绝对错误的观念。[1]

当时，在党内大多数人看来，"中心城市暴动"才是中国革命的"人间正道"，而"以乡村包围城市"则是旁门左道，因为它与俄国十月革命经验相左，与共产国际为中国革命"设计"的道路相左，所以是"绝对错误的观念"[2]。由此可见，发现真理不容易，真理得到承认也不容易。

二、对红军战略战术的初步探索

走农村包围城市的革命道路，关键问题，是要能够很好地把党的建设、武装斗争、土地革命和创建革命根据地有机地结合起来。其中的核心内容是土地革命和革命战争。二者结合得好，中国革命就发展得顺利；否则，革命就遭受挫折，甚至会走向失败。

实现这个结合，不仅需要正确的政治路线，不仅需要制定适合中国国情的土地革命纲领，而且需要找到促进这个结合的军事斗争艺术，即战略战术思想。可以说，后者更为重要。因为，在半殖民地半封建中国进行土地革命，必须有革命战争开路，实行武装割据；没有革命战争，没有武装割据，就没有开展土地革命的丝毫空间。同时，为推进土地革命而开展的革命战争，又必须结合土地革命来进行，是土地革命的有机组成部分，而不是外在于土地革命的。只有这样，中国革命战争才能获得广大农民的真心支持，从而获得最强大的道义力量，获得最深厚的人力、物力资源。因此，中国革命战争的战略战术思想必须能够满足武装斗争和土地革命相结

---

[1]《中共中央文件选集》第6册，575页，中共中央党校出版社1989年版。
[2] 李立三的这个观点后来被写进了1930年6月11日中共中央政治局会议通过的目前政治任务决议《新的革命高潮与一省或几省首先胜利》。原话是："争取一省与几省首先胜利，无产阶级的伟大斗争，是决定胜负的力量，没有工人阶级的罢工高潮，没有中心城市的武装暴动，决不能有一省与几省的胜利。不特别注意城市工作，想'以乡村包围城市'，'单凭红军来夺取城市'，是一种极错误的观念。"（见《中共中央文件选集》第6册，123页，中共中央党校出版社1989年版）

合的要求。毛泽东的历史性贡献，就是开创了工农武装割据道路，创造了一整套与之相适应的战略战术，从而为把八七会议提出的土地革命和武装斗争两项历史性任务有机地结合起来找到了出路。

毛泽东创造适合中国革命战争的战略战术，是从探索红军游击战作战原则起步的。这个过程大体如下。

1927年10月下旬，毛泽东率秋收起义部队落脚井冈山，开始以宁冈为中心创建罗霄山脉中段革命根据地。①1928年1月中旬，毛泽东在遂川县五华书院主持召开前委和万安、遂川两县县委联席会议。在这次会议上，毛泽东总结几个月来同敌作战的经验，提出了"敌去我来，敌驻我扰，敌退我追"的十二字诀。②

4月下旬，毛泽东和朱德会师，组成工农革命军第四军，壮大了井冈山革命根据地的军事力量。从5月后，开始形成红军游击战的基本原则，即"敌进我退，敌驻我扰，敌疲我打，敌退我追"的十六字诀。③

10月4—6日毛泽东在茅坪步云山主持召开中共湘赣边界第二次代表大会。他在会议上代表湘赣边界特委作政治报告，并以此为基础形成了《中

---

① 秋收起义攻打长沙计划受挫后，1927年9月下旬毛泽东率部沿罗霄山脉南下。9月29日到达江西永新三湾村，同井冈山袁文才派来的代表接上头。10月7日到达井冈山脚下的茅坪，在袁文才部帮助下安置了伤病员和部分机关人员。之后继续南下，试图退往湘南，打算与南昌起义南下部队相呼应。10月中旬，在水口从报纸上得知南昌起义部队在潮汕地区失败的消息，遂放弃退往湘南的计划，决心在罗霄山脉中段开辟革命根据地。10月24日率部到达井冈山大井，27日到达茨坪，11月初进驻宁冈茅坪，开始创建以宁冈为大本营的井冈山革命根据地。

② 参加此次会议的陈正人回忆："在遂川时（1928年1月）就听到毛泽东同志提出的游击战争的十二字原则了，特别是这年的上半年，听说就更具体了。"同样参加过这次会议的许大权也回忆说："最后这天，毛泽东同志听完汇报说，我是不怕国民党反动派的，我马上要离开遂川，上井冈山去，要向永新开辟新局面，我们去后，你们要把当地群众发动起来，打土豪分田地，建立自己的政权，你们要用敌来我退、敌驻我扰、敌退我追的十二字诀，消灭敌人有生力量，万一对付不了，你们可以上山来，我们表示欢迎。"［见《中国共产党历史资料丛书：井冈山革命根据地》（下），26、284页，中共党史资料出版社1987年版］

③ 毛泽东在《中国革命战争的战略问题》中回顾："然而从1928年5月开始，适应当时情况的带着朴素性质的游击战争基本原则，已经产生出来了，那就是所谓'敌进我退，敌驻我扰，敌疲我打，敌退我追'的十六字诀。"（《毛泽东军事文集》第1卷，725页，军事科学出版社、中央文献出版社1993年版）

共湘赣边界第二次代表大会决议案》。这个决议案首次提出了"工农武装割据"的思想，系统阐述了红色区域存在和发展的必然性及实现的条件[①]。

11月14—15日 毛泽东出席在宁冈新城召开的中共红四军第六次代表大会，会议通过了关于政治、党务、军事、纪律等一系列决议案，毛泽东主持了各决议案的起草和修改。《军事问题的决议案》指出："红军战术，遇小敌则以主力迅速消灭之，大敌则用群众力量四面包抄，使其疲于奔命，然后用主力消灭之，红军竭力避免硬战。"[②]

11月25日 毛泽东代表红四军前委给中共中央起草报告，全面汇报井冈山革命根据地建设情况，其中系统汇报了红四军建设和作战问题，阐述了红四军的建军和作战指导思想。[③]

1929年1月 毛泽东、朱德率红四军主力离开井冈山革命根据地，克服敌军"追剿"造成的种种困难，开辟了赣南闽西革命根据地。4月5日毛泽东代表红四军前委给中共中央起草报告，对中共中央"二月来信"的精神表示不同意见，同时详细阐述了红四军"三年来从斗争中所得到战术"："'分兵以发动群众，集中以应付敌人。''敌进我退，敌驻我扰，敌疲我打，敌退我追。''固定区域的割据，用波浪式的推进政策。''强敌跟追，用盘旋式的打圈子政策。''很短的时间，很好的方法，发动群众。'这种战术正如打网，要随时打开，又要随时收拢，打开以争取群众，收拢以应付敌人。"[④]并强调指出："我们三年来从斗争中所得到的战术，真是与古今中外的战术都不同。"这标志着毛泽东的红军游击战作战原则基本形成。

1930年1月 毛泽东在给林彪的信中，系统而深刻地阐述了中国革命必须通过建立和巩固红色政权促成革命高潮到来的思想，同时重申了红军必

[①] 这个决议案后来收入《毛泽东选集》第1卷时，改题为《中国的红色政权为什么能够存在？》。
[②]《毛泽东年谱（1893—1949）》上卷，257—258页，人民出版社、中央文献出版社1993年版。
[③] 这个报告后来收入《毛泽东选集》第1卷时，改题为《井冈山的斗争》。
[④]《毛泽东军事文集》第1卷，61页，军事科学出版社、中央文献出版社1993年版。

须坚持的战略战术。这封信标志着毛泽东正确解决了中国革命战争的战略指导问题，找到了把土地革命和革命战争有机结合起来的正确路径，从而为他所创立的红军游击战作战思想奠定了更坚实的理论基础。

这个看似平铺直叙的过程，实际上是非常曲折跌宕的，所面临的矛盾也是错综复杂的，既是在残酷的战争中逐步明确起来的，也是在不断解决内部意见分歧中向前推进的。这些内部意见分歧主要来自三个方面：一是来自红四军内部；二是来自红四军前委和湖南省委的指导之间；三是来自红四军前委和中共中央的指导之间。而这些分歧，基本上是围绕着如何在敌我力量对比非常悬殊的条件下，把土地革命和革命战争结合起来所遇到的一系列矛盾展开的。

（一）打"硬仗"还是"打圈子"？

实行工农武装割据，创建农村革命根据地的斗争，完全是军事斗争。初上井冈山，三天一小仗，十天一大仗。怎样对付敌人，怎样打退敌人的军事进攻，成为创建根据地的中心问题。而要在军事上取得胜利，就必须正确解决打仗的方法问题。国共合作举行北伐，从广东出发打到武汉，一路抢关夺隘，以堂堂之阵对堂堂之阵，打的是正规仗。然而，这套打法对于刚刚创建的、弱小的工农武装来说，却是不灵的。秋收起义队伍执行攻打长沙计划，实行硬攻，结果吃了亏。南下途中芦溪一战，总指挥卢德铭牺牲，部队损失过半，也是因为面对敌人围攻采取硬顶的方法，未能及时退出战斗和转移部队。

毛泽东率部上井冈山，首先要解决的问题就是实现战略转变，由打正规战向打游击战转变。

毛泽东最早提出的一个概念，是从井冈山从前的土匪首领朱聋子那里传下来的"打圈子"。参加过井冈山斗争的谭震林回忆说：

毛泽东同志当时曾对部队说到井冈山以前一个"山大王"朱聋子的故事。朱聋子曾讲了在井冈山不要会打仗，只要会打圈。毛泽东同志说："我们既要会打仗，又要会打圈。"他还说：敌人"来者不善，善者不来"，所以，我们要"退避三舍"。你一退，敌人不知我们去向，就得重新调查。我们先领他兜几个圈子，等他弱点暴露出来，就要抓得准，打得狠，打得干净利落，有所缴获，就像做买卖一样，赚钱就来，蚀本不干。总之，打得赢就打，打不赢就走。你来打我叫你打不着，我来打你一定把你吃掉。[①]

萧克也曾回忆说：

朱毛会师不久，我听毛泽东讲过打圈子的政策，他说：打圈子是个好办法，这是过去井冈山的山大王朱聋子的战法，他有句名言，"不要会打仗，只要会打圈"。我们红军不能这样，应该是又会打仗，又会打圈。[②]

谭震林和萧克的回忆是可信的。毛泽东在红军早期的文献中，曾多次使用"打圈子"这个概念。[③]

"打圈子"这一关于游击战的形象说法，在毛泽东这里，有了完全不同于朱聋子的用意。朱聋子强调的是"游而不击"，毛泽东则把"打圈子"的内涵改造为"游而有击"，使之成为红军为实行工农武装割据而进行的游击战争的指导原则。其基本内涵包括以下几个方面。

第一，抓住好打之敌就打，遇到强敌就回避，随时准备占领敌人力量

[①] 《中国共产党历史资料丛书：井冈山革命根据地》（下），15—16页，中共党史资料出版社1987年版。
[②] 萧克：《朱毛红军侧记》，63页，中共中央党校出版社1993年版。
[③] 毛泽东在1929年3月20日给中共中央的信中说："及李文彬（赣军最精锐部）追至东固，乃决定抛弃了固定区域之公开割据政策，而采取变定不居的游击政策（打圈子政策），以对付敌人之跟踪穷追政策。"毛泽东在同年4月5日给中共中央的信中说："敌强跟追，用盘旋式的打圈子政策。"（《毛泽东军事文集》第1卷，55、61页，军事科学出版社、中央文献出版社1993年版）

薄弱的地方，又随时准备放弃已经占领的地方，决不为了一城一地而与强敌死打硬拼。

第二，面对强敌进攻，首先退避三舍，在拖着敌人兜圈子中暴露其弱点，抓住了敌人弱点就狠狠一击，不战则已，战则必胜，并尽可能地扩大战果，用缴获来装备自己。

第三，打圈子的游击战是为了实现固定区域的割据，是有根据地的游击战，而不是流寇式的单纯流动游击，因而，打仗是和做群众工作、建设革命政权、开展土地革命紧紧结合在一起的。

第四，红军的打圈子游击战，目的不是"占山为王"，而是为了积聚革命力量，最终推翻国民党反动统治，因而绝不仅仅是内线防御作战，当有利时机出现时也会进行外线进攻作战，以不断扩大根据地。

"敌进我退，敌驻我扰，敌疲我打，敌退我追"，是对这样一套作战思想的集中概括和升华。

依据这样一套作战思想，毛泽东领导红军逐步摆脱被动局面，打出了一片新天地，并且创造了一系列游击战的精彩战例。

1928年1月赣敌朱培德部以1个团和1个营由吉安进至泰和，准备进攻万安；以1个营进占宁冈新城，对井冈山革命根据地进行第一次"进剿"。这是毛泽东直接指挥的一仗。参加这次反"进剿"作战的韩伟回忆说：

过了旧历年没多久，大约是1928年2月间，又像是上次在茶陵一样，敌人调集优势兵力向遂川压来，企图把我们歼灭。毛委员迅速把分散的兵力集中起来，带回井冈山中心区域。此时，朱培德的一个营，趁我们在遂川之际，进占了井冈山根据地北大门宁冈。这股敌人孤军深入我根据地，开始还谨慎小心，不敢乱动。宁冈县委根据毛委员的指示，组织赤卫队不分昼夜地袭扰，使他们一日数惊，坐卧不宁。后来敌人发现我方尽是赤卫队，没有主力，便骄傲松懈了。毛委员根据以上情况，决定以优势兵力（一团全部，二团一个营）吃掉这股敌人。深夜，毛委员带着部队，赶到宁冈新城，做好一切战斗准备。一团一营一、三连主攻东门，一连连长员一民，三连连长姓杨，三连副连长叫张清泉。一团三营和一营二连攻南门，二连连长陈毅安。袁文才的部队由游雪程带领参加了战斗，埋伏在西门外。还有群众配合，如组织担架队。当时战斗指挥一是递条子，二是用通信兵、传令兵指挥。此时天才大亮，敌人和往日一样，正在城南的操场上练操。毛委员带我们隐蔽在距操场不远的地方，等敌人架好了枪支，做徒手体操时，命令我们一排子弹打过去。敌人大乱，有的连枪都顾不得拿就逃向城里，我们乘胜追击攻南门。第一连连长员一民带着战士们，扛着梯子（木制的、竹制的都有）背着稻草，猛攻城门，转眼间，梯子搭上城墙，突击班沿梯而上，接着城门洞里冒出一股浓烟，烧城门的也得手了。南门也被打开了，我们高喊着"冲啊！""杀啊！"，冲了进去，敌人在城里四处乱碰，企图突围，却被我们顶了回去，最后只好逃出西门。出城不远，是片稻田，又遭到我们二团一个营的伏击，我们前后夹击，一场歼灭战就在这片洼地上展开了。[1]

第一次反"进剿"作战，前后将近1个月，但决定胜负的这一仗仅用了半个上午，歼敌正规军1个整营，俘敌近300人。井冈山革命根据地随之扩展到宁冈全县，并把遂川西北部和永新、酃县、茶陵各一部包括了进来，初步在罗霄山脉中段形成了工农武装割据的局面。通过这一仗，毛泽东的"打圈子"作战思想开始被部队所接受。

赣敌朱培德在第一、二、三次"进剿"失败后，于1928年6月发动了

---

[1]《中国共产党历史资料丛书：井冈山革命根据地》(下)，295页，中共党史资料出版社1987年版。

对井冈山革命根据地的第四次"进剿",其兵力是杨池生、杨如轩的5个团,同时湘敌1个师调到攸县,对井冈山革命根据地西侧构成威胁。杨池生、杨如轩的部队是能打的,北伐战争时曾充当攻打南昌的主力。这时毛泽东已经同朱德共同总结出"敌进我退,敌驻我扰,敌疲我打,敌退我追"的游击战"十六字诀",并把这一套作战方法运用于第四次反"进剿"作战。粟裕回忆说:

敌抽调湘赣两省十个团的兵力,分两路向我进犯,以湘敌吴尚部五个团由茶陵向宁冈推进,以赣敌杨池生、杨如轩部五个团由吉安向永新推进。毛泽东、朱德同志决定采取避强打弱的方针,即对湘敌采取守势,集中兵力打赣敌。我主动撤出新城,退到根据地的中心地区宁冈,集中主力,在地方赤卫队配合下,坚决控制敌进攻我必经之路新、老七溪岭,寻机歼敌。作战部署是以二十九团及三十一团之一个营担任正面阻击牵制,以二十八团及三十二团之一个营迂回到白口、龙源口,断敌后路,以求歼灭敌人。这次战役在朱德同志的亲自指挥下,取得了歼灭敌人一个团,击溃敌人两个团的重大胜利。①

这次被称为"龙源口大捷"的胜利,使井冈山革命根据地拥有了宁冈、永新、莲花3县的全部,遂川北部、酃县东北部以及吉安、安福各一小部,进入了全盛时期。第四次反"进剿"作战,验证了毛泽东和朱德共同总结的"十六字诀",使红军的游击战战法基本成形。

如果说在井冈山革命根据地的反"进剿"、反"会剿"作战是内线游击作战的话,那么1929年1月为打破湘、赣之敌的第三次"会剿"而出兵赣

---

① 《粟裕战争回忆录》,77—78页,解放军出版社1988年版。

南、闽西，则是跳到外线的游击作战。毛泽东的"打圈子"作战思想在更宽大的机动中得到验证，创造了又一经典游击战战例。

1929年1月初，湘、赣两省之敌计划以6个旅约3万兵力，由永新、莲花、茶陵、酃县、桂东、遂川等方向分五路，对井冈山革命根据地进行第三次"会剿"，同时实行严密的经济封锁。面对这一形势，前委、湘赣边界特委、红四军军委、红五军军委在柏路举行联席会议（即"柏路会议"），决定实行"攻势的防御"，以红四军前出赣南，跳到外线作战，打破敌人的封锁，彭德怀率红五军留守井冈山，实施内外线配合。1月14日毛泽东、朱德、陈毅率红四军离开井冈山，经大汾、营前、崇义向赣州出击。敌人发现红四军的动作后，从进攻井冈山革命根据地的兵力中抽出3个旅尾随穷追。由于离开根据地作战，红军依赖群众支持所拥有的优势尽失，因而一时难以摆脱被动局面。大庾一战，红军吃了亏，原来的不远离井冈山同敌人周旋的设想难以实现。在这种情况下，毛泽东、朱德决心放弃北出赣州的计划，同敌人兜大圈子，向赣粤、赣闽边界机动。毛泽东在1929年3月20日给中共中央的信中详细汇报了经过：

我们自1月14日离开井冈山，主因是经济无出路。20日在大庾与李文彬作战失利，循粤边南雄入赣南信丰、安远、寻乌，曾三次与追兵接触，均且战且退。2月1日到闽粤赣三省交界之罗福嶂停脚一天，沿途都是无党无群众的地方，追兵5团紧蹑其后，反动民团助长声威，是为我军最困苦的时候。到罗福嶂后为安置伤兵计，为找有党有群众的休息地计，为救援井冈山计，决定前往东固（宁都、兴国、吉安之交，地属吉安）。2月21日到宁都之大柏地，与追兵之先头部队刘士毅第15旅两团战，大败之。我军士气大振，缴得步枪200余，水旱机关枪6架，俘敌甚众。敌之残部，溃退赣州。追兵后续队伍李文彬部（3团）到来，我们则已往东固。①

大柏地一战，使红四军摆脱了离开井冈山后的被动局面。这一仗的胜利，是以跑了近1个月的路，沿着赣粤边界兜了一个大圈子为前提的。一路上，红四军能打则打，不能打则走，把敌人拖散、拖疲，然后抓住孤立突出之敌，集中兵力一鼓作气歼灭之，战斗结束后迅速撤离战场，转到新的地域，把跟踪而来之敌远远地甩在后面。这使毛泽东认识到"打圈子"不仅适用于井冈山，而且适用于更广阔的地区。因而，他把"强敌跟追，用盘旋式的打圈子政策"规定为红军的基本战术原则。正是靠着"打圈子"，毛泽东领导红四军在赣南、闽西开创了新的农村革命根据地，并使之不断扩大。

（二）集中兵力还是分散兵力？

如何使用兵力，是实行工农武装割据，把土地革命和革命战争结合起来必须解决好的又一个重要问题。

毛泽东解决这个问题的基本思路是：集中以应付敌人，分散以发动群众。"这种战术正如打网，要随时打开，又要随时收拢，打开以争取群众，收拢以应付敌人。"② 具体来说，包括以下几个方面。

第一，面对强敌进攻，红军必须以集中为原则，从而才能造成对敌的局部优势，战而胜之。"我们的经验，分兵几乎没有一次不失败，集中兵力以击小于我或等于我或稍大于我之敌，则往往胜利。"③

第二，越是环境险恶，越是要以集中兵力为原则，也就越不宜分散，否则非但不足以应付敌人，还会被敌人各个击破。

第三，在敌情缓解时可以分兵游击，但要确保随时能够收得拢，因此

---

① 《毛泽东军事文集》第1卷，54—55页，军事科学出版社、中央文献出版社1993年版。
② 《毛泽东军事文集》第1卷，61页，军事科学出版社、中央文献出版社1993年版。
③ 《毛泽东军事文集》第1卷，31页，军事科学出版社、中央文献出版社1993年版。

必须保持基本建制，如以纵队为单位，每个纵队再分若干小支，而且不能撒得太开，要方便迅速收拢。

第四，红军不是单纯打仗的，集中兵力击溃敌军后，就要分散开来做群众工作，集中打仗的时间和分散做群众工作的时间，大约是一与十之比。

第五，在很短时间里，用很好的方法，去发动群众。一般说，行军每至一处，先之以广大的普及的宣传，继之以散发从大地主和反动分子手里没收来的财物，然后组织党的支部、秘密工会和秘密农会。

毛泽东的这一套用兵思路，既是在对敌斗争中形成的，也是在解决内部分歧中逐渐明晰起来的。

从1928年中到1929年初，红四军前委两次接到中共中央要求他们分散游击的指示。1928年6月中共中央来信说：

怎样扩大？这里所谓扩大不是要你们调动单纯的军队以机关枪和大炮向外扩大，而是要以群众为主力，红军为助力，发动四周群众的暴动。主要的路线是：赣西要向萍乡安源醴陵茶攸发展，把这些地区与你们所占的地方联系起来形成一个整个的割据地区，赣南各县特别是吉安赣州兴国南康信丰雩都等县已经有群众斗争起来，你们必须派出许多游击队，以很大的力量帮助那一区域的群众暴动而与你们形成掎角之势，再则向赣西北必须派遣游击队帮助修水铜鼓发动群众的斗争，同时向东帮助万载宜春安福分宜新喻以至樟树镇群众斗争的发动，特别对于萍乡安源赣州吉安樟树镇的城市工人以及沿赣江的船夫码头工人须帮助他们发展组织及斗争，你们必须以很大的力量依上面的路线发动四周广大的群众斗争和农民暴动，才可以保障你们割据局面的胜利。①

---

① 《中共中央文件选集》第4册，252—253页，中共中央党校出版社1989年版。

这是对红四军行动方针的具体指示,其核心意思是要求红四军分散开来,把工作重心放到发动湘赣边、特别是赣南地区的群众暴动上面。1929年2月,中共中央再次来信指示说:

中央依着六次大会的指示,早就告诉你们应有计划地有关联地将红军的武装力量分成小部队的组织散入湘赣边境各乡村中进行和深入土地革命。中央这一指示主要的条件是根据目前全国的政治形势需要发展农村中广大的普遍的斗争,所以采取这一避免敌人目标的集中和便于给养与持久的政策。不过这一政策的指示或者是未达到你们的组织或者是未为你们所接受所采取,故这次战争中你们所采取的战术仍然是集团的行动。自然在敌人的四面包围中,你们目前不得不采取这样的战术。只是中央的意见仍以为你们必须认清目前的政治形势与党的任务,坚决地执行有组织地分编计划。但你们切须弄明白:中央决不是要你们采取失败主义的精神将红军遣散回乡,而是要你们在适宜的环境中(即是非在敌人严重的包围时候)可能的条件下(依照敌人的军力配置和我们武装群众的作战能力与乡土关系),分编我们的武装力量散入各乡村去。部队的大小可依照条件的许可定为数十人至数百人,最多不要超过五百人(自然这不是太死板的数目)。[1]

中共中央的这封来信,表达了对朱、毛领导的红四军未执行中央要求的分散游击方针的不满,进一步要求毛泽东、朱德两人"脱离部队速来中央",以避免"徒惹敌人更多的注意分编更多不便"[2]。

中共中央的"六月来信"和"二月来信",是在中共六大前后发出的。

---

[1]《中共中央文件选集》第5册,35页,中共中央党校出版社1990年版。
[2]《中共中央文件选集》第5册,37页,中共中央党校出版社1990年版。

这时，中共中央正在大力纠正瞿秋白的"左"倾盲动错误，修正了革命高潮已经到来的错误估量，把全党工作重心放到争取群众、聚积革命力量、创造革命形势上面，而不再急于组织中心城市暴动。根据这样一个总的政治策略，中共中央认为，朱、毛领导的红四军在革命处于低潮的形势下，应该分散到湘赣边界的广大乡村中去，广泛而深入地开展土地革命，把农民发动起来、组织起来，去促成以中心城市暴动为标志的革命高潮的到来。

毛泽东对于中共中央分编红军、实行分散游击的指示，持完全不同的意见。在1928年11月25日写给中共中央的报告中，毛泽东针对"六月来信"的指示说："中央指示我们发展的游击区域，纵横数千里，失之太广，这大概是对我们力量估计过大的缘故。"① 在1929年4月5日写给中共中央的报告中，毛泽东针对"二月来信"的指示，更全面地阐述了红军不宜分散的理由。他说：

中央要求我们将队伍分得很小，散到农村中，朱、毛离开大的队伍，隐藏大的目标，目的在保存红军和发动群众，这是一种理想。以连或营为单位单独行动，分散到农村中，用游击的战术发动群众，避免目标，我们从前年冬天就计划起，而且多次实行都是失败的。因为：(一)红军不是本地人，与地方武装的赤卫队来说完全不同。湘赣边界宁冈各县的农民只愿在本县赤卫队当兵，不愿入红军，因此红军简直寻不出几个湘赣边界的农民。红军成分是老的国民革命军、浏平、湘南的农军和迭次战役的俘虏兵。(二)分开则领导机关不健全，恶劣环境中应付不来，容易失败。(三)容易被敌人各个击破。五军在平、浏，四军在边界在湘南，因分兵而被敌人击破者共有五次之多。(四)愈是恶劣环境，部队愈须集中，领导者愈须坚强

---

① 《毛泽东军事文集》第1卷，31页，军事科学出版社、中央文献出版社1993年版。

奋斗，方能应付敌人。只有在好的环境里才好分兵游击，领导者也不如在恶劣环境时刻不能离。①

毛泽东认为，面对强大敌人的进攻，弱小红军只有集中兵力才能应付，因为只有集中兵力，才能形成坚强有力的领导中枢，才能在局部战场创造对敌人的优势。如果红军实行分散游击，势必丧失强有力的领导中枢，造成力量的分散，非常容易被敌人各个击破，最终将导致工农武装割据的彻底失败。红军大部分官兵是外省籍人，分编成小股实行分散游击，连生存都会成为问题。井冈山的"三月失败"和"八月失败"，都是分兵造成的恶果。另外，朱、毛井冈山会师后，为了缓解经济困难，把由湘南农军组成的红三十团、红三十三团送返湘南，结果也是下山不久就散掉了。这些都说明，中共中央"六月来信"和"二月来信"中关于红军分散到广大农村、用流动游击的方法发动群众的指示，是脱离当时工农武装割据的斗争实际的，带有很强的主观主义色彩，因而也是根本不可行的。

围绕着集中兵力还是分散兵力这个问题，毛泽东同当时中共中央领导的实质性分歧，还在于要不要实行公开的武装割据，即要不要在广大农村地区建立红色政权，打出共产党的旗帜。在当时主持中共中央工作的领导同志看来，在革命处于低潮的形势下，公开实行武装割据，建立红色政权，会吸引敌人集中力量来对付，不利于革命力量的保存和积蓄。毛泽东则认为，在敌人统治薄弱地区如湘赣边、赣粤闽边等，完全有条件实行公开的武装割据，而这种公开的武装割据是无产阶级领导下的农民革命的最高形式，其最大利益，就是可以公开打出共产党的旗帜，可以公开宣传共产党的政治主张，并使民众真切感受到共产党给他们带来的好处，从而可以最

---

① 《毛泽东军事文集》第1卷，60—61页，军事科学出版社、中央文献出版社1993年版。

大限度地扩大共产党在民众中的影响，成为促进中国革命高潮早日到来的重要因素。而这种利益，是活动在大中城市的处于秘密状态的中共地下党组织难以获得的。[1]毛泽东说："边界红旗子始终不倒，不但表示了共产党的力量，而且表示了统治阶级的破产，在全国政治上有重大的意义。"[2]如果放弃公开的武装割据，仅仅实行分散的、流动的游击政策，民众很难了解共产党的主张和政策，共产党对群众的影响就会大打折扣，因而是"不能完成促进全国革命高潮的任务"[3]的。而要实行公开的武装割据，就必须集中兵力而不能分散兵力，即必须保持一定规模的武装力量，并保持强有力的领导中枢。

这涉及如何看待中国革命形势问题。毛泽东认为，在"二月来信"中，中共中央要求红四军执行分散游击方针，是基于对革命形势的过分悲观估计。[4]他在初上井冈山时就曾经指出："因为有了白色政权间的长期的分裂和战争，便给了一种条件，使一小块或若干小块的共产党领导的红色区域，能够在四周白色政权包围的中间发生和坚持下来。"[5]如果看清楚这一点，就不会为国民党新军阀暂时联手对付革命的局势所迷惑，以为中国革命高潮的到来是一个遥遥无期的远景。然而，党内一些同志却常常被暂时的局势所迷惑。当各派军阀相互打起来而置共产党于不顾时，容易犯冒险主义

---

[1] 杨奎松在《国民党的"联共"与"反共"》中说："共产党人在城市中难以立足和生存的一个重要原因，是因为城市的区域过于狭小，毫无回旋余地。要想应付国民党的镇压，他们只能从事秘密工作，甚至是单线联系。不仅无法真正让绝大多数民众理解自己的主张和政策，又不能给城市居民带来任何实际利益，而且因为秘密工作的需要，再加上国民党的反共宣传，共产党人不仅和绝大多数城市居民'不相往来'，甚至在情感上和思想上也难以沟通，很容易被周围居民告发。"（杨奎松：《国民党的"联共"与"反共"》，273页，社会科学文献出版社2008年版）
[2]《毛泽东军事文集》第1卷，46页，军事科学出版社、中央文献出版社1993年版。
[3]《毛泽东军事文集》第1卷，127页，军事科学出版社、中央文献出版社1993年版。
[4] 毛泽东在1929年4月5日给中共中央的信中说："2月7日的信由福建省委转来，4月3日在瑞金收到。中央此信对客观形势及主观力量的估量都太悲观了。"（《毛泽东军事文集》第1卷，59页，军事科学出版社、中央文献出版社1993年版）
[5]《毛泽东军事文集》第1卷，13页，军事科学出版社、中央文献出版社1993年版。

的错误；当各派军阀之间实现暂时和平、联手对付革命时，又很容易陷于悲观主义，滑向右倾。1928年11月至1929年2月间，在国民党打败了奉系军阀张作霖、结束二期北伐后，国内各派军阀之间实现了暂时和平，他们空出手来共同对付革命，共产党的发展面临困难局面。在这种形势下，党内一些同志不免产生悲观情绪。中共中央的"二月来信"便反映了这个时期党内的这种"悲观分析"。

毛泽东认为，中国革命的战略指导者决不能被一时的形势所迷惑，而应当善于透过现象抓住本质。中国半殖民地半封建的社会性质，决定了各派军阀之间的关系取决于统治中国的各个帝国主义列强之间的关系；而帝国主义列强之间的争夺不可避免，各派军阀之间的和平也就只能是暂时的，"今天的暂时妥协，即酝酿着明天的更大的战争"[1]。这就带来了一个奇特现象：军阀对红军的"进剿"或"会剿"会因为军阀混战再起或发生内讧而削弱力量，甚至会骤然中断。如红四军在1928年7月进行第一次反"会剿"作战中，就曾遇到进攻莲花、宁冈的赣敌第六军的6个团因内讧而退出作战，赣敌第三军的5个团不得不随之撤退的情况。更典型的事例是，1929年2月蒋桂战争爆发在即，紧追朱、毛红军不舍的蒋介石系统的张与仁旅突然被调走去对付桂系，从而使朱、毛红军能够集中力量对付驻长汀的闽敌郭凤鸣旅，大获全胜，在闽西站住了脚，并乘势决定在闽西、赣南开展游击战争，实行"公开苏维埃武装割据"[2]，作为开辟"与湘赣边界之割据连接起来"的大片红色区域的"前进的根基"[3]。这些都说明，中国革命的敌人尽管十分强大，但他们之间的矛盾，使得共产党总能找到实行公开武装

---

[1]《毛泽东军事文集》第1卷，11页，军事科学出版社、中央文献出版社1993年版。
[2] 1929年2月大柏地战斗之后，红四军前委在东固召开会议，针对当时优势敌军穷追的险恶形势，并借鉴赣南红2团的经验，作出了"抛弃了固定区域之公开割据政策，而采取变动不居的游击政策（打圈子政策）"的决定。
[3]《毛泽东军事文集》第1卷，63页，军事科学出版社、中央文献出版社1993年版。

割据的"空子",总能找到建立红色区域政权的"夹缝",完全不必因为一时的困难形势而放弃公开的武装割据。

由此可见,集中兵力还是分散兵力之争,涉及的是土地革命与武装斗争相结合的力量组织和使用问题,是关乎中国革命前途的重大战略之争,超出了一般的军事意义。毛泽东从中国革命战争的实际出发,紧紧扣住实行公开武装割据这个主题,力主集中兵力而坚决反对分散兵力。历史证明,毛泽东是正确的。

(三)取攻势还是取守势?

这里包含着两个紧紧交织在一起的问题:一个是在战略上取守势还是取攻势,再一个是向哪里进攻和向哪里防御。

毛泽东率部上井冈山,在罗霄山脉中段创建革命根据地,这一行动本身就是在战略上放弃了攻势,而取守势。但是,毛泽东刚刚在井冈山立足,就遇到了中共向国民党新军阀发起的新一轮战略进攻,使毛泽东的守势战略受到了来自中共中央和湖南省委的冲击。

1927年10月下旬,国民党新军阀相互之间因为争夺地盘,爆发了宁汉战争,桂系李宗仁以国民政府名义讨伐坐拥湖北、湖南、安徽三省的湘系唐生智,掀起了一场军阀混战。与此同时,其他各地方实力派也都蠢蠢欲动,搅动着全国政局。11月1日中共中央临时政治局常委会议通过《中央通告第十五号——关于全国军阀混战局面和党的暴动政策》。通告提出"军阀之间的这种混战,国民党内部的这种纷争,证明中国豪绅资产阶级的反动,不能巩固自己的政权,不能稳定自己的统治",即陷入了"总危机",而"工农民众的革命力量,在这军阀混战豪绅资产阶级统治不能稳定的局面下,客观上有一触即发,起来推翻一切豪绅军阀政权的趋势"。因此,当前党的"总政策",就是实行"工农贫民兵士群众武装暴动,反对国民党及军阀的祸国殃民的战争，变军阀的战争为民众反军阀的战争"①。11月9—10日召开的中共中央临时政治局扩大会议根据"现时全中国的状况是直接革命的形势"的估量，正式作出了关于"武装暴动总政策"的决议案："（1）努力使群众自发的革命斗争得有最高限度的组织的性质；（2）努力使相互隔离零星散乱的农民暴动，变成尽可能的大范围内的农民总暴动；（3）努力保证工人阶级的暴动与农民暴动互相赞助互相联络"②，即要求全党集中力量"准备一夺取政权的总的暴动"③。11月15日中共中央致信两湖省委："命令两湖省委利用唐生智系军阀崩溃与大小军阀混战，工商业财政破产的局面更积极的发动两湖的革命，创造部分的暴动，汇合而成为总的夺取政权建立工农兵士代表会议的政权的暴动，乡村与城市都应一致的动作与准备。"④这个"武装暴动总政策"，标志着当时中共中央对国民党新军阀的统治发起了新一轮战略进攻。

根据中共中央指示的精神，湖南省委开始推行"左"倾冒险政策，在省内各地组织城乡暴动。1928年1月上旬朱德、陈毅率部占领湘南的宜章，中共湘南特委领导人随之赶到，乘势发动了湘南起义，造成了湘南数县的革命形势。3月上旬中共湘南特委派代表周鲁上井冈山，命令毛泽东率部离开井冈山赴湘南，投入开辟湘南革命局面的斗争。这次行动的结果，便是"三月失败"，井冈山革命根据地的平原地区被敌人占去一个月有余。这次失利，使毛泽东更深刻地体会到盲目的战略进攻只能招致失败。此后，毛泽东向中共中央和湖南省委申明巩固井冈山革命根据地的必要性⑤，实质

---

① 《中共中央文件选集》第3册，434、436页，中共中央党校出版社1989年版。
② 《中共中央文件选集》第3册，455页，中共中央党校出版社1989年版。
③ 《中共中央文件选集》第3册，525页，中共中央党校出版社1989年版。
④ 《中共中央文件选集》第3册，521页，中共中央党校出版社1989年版。
⑤ 毛泽东1928年6月16日给湖南、江西省委转中共中央的信详细阐述了坚持井冈山革命的三条理由，并强调说："因此三个理由，我们只有用全部力量与敌争斗，决无退却抛弃。"（《毛泽东军事文集》第1卷，9页，军事科学出版社、中央文献出版社1993年版）

上是阐明战略上取守势的必要性。井冈山的"八月失败"使毛泽东更加坚信，在中国革命高潮尚未到来之时，在敌我力量强弱对比没有发生根本逆转之时，当红军还非常弱小之时，中国革命战争在战略上只能取守势。他在中共湘赣边界第二次党代表大会决议案和1928年11月25日给中共中央的报告中都强调，工农武装割据成功的基本条件之一，就是"共产党组织的有力量和它的政策的不错误"[①]。所谓"政策的不错误"，首要的就是不要犯战略上盲目进攻的错误。

毛泽东主张战略上取守势，绝不是主张消极避战，而是主张以积极的战役战斗进攻即攻势防御打破敌人的"进剿"和"会剿"。

毛泽东率部初上井冈山时所面临的军事形势是这样的：执掌中央政权的蒋介石重点防范的是那些在北伐战争中坐大的地方军事势力，毛泽东领导的这支武装力量在他看来并不构成重大威胁，有湘、赣两省军事力量对付足矣。湘、赣两省军阀在反共上是高度一致的，都把位于湘、赣交界之处的红色武装力量视为眼中钉肉中刺，皆欲除之而后快。但他们又都把保住各自地盘作为头等重要的事情，因而利益又不尽一致，甚至存在冲突，因此不可能全力配合，行动中往往把阻止毛泽东率领的红色武装力量进入自己的地盘作为首要目的。因此，对于毛泽东来说，以攻势防御打破湘、赣两省军阀的"进剿"或"会剿"，有一个向哪个方向进攻、向哪个方向防御的问题。

1928年6月，毛泽东在给湖南、江西省委转中共中央的信中汇报打破湘、赣两省军阀"会剿"的作战部署，明确说道："此间军事布置对湘取守势，对赣取攻势……"[②]可以说，这是毛泽东自上井冈山以来对付湘、赣两省军事进攻的基本战略布势。坚持这样一个战略布势，毛泽东率部开辟了

[①]《毛泽东军事文集》第1卷，14页，军事科学出版社、中央文献出版社1993年版。
[②]《毛泽东军事文集》第1卷，8页，军事科学出版社、中央文献出版社1993年版。

井冈山革命根据地，并使这片根据地呈现出偏向江西的发展态势。这表明，"对湘取守势，对赣取攻势"战略布势，对于坚持和发展地处湘、赣边界的井冈山革命根据地来说是行之有效的。而井冈山的"三月失败""八月失败"则进一步说明，不执行这一战略布势，失败是难免的。

就拿"八月失败"来说，从战略指导上看，根本原因就是违背了这一战略布势。1928年6月底湘、赣两省军阀联手发起"会剿"，毛泽东主持红四军军委作出决定，乘赣军慢一步的"时间差"，先集中红四军主力对付东进的湘军。但由于湘军行动较快，已经通过了预伏区域，抵进永新。红四军军委随即改变部署，决定以朱德、陈毅率二十八团、二十九团进攻湖南酃县，威逼茶陵，迫使湘军吴尚部回援，退出"会剿"；达到此目的后，朱德、陈毅立即率部掉头，协力毛泽东指挥的三十一团围歼进攻永新的赣军王钧、金汉鼎等部。这样一个部署，本质上是贯彻"对湘取守势，对赣取攻势"的战略布势，如能坚定贯彻之，不仅可以顺利打破湘、赣两省的第一次"会剿"，而且可以顺势扩大井冈山革命根据地。①但朱德、陈毅率领的二十八团、二十九团在顺利攻克酃县，调动湘军吴尚部全部返回茶陵撤出"会剿"后，却没有坚定执行红四军军委决定回师永新，而是向湘南进发，把"对湘取守势"变成了"对湘取攻势"，结果导致第一次反"会剿"作战失利，井冈山革命根据地内的平原地区尽失。吸取教训后，第二次反"会剿"作战坚决贯彻了"对湘取守势，对赣取攻势"的战略布势，黄洋界一战吓阻住湘军吴尚部的进攻后，集中力量对付进占永宁、永新的赣军，取得了胜利，恢复了井冈山革命根据地，扭转了"八月失败"后的被动局面。

毛泽东所坚持的"对湘取守势，对赣取攻势"的战略布势，实际上是

---

① 毛泽东在总结"八月失败"教训时说："设我大队不往湘南，击溃此敌，使割据地区推广至吉安、安福、萍乡，和平江、浏阳衔接起来，是完全可能的。"（《毛泽东军事文集》第1卷，24页，军事科学出版社、中央文献出版社1993年版）

同中共中央的湘粤赣鄂四省暴动的发展战略相违和的。中共中央1928年6月24日给朱德、毛泽东并红四军前委的信指出：

在湘鄂赣粤四省暴动的布置上，广东自然可以单独成一中心，而在湘鄂赣三省中，则湖南成为暴动布置的中心，因为他与广东连接，党的基础和士兵工作的客观条件都比赣鄂好一点，尤其是在最近几月来，三省暴动发展的形势是湘粤的大道赣西南湘东北，如此，在湖南境内的湘粤大道以及粤汉株萍沿线湘赣边界已经成为三省暴动发展的枢纽，更加证明湖南应为三省暴动的中心。①

根据湘粤赣鄂四省暴动的发展战略，中共中央1928年9月、10月间给毛泽东、朱德并湘赣边特委的信中明确指示：红四军"现在发展的区域应当是向着湘南的边界各县"，并明确要求毛泽东、朱德不要向赣南发展，因为"赣南没有群众基础，没有较健全的党部组织，占领赣南极容易受敌四面八方的包围"；同时也不要向湘东发展，"占领萍（乡）安（源），向湘东发展，可以根本动摇长沙的统治，这是湖南全省总暴动的前夜的发动，在目前是会失败的"②。在这封信中，中共中央还肯定了湖南省委要求红四军向湘南发展的战略，认为"八月失败"不是因为这个战略错了，而是毛泽东、朱德的"运用"发生了错误。③

1929年4月5日，已经立足赣南闽西的毛泽东代表红四军前委给中共中央写信汇报工作，针对中共中央的湘粤赣鄂四省暴动的战略布势明确表达

---

① 《中共中央文件选集》第4册，250页，中共中央党校出版社1989年版。
② 《中共中央文件选集》第4册，673页，中共中央党校出版社1989年版。
③ 中共中央的信是这样说的："湘省委上次决定红军由赣西向湘南发展的战略是对的，但是你们的运用就发生了错误。到湘南后没有注意发动广大的群众和扩大游击战深入群众斗争，一开始即乘郴州的空虚而进攻，结果因为主观力量的薄弱与战略的错误而失败，以至于重新退回赣西，都是流寇观念的结果。"（见《中共中央文件选集》第4册，672页，中共中央党校出版社1989年版）

了不同意见。他说：

蒋桂部队在九江一带彼此逼近，大战爆发即在目前，国民党统治从此瓦解，革命高潮很快地会到来。在这种时局之下来布置工作，我们觉得南方数省中，粤湘二省中买办地主的军力太大，湘省则更因党的盲动主义政策的错误，党内党外群众几乎失尽。赣浙闽三省则另成一种形势。第一，三省军力最弱。浙江只有蒋伯诚的少数省防军。福建五部虽有十四个团，然郭旅已被击破，陈国辉卢兴邦二部均土匪军，战力甚低，陆战队两旅在沿海，从前亦未打过仗，战力谅不大，只有张贞部比较能打，但据福建省委分析，张亦只有二团好的，且五部完全是无政府，不统一。江西朱培德熊式辉二部共有十六团，比闽浙军力为强，然比起湖南来则差得多，其中一大半和我们作战过，除李文彬一旅之外其余都是被我们打败过的。第二，三省党的错误比较少。除浙江情况我们不明了外，江西福建二省党及群众基础都比湖南好些。赣北之德安、修水、铜鼓尚有相当基础，赣西宁冈、永新、莲花、遂川等县党及赤卫队的势力是依然存在的，赣南的希望更是很大的，吉安、永丰、兴国等县的红军独立第二团、第四团有一天一天发展之势，赣东方志敏的红军独立第三团并未消灭，如此已造成了向南昌包围之形势。我们建议中央在国民党长期混战的长期战斗中间，我们要和蒋桂二派争取江西，同时兼及闽西、浙西，在三省扩大红军的数量，造成群众割据，以一年为期完成此计划。①

这时，毛泽东的战略视野已经大大拓展，不再拘泥于湘赣边界的斗争形势和发展战略，但这一把中共在南方推进革命的战略布势由湘鄂粤赣四

---

① 《毛泽东军事文集》第1卷，62—63页，军事科学出版社、中央文献出版社1993年版。

省调整为赣浙闽三省，战略中心则由湘调整为赣，或者说由湘江、长江流域调整为赣江以东地区的建议，就"精神实质"而言，同"对湘取守势，对赣取攻势"的战略布势是一脉相承的。

这个"精神实质"应从以下几个方面理解。

第一，具体而准确地判断敌我力量对比和群众基础的强弱，是制定战略策略的基本前提。中共中央支持湖南省委向湘南发展的意见，从根本上说，是因为疏于对敌我力量对比和群众基础强弱的准确判断，尤其是疏于对各省敌人军力和群众基础状况的具体判断。毛泽东则在湘赣边界的斗争实践中，对湘、赣两省的军力和群众基础状况有了真切的认识，并自觉地把这种认识作为制定战略的基本依据。

第二，以攻势打破敌人的进攻，必须选择正确的进攻方向，并把主要力量用于这个方向。中共中央及湖南省委与毛泽东之间的分歧不在于要不要以攻势打破敌人的进攻，而在于向哪个方向进攻去打破敌人的进攻并寻求发展。中共中央及湖南省委所坚持的进攻方向，是敌人的强点而非弱点，毛泽东选择的进攻方向，则是敌人的弱点，并且强调集中主要力量打敌人的弱点，以取得战胜敌人、扩大革命的实际效果。

第三，充分利用敌人的矛盾和不统一，以攻防的有机结合和灵活转换拓展战略回旋空间。中共中央及湖南省委把敌人视为铁板一块，忽视他们之间的矛盾和不一致，因而也无意利用这种矛盾和不一致。毛泽东的战法，则是建立在对敌人营垒内部矛盾的准确把握基础上的，充分利用了敌人各派系之间的利益冲突和不一致，从而能够在夹缝中创造生机，打开一片天地。

正是因为毛泽东的"赣浙闽三省"战略是建立在对实际情况的十分扎实的综合分析基础之上的，因此毛泽东非常坚持，也成为他与当时的中央领导人及后来的中央领导人之间分歧的焦点之一。

（四）直线式推进还是波浪式推进？

中国共产党所做的一切努力，都是为了不断扩大革命阵地，直至促成革命高潮到来，一举夺取全国政权。红军的任务是不断扩大革命根据地，为促成革命高潮积聚力量。重要的问题是，革命根据地的扩大是直线式推进还是波浪式推进。换句话说，红军为扩大革命根据地所实施的攻势能不能一直进行下去，允不允许停顿，允不允许退却和收缩？

这并不是一个简单问题，而是一个关乎中国革命发展的总体战略问题。

毛泽东在井冈山斗争的实践中，真切认识到革命根据地的发展不可避免地如"月有阴晴圆缺"一样，呈现出周期性的"盈亏"之势。当军阀混战即起、统治阶级分裂时，红军便获得了一个比较宽松的环境，可以采取攻势行动，使革命根据地得以扩大；当军阀混战即停、统治阶级稳定时，红军面临的军事压力会陡然增大，必须随之由攻势转入守势，巩固根据地上升为第一位，扩大根据地退居第二位，称为"收紧阵地"。军阀混战和妥协会不可避免地交替出现，中国革命的发展和革命根据地的扩大，也必然是在攻势和守势的交替中实现，甚至要准备必要时丧失一部分根据地。中国革命指导者要在战略上不犯错误，或不犯大的错误，最重要的就是准确把握战略形势变幻，当攻则攻，当守则守，于形势变幻的关节点适时转换攻防之势，以保证自己处于战略主动，立于不败之地。

毛泽东有了这样的认识，并不等于当时所有的人都有了这样的认识，特别是不等于当时处于上级地位的湖南省委和中共中央领导也有了这样的认识。

毛泽东在总结井冈山"八月失败"的教训时指出：

八月失败，完全在于一部分同志不明了当时正是统治阶级暂时稳定时期，反而采取在统治阶级破裂时期的政策，分兵向湘南冒进，致使边界和湘南同归于败。湖南省委代表杜修经和省委派充边界特委书记的杨开明，乘力持异议的毛泽东、宛希先诸人远在永新的时候，不察当时的环境，不顾军委、特委、永新县委联席会议不同意湖南省委主张的决议，只知形式地执行湖南省委向湘南去的命令，附和红军第二十九团（成分是宜章农民）逃避斗争欲回家乡的情绪，因而招致边界和湘南两方面的失败。①

这段话反映了毛泽东和湖南省委的不一致。1928年初蒋介石在一度下野后复职国民革命军总司令，回到国民党的权力中心；国民党二届四中全会决定改组国民政府，恢复军事委员会，表面上平息了宁汉纷争；湘、粤、桂三省军阀混战以湘、粤失败而告结束，终止了三省分崩离析的局面。统治阶级暂时趋于稳定，湘、赣两省军阀决意联手剿灭活动于湘赣边界的朱、毛红军。因此，从1928年4月以后国民党军"进剿"和"会剿"的兵力猛增，少则八九个团，多则18个团，仅有4个团的朱、毛红军所面临的军事压力骤增。针对这样的军事形势，毛泽东采取了"收紧阵地"的斗争策略：（1）把斗争重心转到巩固现有根据地，尤其是根据地的中心区域上面；（2）既要坚决反对逃跑主义，又要坚决反对冒进政策，采取逐步推进的方法扩大根据地；（3）集中红军兵力相机迎战当前之敌，切忌分兵，避免被敌人各个击破；（4）深入开展根据地内的土地革命，发展和壮大根据地的群众武装；（5）充分利用湘、赣两省军阀的利害相左，以攻势防御打破敌人的进攻。毛泽东说：

因为这些策略的适当，加以边界地形的利于斗争，湘赣两省进攻军队的不尽一致，于是才有四月至七月四个月的各次军事胜利和群众割据的发

---

① 《毛泽东军事文集》第1卷，24页，军事科学出版社、中央文献出版社1993年版。

展。虽以数倍于我之敌，不但不能破坏此割据，且亦不能阻止割据的发展。此割据对湘赣两省的影响，则有日益扩大之势。①

但湖南省委却反其道而行之，6月中下旬连续数封指示信要求朱、毛红军以主力向湘南进攻。26日给湘赣特委及四军军委的指示信明确说：

你们攻鄢县结果如何？念念！如鄢县胜利后，应快速的转高陵出高隆（陇），进攻永新之敌。如鄢县未得胜利，乘湘南"会剿"部队尚未集中前，先解决永新之敌，然后杀出一条血路，向湘南资兴、耒阳、永兴、郴州发展。②

毛泽东尖锐地指出，湖南省委在当时形势下要求红四军向湘南发展，属于冒进政策，而湖南省委采取这种政策，是因为"未曾把统治阶级政权暂时稳定的时期和破裂的时期这两个不同的时期分别清楚"③，因而也就不懂得在两个不同时期里，党和红军应当采取不同的政策，不懂得在统治阶级政权暂时稳定时期最忌不顾根据地中心区域的巩固而"分兵冒进"，因此才有了"八月失败"。

总结"八月失败"的深刻教训，毛泽东把"固定区域的割据，用波浪式的推进政策"④规定为红军游击战的基本原则。

总之，正确回答和解决了哪里立足、如何打仗、如何使用兵力、如何打破敌人进攻、如何调整战略等一系列基本问题，毛泽东创造了一整套独

---

① 《毛泽东军事文集》第1卷，23—24页，军事科学出版社、中央文献出版社1993年版。
② 《中国共产党历史资料丛书：井冈山革命根据地》（上），143页，中共党史资料出版社1987年版。
③ 《毛泽东军事文集》第1卷，22页，军事科学出版社、中央文献出版社1993年版。
④ 《毛泽东军事文集》第1卷，61页，军事科学出版社、中央文献出版社1993年版。

具特色的、以"敌进我退，敌驻我扰，敌疲我打，敌退我追"十六字诀为集中体现的红军游击战原则：

——红军游击战以实现工农武装割据，创建农村革命根据地为目的，因此红军作战必须与建立红色政权、武装群众和开展土地革命相结合；红军除了打仗之外，必须开展群众工作，帮助群众进行土地革命，建立革命政权。

——实行有根据地的游击战，依托根据地人民的支持战胜敌人，坚决反对不要根据地、脱离人民群众的流寇主义。

——以攻势防御打破敌人的进攻，进攻时必须反对冒险主义，退却时必须反对逃跑主义。

——实行集中兵力的原则，以造成局部对敌优势；坚决反对远距离分兵，避免被敌人各个击破。

——扩大根据地必须采取波浪式的推进，根据政治军事形势的发展变化适时调整红军的攻防之势，承认退却和收缩是进攻和扩大所必需的。

这一整套红军游击战作战原则的形成，为中国共产党人把土地革命和革命战争结合起来找到了出路，从而打开中国革命的一片新天地，真如同中国古代神话中的盘古开天地一般，在一片"混沌"中辟出了一条通向未来之路。但是，这一整套经过战争考验被证明是正确的作战原则，并没有立即成为全党共识，因为"城市中心"的指导路线并不是那么容易退出统治地位的，在党内大多数人心目中，"中心城市暴动"才是正道，所以分歧和争论还将继续下去。

三、克服李立三路线的影响

由井冈山进到赣南闽西，朱、毛红军获得了更广阔的活动空间，队伍随之壮大，发展到三四万人，其作战方式也逐步由游击战转变为游击性运动战。

朱、毛红军由游击战向游击性运动战转变时，正逢李立三的"左"倾冒险主义在中共中央取得统治地位，套着"中央路线"的光环。李立三"左"倾冒险主义在1929年末开始抬头，以12月8日发出的《中央通告第六十号——执行武装保护苏联的实际策略》为标志。1930年5月蒋冯阎中原大战爆发，李立三的"左"倾冒险主义也随之达到高潮。6月11日中共中央政治局会议通过的《新的革命高潮与一省或几省首先胜利——目前政治任务的决议》，标志着李立三"左"倾冒险错误在中共中央取得了统治地位。

头脑发热的李立三不能容忍毛泽东的这一套，曾在一系列中央文件和中央重要会议上点名批判毛泽东。

李立三对毛泽东的批判，主要集中在三个问题上。

第一，朱、毛红军的战略方向问题。毛泽东1929年4月给中共中央的信中提出了首先争取江西全省的计划：以闽西赣南20余县为范围，用游击战术发动群众，深入进行土地革命，建立红色政权，将这一地区的割据与湘赣边的割据连成一片，创造赣南闽西革命根据地，然后以此为前进基地争取江西全省。李立三"左"倾冒险主义的集中体现，就是他的那个"以武汉为中心的附近省区首先胜利"[①]的通盘计划。根据这一计划，李立三要求红四军放弃"偏安"赣南闽西的想法，"坚决执行向赣江下游发展，配合整个革命的形势与武汉首先胜利的前途，取得九江以保障武汉的胜利"[②]。他认为毛泽东首先争取江西全省的三条理由（江西资产阶级比较弱，统治江西的不是当地军阀，不与帝国主义直接冲突[③]），"更包括着严重的错误"[④]。

[①]《中共中央文件选集》第6册，128页，中共中央党校出版社1989年版。
[②]《中共中央文件选集》第6册，59页，中共中央党校出版社1989年版。
[③] 毛泽东在1930年1月给林彪的信中所列首先争取江西的三点理由："一是江西的经济主要是封建的经济，商业资产阶级势力较小，而地主的武装在南方各省中又比哪一省都弱。二是江西没有本省军队，向来都是外省军队来此驻防。外来军队'剿共''剿匪'，情形不熟，又远非本省军队那样关系切身，往往不很热心。三是距离帝国主义的影响比较远一点，不比广东接近香港，差不多什么都受英国支配。"（《毛泽东军事文集》第1卷，135页，军事科学出版社、中央文献出版社1993年版）
[④]《中共中央文件选集》第6册，139页，中共中央党校出版社1989年版。

当1930年3、4月间毛泽东、朱德率部向赣粤边的大庾、信丰游击时,李立三致信红四军前委指责说:"惟这样发展,与全国革命形势和党的总任务是相背驰的,无论你们如何执行进攻策略与向外发展甚至争取广东一省的先胜利,而你们在推动全国革命高潮意义上,也是异常减弱的。"①

第二,朱、毛红军的战略任务问题。毛泽东根据首先争取江西全省的计划,率领红四军周旋于赣闽粤三省边界地区,着力经营赣南闽西革命根据地,在连续打破赣闽粤三省三次"会剿"的过程中,创造了赣南、闽西两大块根据地。②李立三对此不以为然。根据"以武汉为中心的附近省区首先胜利"的通盘计划,他要求红四军向敌人控制的中心城市和交通要道进攻,打击敌人的主要力量,形成包围和威胁武汉的战略态势。他告诉毛泽东:"红军是推动全国高潮尤其是争取一省或数省先胜利前途直接动力之一,因此,猛烈的扩大红军与坚决的向中心城市发展,是红军当前最主要的任务。"③他把批判矛头直指毛泽东的"以乡村包围城市"的思想,认为这是"一种绝对错误的观念"④,是"躲避和分散的观念"⑤,已经跟不上革命高潮来到面前的新形势。

第三,朱、毛红军的战略战术问题。从井冈山到赣南闽西,毛泽东领导红四军创造了一整套管用的、别具一格的红军游击战战略战术。李立三却认为这套东西已经过时,应当彻底抛弃。他在1930年6月召开的中共中央政治局会议上说:"游击战争的战术已不适合于现在的形势,现在的红军需要扩大充实,而不是短小精悍的游击队式的组织。"⑥他起草的中共中

---

① 《中共中央文件选集》第6册,57页,中共中央党校出版社1989年版。
② 1930年3月15日中共赣南特委在富田召开赣西南第一次党代表大会,会后成立赣西南苏维埃政府。18日,中共闽西特委在龙岩召开闽西六县工农兵代表大会,成立闽西苏维埃政府。这标志着赣南、闽西两块革命根据地的正式形成。
③ 《中共中央文件选集》第6册,58页,中共中央党校出版社1989年版。
④ 《中共中央文件选集》第6册,575页,中共中央党校出版社1989年版。
⑤ 《中共中央文件选集》第6册,28页,中共中央党校出版社1989年版。
⑥ 《中共中央文件选集》第6册,103页,中共中央党校出版社1989年版。

央政治局会议决议《新的革命高潮与一省或几省首先胜利》说："这一任务的总的目标，便是与主要城市的武装暴动配合，夺取政权，建立全国革命政权。过去的游击战术，已经与这一路线绝对不相容，必须根本改变过来。"①李立三视毛泽东为"红军狭隘的游击战略"的代表，指责说："他有他一贯的游击观点，这一路线完全与中央的路线不同。"②

李立三的这一套东西给红四军造成了相当大的冲击。6月中下旬在福建长汀召开的红四军前委和闽西特委联席会议，是李立三的"左"倾冒险主义在红四军取得主导地位的一个重要转折点。李立三派遣的中共中央特派员涂振农在这次会议上传达了全国红军代表会议③和全国苏维埃代表会议精神，否定了毛泽东首先争取江西的计划，提出"总的路线"是以夺取武汉为目标，先打赣州、吉安，后夺取南昌、九江，截断长江，指令红四军向长江流域发展。毛泽东等人对进攻大城市的"新战略"表示怀疑，但与会的大多数人接受了中央指示，由此会议决定放弃原定的"向赣东游击"的计划，"采取集中进攻的策略"，部队集中起来先攻吉安，同时还决定红四、红六、红十二军整编为红军第一路军（不久改称红军第一军团），共2万余人，朱德任总指挥，毛泽东任政治委员，并组成以毛泽东为书记的前敌委员会。

此后，毛泽东、朱德率领红一军团掉头向北，锋芒直指南昌。8月1日红一军团占领赣江西岸的牛行车站，隔江鸣枪向南昌城示威，以纪念南昌起义3周年。之后，鉴于此威胁行动未能调动固守南昌之敌，又鉴于长沙

---

① 《中共中央文件选集》第6册，132页，中共中央党校出版社1989年版。
② 《中共中央文件选集》第6册，103页，中共中央党校出版社1989年版。
③ 5月中旬，中共中央在上海召开全国红军代表会议，对红军的任务、策略与战术、编制与组织系统、政治委员制度、政治部及政治工作、士兵委员会以及红军中党的工作等，均作出决议案，强调"红军革命的战争只有进攻，无所谓退却"，提出"过去在游击战争中获得的'敌进我退''敌退我追'的经验一般不适用"，要求"纠正上山主义，边境割据的残余"等，规定红军的主要任务是进攻交通要道、中心城市和消灭敌人主力。（《朱德年谱（新编本）》上，178页，中央文献出版社2006年版）

曾有被彭德怀第三军团攻克并占领近一星期之久的前例，遂决定西向，经浏阳进取长沙，以威胁武汉①。

8月23日朱德、毛泽东率红一军团与彭德怀率领的红三军团在浏阳永和会师后合编为红一方面军，共3万余人，朱德任总司令，毛泽东任总政治委员，同时成立以毛泽东为书记的总前敌委员会。8月底朱德、毛泽东率红一方面军进抵长沙，继彭德怀第一次攻占长沙之后，对长沙发起第二次围攻。几番总攻均未奏效，激战到9月12日，鉴于增援之桂敌已抵达湘潭，遂决定停止攻击长沙的行动，回兵南下打吉安。

从7月进军南昌到9月围攻长沙，朱德、毛泽东部的军事行动总体上是受李立三的"以武汉为中心的附近省区首先胜利"的通盘计划主导的，属于"左"倾冒险行动。②但是，毛泽东坚持了他所一贯坚持的灵活用兵原则，知道不行便掉头，及时改变行动方向，绝不死打硬拼，因此朱德、毛泽东部并没有遭受伤筋动骨的损失，反而通过两次合编，实现了对赣南闽西红军数支重要力量的集中统一指挥，组成了规模达3万余人的红一方面军，为实现由游击战向游击性运动战转变准备了必要条件。特别是主动撤围长沙，作出回师江西、攻取吉安的决策，是停止执行李立三的"左"倾冒险主义的实际行动。

10月下旬，历时5个月的蒋冯阎中原大战结束。取得胜利的蒋介石，立即把剑锋转向中共领导的武装力量。赣南红军两次攻打长沙，显示出威胁国民党统治中心区域的实力。28日至29日，何应钦奉蒋介石之命在汉口

---

① 8月3日，朱德、毛泽东在奉新发布命令，令红一军团"以绝对急进攻击敌人之精神"，"先取浏阳，进略长沙，以威胁武汉"。(《朱德年谱（新编本）》上，183页，中央文献出版社2006年版)

② 何长工回忆第二次打长沙时说："为什么说第二次攻打长沙，则更是冒险主义了？这是因为：第一，在政治上是执行立三的'左'倾冒险计划；第二，总前委没有接受三军团第一次攻占长沙，由于敌强我弱，被迫退出长沙的教训；第三，第二次攻打长沙时，对敌我力量的对比，完全是机会主义的错误估计。这时敌人已增强到30多个团的兵力固守，筑有坚固的工事，如电网、战壕、碉堡等等。德国帝国主义还派军舰去湘江游弋。在敌强我弱的形势下，我们又是攻坚战，想攻进长沙去，则更是冒险了。"(《中共党史资料》第23辑，175—176页，中共党史资料出版社1987年版)

召开湘鄂赣三省"绥靖会议",决定分区组织"围剿",以赣南为重点,3至6个月内解决问题。同日,蒋介石任命国民党江西省政府主席鲁涤平为国民党军第九路军总指挥,统一指挥参加"围剿"赣南红军的10万国民党军。12月上旬蒋介石亲赴南昌主持"剿匪"会议,确定作战议案。会后成立"陆海空军总司令行营",任命鲁涤平为行营主任。12月16日,鲁涤平指挥的"围剿"军分左、中、右三路(左路进占富田、东固、南垄;中路进占宁都源头;右路进占宁都洛口、陂头)向红一方面军发起进攻。

如何对付这次规模和强度都超出以往"进剿""会剿"的"围剿",党内军内的意见并不统一。

中共中央在获悉国民党即将对红军发动"围剿"的情报后,于10月29日给红一、红三军团前委发出指示,要求他们以"进攻的策略"打破敌人的"围剿":

首先便是要使湘鄂赣这一特区与赣西南特区,完全打通,要使樟萍线完全抓在红军手里,这第一步便要击溃从萍乡袁州方面来的湘南军队,与肃清清江的敌人,绝对不能使湘赣敌人在这一线上打通,截断我们中心区域。在这一巩固的基础上,坚决的向外发展,集中一、三集团的力量,击破敌人的一方,以压迫湘赣两方的敌人,使之反攻为守,这样来击破敌人的包围。[①]

这个"进攻的策略"的基本精神,就是在根据地外围以进攻战打破敌人的"围剿",并乘机扩大根据地,主要战场设在赣江以西、湘江以东的樟树、萍乡、吉安之间的地域。毛泽东不是这个思路,而是要依托根据地打

[①]《中共中央文件选集》第6册,479—480页,中共中央党校出版社1989年版。

破敌人的"围剿"。

但直接影响决策的分歧，还是存在于红一方面军内部。

从撤围长沙之后，红一方面军领导层就围绕着行动方向问题进行争论，前后长达月余。

9月28日，红一方面军总前委在袁州（宜春）召开会议（即"袁州会议"），讨论行动方向问题。此时，中共中央已召开了纠正李立三"左"倾冒险主义的六届三中全会[1]，承认由于错误估量形势而犯了冒险主义的错误，决定停止执行积极准备武装暴动的冒险主义政策。但是，六届三中全会的精神并没能及时传达到红一方面军[2]，袁州会议上仍然有一部分同志以贯彻中共中央意图为理由，主张攻打南昌。何长工回忆说：

9月28日，当总部机关、部队到达袁州（宜春）地区时，总前委立即在这里召开会议。就红军的军事行动围绕先打吉安还是先打南昌的问题，展开讨论。对于这个问题，自撤围长沙以来，虽然在株洲、萍乡以一军团的名义下发了进攻吉安的命令，但在红一方面军的一些高级干部中并没有得到统一。在袁州会议上进行了激烈争论，有些干部还是反对先打吉安。为什么有些同志反对先打吉安呢？他们的理由是：先打吉安后打南昌，就是不执行中央的指示，就是断送中国革命高潮。[3]

经过激烈争论，会议最后确定打吉安的决心不变，但还是暴露出来红一方面军领导层中一些同志，并没有从打长沙的失利中得到深刻教训，还

---

[1] 中共六届三中全会于1930年9月24—28日召开。
[2] 1930年9月29日中共中央长江局代表周以栗到达袁州，所传达的是8月29日《中共中央给长江局并转湘省委、鄂赣前委及行委的信——关于占领长沙的战略与政策的指示》，动员红一方面军总前委执行已经过时的中央指示。
[3]《中共党史资料》第23辑，178—179页，中共党史资料出版社1987年版。

沉浸在革命高潮已经来到面前的虚幻之中，热衷于攻打大城市。尽管袁州会议讨论的问题并未涉及反"围剿"问题，但如果不是坚持执行打吉安计划，而是掉头打南昌，一旦大规模"围剿"降临头上，红一方面军会非常被动。

10月上旬，蒋冯阎中原大战即将结束的趋向日趋明显。毛泽东预计蒋介石将调集兵力进攻革命根据地，而且会规模超前。17日红一方面军总部进驻峡江，召开红一方面军总前委扩大会议（即"峡江会议"）。这时中共六届三中全会精神仍未传达到红一方面军，因此打下吉安后转向打南昌、九江的意见在红一方面军领导层中仍然占上风。从吉安北上峡江，就是为了贯彻进取南昌、九江的意图。①在峡江会议上，毛泽东继续说服主张打南昌的同志转变思想，认清形势已经发生了重大变化，必须做好对付统治阶级联合起来进攻革命的准备。②会议上，毛泽东力主停止攻打南昌行动，红军主力东渡赣江，到根据地内部关门打狗。毛泽东的分析是：赣江西岸夹在湘、赣两江之间，机动范围小；赣江东岸则横跨闽、浙、赣边界，有山区，回旋余地大，而且是根据地的腹心，可以依靠群众支持，想怎样打就怎样打。但这次会议未能说服红一方面军总前委的大多数同志，红一方面军总部下达了先歼灭高安守敌，进占袁水流域，待机攻取南昌、九江的命令。

10月25—26日，红一方面军总前委和江西省行动委员会在罗坊召开联

---

① 朱德、毛泽东分别以红一方面军总指挥、总政治委员的名义于1930年10月13日在吉安发布命令：本军团有南昌、九江，消灭敌鲁涤平部，夺取江西全省政权，向左保障武汉暴动胜利，向右进攻南京，以促成全国直接革命之任务。14日，毛泽东在吉安以红一方面军总前委书记名义致信南方局说：此次暴动的胜利，是江西全省首先胜利的开始，是猛烈扩大红军的好时机。还说：红一军团于10月18日可抵达清江与红五、红八军会合，"即行占领南浔路进攻南昌，在那一带将有大规模的决战"。（《朱德年谱（新编本）》上，195页，中央文献出版社2006年版）

② 何长工回忆说："毛泽东指出：'我们认为统治阶级的军阀混战暂时不能调和停顿，但也不会继续扩大到底……我们不能离开阶级立场来分析，以为军阀混战会扩大下去，继续到底。要知道阶级矛盾超过统治阶级矛盾时，反动统治阶级必然联合起来进攻革命'，红军的任务必须为冲破反革命的联合进攻做好准备。这就纠正了那种认为军阀战争只会愈打愈大，整个中国豪绅资产阶级在迅速崩溃的'左'的错误估计。"（《中共党史资料》第23辑，200页，中共党史资料出版社1987年版）

席会议（即"罗坊会议"），这是红一方面军实现战略转变的关节点。在此次会议之前，有一个重要铺垫，即10月22日的太平圩会议（红一方面军总前委扩大会议）根据蒋介石调动兵力发动"围剿"的确切消息，作出推迟进占高安，将部队部署在袁水和瑞河之间准备反"围剿"的决策，实际上停止了进攻南昌的行动，转入了反"围剿"作战准备。

罗坊会议的闪光点，是接受了毛泽东的主张：停止执行攻打南昌计划，东渡赣江，向根据地内退却，依靠群众支援和有利的地形条件，发现和造成敌人的弱点，然后集中兵力在运动中各个歼灭敌人。毛泽东这一主张的核心点，即实行"诱敌深入"。

让会议接受这一主张很不容易，大多数同志开始并不接受东渡赣江、把敌人放进根据地打的主张，认为好不容易搞起来的根据地绝不能让敌人轻易进来，不能让根据地的人民受到敌人危害，而应该在赣江以西的白色区域，用攻势行动逼迫"围剿"之敌转入防御。①何长工回忆说：

> 毛泽东在会上做了许多的说服教育工作，明确地指出，此次蒋介石兵力要大举进攻革命，敌人利在速决，使红军深入白色区域，然后包围袭击。我们就是要利用敌人的弱点，看明敌人毒计，站在主动地位来定战略。我们所采取的大规模决战，诱敌深入赤色区域，配合群众，这是实际消灭敌人，实际进攻南昌、九江，争取革命胜利的唯一正确的策略。只有诱敌深入赤区，大举灭敌，敌人主力在野外消灭了，敌人工事也就无用了，这就可以长驱直入，南昌、九江不攻自破。这种战略，才是最实际的布尔什维克的策略，才是扩大红军争取革命胜利的策略。②

---

① 毛泽东回忆说："第一次反'围剿'时，由于立三路线的影响，干部的意见，在没有被说服以前，不是退却而是进攻。""人民由于没有经验而不相信战略退却的必要，莫过于江西第一次反对'围剿'的时候。"（《毛泽东军事文集》第1卷，734页，军事科学出版社、中央文献出版社1993）年版
② 《中共党史资料》第23辑，184页，中共党史资料出版社1987年版。

会议最终接受毛泽东的主张，通过了《关于目前政治形势与一方面军及江西党的任务的指示》，指出：

目前在敌人大举增兵与南昌、九江固守工事的形势之下，单凭红军轻袭南昌、九江，而且红军相当给养不具备，运输条件十分缺乏，这无疑地要成为游击的进攻，结果攻而不下，又转而他往，反使一省胜利延期实现。

目前的战略是在占领南浔路占领南昌九江的总目标之下，继续吉安胜利，争取进一步的胜利，即在吉安南昌之间一带地区发动广大群众，筹措给养，同时加紧后方的群众调动与给养筹措，准备与敌人作大规模的决战，消灭敌人主力，实现全省胜利。[①]

由于此时中共六届三中全会精神仍未传达到红一方面军，这个决议还带有李立三"左"倾冒险主义的色彩，但精神实质却是克服了李立三"左"倾冒险主义路线的影响，转变了红一方面军的战略指导。也正因为如此，10月30日在得到敌"围剿"兵力已经基本部署到位的消息后，红一方面军总前委紧急会议顺理成章地作出了把主力开到赣江以东，实行诱敌深入的战略决策。

在克服李立三路线影响、实现战略转变的过程中，毛泽东关于中国革命战争规律的思考更加深入，也更加系统化。

（一）中国革命战争将是长期的，不可能一蹴而就，因为敌我力量对比悬殊，而转变敌我力量对比不是"灭此朝食"即可以做到的，指导中国革命战争始终要把正确估量敌我力量对比作为决策前提，既不能把敌人看成铁板一块，而不知道利用他们的矛盾来发展自己，也不能无限夸大他们之

[①]《毛泽东年谱（1893—1949）》上卷，321页，人民出版社、中央文献出版社1993年版。

间的矛盾，而忘记他们在反对阶级革命这一点上的高度一致性，在他们感觉到统治地位受到威胁时会联手镇压阶级革命。

（二）中国革命战争是进攻的，这只是政治意义的（从夺取政权、建立根据地、创建红军的意义上说），机械地搬用到军事上则是错误的，在敌我力量对比没有发生根本性转变之前，在中共领导的武装力量还没有脱出弱势地位之前，中国革命战争在军事战略上都只能是防御的，即建立和巩固农村革命根据地，而不是去夺取中心城市。

（三）中国革命战争的规律是"围剿"又"围剿"、打破又打破地长期反复进行，红军的生存和发展取决于能不能打破"围剿"，因而红军进攻时必须反对冒险主义，随时准备转入反"围剿"作战，这时要进行必要的防御性退却，即为进攻而防御，为了前进而退却，为了向正面而向侧面，为了走直路而走弯路，中国革命战争指导者必须懂得这种相反相成的道理。

（四）革命根据地不仅应该是红军休养生息、积蓄力量的区域，而且应该是红军实施反"围剿"作战的区域，因为这里有良好的群众基础和熟悉的环境，而这些是红军赖以创造有利战场态势的重要条件，这就要求红军在反"围剿"作战初期必须实行诱敌深入，把敌军放进根据地里面来，甚至要把它放到根据地的核心地域，可以说红军实施积极防御的内核就是"诱敌深入"。

四、全部红军作战原则形成

11月1日，朱德、毛泽东正式下达以"诱敌深入赤色区域，待其疲惫而歼灭之"[1]为要旨的作战命令，既标志着红军作战进入游击性运动战的

---

[1]《毛泽东军事文集》第1卷，181页，军事科学出版社、中央文献出版社1993年版。

新阶段，也标志着"诱敌深入"方针确立起来了。这个方针一经确立，反"围剿"作战指导的所有问题迎刃而解，即所谓高屋建瓴，势如破竹。第一次反"围剿"作战运用这一方针取得了胜利，第二次反"围剿"作战、第三次反"围剿"作战也都运用了这一方针取得了胜利，屡试不爽，因此这一方针虽然最初曾遭到许多人反对，但还是被越来越多的人所接受，成为红军反"围剿"作战的基本方针。也正是在这一方针基础上，红军形成了一整套独具特色的作战原则。毛泽东总结这一段历史时说：

到了江西根据地第一次反"围剿"时，"诱敌深入"的方针提出来了，而且应用成功了。等到战胜敌人的第三次"围剿"，于是全部红军作战的原则就形成了。[①]

先来看看3次反"围剿"作战的大致过程。

从11月1日朱德、毛泽东正式下达作战命令起到1931年1月3日歼灭谭道源师止，第一次反"围剿"作战行动历时两个月，最后仅仅用5天时间打两仗便取得了重大胜利。

毛泽东回顾了第一次反"围剿"的作战决策和大体过程：

第一次"围剿"时，敌人以约十万人之众，由北向南，从吉安、建宁之线，分八个纵队向红军根据地进攻。当时的红军约四万人，集中于江西省宁都县的黄陂、小布地区。

当时的情况是：（一）"进剿"军不过十万人，且均非蒋之嫡系，总的形势不十分严重。（二）敌军罗霖师防卫吉安，隔在赣江之西。（三）敌军公

[①]《毛泽东军事文集》第1卷，725页，军事科学出版社、中央文献出版社1993年版。

秉藩、张辉瓒、谭道源三师进占吉安东南、宁都西北的富田、东固、龙冈、源头一带。张师主力在龙冈，谭师主力在源头。富田、东固两地因人民受AB团欺骗一时不信任红军，并和红军对立，不宜选作战场。（四）敌军刘和鼎师远在福建白区的建宁，不一定越入江西。（五）敌军毛炳文、许克祥两师进至文昌宁都之间的头陂、洛口、东韶一带。头陂是白区，洛口是游击区，东韶有AB团，易走漏消息。且打了毛炳文、许克祥再向西打，恐西面张辉瓒、谭道源、公秉藩三师集中，不易解决，不能最后解决问题。（六）张、谭两师是"围剿"主力军，"围剿"军总司令江西主席鲁涤平的嫡系部队，张又是前线总指挥。消灭此两师，"围剿"就基本打破了。两师各约一万四千人，张师又分置两处，我一次打一个师是绝对优势。（七）张、谭两师主力所在的龙冈、源头一带接近我之集中地，且人民条件好，能荫蔽接近。（八）龙冈有优良阵地。源头不好打。如敌攻小布就我，则阵地亦好。（九）我在龙冈方向能集中最大兵力。龙冈西南数十里之兴国，尚有一个千余人的独立师，亦可迂回于敌后。（一〇）我军实行中间突破，将敌人的阵线打开一缺口后，敌之东西诸纵队便被分离为远距之两群。基于以上理由，我们的第一仗就决定打而且打着了张辉瓒的主力两个旅和一个师部，连师长在内九千人全部俘获，不漏一人一马。一战胜利，吓得谭师向东韶跑，许师向头陂跑。我军又追击谭师消灭它一半。五天内打两仗（一九三〇年十二月三十日至一九三一年一月三日），于是富田、东固、头陂诸敌畏打纷纷撤退，第一次"围剿"就结束了。①

蒋介石不甘心失败，决心再次发起"围剿"。1931年2月4日，何应钦被任命为"陆海空军总司令南昌行营"主任，代行总司令职权，组织对中

---

① 《毛泽东军事文集》第1卷，737—738页，军事科学出版社、中央文献出版社1993年版。

央苏区的第二次"围剿"。

蒋介石吸取第一次"围剿"长驱直入的教训,第二次"围剿"采取的基本方略是"稳扎稳打,步步为营",计划集中20万兵力,首先对中央苏区实行经济封锁,逐渐紧缩包围圈,最后发起总攻,将红一方面军聚而歼之。4月1日何应钦指挥的"围剿"军从江西吉安到福建建宁东西八百里的弧形战线上,分四路(由兴国向龙冈、宁都;由泰和、吉安、永丰向东固、潭头、沙溪;由乐安、宜黄向大金竹、洛口;由南丰、康都向文昌)向中央苏区发动进攻。

有了第一次反"围剿"诱敌深入的成功经验,第二次反"围剿"继续执行诱敌深入方针没有遇到任何阻力。但在确定第二次反"围剿"作战方针时,围绕着两个问题发生了争论。

一是要不要作离开根据地的准备。中共中央于1931年2、3月间先后发出关于第二次反"围剿"的指示和补充指示,承认了实施退却的必要性,承认了诱敌深入的必要性。[①]但是,中共中央的指示和补充指示中却提出了撤离根据地的问题,要求红一方面军在顶不住强大敌人进攻的情况下,"可退至湘南、粤桂北及贵州东南"[②],寻觅另地重建革命根据地。

二是先打哪路之敌。是先打强敌还是先打弱敌,而哪一路是弱敌,是当时争论的焦点之一。有人主张先打较强的蒋光鼐、蔡廷锴的第十九路军。

4月18日中共苏区中央局[③]召开扩大会议,集中讨论了上述两个问

[①] 中共中央1931年2月关于第二次反"围剿"指示说:"如形势上必须退却,则应该退却,不要因为怕失却地域而发生姑息。"3月2日补充指示说:"在战略上,当着敌人力量尚未集中的时候,我们必须利用优势击溃敌人的主力。当着敌人大举包围,我们必须利用敌人弱点,击溃敌人一方。如能诱敌深入,聚而歼灭他,这也是可采用的战略。"(《中共中央文件选集》第7册,148、157页,中共中央党校出版社1987年版)

[②] 《中共中央文件选集》第7册,158页,中共中央党校出版社1987年版。

[③] 1930年9月召开的中共六届三中全会决定"立即在苏维埃区域建立中央局"。1931年1月15日,由中共中央派到中央苏区的项英,在小布组成中共苏区中央局,随即发布中共苏区中央局第一号通告,宣布中共苏区中央局正式成立,周恩来任书记(未到职),项英代理书记,毛泽东、朱德等9人为委员,撤销以毛泽东为书记的红一方面军总前委。

题。毛泽东发言，主张留在根据地内打破敌人"围剿"，因为敌人虽然来势汹汹，但均非蒋介石嫡系，相互之间矛盾重重，且地形不熟悉，没有群众支持，士气不高，因此红军在根据地内打破"围剿"的条件是完全具备的，不要被敌人的气势汹汹所吓倒，要坚定在根据地内打破敌人"围剿"的信心。毛泽东的这个意见得到大多数人支持。关于先打哪路之敌的问题，毛泽东不同意先打蒋、蔡的第十九路军，认为打蒋、蔡没有必胜把握，而从北方新来乍到的王金钰第五路军人生地不熟，是好打之弱敌，应列为先打之敌。会议采纳了毛泽东的意见，决定先打进占富田地区的王金钰部。

4月19日，朱德、毛泽东以红一方面军总司令和政治委员名义下达部队集中命令①，以此为起点，至5月31日攻克福建建宁止，约一个半月时间，打破蒋介石组织的第二次"围剿"。其中最精彩的一笔，就是5月16日在富田地区消灭王金钰第五路军的公秉藩第二十八师后，连续作战，由西向东，横扫七百里，即所谓"横扫千军如卷席"。关于第二次反"围剿"，毛泽东作了如下记述：

第二次反"围剿"时的情况是：（一）"进剿"军二十万人，何应钦为总司令，驻南昌。（二）和第一次"围剿"时一样，全部是蒋之非嫡系部队。以蔡廷锴的第十九路军、孙连仲的第二十六路军、朱绍良的第六路军为最强或较强，其余均较弱。（三）AB团肃清，根据地人民全部拥护红军。（四）王金钰的第五路军从北方新到，表示恐惧，其左翼郭宗华、郝梦龄两师，大体相同。（五）我军从富田打起，向东横扫，可在闽赣交界之建宁、

---

① 命令说："本方面军奉中央革命军委员会命令，决心以极迅速行动首先消灭王金钰敌军，转向敌军围攻线后方与敌作战，务期各个消灭敌军，完成本军任务。"（《毛泽东军事文集》第1卷，217页，军事科学出版社、中央文献出版社1993年版）这是第二次反"围剿"作战的基本意图，得到了完全实现。

黎川、泰宁地区扩大根据地，征集资材，便于打破下一次"围剿"。若由东向西打去，则限于赣江，战局结束后无发展余地。若打完再东转，又劳师费时。（六）我军人数较上次战役时虽略减（三万余），然有四个月的养精蓄锐。基于以上理由，乃决找富田地区的王金钰、公秉藩（共十一个团）打第一仗。胜利后，接着打郭、打孙、打朱、打刘。十五天中（一九三一年五月十六日至三十一日），走七百里，打五个仗，缴枪二万余，痛快淋漓地打破了"围剿"。当打王金钰时，处于蔡廷锴、郭宗华两敌之间，距郭十余里，距蔡四十余里，有人谓我们"钻牛角"，但终究钻通了。主要是因为根据地条件，再加敌军各部之不统一。郭师败后，郝师星夜逃回永丰，得免于难。①

第三次反"围剿"的准备要仓促许多。

6月21日，蒋介石由南京到南昌，组织规模更大的第三次"围剿"。这一次蒋亲任"围剿"军总司令，并一改前两次"围剿"的做法，把自己的嫡系部队第六军、第九军、第十军等调入江西，担任"围剿"军主力，总兵力达30万人，改"步步为营"为"长驱直入"，同时聘任英、日、德等国军事顾问随军出谋划策。7月1日蒋军正式发起进攻。其战略布势：由南昌方向和吉安、永丰、乐安方向，分左、右两个集团形成钳形，并在临川置总预备队，随时支援左、右两翼作战。

蒋介石如此之快就发起了第三次"围剿"（距离第二次"围剿"失败，仅1个月时间），超乎红一方面军领导层的预料。6月2日召开的红一方面军总前委会议曾判断：第二次"围剿"失败后，两广军阀正急于挺进湖南，蒋需要集中力量对付两广，有可能对红军取守势。据此决定红一方面军转

---

① 《毛泽东军事文集》第1卷，738—739页，军事科学出版社、中央文献出版社1993年版。

入攻势，分三期向北（建宁、黎川、泰宁方向）、向南（赣南方向）、向西（赣江两岸）发展，首先集中主力于建宁地区，发动群众，扩大根据地，筹集款项以准备第三次反"围剿"。这次会议决定的红一方面军行动方针，是以蒋不会很快发动又一次"围剿"这个判断为前提的。因此，当蒋发动第三次"围剿"时，已经开赴闽西建宁一带筹款、做群众工作的红一方面军，确有猝不及防的感觉。

尽管第三次反"围剿"作战有仓促应敌的不利因素，但红一方面军内部没有发生大的分歧[①]，一致决定继续实行"诱敌深入"方针，红军主力退到根据地中心区域，依托有利的地形和群众条件打破敌人的进攻。之所以能够这样快地达成如此高度一致，原因就是前两次反"围剿"作战的胜利，证明毛泽东制定的"诱敌深入"方针是行之有效的，全军上下及根据地群众对毛泽东领导贯彻这个方针高度信赖，相信暂时的"失"，将换来更大的"得"。

从7月初开始，毛泽东、朱德分头率部从建宁出发，沿闽、赣交界的武夷山脉绕道回师赣南。7月28日，红一方面军主力抵达兴国西部高兴圩一带，完成战略转移任务。从8月7日发起莲塘战斗到9月15日方石岭战斗，历时40天，打破了蒋介石的第三次"围剿"。此战最精彩的有两笔：一是8月5日红一方面军主力2万余人乘夜色从崇贤、兴国两地敌军之间20公里的缝隙中钻过，出敌意料地发起了莲塘战斗，取得第一仗的胜利；二是8月16日夜间红一方面主军力从敌东进的第一军团和第二路进击军之间10公里的缝隙中钻过，跳出重兵合围，赢得了半个月的休整时间。毛泽东回顾第三次反"围剿"作战时说：

---

① 毛泽东曾回忆："人民由于没有经验而不相信战略退却的必要，莫过于江西第一次反对'围剿'的时候……但是在有了这一次经验之后，在后来的几次反对'围剿'时，就完全没有这个问题了。"（《毛泽东军事文集》第1卷，734页，军事科学出版社、中央文献出版社1993年版）

第三次反"围剿"时的情况是：（一）蒋介石亲身出马任总司令，下分左右中三路总司令。中路何应钦，与蒋同驻南昌；右路陈铭枢，驻吉安；左路朱绍良，驻南丰。（二）"进剿"军三十万人。主力军是蒋嫡系陈诚、罗卓英、赵观涛、卫立煌、蒋鼎文等五个师，每师九团，共约十万人。次是蒋光鼐、蔡廷锴、韩德勤三师，四万人。次是孙仲连军，二万人。余均非蒋嫡系，较弱。（三）"进剿"战略是"长驱直入"，大不同于第二次"围剿"之"步步为营"，企图压迫红军于赣江消灭之。（四）第二次"围剿"结束至第三次"围剿"开始，为时仅一个月。红军苦战后未休息，也未补充（三万人左右），又绕道千里回到赣南根据地西部之兴国集中，时敌已分路直迫面前。在上述情况下，我们决定的第一个方针，是由兴国经万安突破富田一点，然后由西而东，向敌之后方联络线上横扫过去，让敌主力深入赣南根据地置于无用之地，定此为作战第一阶段。及敌回头向北，必甚疲劳，乘隙打其可打者，为第二阶段。此方针之中心是避敌主力，打其虚弱。但我军向富田开进之际，被敌发现，陈诚、罗卓英两师赶至。我不得不改变计划，回到高兴圩。此时仅剩此一个圩场及其周围地区几十个方里允许我军集中。集中一天后，乃决计向东面兴国县东部之莲塘、永丰县南部之良村、宁都县北部之黄陂方向突进。第一天乘夜通过了蒋鼎文师和蒋、蔡、韩军间之四十华里空隙地带，转到莲塘。第二天和上官云相军（上官指挥他自己的一个师及郝梦龄师）前哨接触。第三天打上官师为第一仗，第四天打郝梦龄师为第二仗，尔后以三天行程到黄陂打毛炳文师为第三仗。三战皆胜，缴枪逾万。此时所有向西向南之敌军主力，皆转旗向东，集中视线于黄陂，猛力并进，找我作战，取密集的大包围姿势接近我军。我军乃于蒋、蔡、韩军和陈、罗之间一个二十华里间隙的大山中偷越过去，由东面回到西面之兴国境内集中。及至敌发觉再向西进时，我已休息了半个月，敌则饥疲沮丧，无能为力，下决心退却了。我又乘其退却打了蒋光鼐、蔡廷锴、蒋鼎文、韩德勤，消灭蒋鼎文一个旅、韩德勤一个师。对蒋光鼐、蔡廷锴两师，则打成对峙，让其逃去。①

从第一次反"围剿"提出"诱敌深入"方针到第三次反"围剿"取得胜利，红军的作战原则在"敌进我退，敌驻我扰，敌疲我打，敌退我追"的游击战原则基础之上，发展为以"诱敌深入"方针为核心的"大步进退，诱敌深入，集中兵力，各个击破"②的运动战原则。至此，红军作战原则的基本内容便全部形成了。

（一）反"围剿"作战须有必要而充分的准备。当敌人发起"围剿"时，红军必须结束攻势行动转入反"围剿"准备。这里的关键问题是开始准备的时机问题。因为敌强我弱的战略态势，决定了红军准备反"围剿"的关键步骤是军事上准备退却，包括创造战场、政治动员、征集新兵、筹集粮款、处置政治异己分子等。开始准备，不可失之于过早，过早不免会减少进攻的利益；也不可失之于过迟，过迟则会把自己陷于困难的被动境地。但二者相比较，宁可失之于过迟而不失之于过早。要准确断定开始准备的时间，必须全面分析敌我双方情况及二者之间的关系，既不可夸大敌人过去失败和己方过去胜利的程度，也不可低估敌人失败造成的困难和己方胜利带来的积极影响。

（二）面对强敌进攻，有计划的战略退却是保存军力、待机破敌的必要步骤。处在强敌进攻面前，若不先退让一步，必然会危及军力保存；而退

---

① 《毛泽东军事文集》第1卷，739—740页，军事科学出版社、中央文献出版社1993年版。
② 第一次反"围剿"作战期间，红一方面军于1930年12月25日在小布召开"苏区军民歼敌誓师大会"。毛泽东给会场题写了一副对联："敌进我退，敌驻我扰，敌疲我打，敌退我追，游击战里操胜算；大步进退，诱敌深入，集中兵力，各个击破，运动战中歼敌人"。可以说，这是对红军作战原则的高度概括。

却的目的，是反攻，因此退却必须能够造成反攻的有利条件。所谓有利条件：一是积极支援红军的人民；二是有利的作战阵地；三是红军主力的全部集中；四是发现敌人的薄弱环节；五是使敌人疲劳沮丧；六是使敌人发生过失。这里的关键是选择退却的终点和开始时机问题。选择退却终点，须依照反"围剿"作战的整个形势来决定。在敌我力量对比悬殊的形势下，应把退却终点选在根据地内部，也不拒绝选在敌占区，但一般的原则是诱敌深入，是退到根据地作战，因为在根据地作战比较有把握打破敌人的进攻。退却开始时机问题，同样具有重要意义。及时退却，使自己立于主动地位，这对于到达终点以后整顿队势，以逸待劳地转入反攻，有极大的影响。而确定退却开始的时机，同确定开始准备的时机一样，全靠收集必要的材料，从敌我双方大势去判断。

（三）适时实施战略反攻，把胜利的可能变成现实。战略退却所造成的胜利条件，还只是胜利的可能，而不是胜利的现实；要分出胜负，还必须经过带有决战性的战略反攻。反攻是防御作战最精彩最活跃的阶段，也是积极防御的最重要体现。在反攻阶段，战略退却阶段所造成的条件和形势会继续发展，敌我双方都会努力保持或改变有利于我不利于敌的形势，因此是全战争或全战役中最激烈、最复杂、最变化多端的，也是最困难、最艰苦的，在指挥上来说，是最不容易的时节。实施战略反攻，一般说来，必须坚持如下原则。

第一，慎重初战。反攻的首要问题是初战问题。初战关系极大，其胜败直接影响全局，甚至会一直影响到最后的一个战斗。因此，一是必须打胜。必须确有把握而后动手，否则宁可继续退让，持重待机。二是初战的计划必须是全战役计划的有机的序幕。在打第一仗之先，必须想好第二、第三、第四以至最后一仗大体上如何打法，必须全局在胸。三是还要想到下一战略阶段的文章。必须顾及反攻胜利后或万一反攻失利后的下一步文章如何做法，切忌走一步看一步的指导方式，即："退却阶段时必须计算到反攻阶段，反攻阶段时必须计算到进攻阶段，进攻阶段时又须计算到退却阶段。没有这种计算，束缚于眼前的利害，就是失败之道。"①

第二，集中兵力。无论处于怎样复杂、困难的境地，军事指导者首先需要的是独立自主地组织和使用自己的力量。被敌人逼到被动地位的事，在战争中是常有的，重要的是迅速恢复主动地位；而恢复主动地位不是空想的，决定性的是保存并集结最大而有活力的军队。在创造反攻的诸多条件中，集中兵力是首要的和主要的。要达到集中兵力的目的，必须反对"军事平均主义"，不要企图在两个或两个以上的战略方向上同时求胜；而要牢牢记住在同一时期，只能有一个主要方向。红军在战略上是"以一当十"，在战术上则是"以十当一"，这是红军制胜的根本法则。

第三，基本是运动战。由于敌人的强大，红军的弱小，决定了红军没有固定的作战线，从而也就基本地不能使用阵地战，不但防御时不能用，进攻时同样也不能用。作战线只能服从作战方向。红军作战的大方向是不变更的，然而大方向内的小方向则是随时变更的，一个方向受到限制，就得转到另一个方向去。在某个时期内，如果大方向也受到了限制，就连这种大方向也得变更。这就是所谓"打得赢就打，打不赢就走"。但红军的"一切的'走'都是为着'打'，我们的一切战略战役方针都是建立在'打'的一个基点上"②。

第四，速战速决。中国革命战争从总体上说是持久的，但在战役战斗上则完全相反，必须是速决的，因为红军没有武器和弹药来源，缺乏多支部队的配合而不得不常常使用一支部队连续作战，尤其是打诸多路敌军中的一支时，如果不能迅速结束战斗，其他各路敌军就会围上来，使自己陷

---

① 《毛泽东军事文集》第1卷，743页，军事科学出版社、中央文献出版社1993年版。
② 《毛泽东军事文集》第1卷，751页，军事科学出版社、中央文献出版社1993年版。

于被动之中。要达到速决的目的，主要的条件是准备充足，不失时机，集中优势兵力，包围迂回战术，良好的伏击阵地，敌人在运动中或脱离阵地，等等。贯彻速战速决原则，切忌不正当的急躁，既不为敌人的气势汹汹所吓倒，也不为尚能忍耐的困难所沮丧，不为某些挫折而灰心，而给予必要的耐心和持久，等待有利于我而不利于敌的形势出现。

第五，基本的方针是歼灭战。"对于人，伤其十指不如断其一指；对于敌，击溃其十个师不如歼灭其一个师。"[①]击溃战对于实力雄厚的敌人来说，基本上不起什么作用；而歼灭战则对任何敌人都可以立即产生重大影响，可以产生涣散其斗志、瓦解其士气的效果。尤为重要的是，对于几乎一切都取之于敌的红军来说，只有歼灭战才能得到补充，而"拼消耗"无异等同于乞丐和龙王"比宝"。实行歼灭战和集中兵力、迂回包围是同一意义。没有后者，就没有前者。人民赞助、良好阵地、好打之敌、出其不意等条件，也都是实现歼灭必不可少的。

（四）在敌人两次"围剿"的间歇期，须实行战略进攻。[②]红军的战争是防御和进攻交替进行的，"围剿"一经打破就要开始进攻。进攻是扩大根据地，壮大革命力量所必需的，是波浪式推进革命根据地的必经环节。进攻不完全等于反攻，反攻是在敌人进攻时应用的，进攻则是在敌人防御时应用的，因而在指导原则上有着若干区别。对于尚处于弱势的红军来说，实行战略进攻时，必须有随时转入战略防御的准备，做好实行战略退却的计划。红军的战略进攻，须和做群众工作、建立革命政权、扩大根据地以及筹集下一次反"围剿"作战所需粮、款结合起来，而不是仅仅执行作战任

[①]《毛泽东军事文集》第1卷，758页，军事科学出版社、中央文献出版社1993年版。
[②] 毛泽东在陕北著《中国革命战争的战略问题》时，曾计划在这部著作中讲一下战略进攻问题，但因为西安事变发生，没有工夫再写，只讲到第五章"战略防御"，就搁笔了。战略进攻，是红军作战的重要问题，并形成了适合那个时期红军发展水平和任务的战略进攻原则。毛泽东曾说："十六字诀……包举了战略防御和战略进攻的两个阶段，在防御时又包举了战略退却和战略反攻的两个阶段。"（《毛泽东军事文集》第1卷，725页，军事科学出版社、中央文献出版社1993年版）

务。红军的战略进攻方向，应选择敌人统治薄弱地区，并且做好随时撤出这些地区的准备。红军的战略进攻必须以根据地为依托，不能远离根据地，而且不能分散得太开，保证敌人发起"围剿"时能够及时退回到根据地内部，并能够集中起兵力。

五、行之有效的红军作战原则一度被否定

认识一个事物，往往要经过多次反复；真理被发现后，也往往要经过正反两个方面比较，才会最终被大多数人所接受。

1936年，在陕北，毛泽东总结十年土地革命战争经验时，依据战略的性质，把红军作战原则的发展划分为三个阶段：井冈山时期至第四次反"围剿"为第一个阶段，第五次反"围剿"为第二个阶段，长征后为第三个阶段。这个划分方法[①]，体现了红军作战原则经过正反比较才得以确立的曲折发展过程。

1931年1月7日，中共六届四中全会在上海召开。在这次会议上，王明等人在共产国际执委会远东局（驻上海）书记米夫的支持下发挥了主导作用。会后，中共中央的领导权实际上落到了米夫支持的王明手中。

八七会议以后，随着彻底否定陈独秀的右倾机会主义，党内形成了一股连绵不绝的"左"倾思潮，其主要表现就是过高地估计自己的力量，过低地估计敌人的力量，动辄鼓吹"中国革命高潮"已经到来，敌人正在加速崩溃，由此而制定和实行以"组织中心城市暴动或攻打中心城市，夺取一省或数省首先胜利"为核心内容的、急躁冒进的战略策略。

[①] 毛泽东对土地革命时期红军作战原则发展过程的划分有多种方法或角度，如他依据红军作战的流动性，把红军作战原则的发展分为五个阶段：从井冈山到江西第一次反"围剿"前为第一个阶段，从第一次反"围剿"到第三次反"围剿"为第二个阶段，从第三次反"围剿"后至第五次反"围剿"为第三个阶段，长征是第四个阶段，到陕北后为第五个阶段。又如，他依据由游击战向运动战的演变，把红军作战原则的发展过程划分为两个阶段。

王明是打着批判"调和主义"、彻底否定李立三路线的旗号上台的，但却全盘接受了李立三的"左"倾冒险主义，而且走得更远。中共六届四中全会决议案强调，"立三主义是用'左倾'词句掩盖着实际上右倾机会主义"，并进而强调"右倾依然是党内目前主要危险"[①]。这样，就把自八七会议以后党内形成的"左"倾情绪及主张推向了更加极端的境地。同瞿秋白的"左"倾盲动主义、李立三的"左"倾冒险主义相比，王明并没有改弦更张，只是处处打着"执行国际路线"的旗帜，更系统化更理论化，因而也就更教条主义化。

王明掌权以后，毛泽东的主张再一次遭到了排挤，而且更加强烈。

1931年11月1—5日由苏区中央局在瑞金召开的中央苏区第一次党代表大会（即赣南会议），是否定毛泽东主张的开端。会议之前，苏区中央局接到王明8月30日起草的《中央给苏区中央局并红军总前委的指示信》[②]。9月20日，中共中央发出王明起草的题为《由于工农红军冲破第三次"围剿"及革命危机逐渐成熟而产生的党的紧急任务》的决议案。这两份文件，贯彻的中心思想就是中国革命危机已经成熟，到了阶级决战的阶段，中国共产党必须实行进攻路线，通过夺取一两个中心城市实现一省或数省的首先胜利。从这样的思想出发，这两份文件要求苏区红军趁着冲破"围剿"的胜利，向敌人占领的大中城市发起进攻，把分散的苏区连成一片，为此红军要演练城市战、堡垒战。赣南会议是以这两个文件的基本精神为主旨的。会议通过了《政治决议案》《党的建设问题决议案》《红军问题决议案》等3个文件，虽然没有点毛泽东的名，虽然肯定了中央苏区几年来的一些正确做法，但在总体上却否定了毛泽东

---

① 《中共中央文件选集》第7册，24页，中共中央党校出版社1991年版。
② 这是王明听取苏区中央局派去上海的欧阳钦汇报后代表中共中央写的一封信，又称中央"九月来信"。

的一系列主张，其中有些批判性文字的矛头直指毛泽东，如"红军中狭义的经验论，在实际工作中生了不小影响，根本（否）认马克思列宁主义理论，单凭自己的狭小经验和短小眼光来分析各种问题"①。"狭隘经验论"是王明"左"倾教条主义专门封给毛泽东的一顶"大帽子"。赣南会议虽然没有停止毛泽东的苏区中央局代理书记职务②，但实际上已经开始抵制毛泽东的主张。

1932年10月上旬，苏区中央局在宁都境内召开全体会议（即宁都会议），这是向毛泽东的一次"总摊牌"，即所谓"开展了中央局从未有过的反倾向的斗争"③。在此之前，王明主持的临时中央从1931年下半年到1932年上半年，发出一系列推行"左"倾冒险主义的文件④，把中共的政策策略推向极左。宁都会议就是在这样的背景下召开的。会议的直接起因，是前方的苏区中央局成员与后方的苏区中央局关于行动方向问题发生严重分歧；会议结果是毛泽东不再担任红一方面军总政治委员，离开军事指挥岗位，回后方主持中央政府工作。⑤后来，苏区中央局曾有过请毛泽东回到军事指

---

① 《中共中央文件选集》第7册，487页，中共中央党校出版社1991年版。
② 1931年10月11日，苏区中央局致电临时中央，以项英"工作能力不够领导"为由，要求以毛泽东代理苏区中央书记，请中央批复。10月下旬，临时中央批复同意。
③ 《中共中央文件选集》第8册，530页，中共中央党校出版社1991年版。
④ 毛泽东在延安整风期间选择体现了王明"左"倾教条主义错误的9份典型文件进行批判。这9份文件包括：《由于工农红军冲破第三次"围剿"及革命危机逐渐成熟而产生的党的紧急任务》（1931年9月20日）、《中央关于日本帝国主义强占满洲事变的决议》（1931年9月22日）、《中央为目前时局告同志书》（1931年12月11日）、《中国共产党关于争取一省与数省首先胜利的决议》（1932年1月9日）、《中央关于一·二八事变的决议》（1932年2月26日）、《中央致各级党部的一封信》（1932年3月30日）、《中央为反对帝国主义进攻苏联瓜分中国给各区党部的信》（1932年4月14日）、《在争取中国革命在一省与几个省首先胜利中中国共产党内机会主义的动摇》（1932年4月14日）、《苏区中央局关于领导和参加反对帝国主义进攻苏联瓜分中国与扩大民族革命战争运动周的决议》（1932年5月11日）。这些文件产生于1931年下半年到1932年上半年，体现了王明"左"倾教条主义的完整形态。
⑤ 会议决议说："对前方的战争领导，留在后方中央局同志对于过去前方领导不能统一，认为战争领导必须求得专一独断，迅速解决问题，提出由恩来同志负战争领导总责，泽东同志回后方负中（央）政府工作责任。因恩来同志坚持要毛同志在前方助理或由毛同志负主持战争责任，在大多数同志认为毛同志承认与了解错误不够，如他主持战争，在政治与行动方针上容易发生错误，最后是通过了恩来同志第一种意见，但最后批准毛同志暂时请病假，必要时到前方。"（《中共中央文件选集》第8册，530—531页，中共中央党校出版社1991年版）

挥岗位的动议,但被临时中央否定了。①宁都会议为在中央苏区全面贯彻王明"左"倾教条主义排除了主要障碍。

从赣南会议到宁都会议,毛泽东和苏区中央局及其背后的临时中央之间的分歧日渐加深。

首先,关于中国革命形势的基本估计。苏区中央局和临时中央领导人指责毛泽东"不相信苏维埃运动与红军目前能够取得胜利,对于中国革命危机的日渐成熟表示怀疑"②。这个指责有一定道理,毛泽东的确不相信中国革命已经到了可以夺取全国胜利的时刻。早在1930年初回答林彪提出的"红旗究竟能打多久"这个问题时,毛泽东就指出一定要避免对革命形势的主观主义估量,既不能因为革命的一时挫折而夸大敌人的力量、看轻自己的力量,也不能因为革命的一时胜利而夸大自己的力量、看轻敌人的力量。在第一次反"围剿"之前,毛泽东在说服红一方面军领导层采取诱敌深入方针时,就反复强调在全国范围内敌强我弱的情况没有发生根本改变时,决不能孤注一掷地攻打大城市。

其次,关于战略防御和战略进攻问题。苏区中央局和临时中央领导人从"进攻路线"出发,强调红军要采取更积极的进攻行动,要向敌人统治的中心城市发展,要建设巩固的根据地,决不让敌人轻易进来,并指责毛泽东为"纯粹防御路线"的拥护者。毛泽东总结从井冈山到赣南闽西的奋斗历程,根本不同意这种不顾敌强我弱的实际情况,一味强调进攻中心城市的所谓"进攻路线",而坚持诱敌深入的积极防御战略,坚持在运动中消灭敌人,坚持以消灭敌人的有生力量为主而不以夺取地方为主,坚持打

---

① 宁都会议后不久,1932年11月10日,苏区中央致电临时中央,请示"召回"毛泽东,"继续吸引他参加领导机关工作,不然,在目前将削弱我们的地位"。(《毛泽东年谱(1893—1949)》上卷,391页,人民出版社、中央文献出版社1993年版)11月26日,临时中央复电,明确表示"反对现在将他召回"。(《中共中央文件选集》第8册,543页,中共中央党校出版社1991年版)
②《中共中央文件选集》第7册,414页,中共中央党校出版社1991年版。

歼灭战而避免消耗战,如此等等。所有这些,都被"左"倾教条主义者们归为"纯粹防御路线",予以彻底否定。

再次,关于红军进攻方向问题。红军打破"围剿"后应当转入进攻,在这一点上,毛泽东和苏区中央局及临时中央领导人没有分歧,分歧在于向哪个方向进攻。苏区中央局和临时中央领导人基于攻取中心城市、争取一省或数省首先胜利的"进攻路线",要求红一方面军以夺取南昌或长沙或武汉为目标向赣北发展,经营赣江以西、湘江以东地区,在首先争取江西全省胜利的基础上,力争把湘鄂赣三省的红色苏区连成一片,造成包围南昌、长沙、武汉等中心城市的战略态势。毛泽东认为赣北是敌人统治比较稳固的地区,不宜作为力量尚弱小的红一方面军的进攻方向,而赣东、闽西方向是敌人统治相对薄弱的地区,并且有较大的战略回旋空间,红一方面军应向这个方向发展,争取创造一个赣江以东,直达东南沿海的红色区域。宁都会议把毛泽东的这一主张,称为"向赣东北发展路线",指责说,这体现了"对革命胜利估计不足、对敌人大举进攻的恐慌动摇失却胜利信心、专去等待敌人进攻",是必须予以"及时和无情的打击"的"右倾主要危险"[①]。红军进攻方向问题,是宁都会议的起因和争论焦点,也是毛泽东受到指责的主要问题。

最后,关于红军的战法问题。苏区中央局和临时中央领导人虽然承认红军实行游击战的必要性,但他们又认为,在胜利完成三次反"围剿"之后,红军应该由游击战向正规战转变,彻底抛弃"游击主义"。毛泽东也不认为红军只能停留在游击战阶段,而是应该随着力量的发展和战争经验的积累不断提高正规作战水平,向大规模正规作战发展。问题在于,苏区中央局和临时中央领导人所讲的"大规模正规作战",主要是指"堡垒

[①]《中共中央文件选集》第8册,530页,中共中央党校出版社1991年版。

战""街市战"等城市攻坚战，而毛泽东所讲的"大规模正规作战"，主要是指高度机动灵活的"运动战"或"游击性运动战"，两者风马牛不相及。在苏区中央局和临时中央领导人看来，毛泽东所主张并实行的"运动战"，属于必须抛弃的"游击主义的传统"。

宁都会议之后，毛泽东被边缘化，不再参与红一方面军的军事决策。这实际上意味着，毛泽东所总结并领导实行的红军作战原则被否定了。当然，要完全抛弃毛泽东的那一整套主张并不容易，因为这一整套主张已经被战争实践证明是行之有效的，已经被红军官兵所接受和掌握。1933年2月、3月间的第四次反"围剿"作战，虽然在初期迫于苏区中央局和临时中央的压力，实行"积极进攻路线"，西渡抚河攻打南丰，寻求与敌军主力决战，但受挫后迅速调整战略，以一部西渡抚河迷惑敌人，主力转兵中央苏区北部的东韶、洛口地区待机。当捕捉到敌军中路第一纵队孤军深入之机，利用重峦叠嶂的山地和大雾天气，适时发起黄陂战斗，全歼敌五十二师和五十九师大部，取得首战胜利。随后，又发起草台岗战斗，歼敌一个整师，彻底粉碎了蒋介石对中央苏区的第四次"围剿"。可以说，朱德、周恩来直接指挥的第四次反"围剿"作战，仍然贯彻了第一、第二、第三次反"围剿"作战的诱敌深入方针，以运动创造战机，以大规模伏击战赢得了胜利。

1933年1月，难以在上海立足的临时中央迁至中央苏区。① 此后，临时中央和苏区中央局合并，统称中共中央局，对中央苏区实行直接领导。9月共产国际工作人员李德②到达中央苏区。在博古支持下，李德以军事顾问名义实际掌握了中央苏区的军事指挥权。博古主持的中共中央局彻底排除了

---

① 临时中央负责人博古1933年1月抵达中央苏区首府瑞金，同先期到达的张闻天会合，这标志着临时中央迁至中央苏区。
② 李德，原名奥托·布劳恩，德国人，曾经在苏联伏龙芝军事学院接受训练，被博古聘为军事顾问。

毛泽东的一整套红军作战原则。

一是推行更加激进的"积极进攻的路线"。博古一到中央苏区就组织批判罗明路线，主旨就是为推行"积极进攻的路线"清扫障碍[①]。罗明所执行的战略策略，正是毛泽东所独创那一套东西。批罗明实际是批毛泽东，肃清毛泽东的影响。紧随其后，临时中央提出了一个"夏季行动总路线大纲"，要求"八月底获得最后胜利的前途"，即"在抚河西岸，开始从抚州区域向南昌进攻，以便由抚河方向与南丰（南昌）一师一师的消灭敌人"[②]，争取江西全省的首先胜利。

二是实行"分离的作战"，即"两个拳头"打人。1933年6月临时中央发出《对今后作战计划的指示》，明确提出"从红一方面军调出若干部队，为着六月、七月进行分离的作战"[③]。6月21日博古等人对这一指示电作了进一步解释："主要是改进从前一手打人的单一作战线，而成为更有利的配合各方和两根作战线，来开展战斗新的局面。"[④]根据这个精神，红一方面军在结束第四次反"围剿"作战后，被分为两个部分，红三军团为东方军，入闽作战，红一、红五军团仍在抚河、赣江之间的北线活动。

三是完全放弃诱敌深入方针，以阵地对阵地，以堡垒对堡垒，实行节节抗御，御敌于"国门"之外。1933年3月4日临时中央发出的《对目前作战计划与任务的指示》明确规定：黎川、泰宁、建宁、广昌"这个区域是中央苏区的锁钥，是永远不能放弃的，这些城市仍须大大的巩固起来"[⑤]，

[①] 1933年2月15日苏区中央局发出《关于闽粤赣省委的决定》，指责中共福建省委内一小部分同志中，"显然形成了以罗明同志为首的机会主义路线"，指责中共福建省委大多数同志没有"坚决站在党中央与中央局的进攻路线上斗争到底"，因而决定"在党内立即开展反对以罗明同志为代表的机会主义路线的斗争"。（《中共中央文件选集》第9册，94、95页，中共中央党校出版社1991年版）
[②]《中共中央文件选集》第9册，231页，中共中央党校出版社1991年版。
[③]《中共中央文件选集》第9册，94—95页，中共中央党校出版社1991年版。
[④]《中共中央文件选集》第9册，245页，中共中央党校出版社1991年版。
[⑤]《中共中央文件选集》第9册，105页，中共中央党校出版社1991年版。

进而规定在一些城市建立堡垒，并利用这些城市的城墙进行固守①。

循着这样的战略思路，由博古、李德直接指挥的第五次反"围剿"作战，先是以进攻对进攻，试图"御敌于国门之外"；一战硝石不胜，再战资溪桥又不胜，之后又连续发起浒湾、八角亭、大雄关等战斗仍然失利，恢复黎川的企图受挫，被迫转入防御。而防御则是消极防御，以阵地对阵地、堡垒对堡垒，搞所谓"短促突击"，节节抵御，始终不能脱离被动局面。经过10个月时间，中央红军被压缩到苏区中心区域，仍然采取消极防御战略，分兵六路设防。最终结果是不得不放弃中央根据地，被迫进行战略转移。南方各革命根据地的"犄角"关系瓦解，使得中共在长江中下游地区赖以立足的革命根据地全部丧失，红军也由30万人锐减至3万人。

1935年1月召开的遵义会议结束了王明"左"倾机会主义路线在中央的统治，毛泽东重新进入核心决策层，并逐步成为决策的核心。这实际上意味着毛泽东所创立的一整套红军作战原则也回到了指导地位，红军也由此而摆脱了被动挨打的地位，重新掌握了主动，终于取得了长征的胜利，迎来了中国革命战争的新局面。

六、红军作战原则的理论总结

在遵义会议上，毛泽东第一次系统批判了博古、李德的军事路线。实际上，这是着眼于失败的教训，对十年土地革命战争经验进行的一次总结。张闻天依据毛泽东长篇发言而起草的《中央关于反对敌人五次"围剿"的总结的决议》（即《遵义会议决议》），体现了毛泽东的思想。

1935年12月中央政治局会议（即瓦窑堡会议）通过的《中央关于军事

---

① 临时中央《对目前作战计划与任务的指示》的第五条规定："为着建立堡垒，每个司令部应组织工兵营，当地民众也可利用。每个应该巩固的城市，必须委任一个负责的指挥员，在必要时宣布临时戒严。迫击炮、机关枪等首先应安置在城墙上，其次应在城市周围，廿里至五十里以外……"（《中共中央文件选集》第9册，106页，中共中央党校出版社1991年版）

战略问题的决议》，其中第二部分"作战指挥上的基本原则"，系统阐述了到第三次反"围剿"就已经形成的红军作战原则，要求在红军未来作战中加以坚持。这些内容，实际上是从正面对十年土地革命战争经验的又一次总结。

但是，毛泽东还是感到不够，认为有必要从理论上解决问题，使全党全军真正达成共识。就是说，不仅要解决怎样做的问题，而且要解决为什么必须这样做的问题。因此，不能就事论事，而要把经验上升到理论，进而上升到世界观和方法论的高度来认识中国革命战争的战略指导问题。毛泽东历来认为，只有在世界观和方法论上有了共同语言，才能真正想到一起去。

1936年下半年到1937年7、8月，毛泽东先后给红军大学、抗日军政大学①的学员讲授了两门课，一门是"中国革命战争的战略问题"②，一门是"辩证法唯物论"。在授课基础上，毛泽东先后整理出了三篇重要文章：《中国革命战争的战略问题》《实践论》《矛盾论》③。这三篇文章，是毛泽东对十年土地革命战争基本经验进行理论总结的成果，深刻揭示了中国革命战争的指导规律，进而阐发了认识和贯彻这些规律的认识论和方法论原则。

---

① 长征刚一结束，中央军委和红一方面军就开办了红军学校。1936年2月，红军学校改名为"中华苏维埃人民共和国西北抗日红军大学"。同年5月，该校扩大，改称"中国红军大学"（又名"中国抗日红军大学"）。年底，红二、红四方面军的红军大学、随营学校并入中国红军大学，改称为"中国人民抗日军事政治大学"。

② 曾庆洋的《〈军事辩证法〉文稿初探》一文说，据原中国人民解放军政治学院院长莫文骅回忆："1960年5月刘亚楼同志在北京见到我时，提他个人保存了一份'军事辩证法'提纲，说是毛主席写的。我让他送给我看，刘亚楼回去后即派人送到政治学院来了。这篇东西，从内容、口气看，都像是毛主席的，除了他，别人写不出来。文稿是油印的，字迹清楚，我看过后，就让训练部拿去打印，送给哲学教研室演习研究。原件在打印完后，就送还给刘亚楼同志了。"曾庆洋经过考证，认为《军事辩证法》这部文稿，应该是毛泽东所写文稿的抄录件，是毛泽东在酝酿和写作《中国革命战争的战略问题》时的研究性提纲。

③《中国革命战争的战略问题》，1937年5月首次以油印本印行。1941年由八路军军政杂志社在延安出版单行本。《辩证法唯物论》共3章16节，其中的第二章"辩证法唯物论"中的第十一节"实践论"和第三章"唯物辩证法"，在新中国成立后编辑《毛泽东选集》时，以《实践论》和《矛盾论》为题收录。

（一）中国革命战争的战略指导必须着眼其特点、着眼其发展。毛泽东在《中国革命战争的战略问题》中，开宗明义地说道："我们现在是从事战争，我们的战争是革命战争，我们的革命战争是在中国这个半殖民地的半封建的国度里进行的。因此，我们不但要研究一般战争的规律，还要研究特殊的革命战争的规律，还要研究更加特殊的中国革命战争的规律。"① 毛泽东在《矛盾论》中从哲学层面进一步论述了这个问题，指出：矛盾是普遍存在的，然而各种物质运动形式中的矛盾都带有特殊性，矛盾的特殊本质是由它自己的特殊矛盾所规定的。人们认识矛盾，总是从认识特殊矛盾开始，逐步地扩大到认识一般矛盾；当人们认识了矛盾的共同本质后，就以这种关于共同本质的认识为指导，继续认识尚未认识或尚未深入认识的矛盾，即由特殊到一般，再由一般回到特殊，如此循环往复，认识得以不断发展。教条主义者之所以为教条主义者，根本原因就是不懂得这个道理。他们不知道世间不断发展变化的具体事物都各有其特点，拒绝对发展变化的具体事物进行研究，把马克思主义普遍真理作为不可更改的现成公式到处套用。总结十年土地革命战争的经验教训，最深刻也最带根本性的一条，就是指导中国革命战争，"应该着眼其特点和着眼其发展"，既不能机械搬用一般战争的经验，也不能机械搬用俄国十月革命和北伐战争的经验，而必须具体研究中国共产党在半殖民地半封建中国独立开展革命战争的具体规律，在此基础上形成关于中国革命战争的战略指导。这个道理，体现了毛泽东军事思想的精髓，即把马克思主义普遍真理和中国革命战争的具体实践相结合。

（二）中国革命战争的战略指导必须建立在正确估量敌我力量对比的基础之上。每一场具体战争的特殊规律，归根到底都取决于战争双方的力量

---

①《毛泽东军事文集》第1卷，690页，军事科学出版社、中央文献出版社1993年版。

对比；而战争双方的力量对比，又是由双方各自所拥有的特点综合在一起所决定的。因此，正确的战争指导，必须基于敌我双方力量对比的正确估量，即基于对敌我双方各自所拥有的全部特点的综合分析和比较。估量战争双方力量对比，应从分析战争双方的全部特点入手。在《中国革命战争的战略问题》一文中，毛泽东分析了中国革命战争的基本特点。一是中国是一个政治经济发展极不平衡的半殖民地的大国，又经过1924年至1927年的革命。二是敌人的强大，红军的敌人国民党是掌握着政权而且相对稳定地掌握政权的党，它得到全世界主要帝国主义国家的援助，拥有武器和其他物资供给比起红军要雄厚得多的军队，控制全中国的政治、经济、交通、文化的枢纽和命脉。三是红军的弱小，同敌人的强大形成尖锐对比。四是共产党的领导和土地革命，这使中国革命战争成为代表人民利益的战争，可以得到人民，特别是得到农民的支持，形成在政治上的高度一致，而反对土地革命的国民党则相反。第一、第四个特点，规定了中国红军可能发展和可能战胜其敌人；第二、第三个特点，规定了中国红军不可能很快发展和不可能很快战胜其敌人，即规定了战争的持久，而且如果弄得不好，还有可能失败。这是中国革命战争的根本规律。这条规律规定了中国革命战争的指导路线及其许多战略战术原则。教条主义者由于不懂得如何估量敌我力量对比，更不懂得把正确地估量敌我力量对比作为制定战略和方针政策的根本依据，因而他们的指导是主观主义的，要么是冒险主义，要么是保守主义，甚至陷入逃跑主义。

（三）中国革命战争的战略指导必须自觉遵循矛盾的对立统一规律。中国革命战争的基本特点，决定了战争双方的基本作战形式是"围剿"和反"围剿"的反复进行。在敌我力量对比没有发生根本转变之前，红军的胜利，主要是反"围剿"的胜利，这是战略或战役的胜利。敌我力量对比，决定了红军的反"围剿"作战，在战略上只能是防御的，战略指导的首要问题，是如何保存力量，待机破敌。战略防御问题成为红军作战中最复杂和最重要的问题。正确的防御，只能是积极防御，只能是为了反攻和进攻的防御。红军反"围剿"作战实行的积极防御有其特点：在战略上是防御的，但战役战斗上却必须是进攻的（退却是为了反攻和进攻）；在战略上是持久的，但在战役战斗上却必须是速决的；在战略上是消耗的，但在战役战斗上却必须是歼灭的；在战略上是内线作战，在战役战斗上却可以实行必要的外线作战；如此等等。辩证地认识和处理战略指导中的一系列矛盾关系，高度机动灵活地实施作战，是中国革命战争的战略指导所必需的。毛泽东在《矛盾论》中说："客观事物中矛盾着的诸方面的统一或同一性，本来不是死的、凝固的，而是生动的、有条件的、可变动的、暂时的、相对的东西，一切矛盾都依一定条件向它们的反面转化着。"[①]因此，人们不能用凝固的、僵死的眼光去看待世界上的事物。教条主义者不懂得这个道理。在他们看来，防御就只能防御，进攻就只能进攻，而不晓得防御和进攻是作战行动的两个方面，相互依存，相互渗透，并依一定条件可以相互转化。在处理持久与速决、消耗与歼灭、内线与外线等一系列复杂矛盾时亦是用凝固、僵死的眼光，秉执一端而排斥另一端，因此机械、呆板、单调、笨拙，自己把自己束缚了起来，把主动地位拱手让给了敌人。

（四）中国革命战争的战略指导需要正确发挥"两个能动性"。中国革命战争所面对的敌人异常强大，要求中国共产党及其领导的红军最大限度地发挥认识战争的能动性和实行战争的能动性，以争取战争的胜利。总结十年土地革命战争经验，毛泽东认为正确地实行战争，首先是要正确地认识战争。"指挥员的正确的部署来源于正确的决心，正确的决心来源于正确的判断，正确的判断来源于周到的和必要的侦察，和对于各种侦察材料的

[①]《毛泽东选集》第1卷，330页，人民出版社1991年版。

联贯起来的思索。指挥员使用一切可能的和必要的侦察手段,将侦察得来的敌方情况的各种材料加以去粗取精、去伪存真、由此及彼、由表及里的思索,然后将自己方面的情况加上去,研究双方的对比和相互的关系,因而构成判断,定下决心,作出计划⋯⋯"这是毛泽东关于指挥员制订作战计划之前的认识过程的经典论述。他又指出:"认识情况的过程,不但存在于军事计划建立之前,而且存在于军事计划建立之后。当执行某一计划时,从开始执行起,到战局终结止,这是又一个认识情况的过程,即实行的过程。"[1]在这个认识过程中,作战计划是否符合实际将得到检验,部分改变甚至全部改变的事情,是经常发生的。每一场战争,都要经过这样的认识过程。而这个过程既是一个不断解决主观和客观矛盾的过程,也是一个不断提高主观指导能力的过程。军事家不能超越客观物质条件许可的范围去争取战争胜利,但必须在客观物质条件许可的范围内去争取战争的胜利。这就需要军事家的主观指导能力。聪明的军事家不但要有压倒敌人的勇气,而且要有驾驭整个战争变化发展的能力,这就要掌握"战争游泳术",使自己在战争的大海中游泳不沉没,而使自己决定地有步骤地达到彼岸。中国革命战争的指导规律,是这场战争的指导者必须掌握的"战争游泳术"。

---

[1]《毛泽东军事文集》第1卷,699—700页,军事科学出版社、中央文献出版社1993年版。

为抗日持久战制定政略和战略

一、抗日战争的政治路线和政治策略

毛泽东首先是一个政治家，因此研究毛泽东的抗日战争战略指导思想，首先要研究毛泽东的政治路线和政治策略思想。

毛泽东关于抗日战争的政治路线和政治政策思想，是紧紧围绕着如何处理民族矛盾和国内阶级矛盾这条主线展开的。

自1840年鸦片战争以来，中国社会就存在着两个相互交织的基本矛盾，一个是帝国主义国家与中国之间的矛盾，一个是封建主义与人民大众之间的矛盾。中国近代社会性质及其演进阶段，始终受这两个基本矛盾的规定和影响。但这两个基本矛盾，在近代中国社会发展的各个阶段中，是不平衡的，有地位主次之分。

毛泽东对此曾有高屋建瓴的分析。他指出：当帝国主义大举侵略时，中国内部各阶级就会暂时地团结起来，举行民族战争去反对帝国主义。这时，帝国主义国家与中国之间的矛盾就成为中国社会的主要矛盾，封建主义与人民大众之间的矛盾就暂时下降为次要矛盾，处于从属和服从的地位。当帝国主义不是用战争的方式，而主要用政治、经济、文化等比较温和的方式来控制、征服中国时，作为统治阶级的大地主大资产阶级就会同帝国主义结成同盟，共同压迫人民大众。在这种情况下，人民大众就会采取国内战争的方式去反对帝国主义和封建主义的结盟，而帝国主义国家不采取直接方式而采取间接方式去援助中国的封建统治阶级，国内封建主义和人民大众之间的矛盾表现得特别尖锐，成为占据支配地位的主要矛盾。

中国共产党抗日时期的战略策略调整，根本依据就在于这两个基本矛盾主次地位的转换。

1931年日本帝国主义发动九一八事变，侵占中国东北，之后又开始进一步蚕食华北，变中国为其一国殖民地的战略意图日益彰显，中华民族面临着亡国灭种的深刻危机，中国社会两个基本矛盾的主次地位开始发生重大变化。

毛泽东在长征到达陕北后，对这一变化作了如下分析。①

第一，由一般帝国主义和中国的矛盾，转变为特别突出的日本帝国主义和中国的矛盾，因此其他帝国主义和中国之间的矛盾退居次要地位。

第二，中日矛盾变动了中国国内的阶级关系，使资产阶级和军阀都遇到了存亡问题，他们及其政党的政治态度逐渐发生改变。

第三，中日矛盾也变动了全国人民大众和共产党的情况和政策，人民大众更大规模地起来为救亡而斗争，共产党也逐步调整了战略政策，提出了建立全民族抗日统一战线的政策。

第四，由于帝国主义势力范围政策和中国半殖民地经济状况而来的中国军阀割据和军阀内战，在中日矛盾前面也起了变化，日本帝国主义赞助这种割据与内战，其他帝国主义暂时地赞助中国的统一与和平。

第五，中日民族矛盾的发展，在政治比重上，降低了国内阶级之间矛盾和政治集团之间矛盾的地位，使它们变为次要和服从的东西。

归结起来，日本帝国主义与整个中华民族之间的矛盾成为中国社会的主要矛盾，封建主义和人民大众之间的矛盾、其他帝国主义国家与中国之间的矛盾，都退居为次要矛盾，处于从属和服从的地位。

---

① 见《中国共产党在抗日时期的任务》一文的第一节"民族矛盾和国内阶级矛盾的目前发展阶段"。

面对中日矛盾成为主要矛盾的新形势，中国社会各种政治力量需要作出新的抉择，调整战略策略，进行新的政治组合。

中国共产党高举抗日旗帜。1931年9月20日（即九一八事变后的第三天），中共中央发表了《为日本帝国主义强暴占领东三省事件宣言》，号召中国工农兵士和劳苦民众"一致反对日本强暴占领东三省"①。9月30日，中共中央发表《为日本帝国主义强占东三省第二次宣言》，号召全中国的工农兵学生以及一切劳苦民众"罢工、罢课、罢操、罢市，反对日本帝国主义"②。日本开始侵吞华北后，中共中央又发表了一系列宣言，给予强烈谴责，号召中国民众奋起反抗，把日本帝国主义赶出中国去。1933年1月17日，中共中央以中华苏维埃临时中央政府主席毛泽东，副主席项英、张国焘，中国工农红军革命军事委员会主席朱德名义发表宣言，提出了"中国工农红军准备与任何武装部队订立作战协定，来反对日本帝国主义的侵略"的三项"条件"：

（1）立即停止进攻苏维埃区域；（2）立即保证民众的民主权利（集会、结社、言论、罢工、出版之自由）；（3）立即武装民众创立武装的义勇军，以保卫中国及争取中国的独立统一与领土完整。③

这篇宣言是中共第一次提出联合抗日的主张④，对于第十九路军领导人联合中共反蒋抗日起到促进作用。同时，中共积极参加和组织了东北、华北地区的抗日军事斗争，以实际行动反抗日本帝国主义的侵略。

---

① 《中共中央文件选集》第7册，398页，中共中央党校出版社1991年版。
② 《中共中央文件选集》第7册，429页，中共中央党校出版社1991年版。
③ 《中共中央文件选集》第9册，458页，中共中央党校出版社1991年版。
④ 毛泽东在1937年5月召开的中国共产党全国代表会议上的报告中，把提出此三项条件作为建立抗日民族统一战线的开端。

1935年8月1日，中共驻共产国际代表团根据民族危机日益深重的形势和共产国际第七次代表大会确立的殖民地、半殖民地国家无产阶级，须建立广泛的反帝民族统一战线的基本策略原则，公开发表了《中国苏维埃政府、中国共产党中央为抗日救国告全体同胞书》（即《八一宣言》），号召建立包括上层在内的民族统一战线，呼吁全国各党派、各军队、各界同胞，不论有何政见、有何不同利害，都应停止内战，集中全国力量团结抗日。①

　　中共早早举起了抗日大旗，但在《八一宣言》正式发表之前，从李立三到王明主持的中共中央在全局战略指导上却没有跳出以国内阶级斗争为主题的窠臼，政治策略严重失当。

　　第一，仍然坚持把推翻国民党政治统治作为首要任务，强调"要取得民族革命战争的彻底胜利，必须推翻国民党军阀这一领导，把领导权拿在民众自己的手里"②，呼吁"变帝国主义压迫中国的战争，为拥护苏维埃中国反帝国主义反国民党的革命战争，以解放中国"③，把斗争主要矛头还是指向国民党政权，依然着眼于夺取全国政权。

　　第二，实行"左"倾关门主义，把中间势力看作最危险的敌人，把找上门来的盟友拒之门外，典型事例就是对福建事变采取的方针。中共中央发表的《为福建事变告全国民众书》是这样说的：福建人民政府"不会同任何国民党的反革命政府有什么区别"，"它的一切行动，将不过是一些过去反革命的国民党领袖们与政客们企图利用新的方法来欺骗民众的把戏"④，完全拒绝同福建人民政府合作。这不仅使福建人民政府轻而易举地被蒋介石击

---

① 《八一宣言》于1935年10月1日以中华苏维埃共和国中央政府和中国共产党中央委员会名义，正式发表在法国巴黎出版的《救国报》上。此时，中共中央正在长征途中，没有获悉宣言的内容。1935年11月中旬，中共驻共产国际代表团成员张浩回到国内，在陕北瓦窑堡向中共中央传达了共产国际七大的精神和《八一宣言》的内容。
② 《中共中央文件选集》第8册，144页，中共中央党校出版社1991年版。
③ 《中共中央文件选集》第7册，398页，中共中央党校出版社1991年版。
④ 《中共中央文件选集》第9册，451页，中共中央党校出版社1991年版。

破，而且也使自己丧失了扭转第五次反"围剿"作战被动局面的重要机遇。

第三，错误地宣传日本帝国主义侵略中国是反苏战争的"序幕"，是为了建立侵略苏联的根据地，不恰当地呼吁"武装保卫苏联"，从而严重脱离了中国广大民众，陷自己于孤立之中。

遵义会议首先纠正了错误军事路线。抵达陕北革命根据地后，中共中央立即着手从根本上转变政治路线和政治策略。

1935年10月22日（抵达陕北吴起镇后第三天）中共中央政治局会议作出一项重要决议：要将保卫苏区的斗争变为直接的民族战争[①]。11月28日以中华苏维埃共和国中央政府主席毛泽东、中国工农红军革命军事委员会主席朱德名义发表《抗日救国宣言》，宣布："不论任何政治派别，任何武装队伍，任何社会团体，任何个人类别，只要他们愿意抗日反蒋，我们不但愿意同他们订立抗日反蒋的作战协定，而且愿意更进一步地同他们组织抗日联军与国防政府。"[②]

1935年12月的中共中央政治局会议（即瓦窑堡会议），正式确立新的政治路线。会议12月25日通过的《关于目前政治形势与党的任务决议》提出了建立"最广泛的反日民族统一战线（下层的与上层的）"[③]的政治路线（当时称之为"策略路线"）：

党的策略路线，是在发动、团聚与组织全中国全民族一切革命力量去反对当前主要的敌人：日本帝国主义与卖国贼头子蒋介石。不论什么人，什么派别，什么武装队伍，什么阶级，只要是反对日本帝国主义和卖国贼

[①] 张闻天在1935年10月22日中共中央政治局会议上总结发言："阿比西尼亚的战争展开了二次世界大战问题，这将加剧日本对中国的侵略，同时减弱其他帝国主义对中国反革命的帮助。应使同志们了解，现在保卫苏区要变为直接的民族革命战争，要把土地革命与反帝直接结合起来。"（《中共党史资料》第43辑，1—2页，中共党史出版社1992年版）
[②]《毛泽东文集》第1卷，361页，人民出版社1993年版。
[③]《中共中央文件选集》第10册，604页，中共中央党校出版社1991年版。

蒋介石的，都应该联合起来，开展神圣的民族革命战争，驱逐日本帝国主义出中国，打倒日本帝国主义的走狗在中国的统治，取得中华民族的彻底解放，保持中国的独立与领土完整。

这条政治路线解决了建立最广泛的、不分阶级的抗日民族统一战线的问题。应指出，瓦窑堡会议主要还是结束了"左"倾关门主义，解决了团结民族资产阶级，即中间力量的问题[①]。会议决议仍把蒋介石同日本帝国主义并列在一起，作为必须推翻的对象，口号是"抗日反蒋"，把大地主、大资产阶级及其政治代表仍然视为敌对营垒，而没有作为联合的对象。

瓦窑堡会议后，毛泽东在党的活动分子会议上作了深入阐释新的政治路线的报告。毛泽东首先分析了中国社会阶级关系的新变化，着重指出民族资产阶级，在日本帝国主义侵略面前，很可能动摇反共立场，从1927年以后的反革命方面转到革命方面来，参加反抗日本帝国主义侵略的斗争。此时，毛泽东把"大土豪、大劣绅、大军阀、大官僚、大买办"还统统列入"卖国贼营垒"，蒋介石是"总头子"，是"中国人民的死敌"。但毛泽东也指出，即便是这个营垒，也不会是铁板一块、完全统一的，因为他们背后的各个帝国主义国家是相互争夺的，他们中间会有人站到抗日阵营方面来。毛泽东举了胡汉民[②]在共产党提出的抗日救国六大纲领文件上签字的例子，说明敌对营垒出现了可以为革命力量所利用的缺口和矛盾。毛泽东在这篇讲话中提到了争取国际援助的问题。此时，毛泽东所期望的国际援助，不仅来自苏联，而且来自某些帝国主义国家，如美国、英国等，这超出了

[①] 瓦窑堡会议决议提出了变"苏维埃工农共和国"为"苏维埃人民共和国"，以适应建立最广泛抗日民族统一战线的要求。

[②] 胡汉民（1879—1936），国民党右派。1905年参加同盟会。辛亥革命后担任广东都督。1914年受孙中山之托组织中华革命党。1924年国民党改组，成为右翼的西山会议派首领。1927年和蒋介石同谋发动四一二事变，历任南京国民党中央政治会议主席、立法院院长等职。1931年因与蒋的矛盾被囚禁，九一八事变后被释放。1933年在香港创办《三民主义》半月刊，标榜抗日、反蒋、反共。

"左"倾教条主义把一切帝国主义国家都视为敌人的"藩篱",初步提出了建立国际统一战线的方针。

要建立起不分阶级的全民族抗日统一战线,实现全民族团结抗战,必须解决好蒋介石的问题。因为,要实现全民族的团结抗日,关键环节是实现共产党和国民党的再次合作。蒋介石是国民党的权力核心人物,如果把"抗日"和"反蒋"并提,国共合作就无从谈起。而且蒋介石虽然对日有以妥协换"和平"的幻想,但并没有走出投降的一步,因此争取他的空间是存在的。

从瓦窑堡会议到西安事变,在一年时间里,中共对蒋介石的政策完成了大幅度调整,从"抗日反蒋"转变为"逼蒋抗日",再到"联蒋抗日"[1],同时把"人民共和国"口号进一步调整为"民主共和国"口号[2],使中共所倡导的抗日民族统一战线更具包容性,把除汉奸以外的所有主张抗日的政

---

[1] 1936年5月5日,在结束东征回师陕北之际,中国共产党发出中国红军要求南京政府停战议和一致抗日的通电。在这篇通电中,中共开始放弃"反蒋"口号,提出:"红军革命军事委员会为了保存国防实力,以便利于迅速进行抗日战争,为了坚决履行我们每次向国人宣言停止内战、一致抗日的主张,为了促进蒋介石氏及其部下爱国军人们的最后觉悟,故虽在山西取得了许多胜利,仍然将人民抗日先锋军撤回黄河西岸。"1936年8月25日中国共产党发表致中国国民党书说:"中国共产党向一切中国国民党人宣言:假如你们真正这样干的时候,我们坚决地赞助你们,我们愿意同你们结成一个坚固的革命的统一战线,如像一九二四年至一九二七年中国伟大的革命时期两党结成反对民族压迫和封建压迫的伟大的统一战线一样,因为这是今日救亡图存的唯一正确的道路。"1936年9月1日中共中央发出党内指示:"目前中国的主要敌人,是日帝,所以把日帝与蒋介石同等看待是错误的,'抗日反蒋'的口号,也是不适当的。""我们的总方针,应是逼蒋抗日。一方面继续揭破他们的每一退让,丧权辱国的言论和行动,另一方面要向他们建议与要求建立抗日的统一战线,订立抗日的协定。"

[2] 中国共产党在1936年8月25日发表致中国国民党书中,鉴于国民党蒋介石集团难以接受"人民共和国"口号,改用了"民主共和国"口号。中共中央在9月17日通过的决议中,对"民主共和国"口号作出解释:"中央认为在目前形势之下,有提出建立民主共和国口号的必要,因为这是团结一切抗日力量来保障中国领土完整和预防中国人民遭受亡国灭种的惨祸的最好方法,而且这也是从广大的人民的民主要求产生出来的最适当的统一战线的口号,是较之一部分领土上的苏维埃制度在地域上更普及的民主,较之全中国主要地区上国民党的一党专政大大进步的政治制度,因此便更能保障抗日战争的普遍发动与彻底胜利。同时民主共和国不但能够使全中国最广大的人民群众参加到政治生活中来,提高他们的觉悟程度与组织力量,而且也给中国无产阶级及其首领共产党为着将来的社会主义的胜利而斗争以自由活动的舞台。因此中国共产党宣布积极赞助民主共和国运动,并且宣布:民主共和国在全中国建立,依据普选权的国会实行召集之时,苏维埃区域即将成为他的一个组成部分,苏区人民将选派代表参加国会,并将在苏区内完成同样的民主制度。"

治力量都容纳了进来，为促成共产党和国民党再次合作铺垫了道路。

1936年12月12日爆发的西安事变，考验了中共的抗日民族统一战线政策。

西安事变对于中共来说，很是猝不及防，全无精神准备。在13日召开的政治局会议上对如何应对事变产生不同意见，主要问题，一是要不要"审蒋""除蒋"，二是要不要以西安为中心发展抗日局面。毛泽东在首先发言中谈了几点意见。（1）充分肯定事变的性质是革命的，是抗日反卖国贼的，它的行动、它的纲领，都有积极意义。我们对这次事变，应明白表示拥护。（2）要估计到蒋介石的部下进攻潼关，威胁西安，在军事上要有所部署。（3）我们应以西安为中心，以西北为抗日前线，来影响和领导全国，形成抗日战线的中心。围绕着这一环，我们要向人民揭露蒋介石的罪恶，稳定黄埔系、CC派，推动元老派、欧美派以及其他杂派赞助西安事变，实际把蒋介石排除在争取对象之外。毛泽东的这些意见，特别是"以西安为中心"的意见，没有得到所有与会领导人的赞同，如张闻天就不同意"反蒋"和"以西北为中心"的意见，主张承认南京为"正统"，不要与南京对立，仍要坚持"抗日"与"反蒋"不并提。[1]毛泽东听取了张闻天等人的不同意见，在会议总结中对自己的先前发言作了修正：（1）对西安事变暂不公开表态，不轻易发言；（2）不正面反蒋，只具体指出蒋的错误，不把"反蒋"和"抗日"并列。[2]这次会议未能确定明确的应对方针，虽然此前已有了"联蒋抗日"的方针，但罢黜、审判蒋介石的想法在中共中央大多数领导人的头脑中仍挥之不去，仍试图与没有蒋介石的南京政府实现

---

[1]《张闻天年谱》记载："关于对事变的方针问题，他对会上'审蒋''除蒋'，以及'以西安为中心'，成立'一个实质的政府'的意见表示了不同的看法，指出：'对妥协派应尽量争取，与分化、孤立，我们不采取与南京对立方针。不组织与南京对立方式（实际是政权形式）。把西安抓得很紧，发动群众威逼南京。改组南京政府的口号并不坏。'"（《张闻天年谱》上卷，395页，中共党史出版社2000年版）

[2]《毛泽东年谱（1893—1949）》上卷，621—622页，人民出版社、中央文献出版社1993年版。

联合。15日，毛泽东、朱德、周恩来等中共领导人联名发出致国民党国民政府电，劝南京政府不要以救蒋为名发动大规模内战，呼吁他们谋国共合作，共赴国仇，同时要求南京政府"罢免蒋氏，交付国人裁判"[1]。应该说，在事变后的第一时间里，中共领导人借机推动建立抗日民族统一战线、避免爆发大规模内战的思想是很明确的，但对如何处置蒋介石问题则举棋不定。而蒋介石问题是西安事变的核心问题，能不能和平解决事变，关键要看能不能妥善处置蒋介石。但国际国内形势的急剧变化，特别是军事冲突一触即发，没有给中共领导人留下多少时间，中共中央必须迅速抉择应对之策。

19日，中共中央政治局再次开会。经过充分讨论，会议通过了《关于西安事变及我们的任务的指示》。这时，中共中央领导人对西安事变的意义有了更冷静的看法，一方面指出这一事变的发动，"是为了要抗日救国而产生的，是要以西北的抗日统一战线去推进全国的抗日统一战线的开始"，另一方面又指出这一事变的发动，"采取了多少军事阴谋的方式，扣留了南京最高负责人蒋介石及其主要将领，以致把南京置于西安的敌对地位，而造成了对于中国民族极端危险的新的大规模内战的可能"。因此，事变有两种前途，或者导致大规模内战，或者结束"剿共"内战，使停止内战、一致抗日得以早日实现。中共应当全力争取第二个前途：避免大规模内战，实现共同抗日，为此而制定的基本方针是：

（一）坚持停止一切内战一致抗日的组织者与领导者的立场，反对新的内战，主张南京与西安之间在团结抗日的基础上，和平解决。

（二）用一切方法联合南京左派，争取中派，反对亲日派，以达到推动

---

[1]《中共中央文件选集》第11册，124页，中共中央党校出版社1991年版。

南京走向进一步抗日的立场，揭破日寇及亲日派利用拥蒋的号召，发动内战的阴谋。

（三）同情西安的发动，给张杨以积极的实际的援助（军事上的与政治上的），使之彻底实现西安发动的抗日主张。

（四）切实准备讨伐军进攻时的防御战，给讨伐军以严重的打击，促其反省，这种防御战不是为了要以扩大内战的方针代替一致抗日的方针，而依然是为了促成全国性抗日统一战线的建立与全国性抗日战争的发动。[①]

至此，中共中央独立自主地确立了应对西安事变的大政方针。[②]其核心点，是"和平解决"四个字，中共斡旋于国内各派政治力量之间的着力点全在这四个字上面。而"和平解决"就意味着有条件释放蒋介石，即在蒋介石作出停止内战、共同抗日的承诺后，应立即释放他，从而紧紧抓住了和平解决西安事变的牛鼻子。

西安事变最终得到了和平解决。这是中共推动建立全国抗日民族统一战线取得的重大突破。

第一，虽然还有许多问题有待谈判解决，但停止"剿共"内战，国共合作共同抗日基本成为定局。

第二，西北抗日民族统一战线开始向全国抗日民族统一战线发展，中共的抗日民族统一战线的重心也随之转向南京。

第三，由于有了前两条，全国性抗日战争开始发动。

西安事变的和平解决，使中共把战略重心从国内阶级战争转移到抗日

[①]《中共中央文件选集》第11册，128页，中共中央党校出版社1991年版。
[②] 中共中央于1936年12月20日收到季米特洛夫签发的共产国际书记处关于和平解决西安事变方针的来信。此信是16日发出的，但因电码错误未能译出，故毛泽东在19日中央政治局会议上说"国际指示还未到"。共产国际于20日重发电，中共中央才收到。

的民族战争成为现实，同时也为多年被挤压在边缘区域、深感孤独寂寞①的中共走上中国政治舞台的中心打开了大门。

毛泽东的政治经验是，讲斗争时要防"左"，讲联合时要防右。

在国共合作已成定局后，毛泽东开始告诫全党，这时需要防止的主要错误倾向是右倾，在实行阶级合作，全力以赴反对日本帝国主义侵略的同时，对国内阶级矛盾问题依然要保持清醒头脑，万勿走到阶级投降的道路上去。在1937年5月召开的中国共产党全国代表会议上，毛泽东指出，在中日民族矛盾的政治比重加大、成为主要矛盾的情况下，"国内的阶级间的矛盾和政治集团间的矛盾本身依然存在着，并没有减少或消灭"②。国内各阶级之间的矛盾只是退居次要和服从的地位，而不是解决和不存在了。中共要在抗日战争的激流中掌握正确方向，制定和实施恰当的战略策略指导，必须处理好抗日救亡运动中的民族矛盾和国内阶级矛盾的关系，在集中全力解决中日民族矛盾的同时，又要妥善处理国内阶级矛盾问题。

在民族矛盾成为主要矛盾的历史条件下，处理国内阶级矛盾，毛泽东认为主要须注意三个问题。

其一，要在抗日民族统一战线框架内积极推动国内政治和社会进步，不进行彻底推翻封建主义制度的阶级斗争，不进行打倒国民党新军阀统治的革命战争，但要以"民主和自由"为口号积极推动社会改革，结束国民党一党派一阶级的反动独裁政体，给人民以政治自由，减轻经济剥削，改善人民的政治生活和经济生活，调动全体人民抗日的积极性。中共提出

---

① 毛泽东在《井冈山的斗争》中说："我们一年来转战各地，深感全国革命潮流的低落。""我们深深感觉寂寞，我们时刻盼望这种寂寞生活的终了。"（《毛泽东军事文集》第1卷，42页，军事科学出版社、中央文献出版社1993年版）
②《毛泽东选集》第1卷，254页，人民出版社1991年版。

的"抗日救国十大纲领"①就体现了这个要求。毛泽东说得很清楚:"中国真正的坚实的抗日民族统一战线的建立及其任务的完成,没有民主是不行的。"②因此,在国内和平实现之后,处理国内阶级矛盾的中心环节,就是争取民主。

其二,坚决反对排斥"全民抗战"的"政府抗战",特别要警惕和防止国民党上层集团的投降倾向。"在某种历史环境能够参加反对帝国主义和反对封建制度的中国资产阶级,由于它在经济上政治上的软弱性,在另一种历史环境就要动摇变节。这一规律,在中国历史上已经证明了。"③随时准备制止国民党上层集团的投降行为,是在抗日战争整个进程中必须始终严肃对待的重大政治问题。

其三,要警惕国民党上层集团中的顽固派溶共、灭共的企图和行径,始终保持清醒头脑,决不能让1927年大革命失败的历史重演,决不能把人民得到的东西轻易让顽固派拿走,否则抗日战争就有中途夭折的危险。

要在这些问题上掌握战略主动权,毛泽东进一步认为,最主要的是要解决好两个问题:(1)中共对抗日战争的领导责任问题;(2)中共在抗日民族统一战线中独立自主问题。这是中共抗日战争战略指导的两个带根本性的问题,也是在民族矛盾和国内阶级矛盾的复杂关系中把握正确前进方向的关键性问题。

关于中共对抗日战争的领导责任问题,毛泽东说:

---

① 1935年的《八一宣言》提出抗日救国的"十大方针":(1)抗日救国收复失地;(2)救灾治水安定民生;(3)没收日帝在华一切财产;(4)没收汉奸财产;(5)废除苛捐杂税;(6)改良工农军学各界生活;(7)实行民主自由;(8)实行免费教育;(9)国内各民族一律平等;(10)联合一切反对帝国主义的民众,联合一切同情中国民族解放运动的民族和国家。1937年8月25日中共正式公布《抗日救国十大纲领》:(1)打倒日本帝国主义;(2)全国军事的总动员;(3)全国人民的总动员;(4)改革政治机构;(5)抗日的外交政策;(6)战时的财政经济政策;(7)改良人民生活;(8)抗日的教育政策;(9)肃清汉奸卖国贼亲日派;(10)抗日的民族团结。
②《毛泽东选集》第1卷,256页,人民出版社1991年版。
③《毛泽东选集》第1卷,261页,人民出版社1991年版。

使无产阶级跟随资产阶级呢，还是使资产阶级跟随无产阶级呢？这个中国革命领导责任的问题，乃是革命成败的关键。一九二四年至一九二七年的经验，表明了当资产阶级追随着无产阶级的政治领导的时候，革命是如何地前进了；及至无产阶级（由共产党负责）在政治上变成了资产阶级的尾巴的时候，革命又是如何地遭到了失败。这种历史不应当重复了。依现时的情况说来，离开了无产阶级及其政党的政治领导，抗日民族统一战线就不能建立，和平民主抗战的目的就不能实现，祖国就不能保卫，统一的民主共和国就不能成功。①

毛泽东如此强调"无产阶级的领导责任"，是总结了国共两党关系历史及国民党现状得出的重要结论。

国民党在1924年至1927年大革命时期曾经是中国资产阶级和工农大众实行统一战线的"政治外壳"，但1927年血腥"清共"之后，它就演变为受控于新军阀的、代表封建地主阶级和大资产阶级的政治集团，陷入保守和反动。1931年九一八事变后，它顽固坚持"攘外必先安内"政策，在相当一个时期内对日妥协，对内镇压，顽固实行"剿共"内战，集中反映它的保守性和反动性。西安事变之后，蒋介石接受了共产党停止内战、共同抗日的主张，承认共产党的合法地位，国民党开始表现出一定程度的进步性。但是，它的这种进步性是有限度的，尚不能完全抵消它的保守性和反动性。

首先，它只承认抗日，不接受民主，不肯放弃一党一领袖的专制独裁统治，更不愿意主动调整国内阶级关系，给人民以政治自由，改善人民经济生活。

---

① 《毛泽东选集》第1卷，262页，人民出版社1991年版。

其次，它只愿意实行"政府抗战"，而不愿意实行"全民抗战"，甚至害怕"全民抗战"。

再次，它根本无视甚至害怕人民大众的力量，寄希望于英美介入，甚至寄希望于以妥协换取日本的让步，它内部存在着投降的危机。

最后，它的"清共""剿共"情结异常顽固，只要机会恰当就会举起"清共""剿共"的屠刀，破坏全民族团结抗日的大局。

这些都是国民党难以克服的致命弱点。

因此，毛泽东在全国抗日烽火乍起之际，就清楚地看到在抗日大旗下，国共两党之间将不可避免地存在着反对日本侵略的两种方针、两套办法和两个前途的冲突和斗争。[①]中共对抗日战争的领导责任，集中体现为倡导和坚持动员全体人民将抗日战争进行到底，建设一个独立民主的新中国的全面抗战路线，抵制和克服国民党的脱离人民，甚至压制人民抗战热情，隐含着妥协倾向的片面抗战路线。就是说，中共对抗日战争的"领导责任"是推动全面抗战路线的实现，而抵制和防止片面抗战路线把中国抗日战争引向失败。换句话说，中共的"领导责任"在于贯彻全面抗战路线，而不在于争取国家的政治领导权和军事领导权。

为此，中共应努力做到：第一，善于根据历史发展进程提出基本政治口号，以及与之相适应的行动口号；第二，应成为全民族抗战的模范，表现出无限的忠诚和积极性，得到群众的拥护，赢得群众基础；第三，在不失掉确定的政治目标的原则上，建立与同盟者的适当关系，并有发展和巩固这个同盟关系；第四，使党的队伍得到发展壮大，并达到思想的统一性和纪律的严格性；第五，保持对国民党的批评权。毛泽东把这种领导责任称为承担"抗日救国的总参谋部的职务"[②]。

[①] 见毛泽东《反对日本进攻的方针、办法和前途》（1937年7月23日）一文。
[②]《毛泽东选集》第1卷，262页，人民出版社1991年版。

关于中共的"独立自主"问题，综合毛泽东相关论述，主要包括以下几点。

（一）中共接受孙中山的"三民主义"，承认"三民主义"为自己争取民主革命胜利的纲领，但同时又坚持共产主义为自己的最高奋斗纲领，民主共和国的前途是社会主义。抗日战争不仅应当成为争取民族独立的斗争，而且应当成为推动中国社会走向民主的斗争，建立民主共和国。

（二）中共停止执行武力推翻国民党的方针，停止没收地主土地，用"民主共和国"口号替代"人民共和国"口号，用这样一系列重大让步换取国内和平，换取国内各阶级团结一致抗战，但决不允许降低党的立场，模糊党的面貌，把党变成大地主大资产阶级的尾巴，走到阶级投降主义道路上去。阶级投降主义的最终前途，就是民族投降主义；要坚决反对民族投降主义，就必须坚决反对阶级投降主义。

（三）作为让步，中共把革命根据地政府改名为中华民国特区政府，红军改名为国民革命军，接受南京中央政府及军事委员会的指导，但中共在特区和军队中的领导权必须保持，不允许国民党染指。特别是在军队领导权问题上，中共决不能犯幼稚病，要懂得没有了军队，什么都谈不上。

这种"独立自主"，是中共为争取国共合作而作出让步的"底线"，超出这个"底线"是决不允许的。

因此，这就决定了国共合作，必然是有斗争的合作。既合作又斗争，有时斗争还会很尖锐，将是国共在抗日民族统一战线这个共同体中相互关系的基本形态。从而，也就决定了中共贯彻"为争取千百万群众进入抗日民族战线而斗争"的政治路线，必须既反对关门主义和冒险主义，团结一切可以团结的力量，全力以赴地反对日本帝国主义侵略，又反对阶级投降主义，在将国内阶级战争转变为反对日本侵略的民族战争的历史进程中，不能忘记依然存在的阶级矛盾，有限度地进行必要的阶级斗争，而不要让自己成为大地主大资产阶级的尾巴。其关键环节是正确处理国共两党关系，既要坚决反对国民党的保守性和反动性，防止和抵制它可能出现的对日妥协和退让，尽可能地推动它走向进步，但一切都以不能破坏全国抗日民族统一战线为限度。这就是所谓既要反"左"又要反右，特别是要注意右倾有可能取代"左"倾成为主要危险。

总的说，毛泽东对国民党留有"两手"，而不是只有"一手"。民族大敌当前，共产党必须同国民党合作，否则亡国的前途不可避免，而且也不得全国民众之心；但在同国民党的合作中，又必须有"防人之心"，必须同国民党的保守性和反动性进行必要的斗争。统一战线中的"左"和右，都是只有"一手"，要么"斗争"，要么"合作"，非此即彼，不承认兼容"两手"的亦此亦彼状态。其实，蒋介石在不得不联共抗日后，始终对中共都是"两手"，有联合的一面，也有打压的一面，甚至还有伺机消灭的一面。毛泽东不过是"两手"对"两手"。这就是毛泽东的高明之处。

抗日救亡运动中的民族矛盾和国内阶级矛盾相互关系问题，属于政治范畴，是抗日救亡运动中的政治学。

毛泽东是伟大的军事家，但他首先是伟大的政治家，是善于从政治全局上来思考和谋划军事问题的政治家加军事家。研究他的抗日战争战略指导思想，首先要深刻理解他的抗日救亡的政治学。

二、抗日战争的军事战略方针

在抗日大旗下，中共和国民党再度携手合作，可谓"兄弟阋于墙，外御其侮"。然而，这一次国共合作，已然不同于第一次国共合作：国民党执掌着中央政权并掌握着规模庞大的军队，中共经过十年土地革命战争有了自己的军队和根据地，双方的合作方式是党外合作。国民党始终没有正式发表两党合作宣言，没有制定共同纲领，更没有共同的组织形式。

经过1934年到1936年的长征，中共的全部军事力量转移到西北地区，占据了进入华北的地缘优势[①]；而国民党抗战初期在华北的大溃败，使其完全失去了黄河以北的控制权，北平、天津、保定等大中城市和主要交通线都落入日军之手。

这就不可避免地造成中国抗日战争所特有的基本战略格局：国民党主导的正面战场和中共主导的敌后战场。

这样一个战略格局，是在1937年11月上旬太原、上海相继失守[②]后而逐渐明朗化的。

1937年的七七事变拉开了日本全面侵华战争的帷幕。

从这一刻起，中共一方面加快同国民党谈判红军改编问题，并于7月14日主动按照双方谈判已达成的初步意见将红军改编为3个师[③]，积极做好开赴华北抗日前线的准备；另一方面开始筹划抗日战争的基本战略方针。

七七事变后不久，毛泽东即按照中国抗日战争可能出现的战略格局，从两个层面上谋划抗日战争的军事战略方针：一是全国抗战的总战略方针；二是中共领导的武装力量对日作战的基本战略方针。

7月23日，毛泽东在发表的《反对日本进攻的方针、办法和前途》一

[①] 1964年11月毛泽东在听取西南三线建设工作汇报时说："内战期间，我们犯了错误，丢了南方，都跑到北方。不丢掉南方，我们就到不了北方，就不能建立那么多根据地。北方人口多，幅员广，大平原，不犯错误就不能来。看来犯错误也是有好处的，一犯错误就到了北方。"（《建国以来毛泽东军事文稿》下卷，277页，军事科学出版社、中央文献出版社2010年版）

[②] 太原于1937年11月8日失陷，上海于11月12日失陷。

[③] 从1937年2月起，国共两党代表即开始正式谈判两党合作、苏区改制、红军改编问题。最初，中共的意向是红军改编为4个军12个师，组成一路军，设正、副总司令；而蒋介石则要求将红军限制在2个师的规模，并要求朱德、毛泽东出洋考察，脱离红军。经过1个月谈判，双方同意红军改编为国民革命军，服从国民政府军事委员会及蒋介石统一指挥，编为3个师，每师1.5万人。但国民党代表又提出修正案，要求红军压缩至2万人，并由国民党军派任各级副职，被中共拒绝，谈判中止。直至8月初，经中共反复交涉，蒋介石同意红军3个师约4.5万人，但不同意在3个师之上设立统一指挥机构，以致迟迟不发布命令。7月14日，在没有接到国民政府军事委员会改编命令的情况下，中共军委主席团下达改编命令，要求红军做好开赴对日作战前线的准备。

文中明确向国民党提出"召集国防会议,决定战略方针,统一战斗意志"[①]的要求。

同一天,中共中央发表《中国共产党为日本帝国主义进攻华北第二次宣言》,提出:"立刻召集国防会议,集中抗战的军事领导,建立各个战线的统一指挥,以积极抵抗的方针去对付日寇的进攻。"[②]

蒋介石于7月底决定在南京筹备国防会议,邀请中共派代表参会。8月初中共派出周恩来、博古、叶剑英等赴南京出席会议。8月4日,毛泽东、张闻天致电周恩来等,提出了中共对抗战初期战略问题的意见:

甲、第一防线张家口、涿州、静海、青岛等处,重点在张家口,应集中第一次决战兵力。

乙、第二防线大同、保定、马厂、潍县等处,应集中优势兵力,相机增援第一线并准备第二线决战。

丙、至太原、石家庄、沧州等处,仅能作为第三防线,决不能只顾此线而不集中兵力于第一、二线。

丁、目前关键是第一防线。

戊、总的战略方针,暂时是攻势防御,应给进攻之敌以歼灭的反攻,决不能是单纯防御;将来准备转变到战略进攻,收复失地。

己、正规战与游击战相配合,游击战以红军与其他适宜部队及人民武装担任之,在整个战略部署下给与独立自主的指挥权。

庚、担任游击战之部队,依地形条件及战况之发展,适当使用其兵力。为适应游击战性质,原则上应分开使用而不是集中使用。

辛、依现时情况,红军应出三分之一兵力,依冀、察、晋、绥四省交

---

① 《毛泽东军事文集》第2卷,12页,军事科学出版社、中央文献出版社1993年版。
② 《中共中央文件选集》第11册,296页,中共中央党校出版社1991年版。

界地区为中心，向着沿平绥路西进及沿平汉路南进之敌，执行侧面的游击战。另以一部向热冀察边区活动，威胁敌后方（兵力不超过一个团）。红军应给与必要的补充。

壬、发动人民的武装自卫战，是保证军队作战胜利的中心一环，对此方针游移是必败之道。①

在8月5日给朱德、周恩来、博古等人的电报中，毛泽东补充强调了红军的作战任务和兵力使用原则，其中指出："事实上须估计战争的长期性与残酷性。"②

从这些电文中可以看出，关于中国抗战初期的总战略方针，毛泽东的基本考虑是：

第一，要对战争的长期性有所准备，确立持久抗战的思想；

第二，应执行积极防御军事战略，反对单纯防御，反对打"死守硬拼"的阵地战；

第三，防御兵力应按一、二、三线配置，组织有战略纵深的防御，防止第一线顶不住时出现溃败局面；

第四，在全国以正规战为主，游击战为辅，执行游击作战的军队应分散使用，并在总的战略方针指导下给予独立指挥权；

第五，进行广泛政治动员，组织民众武装，广泛开展人民自卫战争，反对单纯的"政府抗战"。

毛泽东对全国抗战初期的总战略方针的思考，包含了对整个抗日战争进程的预设，后来在《论持久战》中对这些预设作了全面展开，并进行了理论分析和论证。同时，毛泽东把正面战场和敌后战场结合起来统一考虑，

---

① 《毛泽东军事文集》第2卷，22—23页，军事科学出版社、中央文献出版社1993年版。
② 《毛泽东军事文集》第2卷，25页，军事科学出版社、中央文献出版社1993年版。

把中共军队的对日作战加进去，体现了中共军队的对日作战是以全国抗战的总战略方针为依据的，是全国抗战不可或缺的重要组成部分。

在积极筹划全国抗战的总战略方针的同时，毛泽东着手制定中共军队对日作战的基本战略方针，并据此作出战略部署。这是毛泽东思考的重点。

7月28日，毛泽东、张闻天联名致电周恩来、博古、林伯渠等，要他们转告蒋介石六点意见：

（一）八月十五日前编好，二十日出动抗日。（二）三个师以上必须设总指挥部，朱正彭副，并设政治部，任弼时为主任，邓小平为副主任（不要康泽），以便指挥作战。（三）三个师四万五千人。另地方一万人，设保安正副司令，高岗为正，萧劲光为副，军饷照给。（四）主力出动后集中作战，不得分散。（五）担任绥远方面之一线。（六）刺刀、工具、子弹、手榴弹等之补充。[①]

第四、第五点涉及红军对日作战的战略方针和部署，强调了"集中作战"以及集中部署在绥远一线。

应该说，毛泽东这时还有在华北地区独挡一个方向，在国民党军事统帅部统一指挥下，与国民党军配合作战的想法，并要求中共代表按这个想法与国民党进行交涉。

但事隔3天，8月1日，毛泽东、张闻天再次致电周恩来等，对红军作战的原则作了根本性调整：

甲、在整个战略方针下，执行独立自主的分散作战的游击战争，而不

[①]《毛泽东军事文集》第2卷，18页，军事科学出版社、中央文献出版社1993年版。

是阵地战，也不是集中作战，因此不能在战役战术上受束缚。只有如此才能发挥红军特长，给日寇以相当打击。乙、依上述原则，在开始阶段，红军以出三分之一的兵力为适宜，兵力过大，不能发挥游击战，而易受敌人的集中打击。其余兵力依战争发展，逐渐使用之。①

"独立自主的分散作战的游击战争"，是"独立自主的山地游击战争"的最初提法。

为什么仅隔3天就会有如此重大的调整呢？主要原因，就是在这3天时间里华北战局急转直下，29日、30日两天，日军先后攻占了北平、天津，国民党当局表现出了极度动摇，其军队溃不能战，节节败退，一泻千里，华北失陷几成定局。8月1日毛泽东在延安召开的陕甘宁边区第一届抗战动员体育运动大会②上发表演讲时说：

此次平津失陷，是由于动摇不定，没有抗战决心所致。华北当局始终是抱着委曲求全的态度，在军事上不做充分的准备，对于民众是怀着不必要的戒心，不发动群众，不扩大民众爱国运动。相反的，还要出告示下戒严令，要民众"镇静"，使有着满腔热血的爱国民众们，动弹不得。这样干的结果，便把平津丢掉了！我希望全国守土抗战的将士们，对于这个悲痛的教训，有所警惕！③

---

① 《毛泽东军事文集》第2卷，20页，军事科学出版社、中央文献出版社1993年版。
② 萧劲光回忆："为了早日开赴抗日前线，红军中已经进行了改编的教育，部队的整编工作也在进行中。在此期间，'八一'建军节来临，传统的庆祝'八一'的运动会也都准备就绪。我去毛主席那里汇报，运动大会是不是如期举行，是不是借此机会进行抗战动员。毛泽东同志思忖一下说，很好，大会如期举行，就叫抗战动员运动大会。"（《萧劲光回忆录》，201页，解放军出版社1987年版）
③ 《毛泽东在"八一"抗战动员运动大会上的讲话》（1937年8月1日），原载于1937年8月2日《新中华报》运动大会特刊。

平津失陷难以避免，但毛泽东从中看到国民党在民族危亡关头依然坚持政治独裁，无视民众的政治动员，只搞"政府抗战"而排斥"全民抗战"，如果完全听命于国民党，中共将无法在对日作战中发挥自己的特有优势，甚至无法将抗日战争进行到底。

再联系到自国共谈判合作抗战以来，由于国民党总想借机削弱乃至取消中共及其领导的军队而发生的一系列周折，以及蒋介石迟迟不愿意两党共同发表合作抗日宣言等行径，毛泽东不能不对国民党的进步性增加了疑虑。特别是南方八省红军游击队在接受改编的过程中，于7月16日发生了闽粤边特委代理书记何鸣按照国民党当局命令，率部近千人集中漳浦城而被解除武装的事件，更提醒中共要对国民党的反动性和保守性保持高度警惕。

自8月1日之后，毛泽东在一系列重要讲话和电报中阐述了在对日作战中保持"独立自主"的必要性和重要性，并要求正在同国民党谈判的中共代表把这个方针向对方解释清楚。把这些论述综合起来，可以看出毛泽东关于红军作战原则的考虑主要有两点。

一是红军如何发挥自己优长的问题。毛泽东8月10日在给彭雪枫的电报中说："不可隐瞒红军若干不应该隐瞒的缺点，例如只会打游击战，不会打阵地战，只会打山地战，不会打平原战，只宜于在总的战略下进行独立自主的指挥，不宜于以战役战术上的集中指挥去束缚，以致失去其长处。"[①]另外，红军对日军的劣势更加显著，如果不顾及这个实际情况而以硬碰硬，集中起来打运动战，而不实行可以充分依靠群众的游击战，丢掉了发动群众的自由，势必缩小乃至完全丧失以劣胜优的回旋空间。

二是对国民党保持必要戒心的问题。8月5日毛泽东在给赴南京参加国

---

① 《毛泽东军事文集》第2卷，28页，军事科学出版社、中央文献出版社1993年版。

防会议的朱德、周恩来、博古、林伯渠等的电报中说："使用兵力问题。提出按情况使用兵力原则，在此原则下，承认开拔主力（主力在数量上可以是二分之一，可以是三分之二），对蒋不说几分之几，事实上须估计战争的长时间性与残酷性，应估计蒋之军阀割据（红军全部开去是蒋之要求），又须估计陕甘是我们唯一可靠后方（蒋在陕甘则尚有十个师，以便把我们全部送去，他则稳占此后方）等等问题。"[①]8月9日毛泽东在中共中央召集的会议上说：红军应当实行独立自主的指挥和分散的游击战争。必须保持独立自主的指挥，才能发挥红军的长处，集团作战是不行的。同时还要估计到特别情形，防人之心不可无，应有戒心，保障红军之发展扩大。[②]

正是基于这两个方面的考虑，毛泽东对中共军队的对日作战战略方针有了明确想法，即坚持"独立自主的山地游击战"方针。

8月22日至25日，中共中央在陕北洛川的冯家村召开政治局扩大会议（即洛川会议）。这是中共中央在红军改编后主力即将开赴抗日前线之前召开的一次确定大政方针的重要会议。

在会议召开之前，中共中央接到国民党政府军事委员会第一部部长黄绍竑和国民党军副总参谋长白崇禧制定的八路军出动议案（称"黄白案"），要求八路军以两个师由渭南登车，经风陵渡、同蒲路至代县附近下车，到蔚县一带集中；另一师沿陇海路转平汉路，在徐水下车，到冀东玉田、遵化一带集中。毛泽东认为这里包含某种阴谋，需要加以认真对待。8月18日，毛泽东联名张闻天向博古、林伯渠等通告对会议议题的基本考虑：

甲、国民党阴谋已表现得很明显，他的企图是：（一）将红军全部送上前线；（二）分路出动，使不集中，强使听命；（三）红军受命出动后即变为

[①]《毛泽东军事文集》第2卷，25—26页，军事科学出版社、中央文献出版社1993年版。
[②]《毛泽东年谱（1893—1949）》中卷，12页，人民出版社、中央文献出版社1993年版。

蒋之属下，彼以命令行之。彼时党的问题与边区问题由彼解决，甚至将不许发表宣言并取消苏区。乙、我们的对策见中央给周、叶训令。丙、此事关系重大，须在洛川会议中慎重讨论。丁、请博朱彭任刘张贺关八同志一齐出席，并于20日由云阳动身。①

电报中提到"中央给周叶训令"，是指8月18日中央书记处关于同国民党谈判的十项条件给朱德、周恩来、叶剑英的指示。其中提出的十项条件是：

（1）发表我党宣言，同时蒋发表谈话；（2）发表边区组织；（3）发表指挥部；（4）发给平等待遇之经费；（5）发给平等待遇之补充器物；（6）红军充任战略的游击支队；（7）在总的战略方针下，执行独立自主的游击战争，发挥红军之特长；（8）为适应游击战原则，须依情况出兵并使用兵力；（9）不分割使用（集中由韩城渡河前进）；（10）第一批出动红军使用区域，在平汉线以西，平绥线以南地区，并交由阎百川（阎锡山）节制。②

从这两份文件可以看出，毛泽东对红军改编后的对日作战基本方针已经有了比较成熟的想法，不仅考虑到中日双方力量对比和红军的实际作战能力，而且考虑到国共两党的关系，考虑到防备国民党的不测之心。

洛川会议历时4天，讨论了政治任务问题、军事问题、国共两党关系问题三项议程。张闻天作了政治问题报告，毛泽东作了关于国共两党关系问题和军事问题的报告及会议结论。会议通过了《中共中央关于目前形势与党的任务的决定》《中国共产党抗日救国十大纲领》，以及毛泽东起草的

---

① 《毛泽东军事文集》第2卷，32页，军事科学出版社、中央文献出版社1993年版。
② 《中共中央文件选集》第11册，322—323页，中共中央党校出版社1991年版。

《为动员一切力量争取抗战胜利而斗争》的宣传鼓动提纲。会议决定组成中共中央革命军事委员会,毛泽东任主席,朱德、周恩来为副主席。

洛川会议的基本精神,体现在会议通过的这些文件中。

首先一个问题,就是国共两党关系问题,其中的主要问题是对国民党进步性的估计。会议肯定了国民党抗战以来所表现出来的进步,承认国共之间的分歧已经不是应否抗战的问题,而是如何争取抗战胜利的问题。同时又指出,国民党的进步是有限的,远不能适应彻底打败日本帝国主义的需要的。对此,会议认为:

今天的抗战,中间包含着极大的危险性。这主要的是由于国民党还不愿意发动全国人民参加抗战。相反的,他们把抗战看成只是政府的事,处处惧怕和限制人民的参战运动,阻碍政府、军队同民众结合起来,不给人民以抗日救国的民主权利,不去彻底改革政治机构,使政府成为全民族的国防政府。这种抗战可能取得局部的胜利,然而决不能取得最后的胜利。相反的,这种抗战存在着严重失败的可能。[1]

就是说,全国抗战已经发动,这其中包含着国民党的进步,但不能对国民党的进步估计过高。必须估计到在抗战过程中,可能发生许多挫败、退却,内部的分化叛变,暂时与局部的妥协等不利情况。抗战将是异常艰苦的持久战。在抗日民族统一战线框架内处理国共两党关系,既要承认国民党一定程度的进步性,又要看到它的进步很有限,中共在政治和军事上必须保持独立自主,否则会吃大亏。

毛泽东在论述国共两党关系时指出:

---

[1]《中共中央文件选集》第11册,325页,中共中央党校出版社1991年版。

（1）中共必须坚持和扩大抗日民族统一战线，不仅要做南京政府的统一战线工作，而且要做地方军阀的统一战线工作，现在推动抗日的工作即将过去，下一步是动员一切力量，去争取抗日的胜利。

（2）共产党必须在统一战线中坚持党的阶级的独立自主的立场。应提醒全体党员注意，防人之心不可无。从根本阶级利益上看，国民党是敌人，对国民党应保持高度的阶级警觉性。国民党的方针，一是限制我们，二是破坏我们。因此，一时一刻也不要忘记蒋介石想在抗日战争中消灭和限制共产党和红军的阴谋诡计。这种独立性包括政治上和组织上两个方面。1927年春夏做了资产阶级尾巴的教训，必须记取。

（3）必须保证共产党对红军的绝对领导。红军的调动，只能由中国共产党来决定，而不由国民党来决定。红军开赴前线作战，必须根据战局的发展，选择有利时机，分批进行，并须留一定兵力，担负保卫后方的责任。

这是中共在整个抗日战争进程中必须掌握的政治方针，中共的抗日战争的军事战略方针必须贯彻这一政治方针。

会议讨论的重点还是军事问题。毛泽东在报告中指明了几个重大军事原则。（1）抗日战争将是用持久战打败日本帝国主义。中国共产党的任务是争取对民族革命战争的领导权。他强调，单纯从共产党和红军的数量，不能解释领导权问题，但从共产党的声望、红军作战能力和全国人民的瞩望来看，共产党必须争取抗日战争的领导权。我们的方针，最基本的是持久战，中日双方都有其长处和弱点，持久战的结果，是中国胜利。（2）红军对日作战的基本战略原则，应该根据今天的实际条件，即我方技术贫弱，但在其他方面，如军队素质等方面，敌人弱于我们来考虑。红军的基本任务是创立敌后抗日根据地，钳制和消灭敌人，配合友军作战（战略支援任务），保存与扩大红军，以挫败日寇的亡华方针。（3）红军必须坚持独立自主的游击战。所谓游击战，就是打得赢就打，打不赢就跑。红军作战着重于山地游击战，包括有利条件下消灭敌人的主力兵团与在平原地区发展游击战。山地游击战要达到创立根据地的目的。红军在抗战初期的作战地域主要是晋察冀三省边界山区。（4）必须扩大中央军委。中央军委的任务是：领导主力红军，领导苏区与游击区军事和义勇军工作，与国民党军的统一战线工作，情报工作。军委组织应该健全起来，现在只有参谋部，政治部与统一战线部也要建立起来。战略方针制定，要集中在军委。（5）后方是基本立足点，必须巩固。后方主要是陕甘两省。要发展陕甘苏区。（6）扩大红军并加强军事教育。①

毛泽东所阐述的红军对日作战基本方针，其核心精神是"独立自主的山地游击战"，这是对红军作战思想及战略方针的重大调整。毛泽东在1938年11月召开的中共六届六中全会上曾经回顾说：

我们的战略转变，是在这些特殊情况之下进行的一个极其严重的转变。在这些特殊的情况下，必须把过去的正规军和运动战，转变成为游击军（说的是分散使用，不是说的组织性和纪律性）和游击战，才能同敌情和任务相符。但是这样的一个转变，便在现象上表现为一个倒退的转变，因此这个转变应该是非常困难的。②

毛泽东所说的"倒退的转变"，就是指从"运动战"转变为"游击战"。因为是"倒退"，所以会议上有不同意见。由于会期很紧，需要讨论的重大事项多，对这个问题没有展开讨论，一些领导人对"独立自主的山地游击战"方针尚缺乏深刻理解。彭德怀回忆说：

---

① 毛泽东在洛川会议讲话的内容引自王秀鑫：《洛川会议》(《中共党史资料》第43辑，244—246页，中共党史出版社1992年版)
② 《毛泽东军事文集》第2卷，425页，军事科学出版社、中央文献出版社1993年版。

当时军分会的同志，都没有把敌后游击战争提到战略上来认识，对于毛泽东同志在洛川会议上提出的"以游击战为主，不放松有利条件下的运动战"这个方针，认识也是模糊的。没有真正认识到这是长期坚持敌后抗日战争的正确方针。我当时对于"运动战"和"游击战"这两个概念主次是模糊的。如时而提"运动游击战"，又时而提"游击运动战"。[①]

其实，更深刻的原因还在于，当时中共党内的大部分人对毛泽东的想法，特别是对毛泽东关于提防国民党的想法并没有很深刻的理解，就是说没有从政治上，或者说没有从国内阶级关系上来理解"独立自主的山地游击战"原则。大部分同志渴望打大仗，打硬仗，主张把运动战和游击战结合起来，配合国民党军队打几场胜仗，压制日本军队的嚣张气焰，坚定全国民众的抗战信心，扩大共产党和红军在民众中的影响，而对于国民党的反动性和顽固性则估计不足，而对它抗战开始后所表现出来的进步性有些估计过高。由于对军事战略方针问题存在分歧，因此会议决议中没有这个方面的内容。

为了切实统一全党全军思想，毛泽东对"独立自主的山地游击战"原则作了进一步阐释。

洛川会议后不久，9月12日毛泽东给准备赴南京的彭德怀去电，要他向国民党方面解释我军"独立自主的山地游击战"原则，取得国民党方面的了解与同意。毛泽东具体阐释了这一原则的内涵：

（一）依照情况使用兵力的自由。现在蒋鼎文还在说刘师应速上前线。彼等用意或者不明白使用大兵团于一个狭小地域实不便于进行游击战争，

[①]《彭德怀自述》，223页，人民出版社1981年版。

如果是这样,可见我们对此原则并未向他们有过彻底坚持的说明;或者他们含有恶意,即企图迫使红军打硬仗。(二)红军有发动群众、创造根据地、组织义勇军之自由,地方政权与邻近友军不得干涉。如不弄清这一点,必将发生无穷纠葛,而红军之伟大作用决不能发挥。(三)南京只作战略规定,红军有执行此战略之一切自由。(四)坚持依傍山地与不打硬仗的原则。①

9月21日毛泽东再次致电彭德怀,进一步阐述了"独立自主的山地游击战"原则,指出:

今日红军在决战问题上不起任何决定作用,而有一种自己的拿手好戏,在这种拿手戏中一定能起决定作用,这就是真正独立自主的山地游击战(不是运动战)。要实行这样的方针,就要战略上有有力部队处于敌之翼侧,就要以创造根据地发动群众为主,就要分散兵力,而不是以集中打仗为主。②

毛泽东9月25日致电正在太原的周恩来及八路军总部的朱德、彭德怀等,明确提出:

整个华北工作,应以游击战争为唯一方向。一切工作,例如兵运、统一战线等等,应环绕于游击战争。华北正规战如失败,我们不负责任;但游击战争如失败,我们须负严重责任。③

---

① 《毛泽东军事文集》第2卷,44页,军事科学出版社、中央文献出版社1993年版。
② 《毛泽东军事文集》第2卷,53页,军事科学出版社、中央文献出版社1993年版。
③ 《毛泽东军事文集》第2卷,57页,军事科学出版社、中央文献出版社1993年版。

把12日、21日和25日这三封电报综合起来，联系洛川会议决议的精神，"独立自主的山地游击战"方针的完整内涵就基本清楚了。

第一，这个原则的核心精神，即中共及其领导的军队坚持独立指挥权和独立行动权。

第二，实行分散的游击战争，而不是集中起来打运动战，须力避阵地战和攻坚战。对国民党军队的正面战场只作战略配合，不作战役战术配合。

第三，分散部署在敌人翼侧和后方，不独当一面，坚决避免进行正面决战。

第四，军队的主要任务，是发动群众和创建抗日根据地，造成全民抗战的形势。

第五，依托山地开展游击战争。

第六，游击战争是中共及其领导下的武装力量的中心任务，一切都必须围绕着这项任务展开。

第七，在把主力开赴抗日前线的同时，要留下一部分兵力（约1/3）保卫陕甘根据地。

第八，多打小胜仗，积小胜为大胜，不要设想一夜之间就把日本侵略者赶出中国。

毛泽东强调中共及其领导的军队在对日作战中坚持"独立自主的山地游击战"方针，绝不仅仅着眼于军事，更是着眼于政治：

——不仅考虑到如何在力量对比悬殊的中日战争中贯彻"保存自己、消灭敌人"的普遍性军事原则，而且考虑到如何在中国特殊政治环境中，能够有效地制止投降主义，把抗日战争进行到底，彻底驱逐日本帝国主义出中国。

——不仅考虑到如何争取抗日战争的彻底胜利，而且考虑到如何使抗日战争同时成为争取人民解放的革命战争，使人民得到应当得到的利益，使中国有一个光明的前途，而不会再回到黑暗之中去。就是说，毛泽东不仅要力争战争胜利的前途，而且要力争光明中国的前途。

毛泽东认为，中共如果不保持政治上和组织上的独立性，不坚持"独立自主的山地游击战"原则，放任国民党只搞片面的"政府抗战"，放任国民党限制和消灭中共及其军队的阴谋得逞，那么抗日战争就有中途夭折的严重危险，而人民大众也很难从这场战争中得到自己应当得到的利益，中国就会依然是一个黑暗的中国。经过1927年血腥教训的中国共产党人，决不能再吃同样的亏。可以说，"独立自主的山地游击战"方针，既是军事方针，也是政治方针。

正是基于这样长远而深刻的考虑，毛泽东对"独立自主的山地游击战"方针异常坚持，反复阐释，要求全党全军在对日作战中切实贯彻这个方针。

洛川会议之后，毛泽东在继续坚持"独立自主的山地游击战"方针的同时，认真考虑其他领导人的意见，对中共军队的对日作战基本方针作了补充和完善。在十二月政治局会议上，毛泽东说：我们所谓独立自主是对日作战的独立自主。战役战斗是独立自主的。抗日战争总的战略方针是持久战。红军的战略方针是独立自主的山地游击战，在有利条件下打运动战，集中优势兵力消灭敌人一部。[1]1938年7月16日毛泽东在同八路军留守兵团负责人谈话时说：在全国是以运动战为主，游击战为辅。但在部分的时间、地点和军队，如在抗战第一阶段华北的八路军，是以游击战为主，运动战为辅。这个方针去年8月中央政治局会议便提出来，"基本上的游击战，但不放松有利条件下的运动战"[2]。在1939年1月2日出版的《八路军军政杂志》创刊号《发刊词》中，毛泽东将八路军在抗战中所坚持的战略方针正

---

[1]《毛泽东年谱（1893—1949）》中卷，41页，人民出版社、中央文献出版社1993年版。
[2]《毛泽东年谱（1893—1949）》中卷，81页，人民出版社、中央文献出版社1993年版。

式表述为:"基本的游击战,但不放松有利条件下的运动战。"①

从"独立自主的山地游击战"到"基本的游击战,但不放松有利条件下的运动战"②,核心精神没有变,即:全国战场以正规战(主要是运动战)为主,游击战为辅;但中共军队在敌后战场,则以游击战为主,运动战为辅。

毛泽东之所以在洛川会议以后对战略方针的表述作这样的调整:一是认真吸收了军队其他领导人的意见,使战略方针更准确、全面地反映游击战和运动战之间的关系;二是一年多的抗战实践证明,在有胜利把握的前提下打几场运动战,对于震慑敌人、鼓舞民气、扩大中共的政治影响是有积极作用的,平型关战斗、阳明堡战斗等可以说明问题。因此,作出如上调整,就使得战略方针的表述更加完整、更加稳妥,也更为全党全军所接受。

三、中共军事力量的战略展开

贯彻"独立自主的山地游击战"方针,首先碰到的问题,就是敌后战场的战略展开问题,即一一五、一二○、一二九这3个师在华北地区怎么摆。这是中共抗战初期战略指导的重大问题。

红军改编为国民革命军第八路军后,三大主力于8月下旬开始陆续东渡黄河,开赴抗日前线。

在八路军东渡黄河之前,8月4日,毛泽东与张闻天商讨在同蒋介石谈

---

① 《毛泽东军事文集》第2卷,443页,军事科学出版社、中央文献出版社1993年版。
② 1937年10月25日毛泽东会见英国记者贝特兰时说:"现在八路军采用的战法,我们名之为独立自主的游击战和运动战。"11月23日毛泽东、张闻天致电刘少奇等人时说:"坚持执行这一方针(指"独立自主的山地游击战"原则),决不能束缚红军主力的适当使用与适当的转移,这两者不能混为一谈。"12月5日毛泽东、彭德怀致电朱德说:"在确有胜利条件下,集结适当力量给敌以部分的歼灭和有力打击,增加敌恐怖与进攻困难是必要的,但须详细审慎。"

判时中共对国防问题的意见①,其中涉及中共军队的兵力部署问题。他们当时的意见是:

依现时情况,红军应出三分之一兵力,依冀察晋绥四省交界地区为中心,向着沿平绥路西进及沿平汉路南进之敌,执行侧面的游击战,另以一部向热冀察边区活动,威胁敌后方(兵力不超过一个团)。②

毛泽东这时的想法,是把八路军主力部署在冀察晋绥四省交界的恒山山脉。洛川会议批准了这个部署计划。

当时作这样的部署,和太原失陷前华北地区的敌我态势有关系。日军攻占北平、天津后,尚未展开进一步进攻,布势还不明朗,直到8月中旬后续部队到达后才沿平绥线、平汉线、津浦线发起新的进攻。华北地区还驻有国民党军队的阎锡山、宋哲元等部,阎锡山摆出了把日军挡在山西以外的架势,表现出了相当大的决心。八路军出动后部署在恒山一线,有配合阎锡山侧翼打击进犯日军的意图,同时也有占据"四冲之地",以向冀察晋绥四省发展游击战争的意图。再有,就是针对国民党统帅部分散八路军主力的意图,避免落入国民党给下的套。

先行出动的一一五、一二〇两师向恒山挺进。

然而,随着日军新一轮攻势的展开,华北形势进一步恶化。9月上中旬,沿平绥线西进之日军占领大同之后,已开始沿同蒲线南下,进攻雁门关、茹越口;从平绥线之宣化、新保安、怀来向晋东北进攻之日军,已占领蔚县、广灵、涞源,开始向平型关进犯;沿平汉线、津浦线南下之两路日军相互策应,准备合歼国民党军第一战区主力于河北省中部地区。在这种形势

---

① 毛泽东和张闻天讨论形成的意见,当天就用电报通知了周恩来、朱德、叶剑英等。
②《毛泽东军事文集》第2卷,23页,军事科学出版社、中央文献出版社1993年版。

下，恒山一带很快就会成为处于日军两大进攻集团包围之中的险地或绝地。

9月17日，毛泽东致电八路军总部的朱德、彭德怀、任弼时等人，指示迅速调整八路军的兵力部署：

过去决定红军全部在恒山山脉创造游击根据地的计划，在上述敌我情况下，已根本上不适用了。此时如依原计划执行，将全部处于敌之战略大迂回中，即使第二步撤向太行山脉，亦在其大迂回中（设想敌占太原之情况下），将完全陷入被动地位。①

变更原部署，一二〇师转至晋西北管涔山脉，一二九师进至吕梁山活动②，一一五师进至恒山山脉南段，而后视情况南移，展开于晋东南之太行、太岳两个山脉中。

毛泽东强调，作这样的战略调整，是为了八路军战略展开于机动位置，即展开于敌之翼侧，一方面为了钳制敌之进攻太原与继续南下，以援助晋绥军使之不过于损失力量；另一方面则是为了八路军能够进行独立自主的山地游击战，以广泛发动群众，组织民众武装，创造游击根据地，支持华北游击战争，并为扩大八路军做必要准备。

9月25日林彪指挥一一五师发起平型关战斗，歼灭进犯晋西北的日军板垣师团的一部及辎重队1000余人，取得了全国抗战以来的第一场胜利，极大振奋了全国军民的抗日信心。

这场战斗并不在毛泽东的总体筹划之中，而是林彪提出并征得毛泽东原则上同意而实施的。毛泽东9月21日电报的答复是这样的：

---

① 《毛泽东军事文集》第2卷，47页，军事科学出版社、中央文献出版社1993年版。
② 1937年10月5日毛泽东电示周恩来、朱德、彭德怀，要求进一步调整八路军各师的部署，指示一二九师将主力部署在"包括娘子关在内之正太路侧后"，主要任务是动员群众在战略上策应林贺两师，巩固后路。

林彪同志来电完全同意我十七日的判断与部署,他只想以陈旅集中相机给敌以打击,暂时不分散。这种一个旅的暂时集中,当然是可以的,但如许久还无机可乘时,仍以适时把中心转向群众工作为宜。①

毛泽东的基本想法是,此类战斗或战役打一两场可以,用以振奋民心及影响友军,但八路军的主要任务还是实行分散的游击战争和发动群众。林彪指挥一一五师发起平型关战斗的当天,毛泽东向八路军总部领导人发出了一份关于"新的战略意见"的长电,指示:

不管蒋阎协助与否,目前红军不宜过早暴露,尤不宜过早派遣战术支队,应候蔚涞之敌脱离蔚涞攻至满城附近,灵广之敌脱离灵广攻至繁峙附近,上述四县兵力极少之际(此时涿州之敌当攻至徐水附近,大同之敌当攻至雁门关附近),然后使用我林师全部向北突出,依情况再分成无数小支,或分成二三个集团,向着恒山山脉以东以西以北广大地区敌之空虚侧后,举行广泛的袭击战。若在敌之主力尚未集中于其主要的攻击点,敌之后方尚未十分空虚之时,暴露红军目标,引起敌人注意,那是不利的。若仅派遣战术支队,那是无益的。②

这时,毛泽东的主要兴趣不是那类具有相当规模、可以打出声威的集中作战,而是考虑如何像下围棋"做眼"一样,把八路军的各支力量部署到可以持久作战,可以获得广泛发展空间,可以进至敌后举行大范围游击战争的位置上。毛泽东认为,在日军还能够集中力量实行战略进攻时,举行一两场消灭千把敌军的大规模战役,对战争全局没有什么大的意义,最

---

① 《毛泽东军事文集》第2卷,54页,军事科学出版社、中央文献出版社1993年版。
② 《毛泽东军事文集》第2卷,60—61页,军事科学出版社、中央文献出版社1993年版。

重要的还是要先搞好战略布势和把群众动员起来。

但是，中共高层对毛泽东的深谋远虑并不那么容易理解透彻。10月8日，中央军委前方军分会[①]（后称"华北军分会"）发出一份题为《军分会对目前华北战争形势与我军任务的指示》的文件。文件判断，山西太原正在成为华北抗战的堡垒，山西高原地带将是向平汉线举行战役以至实行战略反攻的重要依托；如果太原、石家庄等黄河北岸各战略要点被日军占去，整个抗日战争将陷于更加困难和不利的境地。同时，南京最高军事当局已认识到山西为华北抗战堡垒，增强了晋境军事力量，如果它能够改善军事领导，真正实现民主改善人民生活，动员群众发展游击战争，再加上八路军的积极配合，巩固山西实现反击敌人，改变华北战局之可能是存在的。文件据此提出："这种前途的争取，成为我们当前最中心的政治与战略上的任务"；八路军"应当成为达成晋北战役计划的重要因素"，应"依据独立自主的运动游击战机动果敢的作战原则，以高度的积极动作，争取新的胜利"[②]。显然，这份文件受到平型关战斗胜利的影响，有一种盲目乐观的情绪，过高估计了国民党的进步性，对日军则估计得过低[③]。

毛泽东完全不赞成这份文件的精神，尤其不赞成把保卫太原作为政治上和战略上的中心任务。10月17日他联名张闻天致电朱德、彭德怀、任弼时并告周恩来："军分会十月八日指示文件，有原则错误，望停止传达。"[④]

[①] 中共中央1937年8月29日决定成立中央军委前方军分会，作为党在华北地区的军事领导机构，以朱德、彭德怀、任弼时、张浩、林彪、聂荣臻、贺龙、刘伯承、关向应等9人组成，朱德为书记，彭德怀为副书记。在前方军分会领导下，各师成立军政委员会。
[②] 《军分会对目前华北战争形势与我军任务的指示》（1937年10月8日）。
[③] 彭德怀回忆："一九三七年十月八日，华北军分会发了一个指示，这个指示是在八路军一一五师击溃日军板垣师团一个旅的胜利影响下产生的。在指示中，把山西太原说成是华北抗日战争的堡垒，而实际上，太原在十月以后不久就失守了。显然，军分会的指示是盲目的，没有充分估计到日军侵华各方面的准备（政治上、经济上，尤其是军事力量上），同时也过高估计了国民党军队的力量及其进步性。这样就容易放松以我为主，自力更生，发动群众组织游击战争和做长期艰苦斗争的精神准备工作。"（《彭德怀自述》，222—223页，人民出版社1981年版）
[④] 《毛泽东年谱（1893—1949）》中卷，31页，人民出版社、中央文献出版社1993年版。

之后，他数封电报强调，"华北战局重点并不在太原，而在娘子关、龙泉关一带之太行山脉"。如果太行山脉及正太路在我军手中，敌人太原如处瓮中，我军还能有所作为；如果娘子关失守，华北战局立即变为局部战。就是说，守太原的目的，不是死守不失，而是迟滞和消耗敌人。因此，必须设想太原失守后的兵力部署和运用问题，按照太原被敌占领的情况去部署兵力。

太原失守当天，毛泽东电示周恩来、朱德、彭德怀、任弼时等，明确指出：

太原失后，华北正规战争阶段基本结束，游击战争阶段开始。这一阶段，游击战争将以八路军为主体，其他则附于八路军，这是华北总的形势。①

根据这一总的形势，八路军3个师的部署进一步调整为：一一五师一部依托吕梁山脉创建晋西南抗日根据地，留一部以五台山为中心创建晋察冀抗日根据地；一二〇师继续依托管涔山脉创建晋西北抗日根据地；一二九师主力及一一五师一部由正太路南下，依托太行、太岳山脉，创建晋冀豫抗日根据地。这样，就构成了一个立足山西、面向绥察热冀豫的扇面形战略布势，各主力既独立为战，又相互策应，可以活跃于日军空虚的侧后方，又不会为日军所钳制，掌握了华北地区的行动自由权，从而有了一个占据了先机的"开局"，为日后全面展开独立自主的山地游击战奠定了重要基础。

四、全面抗战10个月总结和六届六中全会报告

1938年5月，在全面抗日战争进行了10个月之际，毛泽东发表了两篇重

---

① 《毛泽东军事文集》第2卷，111页，军事科学出版社、中央文献出版社1993年版。

要的军事论文，一篇是《抗日游击战争的战略问题》，一篇是《论持久战》[①]。

中共中央于9月25日至11月6日召开扩大的六届六中全会。毛泽东10月12日代表中共中央作题为《抗日民族战争和抗日民族统一战线发展的新阶段》的政治报告。[②] 11月5日、6日下午毛泽东作会议结论报告，讲了六中全会的成功、武汉广州失守后的形势、民族统一战线的长期性、战争与战略等问题，进一步深化了政治报告的一些重要思想。

这两篇公开发表的军事论文和在六届六中全会上的报告，是抗日战争时期毛泽东关于军事战略问题的最重要文件，具有纲领性。

这几份文件有很强的现实针对性，所针对的就是全国抗战开始以来在战略指导上所出现的一系列重大偏差和干扰。

首先，国民党的抗战战略指导存在着严重偏差。

七七事变以后，国民党停止执行"先安内后攘外"的错误政策，启动了全国抗战。在武汉、广州失守以前，国民党的抗战还是积极的，在政治上也表现出了某些开明和进步。但是，自全面抗战开始一年来，国民党在抗战的战略指导上也表现出了三个致命的问题。

一是前面提到的只搞"政府抗战"而反对和阻止"全民抗战"。蒋介石在著名的1937年7月17日庐山谈话中义正词严地说："如果战端一开，就是地无分南北，年无分老幼，无论何人，皆有守土抗战之责任，皆应抱定牺牲一切之决心。"而后，他话锋一转，又要求全国国民"在此安危绝续之交，唯赖举国一致，服从纪律，严守秩序"[③]。蒋介石在这里所强调的"纪律"和"秩序"是有特殊含义的，就是要绝对服从"一个主义"、"一个政党"和"一个领袖"。正是因为坚持这三个"一个"，国民党一方面号召全

[①]《抗日游击战争的战略问题》发表在1938年5月30日出版的《解放》第40期。《论持久战》是毛泽东1938年5月26日至6月3日在延安抗日战争研究会所作的讲演。
[②] 在1938年11月25日出版的《解放》第57期发表时，该报告的标题改为《论新阶段》。
[③]《蒋介石在庐山第二次谈话会上的讲演》(1937年7月17日)。

国人民奋起抗战，另一方面各地又都发生了解散群众性抗战组织、拘捕民众中的抗战人士的事件，压制民众自发的抗战积极性，尤其是依然容不下中共，试图借红军改编之机，削弱乃至溶解中共及其领导的武装力量，并拒绝发表国共联合抗战"宣言"。国民党1938年制定的《抗战建国纲领》提出了一整套动员全国力量抗战的政治、外交、军事、经济、教育的方针政策，在某种程度上反映了人民要求抗战，要求改革政治、经济、军事、外交的愿望，但对照中共提出的"抗日救国十大纲领"，就可以看出它的不彻底来，不仅没有明确提出彻底地驱逐日本帝国主义出中国的要求，而且在调整国内阶级关系以真正动员人民、武装人民的一系列重大问题上也是含糊其词的。

二是实行"消极防御"的军事战略。国民党承认抗日战争是持久战[1]，但却试图用"消极防御"的军事战略抵抗日本的战略进攻，从而使持久战成为一句空话。就拿蒋介石1937年8月20日亲自签发的《国军作战指导计划》来说，一方面规定"国军部队之运用，以达成'持久战'为作战指导之基本主旨"，另一方面又要求在山西（第一、第二战区）和淞沪（第三、第四战区）两个方向固守，以保住华北屏障和首都[2]。太原、上海及南京相继失陷后，国民政府军事委员会12月13日下达的"第三期作战计划"规定："国军以确保武汉为核心，持久抗战，争取最后胜利之目的，应以各战区为外廓，发动广大游击战，同时从（重）新构成强韧阵地于湘东、赣西、皖西、豫南各山地，配置新锐兵力，待敌深入，在新阵地与之决战。"[3] 从

---

[1] 蒋介石在七七事变之后（1937年8月18日）明确说："倭寇要求速战速决，我们就要持久战、消耗战。"（江涛：《抗战时期的蒋介石》，92页，华文出版社2005年版）

[2]《国军作战指导计划》规定：第二战区"为华北惟一之屏障，务须永久固守"，"平绥线为第二战区之生命线"，"要固守南口、万全"。第三战区"对于侵入淞沪之敌，应迅速将其扫荡，以确保京沪政治经济重心。同时对于浙江沿海敌可登陆之地区，迅速构成据点式之阵地，阻止敌人登陆，或乘机歼灭之"。（中国第二历史档案馆编：《抗日战争正面战场》，41页，凤凰出版社2005年版）

[3] 中国第二历史档案馆编：《抗日战争正面战场》，52—53页，凤凰出版社2005年版。

七七事变到武汉失陷，国民党的战略指导笨拙而呆板，一直奉行步步为营、节节抵抗的方针，把战略的持久抗战变成了战役战斗的"持久死守"，基本打的是阵地消耗战，先是固守，守不住就溃败，仅一年多时间军队就损失近70万人，而全面抗战开始时全国军力200余万人。

　　三是把希望寄托于国际社会主要是其他列强的干涉或调停上面。1934年7月蒋介石在庐山军官训练团发表题为《抵御外侮与民族复兴》的讲话，这是他首次在以"剿共"为主题的庐山军官训练团讲抗日问题。他在这篇讲话中强调：中国在物质和精神上都没有做好抗日的准备，而且也没有得到时机，"贸然和日本开战，日本可在十天之内，完全占领我们中国一切重要地区，就可以灭亡我们中国"，但中国会有力量、方法和时机战胜日本，这个时机就在于"日本决没有这个压倒全世界列强的力量，因此我们可以断定日本必不能吞并中国，独霸东亚"[①]。就是说，中国的希望在于世界其他列强的干预，而不在中国自己。在战略防御阶段拼死防守，特别是在淞沪地区的拼死防守，深层动机就是把英、美吸引进来，或让它们居间调停[②]，或促使它们武装干涉，借它们的力量制止日本侵略。可以说，只有借助世界列强之力才能战胜日本的想法，在蒋介石头脑里根深蒂固，挥之不去。他始终不相信"自力胜敌"，始终不相信中国人可以主要凭借自己的力量战胜日本帝国主义的侵略。

　　由于国民党的抗战战略指导存在这样一些致命弱点，因此当军事上连连失利（虽然有台儿庄的胜利，但全局上始终没能摆脱被动挨打），"亡国论""必败论"一时间甚嚣尘上，悲观情绪获得很大市场，而人民也由于缺

---

① 《中国共产党历史资料丛书：第二次国共合作的形成》，288、284页，中共党史资料出版社1989年版。
② 李宗仁回忆淞沪抗战时说："在蒋先生想来，上海是一个国际都市，欧美人士在此投下大量资金，如在上海和敌人用全力血战一番，不特可以转变西人一向轻华之心，且可能引起欧美国家居间调停，甚或武装干涉。谁知此点完全错误。"（《李宗仁回忆录》下，525页，广西师范大学出版社2005年版）

乏政治动员而对抗战前途感觉迷茫，不知抗战前途何在，不知战胜日本帝国主义的正确途径何在。如果此类问题不得到解决，中国的抗战前途堪忧。

其次，是中共党内在战略指导思想上发生重大分歧，冲击着洛川会议制定的政略和战略。

中共党内的这次重大分歧，来自从苏联回国的王明。

1937年11月29日，从苏联回国的王明降落在延安的简易机场。他是带着共产国际和斯大林的"旨意"回来的。

毛泽东对王明起初是由衷地欢迎的，不仅因为王明头上罩着共产国际的光环，而且因为他根据共产国际七大精神主持起草了《八一宣言》，对于中共提出抗日民族统一战线功不可没。毛泽东在机场举行的欢迎仪式上发表了题为《饮水思源》的热情洋溢的讲话，把王明等人的归来称为"喜从天降"，把他们称为从昆仑山上下来的"神仙"。应该说，毛泽东对共产国际自七大以来给予中共的帮助和指导是满意的，对带着共产国际精神回国的王明是抱有厚望的。[①]然而，10天后，王明发起了挑战，否定洛川会议确立的方针政策，提出了与之相悖的另一套。

12月9—14日，中共中央政治局召开会议（即十二月政治局会议），王明在会议上作了题为《如何继续全国抗战和争取抗战胜利呢？》的报告。关于这份报告，现在可以看到的是一份王明起草的"大纲"。这份"大纲"讲了三个问题：一是"决定中日战争胜负的三个主要因素"；二是"四个月抗战的经验与教训"；三是"怎样继续全国抗战和争取抗战胜利"。会后，王明以中共中央的名义发表了《中国共产党对时局宣言》，后来又以个人名义发表了《挽救时局的关键》（写于1937年12月27日）。这些文件体现了

[①] 此时，毛泽东还没有把第三次"左"倾冒险主义错误的账记在王明头上。认为王明应当对这次错误负责，是在延安整风开始以后，具体说，是在1941年9月中央学习组开始深入研讨江西时期党的历史问题以后。

王明的基本主张。

毛泽东与王明之间，在坚持和扩大抗日民族统一战线、发展国共合作以共同抗日的这个问题上没有任何分歧，分歧的焦点在于承认不承认统一战线内部存在着斗争，承认不承认实行这种斗争的必要性，承认不承认中共在统一战线中必须保持政治上和军事上的独立自主。

王明持否定的意见。他认为：

第一，不应当在统一战线内开展斗争，统一战线内部不存在左、中、右之分，划分敌友的主要标准，就是"抗日不抗日"。他特别指出："国共两方及地方与中央相互态度的批评"，是全面抗战四个月以来，"北方及上海战线上部分军事失利和领土损失的重要原因"①。王明的"大纲"没有展开，但中共中央下发的题为《中央政治局十二月会议的总结与精神》的传达提纲②中却有比较详细的转述：

全民族抗战以来，党的正确领导停止了十年的内战，开始了国共合作与统一战线的建立，实现了全国抗战，但因为有下面的缺点，民族统一战线没有得到应有的开展与巩固。（一）对国民党的基本转变认识不够（由不抗日到抗日，由"剿共"到联共等），使国共合作的程度还没有应有的进步。（二）对国民政府开始起到国防政府的作用，国民革命军开始起到国防军队的作用估计不够，因而对友军的团结、赞扬与帮助不够，加之强调独立自主的结果，也引起了一些不必要的摩擦，反而给了亲日分子以分裂统一战线的口实。（三）过分强调了片面抗战与全面抗战，因而把民生与民主的口号并

---

① 王明：《如何继续全国抗战和争取抗战胜利呢？》（1937年12月9日在政治局会议上的报告大纲）。
② 彭德怀回忆："第二天，我拿着写就的传达要点问洛甫同志（他那时是总书记，也是那次会议的主席），我回华北以后如何传达这次会议的精神？洛甫同志说：由书记处写一个统一的传达提纲。又过了两天，洛甫同志交给我一个传达提纲，即《中央政治局十二月会议的总结与精神》。我回到华北，即按照这个大纲传达的。"（《彭德怀自述》，226页，人民出版社1981年版）就是说，传达提纲所转述的，即王明在会议上所说的内容。

列起来,有时没有把握住"抗战高于一切"的原则。实现民主与改善民生是保障抗战胜利的重要条件,但有时过分强调民主民生的结果,反而造成一些不必要的摩擦。(四)对于在统一战线中保持对友党友军的批评态度的原则,在运用上欠审慎,因而引起了一些刺激与反感,然而国民党内一部分人,亦仍然保持过去的成见阻碍了两党的合作发展与团结巩固。[①]

王明基本否定了洛川会议所确立的对国民党既要联合又要斗争的方针原则,批评中共自洛川会议以来对国民党的提防和斗争做得过分了。

第二,提出了"一切经过统一战线,一切服从统一战线"的口号。王明的"大纲"中没有这个口号,只有"巩固和扩大抗日民族统一战线是决定一切的条件""国共为中国两大政党,不合作便无以救亡"等。这些话并不错,但他在讲话的发挥中提出了"抗日高于一切!一切为着抗日!一切经过统一战线!一切服从统一战线!"的口号。中共中央下发的传达提纲中完整地转述了这句话。应当说,前两句没有错,在中华民族面临亡国灭种的严重危机时刻,挽救民族危亡就是第一位的,其他所有问题的解决都要服从抗日救亡这个目标;错误出在后两句:"一切经过统一战线!一切服从统一战线!"在没有统一战线组织形式的情况下,在国民党掌握国家政权的情况下,就是"一切经过国民党!一切服从国民党!"中共的手脚势必被束缚起来,丢掉行动的自由权,同时也就自动放弃了对抗日战争领导权的争取。

第三,王明的"大纲"专门讲了"在现有军队基础上建立和扩大全中国统一的国防军"的问题:

[①]《目前抗战形势与争取抗战胜利的方针》(1938年春季彭德怀同志在343旅团级以上党的活动分子会上的报告大纲)

具体办法：A. 政治上组织上巩固和改造现有的各种军队。B. 逐渐打破拥兵自卫的传统。C. 公开说明军阀与军人问题之相互关系。D. 扩大国防军的数量。E. 扩大和改变军队的武装。F. 建立真正统一指挥，统一纪律，统一武装，统一供给和统一作战计划。G. 八路军问题：八路军是国民革命军的一个组成部分。八路军如何保障独立性问题：甲、八路军内共产党员骨干及政治工作制度和革命传统之坚持。乙、如何扩大八路军。丙、如何巩固八路军。丁、八路军对中央及地方军之关系。戊、八路军之模范作用。[①]

其中最关键的是提出了"统一指挥，统一纪律，统一武装，统一供给和统一作战计划"的"五统一"原则。这个原则实际上否定了洛川会议制定的"独立自主的山地游击战"方针，否定了军事上坚持独立指挥权和独立行动权的原则，因而在会上遭到毛泽东的坚决反对。[②]中共中央下发的传达提纲中没有这个方面的内容，反映了会议在这个问题上存在尖锐分歧，没有取得一致。

其实，王明有一个没有明说的意思：中共力量还很弱小，承担不起领导抗日战争全局的重任，中国抗战只能是主要靠国民党，须倚重国民党的"政府抗战"和"军队抗战"，因而中共不应"过分"强调"独立自主"而吓跑了国民党。王明更深层的思想情结，则是替苏联着想。王明回国前曾分别会见了共产国际负责人季米特洛夫和苏联党和国家领导人斯大林。季米特洛夫更多地从国际共产主义运动的角度考虑问题，强调中共在抗日民族统一战线中应注意保持独立性，而斯大林则更多地从苏联的国家战略

---

① 王明：《如何继续全国抗战和争取抗战胜利呢？》（1937年12月9日在政治局会议上的报告大纲）。
② 毛泽东在延安整风期间曾说："十二月会议上有老实人受欺骗，作了自我批评，以为自己错了。""而我是孤立的。当时，我别的都承认，只有持久战、游击战、统战原则下的独立自主等原则问题，我是坚持到底的。"（《毛泽东传（1893—1949）》下，509页，中央文献出版社1996年版）

利益着眼，要求中共发展同国民党的合作关系，使中国能够充分发挥拖住日本、阻碍它北进的作用。斯大林担心中共的"独立自主"政策惹翻了蒋介石，破坏了抗日民族统一战线，使中国抗战归于失败，日本可以全力向北，迫使苏联东西两面迎敌。王明历来没有自己的主张，主要是跟着苏联人跑，苏联人"左"他就"左"，苏联人右他就右。抗战初期，他由"左"倾滑向右倾，是唯苏联马首是瞻的结果。毛泽东曾说："王明问题的关键、症结之所在，就是他对自己的事（指中国革命问题）考虑得太少！对别人的事却操心得太多了。"①

王明的讲话极具蛊惑性，在会上赢得了一些赞成的声音，搞乱了党内思想，使不少领导人感到无所适从。彭德怀回忆说：

会议上的精神是不一致的，感觉回去不好传达。王明所说的内容，没有解决具体问题。蒋介石根本没有承认统一战线，工农红军要改编为国民革命军，强迫戴国民党军队的帽子，与国民党军成一种隶属关系；企图改变八路军性质，同化于它的体系，根本没有承认合作。一切经过统一战线，就是经过蒋介石，他决不会容许八路军扩大，决不会容许我们有任何独立自主，也不会有平等待遇。回去传达就只好是，毛主席怎么讲，王明又怎么讲，让它在实践中去证明吧。②

虽然王明的主张在党内产生了很大影响，但中央领导权并没有掌握在他手中③，加之十二月政治局会议后他便赴武汉做国民党统战工作去了，因此全党仍然在执行洛川会议确立的方针政策，王明的那一套只在局部地区

---

① 《在历史巨人身边：师哲回忆录》，263页，中央文献出版社1991年版。
② 《彭德怀自述》，226页，人民出版社1981年版。
③ 十二月政治局会议决定召开中国共产党第七次全国代表大会，并成立七大筹备委员会，由毛泽东担任主席。这实际上确立了毛泽东在中共中央的领导地位。

发生了实际作用。

但是，要真正排除王明的干扰，坚持贯彻洛川会议确立的政略和战略，特别是切实贯彻"持久战"思想和"独立自主的山地游击战"方针，需要从理论上把道理讲清楚。同时，坚定全国军民抗战的信心，也有必要反驳亡国论和速胜论，从理论上说清楚抗日战争的前途以及实现这个前途所应采取的政略和战略。

1938年，毛泽东用了将近一年时间，进行艰苦的理论创造，从撰写和发表《抗日游击战争的战略问题》《论持久战》到六届六中全会的政治报告《论新阶段》以及会议结论报告，构建起一个完整而深刻的关于中国抗日战争战略指导以及中共军队对日作战战略指导的军事理论体系，从理论上全面回答了中国抗日战争战略指导的一系列基本问题。

第一，抗日战争为什么是持久战？中共在抗日战争伊始就提出了持久战方针，国民党也认为抗日战争只能是持久胜敌，应该说，国共双方在持久战方针问题上没有什么分歧。但为什么只能是持久战，却没有人能够说清楚，因此"亡国论"和"速胜论"始终都有市场，不时地跑出来干扰视听。毛泽东回答了这个问题。他指出：中日双方相反相成的四个特点，即日本强中国弱，日本小中国大，日本退步中国进步，日本寡助中国多助，决定了中国必将最终战胜日本，但却不会很快战胜日本。因为，由这四个相反相成特点所决定的中日双方的战争力量对比，即中国的一个缺点和三个优点，日本的一个优点和三个缺点，在战争进程中必然发生变化，中国将逐步克服自己的缺点而扩大自己的优点，日本则逐步丧失自己的优点而扩大自己的缺点，所以最后胜利一定是中国的。但是，这个变化不会是一蹴而就的，需要经过一个比较长时间的由量变到质变的过程，所以中国不会很快战胜日本，只能持久胜敌。

第二，抗日战争要经过怎样一个过程，具有怎样的形态？仅仅一般地说抗日战争是持久战还不够，还必须说明中国的持久战将经过怎样的过程和具有怎样的形态。基于对中日双方力量对比的科学分析，毛泽东指出：当中国的优点还没有发挥出来，而日本的优点（军力、经济力、政治组织力都优于中国）可以充分发挥时，日本处于战略进攻，中国处于战略防御；当中国的优点开始显现，而日本的优点发挥受到限制时，中日双方进入战略相持，双方的优劣之势彼消此长，逐步易位；当中国彻底克服了自己的缺点，把"三个优点"扩大为"四个优点"，而日本彻底丧失了自己的优点，把"三个缺点"扩大为"四个缺点"时，双方力量对比就会发生根本性变化，中国就会由战略相持转入战略反攻，把日本侵略者彻底赶出中国，光复全部领土。就是说，中国的抗日战争将经过战略防御、战略相持、战略反攻三个阶段。在战争进程中，由于日本的野蛮和兵力不足，也由于中国的进步和国土广大，持久的抗日战争将呈现犬牙交错的形态，内线和外线、有后方和无后方、包围和反包围、大块和小块之间的关系错综复杂，我方可以从中获得极其广阔的战略回旋空间，而敌人则会被罩在中国抗日战争的天罗地网之中。

第三，实现持久胜敌的关键性因素是什么？毛泽东指出：是战争中的自觉能动性。他说："战争的胜负，固然取决于双方军事、政治、经济、地理、战争性质、国际援助诸条件，然而不仅仅取决于这些；仅有这些，还只是有了胜负的可能性，它本身没有分胜负。要分胜负，还须加上主观的努力，这就是指导战争和实行战争，这就是战争中的自觉能动性。"[①]持久战的三个阶段和犬牙交错的战争形态是不会自动出现的，除了客观条件以外，还须加上中国军民及其领导者的主观努力。如果没有中国军民的坚定抵抗，日本就会一直进攻到全部占领中国为止，而不会停止，也不会出现

[①]《毛泽东军事文集》第2卷，306页，军事科学出版社、中央文献出版社1993年版。

犬牙交错的形势；如果中国抗日战争的战略指导根本是错误的，无谓地牺牲自己的力量，完全丧失了抵抗能力，在战略防御之后就不会出现战略相持，更不会有战略反攻。这就是说，特定的历史条件与主观指导能力的优劣决定战争的进程和结局。战争指导者不能超越客观条件许可的范围去争取战争的胜利，然而可以并且必须在客观条件的限度之内，能动地争取战争的胜利。他们不仅要有压倒敌人的勇气，而且要有驾驭整个战争发展变化的能力。他们在战争的大海中游泳，要不使自己沉没，要使自己决定地有步骤地到达彼岸，就必须掌握战争大海中的游泳术，即作为战争指导规律的战略战术。对于抗日战争的指导者来说，就是要认识和学会运用抗日战争的战略战术。仅仅承认抗日战争是持久战还远远不够，还必须正确地发挥战争中的自觉能动性，使这场战争能够成为持久战。

第四，中国的抗日战争应该遵循怎样的战略战术原则？抗日战争的战略指导理论不仅要解决这场战争"是什么"和"不是什么"的问题，而且要解决"怎样做"和"不怎样做"的问题，即怎样进行持久战和争取最后胜利的问题。毛泽东认为：中国的抗日战争既有普遍性也有特殊性，应在普遍性和特殊性的结合中，找到其所特有的规律性，并用于指导战争。（1）抗日战争必须彻底贯彻驱逐日本帝国主义、建立自由平等新中国的政治目的。（2）战争的一切行动都要依据"保存自己、消灭敌人"这个根本目的。（3）"外线的速决的进攻战"（即"运动战"）是实行持久战的最好方针。（4）抗日战争的战略指导必须是有计划的，而这个计划必须具有高度的灵活性，必须处处照顾到化被动为主动。（5）整个抗日战争的作战形式主要的是运动战，其次是游击战，阵地战一般不实行。（6）以战役战斗的歼灭战达到战略上消耗敌人的目的。（7）善于乘敌之隙。（8）一切有把握的战役战斗应坚决地进行决战，一切无把握的战役战斗应避免决战，赌国家命运的战略决战应根本避免。

在阐述这一整套战略战术原则过程中，毛泽东结合抗战的经验教训，尤其是针对国民党在抗战战略指导上存在的致命弱点，以及中共党内的错误意见（如"速胜论"、抗战主要靠国民党、否定"独立自主的山地游击战"方针等），深刻论述了人的主观能动性和客观物质条件、政治和军事、民族革命战争和政治动员、保存自己和消灭敌人、全局和局部、防御和进攻、内线和外线、持久和速决、歼灭和消耗、前进和后退、主动和被动、优势和劣势、灵活性和计划性等一系列基本关系问题，大大增强了理论性和说服力，令人耳目一新。

第五，抗日战争的胜利之本是什么？毛泽东的回答是："兵民是胜利之本。"[①]中国制胜日本的主要条件，是全国团结和各方面较之过去有十倍、百倍的进步，其中最根本的是两个方面，一个是军队的进步，一个是人民的进步。战争伟力之最深厚根源存在于民众之中。日本敢于欺负我们，主要原因是中国民众的无组织状态。克服了这一缺点，就把日本置于我们数万万站起来了的人民之前，使它像一匹野牛冲入火阵，我们一声唤也要把它吓一大跳，这匹野牛非烧死不可。因此，进行广泛而深入的政治动员，发动全体军民的全部积极性是十分严重的任务。可以说，政治上动员军民的问题，实在太重要了，没有这一点就没有胜利，这是胜利的最基本的条件。

第六，游击战在抗日战争中具有怎样的地位？毛泽东的最大创造，就是提出了抗日游击战争的战略地位问题。他指出：游击战在一般情况下，只有战术问题而没有什么战略问题。但中国是一个大而弱的国家，日本是小而强的国家，中日战争具有长期性和残酷性的特点，加之有共产党领导的军队和广大人民群众，所以抗日游击战争就不是小规模而是大规模的了，于是根据地的问题、向运动战发展的问题等也随之发生了，于是中国

[①]《毛泽东军事文集》第2卷，338页，军事科学出版社、中央文献出版社1993年版。

的抗日游击战争就从战术范围跑出来向战略敲门，要求把游击战争的问题放在战略的观点上加以考察。那么，中国的抗日游击战争有哪些战略问题呢？毛泽东提出了六个：（1）主动地灵活地有计划地执行防御战中的进攻战、持久战中的速决战、内线作战中的外线作战；（2）和正规战相配合；（3）建立根据地；（4）战略防御和战略进攻；（5）向运动战发展；（6）正确的指挥关系。这六个问题，既是对着国民党蒋介石的，也是对着中共党内的王明的，是对他们那种只重视正规战而轻视游击战的反驳，特别是对他们只重视国民党军队而轻视中共军队的反驳。同时，他还提出了系统的抗日游击战争的战略战术原则，为中共军队实行"独立自主的山地游击战"指明了正确道路。

第七，抗日战争最后胜利的希望何在？毛泽东始终认为，国际援助是中国抗日战争取得最后胜利不可或缺的条件之一，而且他还坚信这种国际援助一定会来，因为"中国的抗日战争与世界反侵略反法西斯的斗争，是不可分离地结合着"[1]。但是，中国人不能把自己的命运寄托在他人的援助上，而必须靠自己，必须自力更生。毛泽东在六届六中全会上总结全面抗战一年多来的基本经验，得出三个结论：第一个是"持久胜敌"，第二个是"战争的最后胜利定属于我"，第三个就是"支持长期战争与争取最后胜利的唯一正确道路，在于巩固与扩大全民族的统一团结，在于力求进步以发动全民族的生动力量，在于依靠民众以克服困难"[2]，即立足于"自力胜敌"。对待国际援助的正确方针，只能是"主要依靠自力更生，同时不放松外援之争取"[3]。毛泽东还认为，这种必然到来的国际援助，不会很快到来。首先，世界的重心在欧洲，东方是环绕着它的重要部分，西方各国都把解决

---

[1]《毛泽东军事文集》第2卷，378页，军事科学出版社、中央文献出版社1993年版。
[2]《毛泽东军事文集》第2卷，357、379、381页，军事科学出版社、中央文献出版社1993年版。
[3]《毛泽东军事文集》第2卷，374页，军事科学出版社、中央文献出版社1993年版。

欧洲问题放在第一位，东方问题则不得不暂时放在第二位。其次，西方主要资本主义国家政府还对中日战争采取"中立"态度，这些国家的资本家还在同日本做生意，输送大量军火和军火原料给日本，日本的国际孤立程度还很低。因此，中国在很长一段时间内还不能对国际援助寄托很大希望，更不能把"宝"全押在外援上，企图凭借外援实现"速胜"。

第八，如何使"战略相持"成为"战争枢纽"？在中共六届六中全会召开期间，日本军队于10月21日、27日先后攻占广州、武汉。毛泽东在12日的政治报告中预断："敌人占领武汉之后，他的兵力不足与兵力分散的弱点将更形暴露了。"因此，虽然它还有余威，并须"估计到他的这点余威还相当大"，但日本的战略进攻已接近了一个顶点，只要中国军民继续顽强地抵抗下去，日本军队的战略进攻必将被制止，"相持局面快要到来了"[①]。毛泽东强调：战略相持阶段的中心任务，就是逐渐地减少敌力和逐渐地增加我力，为转入战略反攻、最后驱逐日本帝国主义出中国准备条件。实现这个任务，一是要继续推进全民族的抗日统一战线，为此要继续推进国民党进步，帮助它克服进步道路上的障碍；二是要依托广大乡村用犬牙交错的战争去包围和消耗占领着城市和交通线的日本军队；三是要在一个时期内把敌后游击战变为主要的作战形式；四是要坚决防止妥协的危险。毛泽东强调：当相持阶段出现时，必须用尽一切努力去准备反攻的条件，不然就不能过渡到反攻阶段去，而只是永远的相持。

第九，怎样进行国共的军事配合？国共合作共同抗日最基本的、关乎全局的问题，就是军事的配合问题。国民党总是希望中共在战役战斗上作配合，而毛泽东始终坚持国共的军事配合，一般是战略的配合，而不是战

[①]《毛泽东军事文集》第2卷，393页，军事科学出版社、中央文献出版社1993年版。

役战斗的配合。无论是战略防御还是战略相持，都应如此。具体说，国民党和共产党分工，一般地说，国民党担任正面的正规战，共产党担任敌后的游击战；共产党以敌后游击战，从战略上配合、协助国民党正面战场的正规战，在战略上发挥拖住敌人、分散敌人、疲惫敌人、消耗敌人的作用。就是说，中共军队的游击战不是在内线配合国民党军队的正规作战，而是在外线单独作战，独立开辟敌后战场。

《抗日游击战争的战略问题》《论持久战》从理论上澄清了许多疑惑和迷茫，帮助人们认识清楚了抗日战争的前途和路径，明确了奋斗目标和方法，起了统一思想的重要作用。

中共六届六中全会是抗日战争由战略防御阶段转入战略相持阶段的历史关头的一次重要会议。这次会议的深远意义，就在于结束了王明右倾机会主义的干扰，洛川会议确立的方针政策得以继续贯彻执行，指导中共军队顺利地从战略防御阶段转入战略相持阶段。

五、增强全党在军权问题上的马克思主义理论自觉

十二月政治局会议以来，王明在兵权问题上对国民党丧失原则立场，促使毛泽东再度深入思考党领导军队的问题。

国民党始终要削弱甚至剥夺共产党的兵权。这在国共谈判共同抗日的过程中，成为双方迅速达成协议的主要障碍。全面抗战开始后，国民党仍然念念不忘，只要有机会就会作这方面的文章，一直暗含杀机。然而，王明却对此全然丧失警惕。他虽然也讲中共须保持独立性，但在军队问题上却一味强调"统一"，而把"独立性"抛在一边。在十二月政治局会议上，他提出了"统一指挥，统一纪律，统一武装，统一供给和统一作战计划"以建立"统一的国家军队"的主张。在1938年的三月政治局会议上，王明又增加了"统一编制"和"统一作战行动"两条，把"五统一"进一步发展为"七统一"。当时，共产党军队和国民党军队相比，力量弱小得多，而且国民党是执政党；如果强调军队"统一"，只能是共产党军队统一于国民党军队，而不可能是国民党军队统一于共产党军队。离开这个实际来谈军队"统一"问题，要么是空谈，要么是自己拱手把军队交给国民党。

张国焘的背叛，也促使毛泽东再度深入思考党的"兵权"问题。

1938年4月，张国焘借赴陕西中部县（今黄陵县）祭拜黄帝陵的机会，擅自到西安再到武汉，经周恩来等反复劝说无效，于17日晚以书面形式声明脱离中国共产党。18日中共中央作出《关于开除张国焘党籍的决定》，将其清除出党。张国焘最终投身国民党特务机关，从中共元老变身为国民党的反共"爪牙"。

张国焘走出这一步，是他长征期间犯了分裂党、另立"中央"的严重错误而又不思悔改的必然结果。

1935年6月红一方面军和红四方面军在川西北懋功（今四川省阿坝州小金县）地区会师。经过万里跋涉的红一方面军仅有1万余人，枪弹奇缺，根本没有什么重武器，且疲惫不堪，军容不整；而刚刚从川陕根据地出来的红四方面军却有8万余人，加上从川陕根据地撤出的党政机关工作人员和职工，总计不下10万人[①]，人多枪多，兵强马壮。两相比较，张国焘的替代野心油然而生，上演了军阀主义"三部曲"。第一步，挟兵自重抗拒中央。他向中央"三箭齐发"。"第一支箭"，反对中央作出的北上战略方针，而这个方针他曾经在两河口会议（中央政治局会议）上举手赞成，执意南下西康或西进新疆、青海；"第二支箭"，要求改组中央和军委领导机构，自己要当能够"独断专行"的军委主席，并擅自提出增加政治局成员的名单，使红四方面军的人在政治局占优势，要求得不到满足就不执行北进命

[①] 这个数字来自《徐向前回忆录》，中国人民解放军出版社2007年版。

令;"第三支箭",要求清算中央错误,在军队中煽动反中央情绪。张国焘一再拖延北上行动,延误了红军执行《松潘战役计划》的时机,而不得不改为执行《夏洮战役计划》,被迫穿越条件险恶的草地,经历了一次"死亡行军"。第二步,动用武力威胁中央。中央一再电令张国焘率左路军迅速过草地,按计划会合右路军共同北上,张国焘非但不执行中央指令,反而密令陈昌浩率已过草地的右路军①南返,并露出了杀气②。为了避免冲突,中共中央不得不率红一、红三军和军委纵队先行北上。9月12日中共中央政治局在俄界(今甘肃省迭部县高吉村)召开会议,作出了《关于张国焘同志的错误的决定》,指出张国焘的错误,一是"丧失了在抗日前线的中国西北部创造新苏区的信心",二是"他的军阀主义的倾向",三是"自己组织反党的小团体同中央进行公开的斗争"。③14日中共中央再次电令张国焘"放弃自己的错误立场,坚决执行中央路线"④。同时,中共中央着眼于整个红四方面军,没有采纳一些同志提出的开除张国焘党籍的意见,给他

---

① 1935年8月3日红军总部制定了夏(河)洮(河)战役计划,北取甘南,为开辟川陕甘苏区打开通路,并决定红一、红四方面军部队混合编成右路军和左路军。徐向前、陈昌浩、叶剑英率右路军,经草地到班佑,毛泽东、张闻天、周恩来等中央领导人随右路军行动;朱德、张国焘、刘伯承率左路军,经草地到阿坝再到班佑,同右路军会合,然后共同北上。右路军执行中央决策,先行过草地抵达班佑;而张国焘除了命令红五军北上抵达墨洼附近(后又命令这支部队返回阿坝),自己率左路军大部驻马尔康不动。9月9日,张国焘密电陈昌浩,背着中央,命令陈率右路军南下。

② 毛泽东在1937年3月23—31日召开的中共中央政治局扩大会议上说:左路军和右路军的时候,叶剑英把秘密的命令偷来给我们看,我们便不得不单独北上了。因为电报上说:"南下,彻底开展党内斗争。"当时如果稍微不慎重,那么会打起来的。(《毛泽东年谱(1893—1949)》上卷,666页,人民出版社、中央文献出版社1993年版)叶剑英回忆:"那天,在宣布政治部主任换人的会上,陈昌浩讲话,他正讲得起劲的时候,张国焘给他的电报来了。我坐在陈昌浩旁边,他接过电报没有看清就交给我。我看到这个电报后,觉得这是大事情,装着很沉着的样子把电报装在口袋里。过了一个时候,我出去拉尿,我趁这个机会,飞跑去找毛主席。他一看电报,大吃一惊,很紧张,从口袋里拿出一根很短的铅笔和一张抽烟的纸,迅速把电报记下来。因为他要开政治局会议,没有电报原文不行。然后叫我赶忙跑回去,会议没有开完,陈昌浩还在讲话,没有出娄子。"(叶剑英谈张国焘密电问题记录稿,1982—1983年版)

③《中共中央文件选集》第10册,556—557页,中共中央党校出版社1991年版。

④《中共中央文件选集》第10册,559页,中共中央党校出版社1991年版。

回头留下了余地。①第三步，公开分裂党。张国焘对中央的决议和命令置若罔闻，一意孤行，坚持率左路军和经草地南返的右路军中的红四方面军部队南下，向川西南的宝兴、芦山、天全一带活动。而且于10月5日在卓木碉（今四川省阿坝州马尔康市脚木足乡）宣布另立"中央"，并要求中共中央"不得再冒用党中央名义"，还"开除"了毛泽东、周恩来、博古、张闻天等人的党籍，对他们发出了"通缉令"，把党内冲突推向极端，可谓登峰造极。

张国焘事件的要害是，颠倒了"党"和"枪"的关系，企图用枪指挥党。中共中央政治局1937年3月31日通过的《关于张国焘同志的错误的决定》说得很清楚：

张国焘同志，对于中国共产党在领导中国革命胜利中的决定的作用，是忽视的。因此他在他的工作过程中轻视党，忽视地方党的组织的创造，在红军中不注意政治委员制度，政治工作与党的工作的建立，相反的，他用全力在红军中创造个人的系统。他把军权看做高于党权。他的军队，是中央所不能调动的。他甚至走到以军队来威逼中央，依靠军队的力量，要求改组中央。在军队公开进行反中央的斗争。②

如果说蒋介石、汪精卫用屠刀给中国共产党人上了关于军权问题的第一课，那么张国焘则用"枪指挥党"给全党上了关于军权问题的第二课。

毛泽东在中共六届六中全会上专门谈了党的"兵权"问题。

---

① 彭德怀回忆："一、四方面军分裂后，一、三军团到俄界会合，当晚中央召集了会议。有人主张开除张国焘党籍，毛主席不同意。说，这不是他个人问题，应看到四方面军广大指战员。你开除他的党籍，他还统率着几万军队，还蒙蔽着几万军队，以后就不好见面了。张国焘成立伪中央时，又有人要开除他的党籍，毛主席也不同意。"（《彭德怀自述》，204页，人民出版社1981年版）
②《中共中央文件选集》第11册，165页，中共中央党校出版社1991年版。

他从中国革命的基本规律谈起。他指出：中国不是一个独立的民主的国家，而是一个半殖民地半封建的国家，在内部没有民主制度，在外部没有民族独立，因此不能像欧美资产阶级国家的工人阶级那样，可以利用议会、罢工等合法的斗争形式，经过长期的合法斗争积聚力量，最后用武装起义或革命战争夺取政权。在中国，共产党的任务，基本的不是经过长期合法斗争进入起义和战争，也不是先占城市后取乡村，而是走相反的道路。在中国，主要的斗争形式是战争，主要的组织形式是军队。在中国，离开了武装斗争，就没有无产阶级和共产党的地位，就不能完成任何的革命任务。就是说，革命战争是中国革命的必然规律。

这就决定了中国共产党必须拥有和掌握军队。中国同欧美资本主义国家最大的不同，是这些国家的资产阶级政党不需要各自直接掌握一部分军队，而中国由于封建割据，谁有枪谁就有势，谁枪多谁就势大。辛亥革命以后，搞封建割据的所有军阀，都爱军如命，他们都懂得"有军则有权"的原则。蒋介石更是视军队如生命，兵权抓得紧而又紧。中国也有一些不要军队的政党，要么闹不出什么名堂，要么依附于某个有势力的军阀，找"枪杆子"做靠山。处在这样一种社会环境中的中国共产党，必须争兵权，有兵权才能在中国的政治舞台上立足，才能争得地位，争得发言权，"在兵权问题上患幼稚病，必定得不到一点东西"[1]。每个共产党员都应懂得这个真理："枪杆子里面出政权。"在中国，有枪是可以造党的，还可以造干部，造学校，造文化，造民众运动，可以造革命所需要的一切东西。"从马克思主义关于国家学说的观点来看，军队是国家政权的主要成分。谁想夺取政权，并想保持它，谁就应有强大的军队。"[2] 1927年蒋介石、汪精卫敢于"清党""分共"并得手，就是因为共产党手里没有军队，是血腥的屠刀使

---

[1]《毛泽东军事文集》第2卷，421页，军事科学出版社、中央文献出版社1993年版。
[2]《毛泽东军事文集》第2卷，421页，军事科学出版社、中央文献出版社1993年版。

中国共产党懂得了军队的重要。毛泽东要全党牢牢地记住这个教训：有军队才有发言权和生存权。

但是，共产党人只能争党的兵权、人民的兵权，决不能争个人的兵权，决不要学张国焘。"我们的原则是党指挥枪，而决不容许枪指挥党。"[1]军队必须置于党的绝对领导之下，听命于党，受党指挥，而不是相反。中国共产党人必须清楚，在中国闹革命，必须拥有强大的军队，要有一大批精通军事、领导指挥军队的将领。同时，又必须清醒地看到，半殖民地半封建的中国社会有着十分深厚的军阀主义文化，军队私人化，军事将领军阀化，军队成为军阀争权夺利、操控政治的资本，而这种军阀主义文化也会影响到共产党里面来，在党内滋生军阀主义，一旦条件适当就会发作。再有，中国地域辽阔，交通隔绝，使中共的武装斗争带有区域割据的特点。各个根据地相互隔绝，具有很强的独立性，山头主义难以避免，而这种山头主义是产生军阀主义的温床。张国焘闹分裂，就挑动和利用了山头主义情绪。还有，封建家长制尚存在于党组织内部，把个人置于党的领导之上，营造个人依附关系网，严重削弱党对军队的绝对领导，使军阀主义有可乘之机。因此，领导武装斗争的中国共产党必须高度警惕军阀主义的侵蚀，坚决防止党领导的军队沦为军阀实现个人野心的工具，因此全党必须牢记"我们的原则是党指挥枪，而决不容许枪指挥党"[2]。

毛泽东的这些思想，既是针对王明的，也是针对张国焘的。这些思想集中起来，就是两点：一是在兵权问题上决不能搞"统一战线"，决不允许任何其他政治力量染指中共军队的领导权和指挥权，更不允许放弃兵权；二是决不允许个人向党争兵权，决不允许任何人凭借兵权向党闹独立，凌驾于党之上，反对党的领导，确保军队无条件地服从党的指挥，贯彻党的

---

[1]《毛泽东军事文集》第2卷，421页，军事科学出版社、中央文献出版社1993年版。
[2]《毛泽东军事文集》第2卷，421页，军事科学出版社、中央文献出版社1993年版。

路线方针政策。

针对抗日战争和统一战线发展的新形势，中共中央进一步重申和完善党领导军队的一系列基本原则。

第一，坚持党对军队的绝对领导。在国共谈判合作抗日的过程中，毛泽东就明确要求必须坚持"军队归我们管"的原则，坚持中共中央设立军事领率机关，统领中共的全部军队；坚决拒绝国民党向中共军队派人担任副职，坚决抵制国民党取消中共军事领导权的阴谋。①中央军委1937年8月25日发布的红军改编命令明确要求："各师改编为国民革命军后，必须加强党的领导，保持和发挥十年斗争的光荣传统。坚决执行党中央与军委会的命令，保证红军改编后成为共产党的党军，为党的路线及政策而斗争，完成中国革命之伟大使命。"②党的军权决不允许其他政治力量染指，这是中共在政治上、组织上保持独立自主的最重要条件，失去了这个条件，中共的独立自主势必落空。

第二，始终不能放松党在军队中的政治工作。在国共谈判过程中，中共拒绝了国民党取消政治工作人员的要求，坚持把"政治工作人员不变"作为红军改编的底线之一。1937年8月1日红军总政治部发布了《关于新阶段的部队政治工作的决定》，明确规定新阶段部队政治工作的基本任务，主要是积蓄与加强抗战力量，保证党在红军中的绝对领导，使红军成为抗日的模范军队（提高部队的军事技术和战术，提高指战员的政治文化水平，迅速走上正规化的道路，培养大批新的干部），并要求政治工作适应红军改编后的新形势。红军改编后，作为向国民党的妥协，曾一度取消了政治委员制度，把政治部（处）改为政训处，部队的政治首长为政训处

---

① 蒋介石要求红军改编后不设总司令部，仅设总政治部，并由国民党方面人士担任副职。
②《毛泽东军事文集》第2卷，35页，军事科学出版社、中央文献出版社1993年版。

处长①，但很快就纠正了这一做法。1937年10月22日毛泽东和张闻天致电朱德、彭德怀、任弼时、邓小平等，同意"恢复政治委员及政治机关原有制度"②，分别任命聂荣臻、关向应、张浩为一一五师、一二〇师、一二九师政治委员，并将政训处改为政治部（处）。这不是一个简单的机构设置问题，而是关系党在部队中的政治工作能不能得到保证并有效开展的重大问题。

第三，必须完善和严肃党的纪律。毛泽东在六届六中全会上专门讲了"党的纪律"问题。他说："纪律是执行路线的保证，没有纪律，党就无法率领群众与军队进行胜利的斗争。"③同时，他明确提出了遵守党的纪律的基本原则：（1）个人服从组织；（2）少数服从多数；（3）下级服从上级；（4）全党服从中央。④并指出："这些就是党的民主集中制的具体实施。"⑤中共六届六中全会通过了《关于中央委员会工作规则与纪律的决定》《关于各级党部工作规则与纪律的决定》两份关于党的纪律的文件，规定了处理党内关系的基本规则和纪律，充分体现了毛泽东提出的四条基本原则。毛泽东还强调，要教育全体党员增强纪律观念，严格遵守民主集中制，要

---

① 中央军委1937年8月15日下达的《关于红军改编为国民革命军第八路军的命令》，分别任命罗荣桓、关向应、张浩为一一五师、一二〇师、一二九师的政训处主任。

② 黄克诚回忆说：平型关战斗结束后，八路军一一五师撤到五台山一带休整。总政治部主任任弼时派我到一一五师去检查部队政治工作情况。我即奉命离开总部，到一一五师师部和所属两个团跑了约半个月时间。"在检查和座谈中，我感到部队虽然改编时间不久，但作风却起了很大变化。主要是由于部队中取消了政治委员制度，政治工作显著削弱，吃得开的是副官，军阀习气开始滋长蔓延。在同师部首长商量当中，我建议恢复我军政治委员制度，开展反对军阀主义的斗争，以保持我军的光荣传统和优良作风。师部首长很赞成我的想法。于是，我即返回总政治部，向任弼时主任作了汇报。任弼时当即要我将到部队检查的情况及建议，起草一份报告，以便上报。我将报告起草出来后，任弼时以朱德、彭德怀、任弼时三人的名义上报党中央。很快毛泽东就批准了在全军开展反军阀主义的斗争，下令恢复了我军原有的政治委员和政治机关制度。"（《黄克诚自述》，154—155页，人民出版社1994年版）

③《中共中央文件选集》第11册，651页，中共中央党校出版社1991年版。

④ 这篇讲话被收入《毛泽东选集》时，明确指出这几条基本原则的提出，是"鉴于张国焘严重地破坏纪律的行为"。（《毛泽东选集》第2卷，528页，人民出版社1991年版）

⑤《中共中央文件选集》第11册，651页，中共中央党校出版社1991年版。

知道谁破坏了民主集中制，谁就给党的统一团结与党的革命斗争以极大损害。完善和严肃党的纪律，对于确保党对军队的绝对领导，是非常必要的；没有纪律，就没有党对军队的绝对领导；谁破坏党的纪律，谁就必然会破坏党对军队的绝对领导。所有党员都应从张国焘那里引以为戒。

六、反摩擦斗争的政治军事策略

1938年10月武汉、广州相继失守，抗日战争到了转折点。日本军队占领武汉、广州后，其作战张力也几乎达到了顶点，无力再向中国的西南、西北广大区域发起有效攻势。国民党政府迁都重庆，它的大部分力量退缩到西南地区。抗日战争进入到战略相持阶段。

战略相持阶段，是抗日战争最为艰苦的阶段，也是民族矛盾和国内阶级矛盾最为错综复杂的阶段。一方面日本在继续实施异常酷烈的军事打击的同时，调整策略，开始辅之以政治拉拢，试图摧毁和瓦解中国的抗日力量；另一方面国民党在政治上出现倒退，在强化蒋介石个人独裁的同时，数次掀起反共高潮，抗日营垒内部裂痕扩大。

如何在民族矛盾和国内阶级矛盾交织在一起的复杂斗争中，既保证国共合作抗战的大局不被破坏，又确保中共政治上和军事上的独立性不被颠覆，对共产党的政策策略能力提出了很高要求。毛泽东在坚持抗日和进行必要的反摩擦斗争实践中，确立起一整套独具特色的政策策略原则，不仅引导中共胜利应付了当时的复杂局面，而且为中共在更广阔领域进行政治斗争和军事斗争奠定了重要的政策策略基础。

国民党的政治倒退，以五届五中全会为重要标志。

1939年1月21—31日国民党在重庆召开五届五中全会。会议的主题是抗战和党务。蒋介石先后作了题为《以事实证明敌国必败我国必胜》《唤醒党魂发扬党德与巩固党基》《整理党务之要点》的开幕词、报告和讲话。

他一方面透露出来，要把恢复卢沟桥事变之前的状态作为抗战底线，实际上准备承认日本对东北的占领；另一方面则提出要"教训管理"共产党。他说：

> 以严正的态度来教训管理他，他（便）不敢越出我们的范围以外。如果我们想要去利用他，他便要和你起斗争。
>
> 共产党是讲斗争的，你见他就怕，他格外要得寸进尺，正中着了他的希望。假如你拿出了有进无退的革命办法，来对付他，他便赶快缩了回去。①

这次会议在蒋介石的引导和鼓动下，弥漫着"反共""限共"的气氛，抗日议题完全被"反共""限共"的议题所淹没。会议秘密起草和通过了《防制异党活动办法》，并于会议一结束就迅速下发。该决议提出对付中共的办法应是"以组织对付组织"，要求"实行联保连坐法，使人民不敢与异党分子接近受其利用"，同时各地党部及军政机关对异党活动要严加防范。办法的制定者意识到，此法一旦实行必然引起摩擦，因此强调："纵因此而发生摩擦，设非出于本党之过分与不是，亦应无所避免。"②换句话说，为"防制"中共，摩擦是必需的。会后，国民党中央及地方又拟制了一系列"反共""限共""溶共"文件，以加强指导。国民党内反共气氛日益浓厚，各地限制中共活动和抓人杀人的事件陡然增多。

对于国民党这么快就变脸，毛泽东和其他中共领导人有些估计不足。在国民党五届五中全会期间，毛泽东1月28日在第十八集团军延安总兵站的会议上说："现在国民党正在开五中全会，我们估计它的结果不会坏的，

---

① 转引自杨奎松：《国民党的"联共"与"反共"》，409页，社会科学文献出版社2008年版。
② 转引自杨奎松：《国民党的"联共"与"反共"》，410—411页，社会科学文献出版社2008年版。

但同样不应忽视摩擦还是可能有的。"①鉴于国民党在1938年上半年先后颁布了《抗战建国纲领》和同意设立国民参政会，以及在战略防御阶段奋力抵御日本军队进攻，打了诸如淞沪抗战、台儿庄战役、武汉保卫战等几场硬仗，中共对国民党的政治进步和积极抗战持乐观的态度。

对于蒋介石本人，中共持基本肯定的态度。在武汉战役之前，中共即预计武汉难保，并且认为从避免不利决战的原则出发，"至事实上不可收拾，不惜断然放弃之"。同时，还预计到，武汉失守很可能带来的严重政治后果，那就是"将增加各将领对蒋之不满，投降派与割据派起而乘之，有影响蒋的地位及继续抗战之虞"。针对可能出现的这种情况，毛泽东等给在武汉的王明（陈绍禹）等的电报明确指出：

在抗战过程中巩固蒋之地位，坚持抗战，坚决打击投降派，应是我们的总方针。而军队力量之保存，是执行此方针之基础。②

中共不支持任何势力借抗战初期的被动和失利来倒蒋。尽管从1938年下半年以来，特别是武汉失守之后，陕甘、华北、华东等地都已发生了国民党制造的反共摩擦事件，甚至还发生了秘密逮捕、杀害中共陕西省委重要负责人宣侠父的严重事件，但中共仍认为这是国民党中的一部分顽固守旧分子所为，不代表国民党的整体意图，不占主流。因此，毛泽东在中共六届六中全会上说：

国民党的光明前途是存在的，其进步与发展是可能的，蒋介石先生及

---

① 《毛泽东文集》第2卷，152页，人民出版社1993年版。
② 《中共中央文件选集》第11册，538页，中共中央党校出版社1991年版。

国民党的大多数是在领导和推动国民党前进。①

我们坚决相信，这种守旧势力是不能永久生存的，是没有占优势也难于占优势的，他们是逆流，但并非主流。在蒋委员长的领导，国民党大多数人的努力与全国人民的赞助之下，这种守旧倾向是能够克服的。②

基于这样的认识，毛泽东明确说道：

统一战线以国共两党为基础，而两党中又以国民党为主干，我们承认这个事实。因此，我们是坚决拥护蒋委员长及其领导下之国民政府与国民党的，并号召全国一致拥护。承认与拥护这个主干而又同时发展各党，是互相联系并不互相冲突的。③

在六届六中全会举行期间，武汉、广州失守的消息传来。10月28日，中共中央发出了《关于广州武汉失守后给各级党部的指示》，提醒中共各级党部在抗战形势将发生重大变化之际应注意的事项，其中要求："诚心诚意的拥护蒋委员长，拥护国民政府，巩固国共合作，坚持抗战。"要"克服反蒋反中央的活动"④。这时，中共拥护蒋介石、拥护国民政府是真心实意的，因为维护蒋介石及国民政府的领导地位符合全民族团结抗日的共同利益。就如毛泽东所说：

抗日民族统一战线是以国共两党为基础的，而两党中以国民党为第一

---

① 《中共中央文件选集》第11册，599页，中共中央党校出版社1991年版。
② 《中共中央文件选集》第11册，599页，中共中央党校出版社1991年版。
③ 《中共中央文件选集》第11册，622页，中共中央党校出版社1991年版。
④ 《中共中央文件选集》第11册，553页，中共中央党校出版社1991年版。

大党，抗战的发动与坚持，离开国民党是不能设想的。①

当然，中共拥护蒋介石、拥护国民政府是有前提条件的，即蒋介石和国民政府坚持彻底驱逐日寇、完全收复领土的立场，坚持国共合作的立场，坚持全民抗战的立场，坚持民主进步的立场。就是说，中共是站在确保抗战进行到底、完全收复失地的立场上，拥护蒋介石和国民政府的领导地位的。

应该说，在国民党五届五中全会前，中共对蒋介石和国民党的政治进步和抗战积极性基本上持正面的估计。国民党的五届五中全会，使中共开始改变这种估计。

在全会召开前夕，蒋介石1938年12月12日约谈中共代表王明、周恩来等人，明确说：

我的责任是将共产党合并国民党成一个组织，国民党名义可以取消，我过去打你们也是为保存共产党革命分子合于国民党，此事乃我的生死问题，此目的如达不到，我死了心也不安，抗战胜利了也没有什么意义，所以我的这个意见，至死也不变的。

蒋还进一步说：

共产党不在国民党中发展也不行，因为民众是国民党的，如果共产党在民众中发展，冲突不可免……根本问题不解决，一切均无意义。②

---

① 《中共中央文件选集》第11册，595页，中共中央党校出版社1991年版。
② 这是王明、周恩来、博古、吴玉章、董必武1938年12月13日给中共中央信中转述蒋介石的两段话。（《中共中央文件选集》第12册，6页，中共中央党校出版社1991年版）

这实际上是要求中共融于国民党，否则"摩擦"不可避免。蒋介石对中共的态度等于回到了卢沟桥事变前。这引起了中共中央的警惕。由于对国民党的保守性和反动性始终保持着必要警惕，所以中共对国民党的政治倒退能够迅速作出反应。在国民党五届五中全会召开期间，虽然当时还没有得到会议的确切消息，对会议结果的估计还比较乐观，但中共中央还是于1939年1月23日发出了《我党对国民党防共限共对策的指示》，提醒全党：

国民党目前的进步同时包含着防共限共工作的强化，这种进步中的恶劣现象，一时尚不会降低。……

我们对摩擦如逆来顺受，则将来摩擦逆流必更大，顽固气焰必更高，故我应以冷静而严正之态度对之。①

在得知国民党五届五中全会的确切精神后，中共中央2月25日发出《关于国民党五中全会问题的指示》，指示全党：

蒋在五中全会前后曾一再宣称：抗战到底的意义，是恢复卢沟桥事变以前的状况；中日问题的解决办法，在于召集太平洋会议；对共产党的政策，目前是联共和防共，最后要达到以三民主义溶化共产党的目的。同时，五中全会的公开文件，虽未明白表示这类意见，但其实质上亦包含有抗战最高目的为恢复卢沟桥事变前状况，及不依靠民众而依靠外援，对民权主义实行一无表示，蒋在参政会演说则公开反对民主政治，这都是不正确的。这些缺点错误，基本上是由于蒋和资产阶级对如何继续抗战和争取抗战胜

---

① 《中共中央文件选集》第12册，12页，中共中央党校出版社1991年版。

利问题，历来就与我们有不同的路线，是由于他们对抗战的不彻底性和对外依赖性，以及对本国真正革命力量壮大的恐惧心之再一次暴露。同时，也是由于目前战争形势、国际情况及日本情况所促成。

根据上述分析，我们对国民党五中全会决议，应该赞助其继续抗战和联共的积极方面，对其缺点错误，则应根据我党六中全会决议，进行口头上文字上的批评解释工作，目的是要以我们和全国大多数人民拥护的彻底抗战路线，来克服他们的不彻底抗战路线。①

国民党五届五中全会后，中共在转入战略相持、奋力扩大敌后抗日游击战争的同时，不得不分出相当一部分精力来对付国民党制造的反共"摩擦"。1939年5月间共产国际发来指示，提醒中共注意有新的《慕尼黑协定》和国民党反共投降的危险，并判断国民党反共是为了准备投降。②由此，中共在战略指导上更自觉地把反"摩擦"和制止投降视为紧紧联系的两个方面，以坚决反"摩擦"来制止国民党可能发生的"投降"。

中共应对国民党的反共"摩擦"，主要从两条战线展开，一个是政治战线，包括组织和调动国内民主力量、加强同国民党的政治交涉和沟通等；再一个是军事战线，以武对武，用自卫还击回答国民党的军事进攻。特别是1939年11月五届六中全会确立军事限共为主、政治限共为辅方针之后，国民党的反共行动由主要是查封报刊、逮捕人员、捣毁机构，转向军事进攻为主，连续掀起以军事进攻为主要手段的反共高潮。从1939年下半年到1941年初，中共先后两次不得不对国民党制造的反共高潮作出回应；1941

---

① 《中共中央文件选集》第12册，29—30页，中共中央党校出版社1991年版。
② 20世纪30年代，法西斯德国的侵略扩张野心逐步显露，而以英、法为主导的国际联盟则采取绥靖政策，试图将德国这股祸水东引，使之成为摧毁苏联的力量。1938年9月30日英、法、德、意四国首脑签订的《慕尼黑协定》，就是这种政策的集中体现。在苏联拉英、法共同遏制德、意法西斯力量无果的情况下，共产国际开始调整统一战线政策，要求各国共产党警惕并反对投降主义。

年以后，又不得不努力应对国民党对陕甘边区以及其他各个根据地的全面封锁，并准备应付国民党掀起新的反共高潮。在领导中共击退国民党反共高潮的斗争中，毛泽东提出了一整套应对之策，用以指导行动。

这一整套应对之策的核心精神，就是以中华民族利益为最高原则，以彻底驱逐日本帝国主义出中国为最高目的，一切都必须有利于维护抗战大局，同时又要有利于争取民主光明新中国的前途。这一整套应对之策的总原则，就是以斗争求团结。

第一，既要国共合作共同抗日的局面，又要中共及其领导的抗日武装力量的发展和壮大。这在毛泽东看来是互为表里、互为因果的事情，但在蒋介石看来却是鱼与熊掌不可兼得。蒋介石在武汉、广州失守后政治立场发生倒退，很重要的原因就是不能容忍中共及其领导的武装力量的迅速发展壮大。从1937年8月下旬到1938年12月底，中共控制和活动的区域从西北一隅扩展到华北、华东，军队人数由3万余人扩大到约16万人。短短一年时间里，中共领导的武装力量就翻了数倍，这让蒋介石及国民党内的顽固势力感到紧张和害怕，认为中共利用国民党的大撤退，乘机扩大了"自由行动之范围"，形成了"国民党失地、日本与共产党分地之局面"，而且国民党"统治之土地，将一失而不易复得"[①]。

毛泽东则认为，抗战要求的完全胜利，没有作为第一大党的国民党参加是不行的，但全靠国民党也是不行的。因为，国民党的社会基础是地主阶级和大资产阶级，天性是对外软弱妥协、对内强权压迫，难以克服动摇妥协和片面抗战倾向。这就需要中共在抗日战争中发挥中坚作用，以推动彻底抗战和全民抗战，并能在赢得抗日战争胜利的同时，争取到民主光明的前途。因此，中共必须拥有力量，特别是必须拥有足够强大的军事力量。

---

① 所引的话出自国民党1939年制定的文件《第八路军在华北陕北之自由行动应如何处置》。

毛泽东在《〈共产党人〉发刊词》一文中明确指出："统一战线，是实行武装斗争的统一战线。"①其中的深刻含义，就是中共必须掌握并不断发展壮大自己手中的武装力量，否则国共合作的统一战线也就成为一句空话。总之，在毛泽东看来，抗日战争中，国共两党都有军队，"不是缺点而是优点"②，是争取抗战彻底胜利的必要保证。这就意味着，掌握住军事力量，并使自己的军事力量不断发展壮大，是中共在经营统一战线时必须坚守的政治底线之一。针对国民党的第一次反共高潮，毛泽东在陕甘宁边区、晋西和晋西北、晋东南、冀南等方向组织局部反击的同时，依然放手发展武装力量，并突出强调中共对武装力量的领导权。在1939年12月6日为处置阎锡山围歼新军给八路军领导人的电报中，要求"在新军中迅速巩固党的领导，不可靠者断然撤换"③。在1940年1月28日给北方局的电报中指出："时局的发展充分证明，只有广大发展革命武装力量以与全国工作相配合，才能制止投降与反共，才能巩固统一战线，才能争取时局好转。""请你们严重注意此事，把发展武装力量作为一切工作的中心。"④明确要求，在山东全境及华中发展数十万军队，组织数百万自卫军。针对国民党的第二次反共高潮，毛泽东最终采取克制态度，没有因为皖南事变跟国民党全面破裂，但强硬拒绝了国民党取消新四军番号的命令，不仅继续使用"新四军"这个番号，任命陈毅为代理军长，并且要求新四军充分利用丧失合法地位的机会放手发展，不再受国民党拘束。⑤

第二，坚持有理、有利、有节的斗争。总结打退国民党两次反共高潮

---

① 《毛泽东军事文集》第2卷，494页，军事科学出版社、中央文献出版社1993年版。
② 《毛泽东军事文集》第2卷，407页，军事科学出版社、中央文献出版社1993年版。
③ 《毛泽东军事文集》第2卷，497页，军事科学出版社、中央文献出版社1993年版。
④ 《毛泽东军事文集》第2卷，509页，军事科学出版社、中央文献出版社1993年版。
⑤ 毛泽东、朱德、王稼祥1941年2月1日电报说："彭雪枫部应恢复新四军番号，如将来华北部队南进，亦用新四军番号。新四军现在是被蒋介石宣布为叛军，他可不受任何法律拘束。"(《毛泽东军事文集》第2卷，621页，军事科学出版社、中央文献出版社1993年版)

的斗争经验,毛泽东1940年3月11日在延安党的高级干部会议上系统论述了同国民党顽固派的斗争须遵循的基本原则:一是自卫的原则,做到"人不犯我,我不犯人,人若犯我,我必犯人",决不可无故进攻人家,也决不可在被人家攻击时不予还击,即斗争的防御性;二是胜利原则,做到"不斗则已,斗则必胜",决不可举行无计划无准备无把握的斗争,并应懂得利用顽固派的矛盾,择其最反动者首先打击之,着力于打掉反共气焰;三是休战原则,即"决不可无止境地每日每时地斗下去,决不可被胜利冲昏自己的头脑",在一个时期内把顽固派的进攻打退之后,在他们没有举行新的进攻之前,应适可而止,使这一斗争告一段落,双方实行休战,如可能还可订立停战协定,即斗争的暂时性。这三条原则概括起来,就是"有理""有利""有节"。毛泽东强调:

坚持这种有理、有利、有节的斗争,就能发展进步势力,争取中间势力,孤立顽固派,并使顽固派尔后不敢轻易向我们进攻,不敢轻易同敌人妥协,不敢轻易举行大内战。这样,就有争取时局走向好转的可能。[1]

这其中所蕴含的基本思想,就是"以斗争求团结"。毛泽东认为,中国无产阶级进行资产阶级民主主义革命,应当同民族资产阶级建立统一战线,并尽可能地保持之;对于买办性的大资产阶级的不同集团也应当区别对待,可以同那些附属于非主要敌人的帝国主义系统的大资产阶级集团建立统一战线,并在有利于革命的条件下尽可能地保持之。但中共对于资产阶级(特别是大资产阶级)实行统一战线,必须采取又联合又斗争的策略,要以斗争求联合。毛泽东说:

---

[1]《毛泽东军事文集》第2卷,521—522页,军事科学出版社、中央文献出版社1993年版。

所谓斗争，在同资产阶级联合时，就是在思想上、政治上、组织上的"和平"的"不流血"的斗争；而在被迫着同资产阶级分裂时，就转变为武装斗争。如果我们党不知道在一定时期中同资产阶级联合，党就不能前进，革命就不能发展；如果我们党不知道在联合资产阶级时又同资产阶级进行坚决的、严肃的"和平"斗争，党在思想上、政治上、组织上就会瓦解，革命就会失败；又如果我们党在被迫着同资产阶级分裂时不同资产阶级进行坚决的、严肃的武装斗争，同样党也就会瓦解，革命也就会失败。①

对于资产阶级（特别是大资产阶级）的斗争，既有政治、文化、意识形态等方面的"文斗"，也有动用军事手段的"武斗"。在抗日民族统一战线中，主要是"文斗"，但大资产阶级如果动用军事手段搞"武斗"，那么无产阶级也不能"引颈就戮"，而必须用军事手段"奉陪"之，并力争"不斗则已，斗则必胜"，把"摩擦"制造者打痛了，否则统一战线不保。但是，军事斗争必须把握好"度"，适可而止，做到局不由我破。1940年3月16日，在基本打退国民党于西北、华北方向的进攻后，毛泽东致电彭德怀说："……我们现在就应准备在政治上迎接蒋之新进攻。因此军事上必须立即刹住，转为守势，彼军进攻，我军后退，一枪不打，服从命令，才能造成政治上有理有利地位。"②在处理皖南事变的过程中，当国内、国际舆论普遍指责蒋介石，以及日军发起豫南战役③围歼国民党军汤恩伯部主力之时，毛泽东断定蒋介石的反共必会有所收敛，毛泽东2月2日电示彭德怀、左权等"反共高潮可能下降，中日矛盾仍然是第一位的"，中共对国民党在政治上仍不松口，但在军事上转入守势，"八路军原地不动"，"新四军力争

---

① 《毛泽东军事文集》第2卷，488—489页，军事科学出版社、中央文献出版社1993年版。
② 《毛泽东军事文集》第2卷，524页，军事科学出版社、中央文献出版社1993年版。
③ 蒋介石原以为日本对国共纷争会采取坐山观虎斗的策略，但没想到日本却借皖南事变、国共对立的时机于1940年1月24日发起豫南战役，分三路围歼汤恩伯主力，以压迫蒋介石屈服。

河南"，同时开展统战工作，"大大发展交朋友，共同打退日寇的进攻，良机难得，以德报怨"①。3月8日蒋介石在国民参政会大会上公开保证"以后亦决无剿共的军事"，毛泽东于3月18日为中共中央起草党内指示，明确指出："在全国和各根据地上，要反对对时局认为国共已最后破裂或很快就要破裂的错误估计以及由此发生的许多不正确的意见。"②肯定国共关系基本回到合作抗日的轨道上，防止破坏统一战线的"左"的倾向。

此外，要做到"适度"，很重要的一条是斗争"留有余地"。毛泽东在处置晋西南新旧军冲突问题时，要求"对叛军进攻绝不让步，坚决有力地给予还击，并立即由新派提出反对叛军口号，但不要反对阎"③。明知阎锡山是晋绥军围歼新军的主使，但矛头不公开指向阎，为双方缓和关系、维持山西抗战大局留下回旋余地。在处置皖南事变的过程中，中共曾一度估计蒋介石准备全面破裂，皖南事变已经把中共推到了和国民党完全对立的境地，但此时中共仍然对蒋留有余地。毛泽东1941年1月28日给新四军的指示说：

在皖南事变及一月十七日蒋介石宣布新四军"叛变"后，我们对蒋介石为代表的大地主大资产阶级应有政策上的变动，即由一打一拉政策改变为完全孤立他的政策，在党内外尽量揭破他的反动阴谋，惟在蒋没有宣布全部破裂时（宣布八路及中共"叛变"），我们暂时不公开提出反蒋口号，而以当局二字或其他暗指方法代替蒋介石名字。但对实行"三三制"及十二月二十五日中央指示中所述各项政策均不变，对统一战线原则均不变。④

---

① 《毛泽东军事文集》第2卷，629页，军事科学出版社、中央文献出版社1993年版。
② 《毛泽东选集》第2卷，779页，人民出版社1991年版。
③ 《毛泽东军事文集》第2卷，497页，军事科学出版社、中央文献出版社1993年版。
④ 《中共中央文件选集》第12册，24页，中共中央党校出版社1991年版。

毛泽东没有把矛头公开指向蒋介石，把国共两党冲突一下子推向极端，彻底关闭相互妥协的大门，而是给蒋介石撤步留下了台阶。只要还须避免国共全面破裂，斗争就须"留有余地"，这是在抗日统一战线中正确开展反"摩擦"斗争须坚持的重要策略原则。

第三，政治上取攻势，军事上取守势。这是毛泽东在处置皖南事变过程中，把"全面大反攻"方针调整为继续实行"一打一拉"方针后提出的一项重要策略原则。国民党1941年1月制造皖南事变，聚歼新四军军部及部队7000余人，随后宣布取消新四军番号，将军长叶挺撤职并交军法审判。这是自抗战以来，中共遭受的最惨重损失。毛泽东最初的反应十分激烈。13日毛泽东、王稼祥电告刘少奇、陈毅等："我全国政治上军事上立即准备大举反攻。"[①]并作出苏北、山东方向准备"坚决彻底干净全部消灭韩德勤、沈鸿烈""华北准备机动部队应抓紧"的部署，准备全面反击国民党的反共分裂行为。14日毛泽东在给彭德怀、左权等的电报中再次重申了准备对国民党实施"全面大反攻"的方针。[②]但中共领导人的头脑很快冷静下来。15日毛泽东在政治局会议上一方面强调只有不怕决裂才能打退国民党的进攻，另一方面又指出，左派主张我们马上同国民党大打起来，我们也不能实行这种政策。当日夜间毛泽东收到刘少奇电报，其中明确提出"在此时我党亦不宜借皖南事件与国民党分裂"[③]的意见。此后，毛泽东开始改变激烈态度。在收到刘少奇电报当夜，毛泽东致电驻重庆的周恩来，告知："中央决定发动政治上的全面反攻，军事上准备一切必要力量粉碎其进攻。"[④]开始区分政治和军事，区分攻势和守势，而不再笼统提"全面大

---

① 《毛泽东年谱（1893—1949）》中卷，255页，人民出版社、中央文献出版社1993年版。
② 毛泽东、朱德、王稼祥致彭德怀、左权等电报中说："中央决定在政治上军事上迅即准备作全面大反攻，救援新四军，粉碎反共高潮。"（《毛泽东军事文集》第2卷，612页，军事科学出版社、中央文献出版社1993年版）
③ 《毛泽东年谱（1893—1949）》中卷，256页，人民出版社、中央文献出版社1993年版。
④ 《毛泽东年谱（1893—1949）》中卷，256—257页，人民出版社、中央文献出版社1993年版。

反攻"。1月19日，毛泽东和朱德、王稼祥致电周恩来，明确告知决心在政治上全面揭露蒋介石，而军事上则继续取防御姿态，实行防御战。①次日，毛泽东以中共中央军事委员会发言人名义对新华社记者发表谈话，严正提出了解决皖南事变的"十二条"②办法，表现出强硬的政治立场，并且根本不承认蒋介石1月17日命令（"一一七命令"③），公开任命陈毅为新四军代理军长，保持新四军番号。同日，毛泽东致电周恩来，把中央这一整套应对之策表述为"目前我们在政治上取猛烈攻势，而在军事上暂时还只能取守势"④，以后又进一步表述为"政治上取全面攻势，军事上取守势"。

毛泽东2月14日致周恩来电报，具体分析了采取"政治上取攻势，军事上取守势"这一策略原则的必要性：

只有军事攻势才会妨碍蒋之抗日，才是极错误政策。政治攻势反是，只会迫蒋抗日，不会妨蒋抗日。故军事守势政治攻势八个字是完全正确的，二者相反正是相成。

对于国共关系，军事守势政治攻势也只会拉拢国共，不会破裂国共。对于一个强力进攻者把他打到防御地位，使他不能再进攻了，国共暂时缓和的可能性就有了。⑤

---

① 《毛泽东年谱（1893—1949）》中卷，258页，人民出版社、中央文献出版社1993年版。
② "十二条"的内容：（1）悬崖勒马，停止挑衅；（2）取消1月17日反动命令，并宣布自己是完全错误的；（3）惩办皖南事变的祸首何应钦、顾祝同、上官云相三人；（4）恢复叶挺自由，继续充任新四军军长；（5）交还新四军全部人枪；（6）抚恤皖南新四军全部伤亡将士；（7）撤退华中的"剿共"军；（8）平毁西北的封锁线；（9）释放全国一切被捕的爱国政治犯；（10）废止一党专政，实行民主政治；（11）实行三民主义，服从《总理遗嘱》；（12）逮捕各亲日派首领，交付国法审判。
③ 1941年1月17日国民党政府军事委员会发布通令："着将国民革命军新编第四军番号即予撤销，该军军长叶挺着即革职，交军法审判，依法惩治，副军长项英着通令各军严缉归案讯办，借申军纪，而利抗战。"
④ 《毛泽东年谱（1893—1949）》中卷，260页，人民出版社、中央文献出版社1993年版。
⑤ 《毛泽东文集》第2卷，330页，人民出版社1993年版。

这就是说,"政治取攻势,军事取守势"这一策略原则,是以维护国共合作抗日为目的的,体现着以斗争求联合的精神。如果政治和军事都取攻势,这就意味着国共关系的全面破裂,把蒋介石和国民党驱赶出抗日统一战线。显然,这是不符合中国人民利益的。如果政治和军事都取守势也不行,也不能把国民党留在抗日民族统一战线中,使它继续抗日而不会投降。只有采取"政治攻势、军事守势"的策略原则,才能让蒋介石反共在军事上占不到便宜,在政治上还会陷于被动,同时不会堵死国共缓和关系的路,给双方留下了回旋空间,并争取到国内外舆论的同情。

七、抗日战争的国际战略思想

中国的抗日战争不是孤立的,是世界战争的一部分,受世界战争的影响和制约。因此,抗日战争的战略指导须有国际战略的内容。

中共的战略思维,在抗日战争期间发生的重大变化之一,就是国际战略思维得到发展,开始超越共产国际的局限、用自己的眼光来分析和判断国际形势,提出立足于中华民族利益的国际战略,形成自己的国际战略思想。

抗日战争期间,中共思考国际战略问题,主要有两个视角,一个是抗日战争全局,即国际局势对中国抗日战争的影响;另一个是国共两党关系,即国际局势对国共两党关系的影响。这两个视角是紧紧交织在一起的,但在不同时期各有侧重。

在抗日战争初期,中共更多的是着眼于战争全局思考国际战略问题,提出中国应实行的国际战略和外交政策。毛泽东在1937年7月撰写的《反对日本进攻的方针、办法和前途》中提出"抗日的外交":

不能给日本帝国主义者以任何利益和便利,相反,没收其财产,废除其债权，肃清其走狗，驱逐其侦探。立刻和苏联订立军事政治同盟，紧紧地联合这个最可靠最有力量最能够帮助中国抗日的国家。争取英、美、法同情我们抗日，在不丧失领土主权的条件下争取他们的援助。战胜日寇主要依靠自己的力量；但外援是不可少的，孤立政策是有利于敌人的。①

这是中共关于抗战外交的基本主张，其中的基本精神，就是建立最广泛的反对日本帝国主义的国际统一战线。毛泽东认为，没有广泛国际力量的支持和介入，中国要打败日本帝国主义会十分困难。虽然中国的抗战首先要依靠自己的力量，但是不能没有国际社会的支持和援助。

在抗日战争进入相持阶段后，国民党政府在政治上出现倒退，中共认为这既与国民党自身所具有的反动性和顽固性，以及日本采取诱降政策有关，也与国际反法西斯阵线内部的动摇、妥协以及反共反苏的潮流涨落有关。只要国际反法西斯阵线出现动摇、妥协和分裂的趋向，国民党的政治倒退就会加剧，国共关系就趋向紧张，如国民党的第一次反共高潮，就有英、法在继制造欧洲慕尼黑之后、试图制造东方慕尼黑的国际背景。因此，推动建立最广泛的反对日本帝国主义的国际统一战线，巩固国际反法西斯统一战线内部团结，不仅对于战胜日本有重要意义，而且对于制止国民党的政治倒退、维护国内抗日民族统一战线也有重要意义。

从抗战全局和国共关系两个视角出发，中共形成了自己独特的抗日战争的国际战略思想。

第一，把建立和加强同苏联的同盟关系作为抗战外交的重点。

毛泽东在全国抗战局面形成之初，明确提出了立即同苏联建立军事政治同盟的主张，强调联合和依靠这个最可靠、最有力、最能够帮助中国抗

---

① 《毛泽东选集》第2卷，347页，人民出版社1991年版。

日的国家。毛泽东1940年12月亲笔起草了一份党内指示①，提出：

> 我们在外交政策上，是和国民党有区别的。在国民党是所谓"敌人只有一个，其他皆是朋友"，表面上把日本以外的国家一律平等看待，实际上是亲英亲美。我们则应加以区别，第一是苏联和资本主义各国的区别，第二是英美和德意的区别，第三是英美的人民和英美的帝国主义政府的区别，第四是英美政策在远东慕尼黑时期和在目前时期的区别。在这些区别上建立我们的政策。②

中共的国际战略实质上贯彻了马克思主义的阶级路线，把社会主义苏联视为世界进步力量，视为维护世界和平、反对法西斯战争的中坚力量。中共认为，建立和发展中苏同盟关系对中国的抗日战争有极大好处，一是有利于坚持彻底驱逐日本的抗战路线，避免中途妥协和投降；二是有利于巩固抗日民族统一战线，避免国共合作破裂。这两个好处，是走"亲英亲美"路线难以得到的。因为，英、美的帝国主义本性，使它们有反对德、意、日法西斯扩张的一面，又有可能妥协、退让，甚至勾结德、意、日反对人民革命、反共的一面。中共对这些国家的统治阶级并不完全放心。正是出于这样的考虑，中共对苏联怠慢自己并不十分在意。苏联在整个抗日战争期间，没有给过中共一枪一弹，在政治和舆论上的支持也十分有限，在一些重大国际问题、包括一些涉及中国的问题上也很少与中共通气。苏联这个时期的对华外交政策，基本是围绕着牵制日本北进这个战略目标展开的，而它一直认为中国抗战主要靠国民党政府，只有国民党政府积极抗战才能有效牵制日本北进。因此，它重视同国民党政府打交道，而有意怠

---
① 在收入《毛泽东选集》第2卷时，标题定为《论政策》。
②《毛泽东选集》第2卷，764—765页，人民出版社1991年版。

慢中共[1]。但是，中共基于国际共产主义运动的立场，更愿意从积极方面理解苏联的所作所为。这又何尝不是以民族大义为重的大胸襟和大格局呢？！

1939年8月23日苏联政府和德国政府签订了《苏德互不侵犯条约》，在国际上激起轩然大波，中国国内也引发了反苏舆论。现在回过头来看，斯大林想通过这个条约来粉碎英、法挑动苏德战争的阴谋，中立自保，置身于战争之外的战略构想并没有实现，而且带来了极大的负面作用，造成了反法西斯阵营的混乱，使欧洲政治舞台发生了有利于德国法西斯的变化，德国摆脱了两线作战的窘况，可谓是战略短视，得不偿失。尤其是苏德签订了《秘密附庸议定书》，划分两国在东欧的势力范围，这是很不道德的，但当时并不为世人所知。中共还是从积极的意义上来理解《苏德互不侵犯条约》，把这个条约看作英、法、苏谈判破裂的结果，看作苏联为了打破英、法"祸水东引"阴谋不得不采取的行动。毛泽东于9月1日发表了对《新华日报》记者的谈话，专门就《苏德互不侵犯条约》发表看法，肯定这个条约打破了英、法挑动苏德战争的阴谋，打破了德、意、日对苏联的包围，保障了苏联社会主义建设的发展；对于东方，则打击了日本，援助了中国。但毛泽东还是很清醒地强调，"往后的时间，就不得不变成英法和德意两大帝国主义集团直接冲突的局面"，早已开始的第二次帝国主义战争的"片面性状态"，"势必由全面性的战争起而代之"[2]。就是说，《苏德互不侵犯条约》并不能扭转第二次世界大战不可避免的总体趋势，其意义非常有限。

1940年4月13日，苏联政府和日本政府正式签订《苏日中立条约》，苏

---

[1] 胡乔木曾说："……苏联始终对我们党关系冷淡。苏联始终没有什么真刀真枪的援助。抗战后期，苏联在舆论上对我们的支持是有一点，登了几篇文章；但当时国际舆论对国民党已群起而攻之了，在这种情况下苏联才有所表示。就是皖南事变，苏联的反应亦不如美国。"（《胡乔木回忆毛泽东》，89页，人民出版社2003年版）

[2] 《毛泽东选集》第2卷，581—582页，人民出版社1991年版。

联"承诺"保证尊重"满洲国"的领土完整和不可侵犯，日本则"承诺"保证尊重蒙古人民共和国的领土完整和不可侵犯。尽管苏联许诺一如既往地支持中国抗战，但这个条约无疑对处于孤立抗战境地的中国是一个极大打击，严重损害中国利益。4月16日中共就苏日条约发表意见，肯定这个条约的意义，"在于巩固了苏联东面的和平，保证了社会主义建设的安全发展"，同时表示："我们根据苏联的国策，深信苏联是会继续援助中国的。"①毛泽东没有就苏日条约发表过公开意见。微妙的是，毛泽东在7月13日的一次讲话中提到了"苏联不加入战争"的政策，强调这一不加入政策，是苏联20年来斗争的结果，是苏联利用帝国主义相互间矛盾的结果，是无产阶级世界战略的伟大胜利，而"这一胜利完成于德苏、苏芬两个协定"。毛泽东根本没有提《苏日中立条约》，其中意味深长。苏联在处理同日本关系问题上，表现出了民族利己主义，但从照顾国际共产主义运动大局出发，考虑到苏联在绝大多数中共党员心目中的地位，更是为了维护中国抗日战争的大局，中共对苏联的这种做法采取了隐忍态度。

1941年6月22日，苏德战争爆发。翌日，毛泽东亲笔起草党内指示②，坚定地支持苏联抵抗法西斯侵略的战争，指出："苏联抵抗法西斯侵略的神圣战争，不仅是保卫苏联的，而且也是保卫正在进行反对法西斯奴役的解放斗争的一切民族的。目前共产党人在全世界的任务是动员各国人民组织国际统一战线，为着反对法西斯而斗争，为着保卫苏联、保卫中国、保卫一切民族的自由和独立而斗争。"③毛泽东刚开始时对苏德战场形势比较乐观，曾认为苏联红军会很快遏制德军的进攻势头，但没有想到苏联红军

---

① 《中共中央文件选集》第13册，75—76页，中共中央党校出版社1991年版。
② 收入《毛泽东选集》第3卷时，标题定为《关于反法西斯的国际统一战线》。
③ 《毛泽东选集》第3卷，806页，人民出版社1991年版。

在战争初期会这样被动，这让毛泽东十分担心。①因为，苏联如果不能很快扭转被动局面，英、美向德、日妥协的可能性增大，而英、美向德、日妥协，势必加剧蒋介石的妥协甚至投降的可能性，如果出现这样的情况，中国抗日战争将陷入更加困难的境地。但毛泽东更愿意相信，苏联即便陷入十分不利的长期战争状态，最终还是会战胜德国法西斯的。1942年10月12日，毛泽东为延安《解放日报》撰写了一篇题为《第二次世界大战的转折点》的社论。当时，德军48天围攻斯大林格勒行动未能奏效，成为强弩之末，但就整个苏德战场形势来说，苏联红军还处于战略防御态势。然而，毛泽东却就此断言，第二次世界大战到了转折点，斯大林格勒会战后的希特勒，"将只有死路一条好走了"②，苏联红军将转入战略反攻。毛泽东还非常精确地推断，苏联红军将在"整个顿河的以西以南"一带转入战略反攻。毛泽东的这些预言，被苏德战场后来的发展一一证实。毛泽东如此关心苏德战场形势，就是因为苏德战场关系反法西斯战争的全局，影响着中日战争的走向；苏联红军战胜德国法西斯，将严重挫败日本法西斯的气焰，是对中国抗日战争最强有力的支援，有利于打破中国抗日战场的沉闷气氛。就是说，毛泽东这时把苏德战场形势作为分析中日战争形势、思考中共军事政治方针的重要参考系。如毛泽东在苏联红军还处于十分被动境地时，曾强调八路军、新四军还是要坚持"熬时间的长期斗争的方针"；对国民党顽固派的斗争采取"既不让又不攻的方针"③。当斯大林格勒会战苏胜德败的大局甫定，毛泽东就估计："我们使国民党既不能投降又不能'剿

---

① 胡乔木回忆："莫斯科保卫战时，有一天，书记处在枣园开会讨论战局情况。毛主席让警卫员拿地图，警卫员拿去了中国地图，毛泽东生了很大的气，说他要的是世界地图。当时毛主席很着急，要研究希特勒打到什么地方了。毛主席没有想到，在战争初期的苏联军队那么不经打。"（《胡乔木回忆毛泽东》，40页，人民出版社1994年版）
②《毛泽东选集》第3卷，887页，人民出版社1991年版。
③《毛泽东文集》第2卷，358页，人民出版社1993年版。

共'的可能性更大了。"① 可以对中国抗日战争以及国共合作的形势更加乐观了。

1943年6月10日，共产国际正式宣布解散，结束了世界各国共产党都服从一个领导中心的历史。共产国际解散，是苏联出于建立国际反法西斯同盟的需要，同时也由于各国无产阶级革命运动的情况越来越复杂，靠共产国际这个中心来解决各国共产党所面临的问题，已力不从心。②共产国际解散，对于中共来说是一件大事。中共是在共产国际帮助下建立起来的，在成长过程中一直受到共产国际的指导，其中有错误的也有正确的，但共产国际对早期中共的影响是十分巨大的，在中共党员心目中一直享有崇高地位。中共中央收到季米特洛夫5月20日关于通报共产国际解散，并征求意见的电报后，21日召开政治局会议，作出了赞同共产国际执委会主席团提议的决定。26日中共中央收到莫斯科《真理报》发表的《关于提议解散共产国际的决定》后，当日召开中央政治局会议，正式作出《中共中央关于共产国际执委会主席团提议解散共产国际的决定》，表示："完全同意共产国际执行委员会主席团1943年5月15日关于解散共产国际的提议。中国共产党解除对于共产国际的章程和历次大会决议所规定的各种义务。"③当天晚上，毛泽东在延安干部大会上作关于共产国际解散的报告。他在报告中充分阐述了共产国际解散的积极意义，指出：

共产国际的解散，不是为了削弱各国共产党，而是为了加强各国共产

---

① 《毛泽东军事文集》第2卷，672—673页，军事科学出版社、中央文献出版社1993年版。
② 《共产国际执委会主席团关于提议解散共产国际的决定》（1943年5月15日）中说："过去二十五年事件底整个进程，以及共产国际所积累的经验，已经明确地证明了，共产国际第一代表大会所采取的、符合工人运动复兴初期需要的团结工人的组织形式，日益不能适应这个运动底增长和每个国度内日益复杂的问题，而且还证明了这个形式甚至成了进一步加强各民族工人政党底障碍。"
③ 《中共中央文件选集》第14册，38页，中共中央党校出版社1992年版。

党，使各国共产党更加民族化，更加适应于反法西斯战争的需要。①

毛泽东认为，共产国际解散所达到的目的，同中国共产党正在进行整风运动所追求的目的，即"为了使中国共产党更加民族化，更加适合抗战建国的需要"②，是完全一致的。毛泽东认为需要警惕的是，国际国内有人借共产国际解散，鼓吹和压迫各国共产党解散，尤其要警惕中国出现这种情况。如果出现这种情况，唯一的选择就是坚决斗争，不退半步。恰逢共产国际宣布解散之际，蒋介石准备对陕北发动军事进攻，闪击延安，掀起第三次反共高潮。毛泽东认为，蒋介石的这个举动与他估计日本即将进攻苏联有关，也与他利用共产国际解散之机压迫中共解散有关。对于这种行径，中共的应对之策，就是在政治上坚决予以揭露，在军事上做好反击准备。

总的看，虽然苏联主要是根据自己的战略利益来援助中国的，并且把援华物资都交给了国民党政府，但毛泽东一直把苏联看作中国抗战的坚强后盾，力主发展中苏同盟关系，对于苏联处理国际关系、特别是与苏中关系有关的大政方针，大都持积极肯定和支持的立场。但是，在苏联最希望的中国直接配合它防御日本侵略这个问题上，毛泽东非常清醒地强调，中共只作战略上的配合，以积极、持久抗战行动牵制日本军队，而不是移兵北方，帮助苏联防守边界，更不能在中国军事力量还不占优势的情况下，为配合苏联举行孤注一掷的战略反攻或进攻。毛泽东在苏德战争爆发后发出的第一份党内指示中明确告诉全党：中国共产党在全中国的任务是，"坚持抗日民族统一战线，坚持国共合作，驱逐日本帝国主义出中国，即用此以援助苏联"③。1941年7月15日毛泽东在给周恩来的复电中说得更明确：中

---

① 《毛泽东文集》第3卷，22页，人民出版社1996年版。
② 《毛泽东文集》第3卷，22页，人民出版社1996年版。
③ 《毛泽东选集》第3卷，806页，人民出版社1991年版。

共配合苏联对日作战,"我们采取巩固敌后根据地,实行广泛游击战争,与日寇熬时间的长期斗争的方针,而不采取孤注一掷的方针"①。7月18日,毛泽东针对陈毅、刘少奇电报中提出的"如日本向苏联进攻","我八路、新四必须独力反攻"的意见,明确指出:"但八路、新四大规模动作仍不适宜,还是熬时间的长期斗争的方针,原因是我军各种条件均弱,大动必伤元气,于我于苏均不利。"②毛泽东站在中华民族的立场上来考虑问题,不图苏联之青睐,着眼于长远,决不以大伤自身元气来配合苏联。总的来看,毛泽东是站在中国立场上来思考和处理同苏联的关系的,以有利于中国人民的根本利益和长远利益为出发点和落脚点。

第二,积极争取英、美等民主国家的援助,最大限度地孤立日本。

中共中央1935年12月召开的瓦窑堡会议判断:"日本帝国主义单纯吞并中国的行动,使帝国主义内部的矛盾,达到空前紧张的程度。美国帝国主义完全为着他自己帝国主义的目的,是同日本帝国主义势不两立的,太平洋战争是必然的结果。"③因此,放弃"打倒一切帝国主义"的方针,联合"同一切和日本帝国主义及其走狗卖国贼相反对的国家,党派,甚至个人"④,包括除日本帝国主义之外的其他帝国主义国家。

后来,毛泽东在同来访的斯诺谈话时,讲得更清楚一些:

关于帝国主义问题,一般说来,我们看到列强中有的表示不愿参加一场新的世界大战,有的不愿看到日本占领中国,像美国、英国、法国、芬兰和比利时这些国家。其次是一些长期处于侵略成性的强国威胁之下的国家和较小的民族、自治领、殖民地、半殖民地等,如暹罗、菲律宾、中美

---

① 《毛泽东年谱(1893—1949)》中卷,312页,人民出版社、中央文献出版社1993年版。
② 《毛泽东文集》第2卷,358页,人民出版社1993年版。
③ 《中共中央文件选集》第10册,599页,中共中央党校出版社1991年版。
④ 《中共中央文件选集》第10册,617页,中共中央党校出版社1991年版。

各国、加拿大、印度、澳大利亚、荷属东印度等等，或多或少都受到日本威胁。我们把它们看作自己的朋友，请它们同我们合作。①

中国的抗日战争必须摆脱孤立状态，争取世界大多数国家的支持，唯有如此，才能够打败日本帝国主义。中国不应该拒绝来自任何国家的支持和援助，相反地，应该积极争取这些支持和援助。打破孤立状态，无疑首先要争取苏联的支持，因为苏联同一切帝国主义是对立的，同日本帝国主义更是对立的，苏联可以成为中国抗战最有力的"帮手"。但仅有苏联支持还远远不够，还应大力争取一切反对新的帝国主义战争、反对日本帝国主义侵略中国的国家的支持，切断日本帝国主义的国际"人脉"。英、美、法等国虽然同是帝国主义国家，但它们对于日本帝国主义独占中国是反对的，虽然它们还同日本帝国主义保持着千丝万缕的政治、经济联系，但完全有可能支持中国人民反抗日本帝国主义侵略的战争，重要的问题是要使它们认识到日本占领中国将损害它们在太平洋地区的重大利益。

抗日战争初期，毛泽东对英、法、美在国际范围及中国抗日战争中的作用持基本肯定的态度。即便在《慕尼黑协定》签订后的一段时间里，毛泽东还持这样的看法。1939年1月毛泽东在一次讲话中说道："欧洲问题与亚洲问题有某种程度上的不同，过去英、法在欧洲向希特勒步步退让，而对中国有些不同，现在已经证明了。英、美借钱给我们，这是好的，开了一道门，将来就更有路可走……"并认为：当今世界资本主义国家已分为"法西斯国家"和"民主国家"两大类，"这两类国家的矛盾一天天尖锐化起来"②，这有利于中国抗日战争。

然而，从1939年上半年开始，英、法对日本在亚洲的扩张威胁采取退

---

① 《毛泽东文集》第1卷，391页，人民出版社1993年版。
② 《毛泽东文集》第2卷，154页，人民出版社1993年版。

让政策的趋势日益彰显。7月24日英、日签订的《有田—克莱琪协定》宣布:"英王陛下政府完全认识到正在进行大规模冲突下的中国之实际局势。并注意到在此种局势继续存在之时,在华日军为保障其自身安全与维护其统治区域内治安的目的,有特殊要求。并对任何有碍于日军或有利于其敌人的行为与因素均不得不予以制止或消除。英王陛下政府无意支持任何妨碍日军达到上述目的之行动或措施。"①英国政府承认了日本对中国的侵略,显得既无耻又软弱。美国虽然对日本在西太平洋的侵略扩张持反对态度,并采取了一些遏制日本的措施,如废止1911年签订的《美日通商航运协定》,但却不愿从根本上放弃所谓"中立立场",对中国抗日战争的支持十分有限。在这一形势下,毛泽东对英、法、美的疑虑增大,认为它们企图制造东方慕尼黑,把对德国的绥靖主义政策用于东方,诱导蒋介石集团走上向日本妥协投降的道路,陷中国抗日战争于更加困难的境地。1939年6月毛泽东在《反投降提纲》②中对英、法、美表示了比较负面的看法,他说:"中国投降危险成为当前最大危险的第二个因素,是英、美、法投降主义者加于中国政府的压力。""英、美、法等非侵略国对于侵略国所进行的侵略战争所取的放任政策,正如斯大林所指,不是由于他们力量不足,也不是单纯的由于他们畏惧革命,而是由于他们'坐山观虎斗'的阴谋计划。""鹬蚌相持,渔人得利——这就是英、美、法帝国主义者的现时政策。"③强调"英、美、法政府不可靠"。英、日的《有田—克莱琪协定》公布后,中共中央7月29日发出了《关于反对东方慕尼黑的指示》,明确指出:"英国对日已有了重大的原则的让步。这种让步造成东方慕尼黑的可能严重局势。"④毛泽东9月1日对《新华日报》记者发表谈话,在某种程度上

---

① 转引自王绳祖主编《国际关系史》第6卷,73页,世界知识出版社1995年版。
② 这是毛泽东在延安高级干部会议的报告和结论提纲。
③ 《毛泽东文集》第2卷,206—207页,人民出版社1993年版。
④ 《中共中央文件选集》第12册,150页,中共中央党校出版社1991年版。

修正了早些时候关于"法西斯国家"和"民主国家"的判断，把英、法和德、意归为"两大帝国主义集团"，强调它们"正在狂热地准备战争"，而它们之间的战争都无正义可言，表示了对英、法政府的极度不信任。

第二次世界大战爆发前后，国际形势诡谲多变，英、法、美的政策也在不断调整变化之中。根据国际形势以及英、法、美政策的发展变化，毛泽东随时调整看法及应对之策。

这期间，最大的一个调整，就是由反对中国加入英、美同盟转变为支持中国加入英、美同盟。

1939年9月1日德国发起入侵波兰的闪击战，3日英、法对德宣战，第二次世界大战全面爆发。1940年6月法国沦亡，贝当政府与德国签订停战协定，举手投降。英国被逼到了死角，代替张伯伦政府的丘吉尔政府开始采取"联美、和苏、坚决抵抗德国"的方针。在亚洲，英国对结盟德、意的日本①开始采取强硬立场，开放了基于日本要求曾经关闭的滇缅公路和香港交通，并准备向中国提供借款。美国对日态度也趋于强硬，7月2日罗斯福总统发布了对日本的第一道禁运令，对日实施"道义禁运"，同时加大对华援助，准备在已有2500万美元借款的基础上再提供续借款，援华飞机也从菲律宾运抵中国，如此等等。英、美的这些举动，体现了结盟中国的战略意图。而此时，日本为了尽快实现南下战略，也向国民党政府提出了更加优惠的诱降条件，德国则出面逼国民党政府接受日本的条件。这样，就出现了资本主义世界两大阵营都拉拢中国的局面。蒋介石一感到头上的压力减轻，就开始考虑"剿共"，从1940年秋开始，以华东为重心，准备制造第二次反共高潮。

中共对英、美的态度及对策，主要取决于英、美的对华政策是否有利

---

① 1940年9月27日，日本与德、意正式签订同盟条约，保证以一切政治、经济和军事手段互相支援，形成法西斯阵营。

于坚定蒋介石的抗战立场，是否有利于将抗日战争进行到底。当英、美表现出结盟中国的战略意图时，中共最初的反应是反对中国加入。1940年10月20日，中共中央宣传部的《政治情报第六号》在党内通报了"英美拖中国加入其战争集团"的情况，指出已经低落的反共潮流开始向上高涨，是"国民党英美派放弃独立战争，加入英美同盟的具体准备步骤"，"在此种情况下阻止与援救国民党这一放弃独立战争加入英美同盟的错误方针，是我党当前的严重任务，我们既反对德意日同盟的所谓新秩序，也不赞成英美旧秩序，而主张独立解放的民族革命秩序。我们既反对中国成为日本的工具，也反对中国成为英美的工具，两者都是没有出路的，唯有独立自主的民族革命战争的胜利，才是中华民族的唯一出路"[1]。11月1日毛泽东在给党内重要领导同志的一封电报中，进一步指出蒋介石结盟英、美是幌子，实际是准备投降日本，当前他加紧制造反共危机是为投降日本作准备；并且认为"蒋介石无论是投降日德意或投降英美，均将给我党以大的打击，用武力驱逐新四军八路军于老黄河以北而严密封锁之"[2]。显然，中共这时认为，无论结盟德、意、日还是结盟英、美，均会助长蒋介石的反共意愿，破坏抗日民族统一战线。因为，中共此时还不放心英、美的对日政策，认为它们仍有妥协的可能性，并且认为蒋介石很可能自恃英、美支持而放手反共，而当时蒋的表现也的确如此。如果从更大的国际背景看，此时苏联与英、美之间还未达成共同反对法西斯战争的协议，而苏联对英、美还持批评的立场，这对中共的政策也有很大影响。

但是，毛泽东很快就调整了政策。11月3日毛泽东在给李克农、项英并告周恩来的电报中说："蒋介石准备投降，加入英美集团的宣传是掩护投降的烟幕弹，再不要强调反对加入英美集团，要立即强调反对投降。目前

---

[1]《中共中央文件选集》第12册，522页，中共中央党校出版社1991年版。
[2]《中共中央文件选集》第12册，542页，中共中央党校出版社1991年版。

的投降危险是直接的投降危险,目前的反共高潮是直接投降的准备。"①时隔3天,11月6日毛泽东在给周恩来的电报中就更进了一步,他说:

蒋加入英美集团有利无害,加入德意日集团则有害无利,我们再不要强调反对加入英美集团了,虽然我们也不应该提倡(因为它是帝国主义战争集团)。目前不但共产党、中国人民、苏联这三大势力应该团结,而且应与英美作外交联络,以期制止投降,打击亲日亲德派活动。②

至此,中共在结盟英、美的问题上确定了"赞成"的方针。其中所隐含的更深刻意义,就在于中共开始更多地肯定英、美的对日政策,把英、美视为可以制约蒋介石集团走投降道路的重要外部力量。

随着苏德战争和太平洋战争的先后爆发,中共修改了关于战争性质问题的看法,不再认为第二次世界大战是"春秋无义战",而肯定世界反法西斯同盟进行的战争是正义战争。1941年12月9日中共中央发表《中国共产党为太平洋战争的宣言》,明确指出:"这一太平洋战争,是日本法西斯为了侵略美国英国及其他各国而发动的非正义的掠夺的战争,而在美国英国及其他各国起而抵抗的一方面,则是为了保卫独立自由与民主的正义的解放的战争。"因此,中共完全赞成"中国与英美及其他抗日诸友邦缔结军事同盟,实行配合作战,同时建立太平洋一切抗日民族的统一战线,坚持抗日战争至完全的胜利"③。同日,中共中央在《关于太平洋反日统一战线的指示》中告诉全党:"中国人民与中国共产党对英美的统一战线特别有重大的意义。一方面,在与英美合作之下,消灭日寇是中国民族解放的必要前提;

---

① 《毛泽东年谱(1893—1949)》中卷,220页,人民出版社、中央文献出版社1993年版。
② 《中共中央文件选集》第12册,551页,中共中央党校出版社1991年版。
③ 《中共中央文件选集》第13册,248—249页,中共中央党校出版社1991年版。

他方面，中国内部团结一致，改革政治军事，积极牵制打击敌人，积极准备战略反攻，又是英美战胜日寇的重要条件。为此目的，中国共产党应该在各种场合与英美人士作诚恳坦白的通力合作，以增加英美抗战力量，并改进中国抗战状况。"[1]有了这样的新判断，中共也就有了推动建立抗日国际统一战线更加广阔的空间。

第三，开展半独立性的外交，努力扩大中共的国际影响。

1944年8月18日，中共中央发出了《关于外交工作的指示》，这是中共历史上的第一份关于外交工作的文件，其意义不言而喻。

这份文件的背景是美军观察组到达延安，在此之前还有中外记者团到达延安，中共及其领导的根据地向国际社会，特别是西方世界打开了大门，冲破了国民党对中共及其领导的根据地的封堵。文件说：

由于我党政军民的努力和国民党统治人士的日益反动与无能，目前两个中国（新民主的中国和法西斯化的中国），在抗战营垒中的对照是更加明显了，这次外国记者美军人员来我边区及敌后根据地，便是对我新民主中国有初步认识后的实际接触的开始，因此，我们不应把他们的访问和观察当作普通行动，而应把这看作是我们在国际间统一战线的开展，是我们外交工作的开始，但须指明，这种外交现在还是半独立性的外交，因为一方面重庆国民政府还是中国人（我们在内）及同盟国所承认的中央政府，许多外交来往还须经过它的承认。但另一方面，国民党是不愿意我们单独进行外交活动的，我们与同盟国家只有冲破国民党种种禁令和约束，才能便于我们外交来往和取得国际直接援助，所以我们的外交，又已经是半独立性的。[2]

---

[1]《中共中央文件选集》第13册，251—252页，中共中央党校出版社1991年版。
[2]《中共中央文件选集》第14册，314—315页，中共中央党校出版社1991年版。

所谓"半独立性的外交",除了文件中所强调的中共在国民政府外交之外的对外交往活动这个性质之外,就是中共直接和西方世界国家政府(首先是美国政府)打交道,建立准官方关系。就这一点而言,是中共国际统一战线理论和实践的一个重大发展和突破。

在此之前,中共虽然强调联合世界上一切反对法西斯侵略的国家,最大范围地孤立日本帝国主义,但除了同苏联共产党及共产国际保持联系之外,同西方国家政府完全没有交往。这并不是因为中共拒绝同西方国家政府打交道,而是西方国家政府的战略筹码里基本没有中共,中共是被忽略不计的。

其实,中共中央到达陕北,在进一步从政治上纠正了王明"左"倾冒险主义错误、结束了"关门主义"之后,就努力建立和世界的联系,打破封闭状态,争取进入世界的视野。早在刚刚到达陕北后不久的1936年夏季,中共中央领导人就热情地接待了美国记者埃德加·斯诺。毛泽东于7月、9月间亲自和他谈了十几个日日夜夜,详细向他介绍了中国革命及红军的历史,阐述了中共在中日矛盾上升为中国社会主要矛盾情况下的内外政治主张。谈话中,毛泽东深入分析了日本侵略中国给太平洋地区国际关系带来的影响,强调"东方的和平与战争问题是一个世界性问题"[①],呼吁美国政治家放弃"孤立主义"政策,支持和援助中国的抗日战争。毛泽东还特别说道:

援助可以从两个方面体现:(1)向中国抗日力量提供信贷和借款,出售军需品和飞机;或(2)在抗战实际开始时对日本进行封锁。如果美国和英国能够提供这样的援助,中国人民同美国人民和英国人民之间将会建立

[①]《毛泽东文集》第1卷,400页,人民出版社1993年版。

起最牢固的友谊和同情。①

毛泽东在这里突出强调美、英向"中国抗日力量"提供援助，表达了中共希望得到美、英支持和援助的信息。因为，此时国民党蒋介石集团还奉行"攘外必先安内"的政策，对日本侵略采取不抵抗政策，还只能算是可能的而不是现实的"中国抗日力量"。

毛泽东还着意说明了"苏维埃是其中一部分"的"中国人民政府"的外交政策是："那些曾在中国的独立和解放战争中给予援助或未曾反华的国家可以享有同中国亲密友好和互利的关系……如果中国真正赢得了独立，外国人在中国的合法贸易利益将会有比过去更多的机会……苏维埃政府欢迎外国资本的投资。中国过去未能利用外国资本使中国人真正得到好处，外国资本给群众带来很少好处，或者根本没有好处。只有在中国取得真正的独立和民主之后，才有可能把大量外资用于大规模地发展生产事业。也只有自由的中国，由于生产性经济的广泛发展，才能够偿还这种外国投资的本金和利息。"②透露出了中共争取美、英支持的强烈意向。应该说，这是中共冲破"左"的束缚，务实、自主地制定战略策略的必然结果。

但是，中共和美、英政府直接建立联系，在抗日战争全面爆发前夕是根本不可能的，甚至在抗日战争全面爆发后相当长一个时期内也是不可能的，一方面固然有国民党蒋介石集团封锁的原因，另一方面也有中共及其军队自身还弱小的原因。此外，美、英都还没有下定抵抗日本侵略扩张的决定，对中国的抗日战争持观望态度。

抗日战争进入1944年，国际形势和中国国内形势都发生了巨大变化，

---

①《毛泽东文集》第1卷，392页，人民出版社1993年版。
②《毛泽东文集》第1卷，392—394页，人民出版社1993年版。

中共的军事力量及其地位作用已不可同日而语。经过1944年将近一年的局部反攻，中共领导的敌后抗日根据地已经遍布西北、华北、华东、华中、华南各个地区，人口达到9000多万，军队数量增加到78万，组织起的民兵达200多万[1]，牵制了大部分日伪军，逐步占据了战略主动地位。而国民党领导的正面战场却战绩不佳，在整体上还处于被动局面。1944年4—12月日军为打通平汉和粤汉铁路，控制通往越南等地的大陆交通线而发起了豫湘桂战役[2]。国民党军在日军进攻面前节节败退，折兵失地，仅河南会战就损失兵力20万，丢失城市38座，退到了豫陕边的伏牛山。

美国希望中国承担起牵制和消耗日军的重要责任，因而对国民党蒋介石集团的表现十分失望。在这个形势下，美国政府开始注意中共及其领导的敌后战场。中共驻重庆代表周恩来早就在同美国官员的接触中多次表示，欢迎美国军事代表团和记者去延安参观。1944年2月美国罗斯福总统致函蒋介石提出了派美军观察组去中共控制区域的要求，但被蒋介石拒绝。6月美国副总统华莱士访华，经过交涉，征得蒋介石同意，并同中共代表磋商，决定以"美军观察组"名义派观察员赴延安。

美国政府愿意同中共建立直接联系，其战略意图是很明确的：一者同中共军队进行某种程度的合作，以刺激蒋介石对日采取更积极的行动；二者掌控国共双方，增强主导中国事态发展的能力；三者获取更多、更准确的有关华北日军的情报，因为国民党的力量退出了这个地区，情报源缺失；四者取得中共军队对其在华北、华东地区军事行动的配合。就是说，美国

---

[1] 这些数据取自《中国人民解放军战史》第2卷，440页，军事科学出版社1987年版。
[2] 日军发动豫湘桂战役的目的是夺取广西桂林、柳州，以防备美军经由印度、缅甸、中国云南进攻华南，同时贯通南北铁路，以开辟经过法属印度支那与其南方军的联络，并通过重创国民党军主力以撼动重庆政权。战役分两个阶段，第一阶段为河南会战，又称平汉会战，目标是突破中国军队的正面防线，打通至武汉的平汉线；第二阶段为湘桂作战，又称湖南会战，目标是消灭湘中的中国守军，打通粤汉铁路，进而攻占广西。豫湘桂战役是日军在中国战场捞到的最后一根"稻草"，虽然打通了平汉、粤汉铁路，把南北日军联结了起来，但也损失惨重，造成兵力进一步分散，对其在太平洋战场上的败势根本无补。

政府是为了美国的战略利益同中共建立准官方关系的。

中共中央对美军观察组来延安,是由衷欢迎的。

7月22日、8月7日,由史迪威任司令的美军中缅印战区司令部分两批共18人向延安派出观察组,组长是情报官员鲍瑞德。8月15日《解放日报》发表了毛泽东改定的社论《欢迎美军观察组的战友们》。这篇社论说:美军观察组到达延安,"这是中国抗战以来最令人兴奋的一件大事"[1]。喜悦之情溢于言表。

中共之所以要积极促成美军观察组赴延安,并如此诚挚地欢迎美军观察组,其中的基本考虑就是打破国民党一手遮天的政治局面,借重美国政府和中共之间的准官方关系制衡国民党蒋介石集团,遏制其反共情结,以维持和巩固抗日民族统一战线,将抗日战争进行到底,彻底驱逐日本帝国主义。关于这一点,毛泽东在《解放日报》社论中说得很明白:

现在不但外国记者团到了延安,而且美军观察组也到了延安,我们相信,该组的战友们一定会对此间情况,作周密的和深刻的观察,并对于双方如何亲密合作以战胜日寇,必能多所擘划。国民党想要永远一掌遮天,已经困难了。[2]

此外,毛泽东还有更长远的考虑,即抗日战争胜利后的和平民主建国问题。在7月26日宴请美军观察组第一批成员时,毛泽东对坐在身边的时任美国驻华大使馆二等秘书的谢伟思提出,美国能否在延安建立一个领事馆,并解释之所以会提出这个问题,是因为抗日战争结束后美军观察组会

---

[1]《毛泽东外交文选》,34页,中央文献出版社、世界知识出版社1994年版。
[2]《毛泽东外交文选》,37页,中央文献出版社、世界知识出版社1994年版。

立即撤出延安,而那时正是国民党发动进攻和打内战的最危险的时机。[①]当然,在1944年时争取抗日战争的彻底胜利还是最现实的考虑,但美国政府这时所表现出来的友善,使中共感到美国的力量可以借重,发展同美国政府的准官方关系有利于推动国内民主政治,有利于遏制国民党蒋介石集团的内战冲动,有利于维护抗战胜利后的和平局面。因此,中共愿意同美国等同盟国展开合作。

军事合作是同美国进行合作的重要方面。中共中央《关于外交工作的指示》有这样明确的表述:

军事上,是在取得我们同意和遵守政府法令的条件下,同盟国的军事人员及其武装力量,可进入我们地区,执行共同抗敌的一切工作,并取得我们协助,同时我们也欢迎盟国给我军以军火物资药品和技术上的援助。[②]

同美军的军事合作,中共给予积极落实。8月21日,毛泽东致电新四军领导人张云逸、饶漱石、赖传珠等,指示:

美军准备在中国登陆,要求和我军配合作战,五师地区美军已派人去,我们已许其设无线电网并提供情报,不久他们即将派人来军部并在上海及沿江沿海设无线电网,其目的不但目前便利空军轰炸,而且准备将来登陆作战取得配合。美军在中国登陆时间,据有些美国人估计已不在很远。因此请你们认真布置吴淞、宁波、杭州、南京间,特别是吴淞至宁波沿海及沪杭甬铁路沿线地区的工作,广泛地发展游击战争及准备大城市的武装起义。[③]

[①]《毛泽东年谱(1893—1949)》中卷,531页,人民出版社、中央文献出版社1993年版。
[②]《中共中央文件选集》第14册,316页,中共中央党校出版社1991年版。
[③]《毛泽东年谱(1893—1949)》中卷,537—538页,人民出版社、中央文献出版社1993年版。

11月2日，毛泽东和刘少奇联名致电新四军领导人饶漱石、张云逸、赖传珠等，明确指示：

美军可能在杭州湾登陆，而我们在那一带工作还很薄弱。为了配合美军登陆及准备夺取杭州、上海、苏州、南京等大城市，除粟裕带两团南进外，请你们考虑下列步骤：(1)设立苏浙军区，以粟裕为司令员，谭震林为政委，统一指挥苏南及全浙，将来必要时设立中央分局领导之。(2)除即调两团外，准备再从一、三、二、四各师中调五至六个团南进。(3)从军直及各地抽调大批干部加以两三星期训练，陆续派往苏浙。(4)对各大城市工作作具体布置。(5)对苏浙各区(浙东区、沪东区、杭嘉两区、浙西区、浙南区、苏南各区)作具体布置。①

美军后来未实施杭州湾登陆的计划，但毛泽东对美军提出的配合作战的要求，给予了认真对待，进行了积极部署。这其中的战略意图不言而喻，就是要使美国人认识到中共是中国政治舞台和军事舞台上不可忽视的力量，也是值得合作的力量，切勿在国共冲突中站在国民党蒋介石集团一边"拉偏架"。

当然，中共中央对美国政府的政治立场始终抱有清醒的判断。《关于外交工作的指示》明确说道：

目前美英苏外交的重心仍是放在国民党方面，且就英美内部言，也有进步中间顽固三种势力存在，即在其政府中亦复如此，而英又较美为差。故我们对其政府及其来往人员不应看成一模一样，而应有所研究和分析，

---

① 《毛泽东军事文集》第2卷，733页，军事科学出版社、中央文献出版社1993年版。

因之在国内统战中的策略原则，一般的也适用于国际统战。①

强调对美、英"不应希望过高"，不要把命运寄托在美、英的支持和援助上面，而要把立足点放在"依靠自己"上面，即"站稳我们的民族立场"，既不盲目排外，又不妄自菲薄；既要积极交往，又要保持必要的警觉；既要善于学习他人优长，又不惧外媚外；如此等等。更重要的是，在同美、英打交道，即实行国际统一战线时，须注意适用国内统一战线政策原则。所谓国内统一战线的政策原则的精神实质，就是团结、斗争、团结，以斗争求团结，在原则问题上旗帜鲜明，同时又高度灵活，做到有理、有利、有节。正是因为保持这样一种心态和立场，所以当美国政府决定抛开中共而完全站在了国民党蒋介石集团一边时，中共能够沉着应对，而无丝毫的意外和失落。

八、毛泽东军事思想成为党的军事理论旗帜

1945年4月23日至6月11日，中国共产党第七次全国代表大会在延安杨家岭中央大礼堂召开。这次代表大会是中共历史上空前成功的一次代表大会，不仅正式形成了党的第一代领导集体，而且全党思想实现了高度统一，举起了中国化的马克思主义——毛泽东思想的旗帜。

军事思想是毛泽东思想的重要内容。在中共七大上，"毛泽东的军事思想"这一概念被正式提了出来。

在筹备七大的过程中，根据1944年5月10日中共中央书记处关于立即准备七大的决议，成立了以朱德为召集人的"军事问题报告委员会"②，有彭

---

① 《中共中央文件选集》第14册，315页，中共中央党校出版社1991年版。
② 同时成立的还有组织问题报告委员会（刘少奇为召集人）、党内历史问题决议准备委员会（任弼时为召集人）、统战工作报告委员会（周恩来为召集人）。

德怀、林彪、刘伯承、陈毅、叶剑英、谭政、徐向前、贺龙、聂荣臻等人参加。陈毅受报告委员会委托，起草了军事问题报告的初稿，标题是《建军报告》①。在这份初稿里，陈毅提出了"毛泽东军事学派"这一概念，并设专章加以论述。陈毅对"毛泽东军事学派"的界定是这样的：

> 毛泽东军事学派是在反对新旧教条主义的斗争中创立起来的，其特点是以实事求是的方法去研究中国战争的实际，去发现和掌握中国革命军事的总规律，他有别于一般军事说，也有别于一般革命军事学。②

陈毅强调，"毛泽东军事学派"既不是简单地继承孙吴兵学之类的民族前辈，不是完全照抄资本主义国家的军事经验，也不是机械地搬用苏联的革命军事学派，而是"马列主义运用到中国革命环境的新的发展和创造"，是"一条正确的政治路线运用到军事领域"创造出来的"中国革命的军事理论，中国革命的战略战术，完整的军事理论系统"。"毛泽东军事学派"这个概念，后来没有被采用，不为更多的人所知晓，但陈毅把毛泽东的军事主张作为一个完整的理论体系，作为中国共产党人运用马列主义来解决中国革命战争实际问题所作出的理论创造来把握是准确的。

陈毅初稿主要着眼于党内统一思想。随着对中共七大所处历史方位更加精准的把握，向大会提交的军事报告需要有更高的站位，不仅要总结自延安整风以来对党的军事斗争历史进行反思所得到的符合中国战争实际的正确认识，而且须站在中国抗日战争全局的高度来回答国共之间的两条路线之争，说清楚两个战场（敌后战场和正面战场）、两个军队（共产党军队

---

① 这份初稿，由于六届七中全会决定七大的各报告由只对内调整为既对内也对外，因而没有被采用，后收入《陈毅军事文选》。
②《陈毅军事文选》，335页，解放军出版社1996年版。

和国民党军队)、两个区域(解放区和国统区)的分野,系统阐述中国共产党的抗战军事路线,回答全国人民乃至世界的关切。

1945年4月24日毛泽东向中共七大提交《论联合政府》书面报告。报告中全面阐述了中共的抗日战争路线,其中包括军事路线。

毛泽东把这条军事路线概括为"人民战争"。

他指出:中共领导的军队在抗战初期力量是很弱小的,人们看不起这支军队,然而它一旦开赴抗日前线,和人民相结合,就迅速发展壮大起来,虽然现在数量仍然少于国民党军队,但"按其所抗击的日军和伪军的数量及其所担负的战场的广大说来,按其战斗力说来,按其有广大的人民配合作战说来,按其政治质量及其内部统一团结等项情况说来,它已经成了中国抗日战争的主力军",是一支拥有强大力量的军队。而这支军队之所以有力量,就是因为这支军队以"紧紧地和中国人民站在一起,全心全意地为中国人民服务"为"唯一的宗旨",并且创造和实行了一套能够把人民群众动员和组织起来的军事体制及战略战术。[1]这是人民战争路线的核心要义,就是说,这支军队为中国人民利益而战,依靠中国人民的力量来战胜敌人。与此相对照,"国民党之所以失败,就是因为它拼命地反对人民战争"[2],站在人民的对立面。

他进一步指出,贯彻人民战争路线,必须拥有一支人民军队。只有拥有一支站在人民立场上的军队,中国人民才能要自由,要统一,要联合政府,"没有一支人民的军队,便没有人民的一切"[3]。毛泽东在当天对报告作口头说明时指出:"我们的军队是人民大众的军队,它属于人民大众,它为人民大众,这也就是民有、民治、民享,是新三民主义即新民主主义的军

---

[1]《毛泽东军事文集》第2卷,769页,军事科学出版社、中央文献出版社1993年版。
[2]《毛泽东军事文集》第2卷,772页,军事科学出版社、中央文献出版社1993年版。
[3]《毛泽东选集》第3卷,1074页,人民出版社1991年版。

队，是在共产党领导下的人民大众的反帝反封建的军队。这个军队是在无产阶级领导下的。"①毛泽东在这里提出了人民军队理论，其要点有三：（1）中国人民要实现自己的利益，必须拥有一支属于自己的人民军队；（2）人民军队的宗旨是全心全意为中国人民服务，这是这支军队性质的集中体现，也是这支军队质量的根本基础；（3）人民军队是共产党领导下的军队，这是决定人民军队性质的根本性因素。

4月25日，朱德在中共七大第三次全体会议上作军事报告《论解放区战场》。报告分"抗战八年""论解放区战场""中国人民抗战的军事路线""今后的军事任务""结束语"五个部分。在军事报告中，朱德使用了"毛泽东同志的军事路线""毛泽东同志的军事学说"等概念，强调了毛泽东的军事思想的指导地位。他在"结束语"中说道：

我们伟大的中国共产党，二十四年来和中国人民在一起，为民族解放和社会解放而斗争，在这个斗争过程中不但已锻炼出了一条极坚强的政治路线，能够解决中国政治问题，而且已锻炼出一条极坚强的军事路线，能够解决中国革命战争问题。这条军事路线，正如政治路线一样，其代表人物就是我们的伟大领袖毛泽东同志。为着争取抗战的胜利，我在这大会上特别号召同志们去认真学习毛泽东同志的军事学说，一如认真学习毛泽东同志的政治、经济、文化的学说一样，所有部队、军事学校、军事训练班，都必须以毛泽东同志的军事学说作为基本教本，作为教育的灵魂，以便于在思想上加强武装自己战胜敌人。②

朱德的报告在两处对"毛泽东同志的军事学说"作了概括。一处是在

---

① 《毛泽东在七大的报告和讲话集》，132页，中央文献出版社1995年版。
② 《朱德军事文选》，540页，解放军出版社1997年版。

"解放区抗战的经验"一节中,论述是:"人民的军队、人民的战争、人民的战略战术,三者是一致的东西,这三者一致的东西造成了各个解放区战场,又恰是各解放区战场作战的特点。""所有上述这一切,都是我们解放区在中国共产党和毛泽东同志领导下进行抗日人民战争的经验,都是从中国共产党和毛泽东同志的正确政策及抗日人民战争中产生出来的东西。"再一处是在"两条不同的军事路线"中,论述是:"毛泽东同志的军事路线,总括地说,就是人民军队的路线,就是人民战争的路线。"[1]把这两处论述综合起来,"毛泽东同志的军事学说"的内容,可以被理解为包括"人民战争、人民军队、人民战争的战略战术"三个方面。朱德的论述,成为后来概括毛泽东军事思想基本内容的重要依据。

朱德5月30日出席中共七大第十七次全体会议,作关于军事问题结论的报告,回答代表在分组讨论军事报告时提出的问题。在这个报告中,朱德提出了"毛泽东的军事思想"这个概念。他说:

  毛泽东的军事思想,也就是马克思主义的中国化。用辩证法来分析中国的政治,同时也分析中国的军事。这个方法是完成了的。[2]

朱德在这里使用了一个非常重要的概念——"马克思主义的中国化",并用这个概念来界定"毛泽东的军事思想"的本质特征,从而揭示了中国共产党举起毛泽东思想旗帜及毛泽东军事思想旗帜的根本意义所在。

从陈毅的军事报告初稿提出"毛泽东军事学派"到朱德在中共七大上提出"毛泽东的军事思想",他们都强调中国共产党在长期革命战争中,依靠自己,依靠人民,创造了一条符合中国实际情况的军事路线,并强调遵

---

[1]《朱德军事文选》,515、517页,解放军出版社1997年版。
[2]《朱德军事文选》,548页,解放军出版社1997年版。

循这条军事路线，中国革命战争就走向胜利，反之则招致失败，因此必须用这条军事路线来统一全党全军的思想，按照这条军事路线进行革命战争。

这表明中国共产党人在中国革命战争指导思想上实现了一次历史性的飞跃，举起了毛泽东思想及毛泽东军事思想的旗帜。这面旗帜的根本性意义，就在于全党全军在坚持马克思主义普遍真理和中国革命实际相结合这一点上达成了高度共识。

把马克思主义普遍真理和中国实际相结合，这可是一个高屋建瓴的"大智慧"。有了它，中国共产党人在精神上就真正获得了解放，更加自信，更加主动，也更加富有创造精神和进取精神，从而也就更加富有生机和活力。

毛泽东军事思想从形成到被全党全军所接受并确立为指导思想，经历了一个漫长而复杂的过程。

毛泽东军事思想是什么时间形成的呢？朱德在中共七大军事报告中所概括的毛泽东军事思想的基本内容——人民战争思想、人民军队思想、人民战争的战略战术思想，应该说在土地革命战争年代就大体上形成了。

人民战争思想，解决了中国革命战争的基本路径和依靠力量问题。陈毅在《建军报告》中论及中国革命战争的特点时说："农民与革命战争相加，加上无产阶级领导，这才是全面性的东西。"[①]朱德在对"毛泽东的军事思想"作说明时也指出："军队的产生、发展、壮大要依靠农村，依靠根据地，依靠根据地政权来养活。这是毛泽东军事思想的特点。"[②]在中国的社会历史条件下，中国共产党领导的革命战争必须走农村包围城市的道路，这既正确解决了中国革命战争的基本路径问题，也正确解决了中国革命战争的依靠力量问题。从这个角度看，人民战争思想和农村包围城市思

---

① 《陈毅军事文选》，321页，解放军出版社1996年版。
② 《朱德军事文选》，549页，解放军出版社1997年版。

想是一体的。也正是从这个角度看,毛泽东的人民战争思想,在1930年初就形成了,其标志性的文献就是落款1930年1月5日的《星星之火,可以燎原》。

人民军队思想,解决了建军基本原则问题。陈毅的《建军报告》对人民军队的建军原则作了概括,如铲除旧军队脱离人民、脱离生产而养成的雇佣性质,必须着手进行政治教育、提高官兵政治觉悟,实行民主制度,坚持党的领导,实行革命的政治工作,建立团结人民群众的纪律制度,建立优待俘虏制度,注意减轻人民负担、创造根据地等,并指出这些原则,"包括在1929年12月古田会议的讨论和决议之中"。朱德也认为,红四军九大奠定了人民军队建军原则的基础(称之为"初步完成")。这就是说,1929年12月的古田会议决议标志着毛泽东人民军队思想的形成。

人民战争的战略战术思想,解决了中国革命战争的作战指导原则问题。毛泽东曾经很明确地指出:"等到战胜敌人的第三次'围剿',于是全部红军的作战原则就形成了。"[1]从提出游击战争"十六字诀"到提出"诱敌深入"方针,并运用这个方针连续取得了第一、第二、第三次反"围剿"作战的胜利,红军形成了一整套以积极防御为要旨的作战指导原则,以后都是在这个基础上的发展。可以确切地说,经过游击战和游击性运动战,人民战争的战略战术思想到1931年9月第三次反"围剿"时就形成了,当时称为"红军作战原则"。

毛泽东军事思想作为一个完整的思想理论体系,从土地革命战争时期形成到1945年在中共七大上被全党全军所接受并正式确立为指导思想,其间经过了10余年。

这个过程,从实质上说,就是一个把马克思主义普遍真理和中国革命

---

[1]《毛泽东军事文集》第1卷,725页,军事科学出版社、中央文献出版社1993年版。

实际相结合，并以此来统一全党全军思想的过程。

毛泽东早就意识到了这一点。

还是在总结红四军七大前后那场涉及内容广泛的大争论的教训时，毛泽东就提出要反对"主观主义"，在《古田会议决议》中提出要"使同志们知道离开了实际情况的调查，就要堕入空想和盲动的深坑"①。他在1930年5月撰写的《反对本本主义》一文中进一步提出："马克思主义的'本本'是要学习的，但是必须同我国的实际情况相结合。"并强调"中国革命斗争的胜利要靠中国同志了解中国情况"②。但是，毛泽东的这些告诫在当时并没有在党内引起广泛的注意和重视，教条主义之风不仅没有"刹车"，反而愈演愈烈，直到王明"左"倾教条主义主导了中央路线，中共党内的教条主义达到了登峰造极的地步。经过惨痛的失败，人们才重新认识到毛泽东的那一套主张的正确性，才把毛泽东推到了全党全军的领导位置上。然而，由于人们没有真正理解并奉行马克思主义普遍真理和中国实际相结合这个道理，一遇风吹草动，毛泽东的符合中国实际的正确主张还会被冷落。

从1937年的十二月政治局会议到中共六届六中全会召开前的一段时间里，王明的右倾主张在党内获得了一定市场，洛川会议制定的路线方针政策在一些区域得不到贯彻。总结这场斗争的经验教训，毛泽东在六届六中全会的报告中强调：

使马克思主义在中国具体化，使之在其每一表现中带着必须有的中国的特性，即是说，按照中国的特点去运用它，成为全党亟待了解并亟须解决的问题。③

---
① 《毛泽东军事文集》第1卷，93页，军事科学出版社、中央文献出版社1993年版。
② 《毛泽东选集》第1卷，111—112、115页，人民出版社1991年版。
③ 《毛泽东选集》第2卷，534页，人民出版社1991年版。

毛泽东提出了"马克思主义中国化"的概念①，要求"洋八股"必须废止，空洞抽象的调头必须少唱，教条主义必须休息，而代之以"新鲜活泼的、为中国老百姓所喜闻乐见的中国作风和中国气派"②。这就把马克思主义普遍真理和中国实际相结合的问题鲜明地提到全党全军面前。毛泽东认为，唯有在这个问题全党全军达成共识，才能从根本上纠正形形色色的教条主义，才能制定和实行符合中国实际情况，从而可以把中国革命引向胜利的路线方针政策，才能在中国这个半殖民地半封建的东方大国里开辟一条正确的革命道路。

中共六届六中全会后，毛泽东号召全党结合中国实际学习马克思列宁主义，造就一批掌握革命理论、掌握历史知识和熟知中国实际的领导骨干。1941年初发生的皖南事变，从深层次上说，是王明"一切经过统一战线，一切服从统一战线"错误路线所带来的恶果，而这条路线有共产国际背景，因而还束缚着党内一些人的头脑。③这促使毛泽东下决心开展一次以端正党风、学风、文风为内容的整风运动，使全党真正从教条主义和迷信共产国际的精神束缚中解放出来，确立起一切从实际出发的马克思主义思想路线，树立起独立自主地探索中国道路的信心。就是说，要用活的马克思主义，而不是死的马克思主义来指导中国革命。从毛泽东1941年5月作《改造我们的

---

① "马克思主义中国化"这个概念在延安时期就已经叫响了。如周恩来1943年8月2日在中央办公厅举行的欢迎他回延安的大会上说："我们党二十二年的历史证明：毛泽东同志的意见，是贯穿着整个党的历史时期，发展成为一条马列主义中国化，也就是中国共产主义的路线。"（《周恩来选集》上卷，138页，人民出版社1980年版）朱德在七大上作关于军事问题结论报告时说："毛泽东的军事思想，也就是马克思主义的中国化。"（《朱德军事文选》，548页，解放军出版社1997年版）
② 《毛泽东选集》第2卷，534页，人民出版社1991年版。
③ 1941年3月26日，毛泽东在讨论增强党性问题的中共中央政治局会议上说：项英、袁国平的错误，中央也要负责，因1937年12月政治局会议是有些错误的。当时对形势估计不足，没有迅速地布置工作；其次对国共关系忽视了斗争性，因此边区也失掉些地方，直到张国焘逃跑后才解决，对全国的影响也很大。（《毛泽东年谱（1893—1949）》中卷，285页，人民出版社、中央文献出版社1993年版）在1937年12月政治局会议上，王明提出了"一切经过统一战线，一切服从统一战线"的口号，并批评了毛泽东提出的保持独立自主的政治原则和军事原则。

学习》的报告到1944年5月中共六届七中全会开幕，延安整风运动历时整整3年，收到了把全党全军思想统一到"马克思主义中国化"这面旗帜之下的效果，促进了全党全军在统一思想基础上的高度团结。延安整风运动，为中共七大树立毛泽东思想及毛泽东军事思想的旗帜打下了坚实基础。

中共七大树立起毛泽东思想及毛泽东军事思想的旗帜，得到全党全军的一致由衷拥护，更重要的原因，还是毛泽东所制定的政治路线、军事路线经受住了抗日战争的严酷考验，中国共产党及其领导的军队迎来了一个大发展的全新局面。朱德在中共七大军事报告中提供了一组数据：经过将近8年时间，到中共七大召开时，八路军、新四军及华南纵队全军总兵力计91万，民兵220万以上，遍于华北、华中、华南19个解放区，人口共计9550万。对敌作战取得了辉煌战绩：从1937年9月到1945年3月，总计对敌作战大小战斗11.5万余次，击毙和杀伤敌伪军计96万余人，俘虏敌伪军计28万余人，争取投诚反正敌伪军10万余人；在1944年日军发动豫湘桂战役之前，八路军、新四军及华南纵队抗击侵华日军的64%，抗击日伪军的95%；截至中共七大召开前，侵华日军40个师团58万人中，八路军、新四军及华南纵队所抗击的仍有22个半师团32万人，占56%。然而，全面抗战刚刚开始时，八路军不过4.6万余人，新四军不过1.2万余人，根据地偏居西北一隅。

所有这些都有力地证明，毛泽东基于对民族矛盾和国内阶级矛盾之间关系的准确把握而为中共制定的政治路线、军事路线是完全正确的。正是循着这样一条政治路线、军事路线，中共领导的敌后战场蓬勃发展，中共领导的民族民主革命力量空前壮大，成为中华民族抗击日本帝国主义侵略的中流砥柱，成为一支可以左右中国命运的强大力量。高高举起毛泽东思想及毛泽东军事思想旗帜，表明中共已经从幼年走向了成熟，可以承担起领导亿万中国人民创造光明中国的历史重任。

应付抗战胜利后局势的总方针：争取和，准备战

一、应付战后局面的战略预置

1941年12月7日（夏威夷时间），日本海军偷袭珍珠港，重创美国太平洋舰队，同时向南太平洋发起全面进攻，企图把美、英、荷等国彻底驱逐出这个地区，独自实行殖民统治。日本此举等于打开"魔瓶"，招来了它根本无法抵御的强大力量。它赢得了初战胜利，但却打开了彻底失败的大门。

翌日，美、英对日宣战，放弃长期实行的两面观望政策，开辟太平洋战场。中国抗日战争的国际环境大为改观。1942年1月1日，美国邀请中国，同美、英、苏领衔签署《联合国家宣言》，建立起国际反法西斯联盟[①]，一扫国际社会中令人窒息的沉闷空气。3月21日美国政府同意向中国提供5亿美元贷款。6月2日美国和中国签订了《抵抗侵略互助协定》，约定中美双方在战争期间相互提供用于防卫的兵力、物资和情报。美国根据《租借法案》向中国提供军火和其他物资。

日本取得了太平洋战争初战的胜利，不到半年时间相继占领了泰国、中国香港、马来亚、新加坡、荷属东印度、菲律宾、缅甸、关岛、威克岛、所罗门群岛及新几内亚的一部分，连同已经侵占的中国、朝鲜和印度支那，

[①] 1942年1月1日参加签署《联合国家宣言》的共有26个国家，除美、英、苏、中外，还有澳大利亚、比利时、加拿大、哥斯达黎加、古巴、捷克斯洛伐克、多米尼加、萨尔多瓦、希腊、危地马拉、海地、洪都拉斯、印度、卢森堡、荷兰、新西兰、尼加拉瓜、挪威、巴拿马、波兰、南非、南斯拉夫。至1945年5月1日又先后有玻利维亚、巴西、智利、哥伦比亚、厄瓜多尔、埃及、埃塞俄比亚、法国、伊朗、伊拉克、黎巴嫩、利比里亚、墨西哥、巴拉圭、秘鲁、菲律宾、沙特阿拉伯、叙利亚、土耳其、乌拉圭、委内瑞拉等21个国家陆续加入宣言。

在亚太控制了5亿左右人口和700万平方公里的地域。在中国战场上，中日双方相持胶着，日军依然有能力发动局部攻势，抗日战争尚处于最困难最艰苦的阶段。

然而，毛泽东此时便断定日本覆亡的日子不远了，胜利曙光已经初现，应该开始思考抗日战争胜利后的中国历史走向，筹谋相应对策，做好必要的战略预置。

1942年7月9日，毛泽东给当时在山东的刘少奇发了一封高度机密的电报，其中说道：

> 但有一点须与你商酌的，即是山东的重要性问题。国内外局势是很有利的。反希特勒斗争今冬明春就有胜利希望，如此则明年秋冬就有战胜日本希望。苏英美三国团结得很好，影响到国共关系亦不会很坏。我们的方针是极力团结国民党，设法改善两党关系，并强调战后仍须合作建国。整个国际局势战后一时期仍是民主派各界合作的统一战线的民主共和国局面，中国更必须经过民主共和国才能进入社会主义。在此国际总局势下，国民党在战后仍有与我党合作的可能。虽然亦有内战的另一种可能，但我们应争取前一种可能变为现实。因此，就须估计日本战败从中国撤退时，新四军及黄河以南部队须集中到华北去，甚或整个八路、新四须集中到东三省去，方能取得国共继续合作的条件（此点目前不须对任何人说），如此则山东实为转移的枢纽。同时又须估计那时国民党有乘机解决新四的可能，如蒋以重兵出山东切断新四北上道路，则新四甚危险，故掌握山东及山东的一切部队（一一五师、山纵、杨苏纵队）造成新四向北转移的安全条件，实有预先计及之必要。①

---

① 《毛泽东军事文集》第2卷，681—682页，军事科学出版社、中央文献出版社1993年版。

毛泽东在这段话里清楚地表达了三层意思。第一，抗战胜利后国共两党之间，既有和的可能，也有战的可能，但和的可能性比较大，因为美、英、苏在战时建立起来的合作关系，在战后一个时期很有可能继续下去，所以国民党也不好胜利伊始就同中共撕破脸皮，尽管不愿意但也不得不维持国共合作局面。可以设想，战后国共合作的可能性大于内战的可能性。第二，中共的基本政策是争取和平前途，避免国共合作破裂，避免爆发内战。为此，要准备中共在黄河以南的所有军队退到黄河以北。而国共之间无论是和还是战，政治斗争都是不可避免的；战是武装的政治斗争，和是和平的政治斗争。中共必须为战后的政治斗争及早做好准备，占据主动地位。第三，要准备日本撤退后中共的所有军队集中到华北去，甚至集中到东三省去，以取得国共继续合作的条件。而要巩固华北，特别是要夺取东北，则必须控制山东，确保新四军北上的战略通道，同时看住进入东北的门户，占据进入东北的重要前进阵地。因此，着眼于争取战后的战略主动地位，应加紧建设山东根据地。

1943年1月5日，毛泽东给新四军代军长陈毅和代政委饶漱石发了一封电报，说道：

同意你们分散计划。惟浙东方面不宜去人，恐抗战胜利时被国民党消灭，收不回来。整个抗战，尚须准备两年。你们须想各种办法熬过两年，保持我军基本骨干，不怕数量减少，只要骨干存在，即是胜利。我们正与国民党谈判，将新四军编为八路一个军，取得合法地位，并答应国民党于胜利后开至黄河以北，以期继续合作，共同建国。目前国共已接近一步，但要具体解决悬案，恐尚须拖一时期。在远东慕尼黑危险即国民党投降危险存在时期，我们向江南浙东发展是必要的。在此种危险已不存在，我们须准备在战后与国民党继续合作时，我们即须准备于战后开至黄河以北，这是总方针。①

毛泽东这封电报的主旨同1942年7月9日电报是一脉相承的。这说明，毛泽东在太平洋战争爆发后不久，距离抗战胜利还有将近3年时间时，便开始精心筹划和实施应对战后局势的战略预置了。同时还说明，毛泽东是基于战与和两种可能性进行战略预置的，确保无论何种可能性成为现实均能立于主动地位。

毛泽东的战略预置，中心环节是进行战略布势，即在可能成为战略枢纽的区域或有助于争取战略主动地位的区域建立和扩大根据地。就好像下围棋的"占角"或"占边"，看似闲棋，实则预先构筑起走活全局的战略支点。

在抗日战争胜利前，毛泽东投下了几枚重要的"棋子"。

一是布局夺取东北。毛泽东在中共七大的结论报告中向全党说明了夺取东北的战略意图。他说：

如果东北能在我们领导之下，那对中国革命有什么意义呢？我看可以这样说，我们的胜利就有了基础，也就是说确定了我们的胜利。现在我们这样一点根据地，被敌人分割得相当分散，各个山头、各个根据地都是不巩固的，没有工业，有灭亡的危险。所以我们要争城市，要争那么一个整块的地方。如果我们有了一大块整个的根据地，包括东北在内，就全国范围来说，中国革命的胜利就有了基础，有了坚固的基础。现在有没有基础呢？有基础，但是还不巩固，因为我们没有工业，没有重工业，没有机械化的军队。如果我们有了东北，大城市和根据地打成一片，那末，我们在

---

① 《毛泽东军事文集》第2卷，696页，军事科学出版社、中央文献出版社1993年版。

全国的胜利，就有了巩固的基础了。①

这说得再明白不过了。中共掌握了物产丰富、经济发达并占有地缘优势的东北后，它的经济技术基础以及军事基础都将获得根本性的改善。掌握了整个东北，建立一个背靠苏联的大块根据地，并且能把东北和华北连接起来，中共就拥有了稳定的大后方，从而也就获得了巩固的基础。因此，东北是中共必争之地。

其实，毛泽东早在抗战之初就盯上了东北。当抗战尚处于战略防御阶段时，1938年2月9日，毛泽东即电令八路军领导人朱德、彭德怀等派精干部队进入河北兴隆雾灵山地区开辟根据地，建立挺进东北的战略前沿。②同年8月13日毛泽东致电晋察冀军区领导人聂荣臻、彭真，指示活动于北平东北方向的八路军第四纵队（司令员宋时轮、政治委员邓华），立即派一个营左右的兵力东出玉田、丰润、滦县，作为基干力量配合当地暴动起家的游击队。随后，毛泽东进一步提出了创建冀热察根据地的任务，强调在这个区域创建根据地具有"极其重要的战略意义"③。虽然毛泽东在电报中没有具体讲这个战略意义是什么，但冀热察根据地所处的地缘位置则明示了这个战略意义，就是构建一个进入东北的战略支点。在1940年2月11日给八路军冀热察挺进军④司令员萧克等人的电报中，毛泽东说得就比较明确了："中央规定你们的战略任务是确保平西根据地，发展冀东游击战争，直至热

---

① 《毛泽东文集》第3卷，410—411页，人民出版社1996年版。
② 毛泽东电文内容："雾龙山（应为雾灵山）为中心之区域，有广大发展前途，但是独立作战区域，派去部队须精干，且不宜过少，军政党领导人员须有独立应付新环境之能力，出发前须作充分准备。""干部除主要的由荣臻及你们配备外，后方亦正在选择东北及冀热察籍之干部，同时亦请北方局选派干部。"（《毛泽东军事文集》第2卷，152页，军事科学出版社、中央文献出版社1993年版）
③ 《毛泽东军事文集》第2卷，367页，军事科学出版社、中央文献出版社1993年版。
④ 八路军冀热察挺进军于1939年2月在平西地区以八路军第四纵队为基础建立，其任务是在冀热察地区开展游击战争和建立抗日根据地。

河、山海关,并准备将来再向辽宁前进。"①在抗战胜利前夕,1944年12月18日,毛泽东电示晋察冀军区负责人程子华,要求军区部队"努力向雁北、绥东、察哈尔、热河及冀东敌占区发展,扩大解放区"②。从引述的这些电报看,毛泽东在整个抗战进程中都在做进入和夺取东北的准备。

冀热察及冀东是联结东北和华北的地缘枢纽,特别是冀东卡在连接东北和华北通道的咽喉上,是华北日军的腹心地区和必占之地,因此在冀热察及冀东地区创建根据地并非易事。尽管如此,八路军晋察冀军区部队(先后有宋时轮、邓华领导的八路军第四纵队,萧克领导的八路军冀热察挺进军)立足平西向平北发展,几经挫折,艰苦奋斗,最终建立起了横跨冀热察、插入冀东的抗日根据地。1944年底察热辽军区成立时,下辖5个军分区,有3个团和25个游击支队,控制着察哈尔、热河以及冀东广大区域,成为晋察冀军区控辖的四大区域之一。③1945年察热辽军区先后举行春季和夏季攻势,挺进到察北、热东和辽西地区,控制了锦承铁路两侧大片地域,为中共军队挺进东北准备了重要的前进阵地。

毛泽东布局夺取东北的又一步棋,就是建立巩固的山东根据地。这是十分重要的一步棋。山东连接着华北和华中,与东北隔海相望,是由华中经陆路、海路进入东北的重要通道。早在抗战初期,华北日军向南实施战略进攻、后方兵力空虚时,毛泽东就提出了向河北、山东发展平原游击战争的任务。毛泽东1938年4月21日电示八路军领导人朱德、彭德怀等,要求他们在河北、山东广大平原地区"坚决采取尽量广大发展游击战争的方

---

① 《毛泽东军事文集》第2卷,515页,军事科学出版社、中央文献出版社1993年版。萧克回忆说:"我从延安出发时,军委确定挺进军的任务是发展冀东……"(《萧克回忆录》,270页,解放军出版社1997年版)
② 《毛泽东军事文集》第2卷,749页,军事科学出版社、中央文献出版社1993年版。
③ 1944年7月,中共中央要求在晋察冀军区以下划分为4个区。9月,晋察冀军区决定成立冀晋、冀中、冀察、冀热辽4个军区。

针"①。根据这一指示，八路军总部即刻作出部署，组织力量向冀鲁边方向挺进。在抗日战争进入战略相持阶段后，毛泽东更把山东作为重要的战略方向来经略。武汉失守在即时，毛泽东电示彭德怀，指令一一五师代师长陈光、政治委员罗荣桓率师部及三四三旅的两个主力团开赴山东、淮北，部署在"新老黄河间广大地区"②。从1938年12月起，一一五师师部率三四三旅主力及教导大队相继向山东挺进，会合已经活跃在山东的地方抗日武装开辟根据地。到1941年，山东境内的一一五师发展至17个团，7万余人，设立了鲁南军区、鲁西军区、冀鲁边军区、湖西军分区；在地方武装基础上组建的山东纵队主力和基干部队达4万余人，地方武装达1.4万余人，编为4个旅、3个支队、1个军区和2个直属特务团。同时，还发展了82万人的自卫团和17万余人的民兵。中共控制了广大农村，而日军只控制了山东地区的交通线和城市据点。

随着抗日战争的进程，毛泽东日益把山东抗日根据地作为连接华北八路军和华中新四军的战略枢纽，以及向西向南发展的战略策源地来建设。1941年2月1日，毛泽东致电刘少奇、陈毅并告彭德怀，强调华中的指导中心应着重于鄂豫陕边、江南根据地和苏鲁战区3个方向。关于苏鲁战区的重要性及任务，毛泽东指出：

第三是苏鲁战区。这是目前华中的基本根据地，主力所在，用力最大，并应准备于一年内消灭反共军聚集大量武装力量的地方，但你们应把这地方看作向西向南发展的策源地。他在总任务上的作用是出干部、派军队向西边南边去的地方，好像汉高祖的关中。③

---

① 《毛泽东军事文集》第2卷，217页，军事科学出版社、中央文献出版社1993年版。
② 《毛泽东军事文集》第2卷，441页，军事科学出版社、中央文献出版社1993年版。
③ 《毛泽东军事文集》第2卷，623页，军事科学出版社、中央文献出版社1993年版。

把苏鲁战区比作"汉高祖的关中"意味深长。关中是汉高祖刘邦起家的地方，由此可见苏鲁战区对于华中乃至整个敌后抗日根据地的意义。这封电报还透露出来一个信息：毛泽东把山东和苏北视为一体，纳入华中战略区的发展全局之中。

回顾抗战时期毛泽东经略山东的过程，可以看出，在前期主要把山东视为连接华北和华东、确保八路军和新四军两支战略力量相互支援配合的地缘枢纽；1942年以后则日益把山东作为进入东北的前进阵地和力量积蓄地，前面提到的毛泽东1942年7月9日给刘少奇的电报，就是这一战略转折的重要标志。

夺取东北的战略意图更加宏大，因而经略山东便须更加着力。1942年8月中央军委指示，山东纵队改为山东军区。翌年3月，中央军委将一一五师和山东军区合并，组成新的山东军区，由罗荣桓任司令员兼政治委员，对山东境内的中共武装力量实行集中统一领导，这是加强山东根据地建设的重要一步。此后，山东根据地建设进入快速发展时期。全面抗战初起时，中共在山东没有一兵一卒。到抗战胜利时，山东军区辖8个正规师、12个警备旅以及5个军区等，成为一支重要战略力量，占领了山东绝大部分地区，控制着津浦线、胶济线、陇海线以及渤海湾南岸，建立起了挺进东北的又一个前进阵地。

经过八年全面抗战，中共控制了察热辽及冀东，控制了山东，从而构成了挺进东北的犄角之势，占据了完全主动地位。

日本撤退后，东北成为权力真空地带。毛泽东预先布局，抢到了进入东北的先机。日本一宣布投降，中共军队即从冀东北和山东两个方向，陆路和海路并进，3个月时间进去了11余万人，并大体完成了部署。察热辽军区李运昌部是第一支进入东北的中共军队，8月底即攻占了山海关，控制了锦州和辽西地区，抢先进入东北；罗荣桓率领山东军区部队6万余人，黄克诚率领新四军三师3.5万余人进入东北，占最初进入东北的中共军队的80%多，成为夺占东北主要力量。山东对于抢占东北的重要意义，由此可见。

而蒋介石对于抢占东北全无预先打算，临时调兵遣将，仓促上阵，加上华北交通阻断，直到11月中旬他的第一梯队的两个军才夺取山海关，第二梯队的两个军直到1946年2月才相继进入东北。而此时，中共在东北的武装力量已发展到30万左右，国民党想独占东北已经根本不可能了。

二是扼控中原战略要地。得中原者得天下。中原是千古兵家必争之地。1944年春季日军发动旨在打通大陆交通线的豫湘桂战役，国民党军队在日军进攻面前节节败退，战线逐步南移，中原地区空虚。毛泽东4月1日致电八路军前方总指挥部参谋长滕代远和中共中央北方局代理书记邓小平，要求乘日军南犯后方空虚之机，开展豫北地方工作，以便将来可能时开辟豫西。日军发动攻势不久，毛泽东即看准了这是进入中原的良机。5月10日中共中央书记处发出指示，要求中共中央北方局、中共中央华中局及冀鲁豫分局承担起发动和指导河南及皖北抗日游击战争的责任，并明确规定：北方局负责郑州以西地区，冀鲁豫分局负责平汉路以东之豫东地区，华中局及豫鄂边区党委和淮北区党委负责豫南及皖北地区[1]，布置了一个从豫西、豫东、豫南及皖北三个方向经略中原的态势。在刘少奇、陈毅6月23日致新四军负责人张云逸、饶漱石等人的电报中把中共中央"缩毂中原"的战略意图说得更明白了："这一任务完成，使我华中、华北、陕西呵成一气，便解决了我党我军颠扑不破的战略地位。"[2]点出了经略中原的战略意义。

根据中共中央的要求和部署，从1944年秋季开始，八路军、新四军派

---

[1]《中共中央文件选集》第14册，232页，中共中央党校出版社1992年版。
[2]《中共中央文件选集》第14册，259页，中共中央党校出版社1992年版。

遣部队分别从豫北、豫南、豫东进入河南，经过半年多时间的浴血奋斗，在豫西、豫南、豫东以及豫鲁苏边开辟了彼此相呼应的4块根据地，实现了"缩毂中原"的战略任务，为经略中原地区开辟了立足之地。

三是挺进湘鄂赣粤。1944年9月1日毛泽东主持中共六届七中全会主席团会议①作出一项决定：派遣王震、王首道率八路军三五九旅南下湘鄂赣粤地区，会合华南游击队在湘鄂赣粤地区建立南方根据地。关于这一行动的战略意图，任弼时在作动员时说得很清楚：

这次有许多干部及队伍从延安派到湖北、湖南去，并亦准备派往河南一批。从这里可以看出，中央有决心要在平汉路南段及粤汉路日寇最近占领区去开辟抗日根据地，在这些地方发动广大群众起来打日本，准备反攻。同时要在河南及湖南、湖北筑一道堤，准备用这道堤堵住国民党从西面冲来的反共反人民的逆水，预防国民党反共反人民的阴谋。这道堤的修筑是很重要的。②

可见，南下行动的战略意图具有双重性。一方面，是打到日军实施豫湘桂战役新占领的地域去，开辟新的敌后抗日根据地，实现毛泽东提出的"中国的国土蒋介石丢到哪里，我们就到哪里"③的方针；另一方面，则是建立起一道新的防备蒋介石抗战胜利后翻脸的"防波堤"，属于"战略预置"。当时，中共中央有一个判断：抗战胜利后，退缩西南、西北的国民党很可能从三个方向"下山"，一是从西安向洛阳、郑州前出，二是从宝鸡、汉中

---

① 1944年5月21日召开的扩大的中共六届七中全会第一次全体会议决定，在全会期间由会议主席团处理日常工作，中央书记处及政治局停止行使职权。
②《任弼时选集》，368页，人民出版社1987年版。
③ 这是毛泽东在1944年11月23日的中共六届七中全会主席团会议讨论派部队进到广东、广西时说的话。(《毛泽东年谱(1893—1949)》中卷，561页，人民出版社、中央文献出版社1993年版)

向襄阳、武汉前出,三是从重庆向沙市、长沙前出。①而中共力量主要分布在华北、华中地区,华南地区虽然有中共领导的游击队,但力量太小,很难发挥大的作用。派王震、王首道率三五九旅南下,壮大中共在华南地区的力量,在南岭地区建立一个可以同国民党相抗衡的战略支点,作为配合和掩护华中、华北的侧翼。而且当时判断打败日本尚需1～2年,在南岭地区建立新根据地还有回旋时间。

1944年11月,由三五九旅组成的南下支队(第一游击支队)离开延安,开始执行挺进湘鄂赣粤的任务。南下支队行动历时近1年,转战陕西、山西、河南、湖北、湖南、江西、广东数省,行程数千公里,既执行了歼击日伪军的任务,又千方百计冲破国民党军的重兵堵截,创建了湘鄂赣边根据地,并抵达湘粤边。但终因国民党军形成重兵合围之势,加之日本宣布投降,形势发生了根本变化,南下支队(后改称"湖南人民抗日救国军")经中央批准主动北上,同位于豫鄂边的新四军五师会合。

毛泽东对于在湘鄂赣粤地区建立根据地决心是很大的,数次电示南下支队和中共广东区委领导人,指示行动方针。在1945年7月,抗日战争即将胜利之际,毛泽东曾电示王震、王首道,要求他们"争取目前一刻千金的时间,在粤北湘南创建五岭根据地","准备于内战时牵制南方一翼"②。同时电示率部南下支援的文年生、张启龙,要求他们不要在国民党必争的湖南中部停留,直插湘粤边,会合王震、王首道开辟南岭根据地。决心之大,心情之迫切,由此可见。后来,因为力量不敌和群众基础薄弱,未能实现经略湘粤边的战略任务。但从战略预置的角度看,这的确是一着高棋;如能得手,中共在战略全局上必多几分主动。

---

① 关于以上判断,见任弼时1944年11月4日在南下支队出发前干部会上的讲话。收入《任弼时选集》时的标题是《南下的方针和任务》。任弼时是代表中央讲话的,他的这个判断可以视为中央的判断。
②《毛泽东军事文集》第2卷,809页,军事科学出版社、中央文献出版社1993年版。

四是南下苏浙皖边。前面提到，毛泽东曾准备抗战胜利后中共的军队全部集中到黄河以北，把长江以南乃至黄河以南地区让出来。他在1943年1月5日给陈毅、饶漱石的电报中，指示新四军不要向浙东发展，准备战后新四军全部开到黄河以北。然而，1944年以后的形势发生了很大变化。一是日军发动旨在打通大陆交通线的豫湘桂战役，战线拉长。苏浙地区日军为准备应付美军在华东沿海登陆，向温州集中，内陆空虚。二是在整个太平洋战区形势有利于盟国的情况下，国民党的正面战场却处处被动，它的军队在日军面前溃败不堪，其统治区域里人心惶惶。三是美国在失望于国民党的同时开始同中共接触，表示出对中共的好感，有与中共军事力量进行战略配合的愿望。四是中共在1944年发动的局部反攻中有了极大发展，根据地扩大了，军队人数增加了，在人民中间的威望获得大大提高。在这种形势下，毛泽东有了更乐观的估计。1944年12月25日，中共中央发出了经毛泽东亲自改定的《中央关于目前形势的分析与任务的指示》，这份文件说：

最近八个月，中国政治形势起了一个大变化。国共力量对比，已由过去多年的国强共弱，达到现在的国共几乎平衡，并正在走向共强国弱的地位。我党现在已确实成了抗日救国的决定因素。①

1944年秋季以后，毛泽东改变了不向苏浙方向发展的方针。8月2日，毛泽东联名刘少奇、陈毅致电中共中央华中局，要求注意研究"如何使游击战争极广泛地发展到上海周围、杭州周围、沪宁路两侧，使沪杭两城及沪杭路完全在我们游击战争紧紧包围之中"②。11月14日，毛泽东

---

① 《中共中央文件选集》第14册，432页，中共中央党校出版社1992年版。
② 《毛泽东军事文集》第2卷，728页，军事科学出版社、中央文献出版社1993年版。

联名刘少奇致电饶漱石、张云逸、赖传珠，指示他们准备力量向苏浙地区发展，"为了配合美军登陆及准备夺取杭州、上海、苏州、南京等大城市"①。毛泽东的这份电报，还明确指示"设立苏浙军区"，统一指挥苏南及全浙。11月26日中共中央正式向华中局下达了命令，要求新四军在西进、南进两个任务中，以南进发展苏浙皖地区为主要任务。毛泽东决心揳入苏浙，除了考虑在国民党统治中心区域建立战略支点之外，还有一层考虑就是同登陆盟军建立军事配合关系，使美国更加重视中共的地位和作用，而这对于维护战后国内和平具有重要意义。②可以说，向苏浙地区发展，是1944年下半年国际国内局势发生重大变化后毛泽东采取的一个战略性步骤。

1944年12月27日，粟裕率新四军一师渡江南下，会同江南的新四军十六旅，执行南进任务。经过近半年奋战，在歼击日寇的同时，击退顽军数次进攻，在苏浙皖边建立了根据地，实现了挺进江南的战略任务。

总的说，毛泽东应付抗战胜利后局势的战略布势，是夺取东北，绾毂中原，跃进湘粤边，揳入苏浙皖边，构成一个东北、华北、中原、华中、华南相呼应的大格局。这是一个多方向的战略预置计划，但并非没有重心。这个战略预置计划的重心是东北，以东北为支撑华北、华中和陕北的大后方。毛泽东在中共七大上重点讲了东北问题，强调控制整个东北对中国革命的意义；而在实际操作中，为夺取东北所进行的战略预置用力最多，力量准备也更充分。后来，中原、湘粤边和苏浙3个区域均未能立得住，但

---

① 《毛泽东军事文集》第2卷，733页，军事科学出版社、中央文献出版社1993年版。
② 关于这一层考虑，在华中局1944年11月7日给粟裕等人的指示中有所体现："华中一方面为日寇统治我国政治、经济、文化中心，为全国大城市与交通要道集中地区，另方面为盟军在华登陆首先必争地带（特别是对上海、宁波、杭州、南京及沿海一带）。同时，华中为全国精华，为国民党与我势在必争的地区。如果我们在敌寇继续进攻，与国民党继续溃退的时候，我们能够迅速加强对上海、宁波、杭州、南京、武汉与沿海一带工作，能够争取时间，迅速完成发展河南、控制中原与发展东南、控制苏浙的任务，这不但配合盟军反攻，而且对粉碎蒋介石反共内战阴谋，均将起着决定的意义。"（《中共中央文件选集》第14册，407页，中共中央党校出版社1992年版）

中共进入并控制东北的计划却大体实现了，这对于中共在抗战胜利后掌握战略主动权发挥了至关重要的作用。

二、战后形势预判

抗战胜利后国内局势走向的焦点，是战与和的问题。毛泽东在抗战胜利前后的一段时间里，最为关注的就是这个问题。

抗战伊始，中共制定了"放手发动群众，壮大人民力量，在我党领导下，打败日本侵略者，解放全国人民，建立一个新民主主义的中国"①的政治路线，并全力为实现这条路线而奋斗。然而，这条政治路线并没有因为抗战取得胜利而得到彻底实现，因为国民党顽固坚持专制独裁统治，建立新民主主义中国还要经过严重的斗争，弄得不好中国还会被拖到半殖民地半封建的黑暗中去。关于这一点，毛泽东在中共七大开幕词中说得很清楚：

在中国人民面前摆着两条路，光明的路和黑暗的路。有两种中国之命运，光明的中国之命运和黑暗的中国之命运。现在日本帝国主义还没有被打败。即使把日本帝国主义打败了，也还有这样两个前途。②

这就清楚地告诉全党，赶走日本人之后，国共之间还存在着严重斗争，而这场斗争关系着中国向哪里走，是走向光明还是走向黑暗，这是抗战胜利后中国社会的主要矛盾。

斗争是不可避免的，问题在于"文斗"，还是"武斗"；采取战争的方式，还是采取和平的方式；是兵戎相见，还是继续合作共同建国。

毛泽东认为有三个方面的矛盾决定着战后国内政治的基本走向，掌握

---

① 《毛泽东文集》第3卷，303页，人民出版社1996年版。
② 《毛泽东选集》第3卷，1025—1026页，人民出版社1991年版。

战后国内政治基本走向须全面系统地分析这三个方面矛盾的发展变化：

一是由苏、美、英关系主导的国际政治局势基本走向，以及英、美对华政策；

二是国内阶级关系的变动以及阶级力量对比；

三是国共两党关系以及两党政策。

这三个方面矛盾错综复杂，战与和两个趋势在错综复杂的矛盾发展变化中此消彼长。从苏德战争和太平洋战争爆发到世界反法西斯战争取得胜利，毛泽东有时对战后形势看得乐观一些，有时看得严峻一些，但始终坚持一个基本看法：战后爆发内战的危险严重存在，但实现和平的可能性也没有彻底消失。

第一，毛泽东认为，苏、美、英关系在很大程度上影响着中国国内政治的基本走向，是中国国内政治走向"和"或走向"战"的重要外部条件。如果苏、英、美的团结关系在战后得到维系，国共两党有可能不撕破脸皮，继续合作，共同建国。苏德战争和太平洋战争爆发后一段时间里，苏、英、美强化合作，关系比较融洽，毛泽东对战后国内实现和平抱有比较乐观的看法。①在1942年7月9日给刘少奇的绝密电报中，毛泽东预断：在"苏、英、美三国团结得很好"的国际总局势下，"国民党在战后仍有与我党合作的可能性，虽然亦有内战的另一种可能，但我们应争取前一种可能变为现实"②。毛泽东在1943年1月5日给新四军的指示中说：东方慕尼黑的危险已不存在，"我们须准备在战后与国民党继续合作时，我们即须准备于战后开

---

① 1942年6月26日毛泽东在起草的一份电报中指出："英、美、华都站在苏联方面，现在是法西斯和反法西斯两大阵线的对抗，其前途对苏对华有利。中国时局可能好转，我们方针是争取好转打击日寇。"7月6日致电周恩来说："苏联战局有渐趋稳定形势，日本似不是攻苏而是牵制英、美，英、美均同情苏联，国共关系有好转可能。"（《毛泽东年谱（1893—1949）》中卷，309、311页，人民出版社1993年版）

② 《毛泽东军事文集》第2卷，681页，军事科学出版社、中央文献出版社1993年版。

至黄河以北"①。

随着世界反法西斯战争接近最后胜利,苏联和美、英之间围绕着战后世界安排的矛盾冲突逐渐显露出来,摩擦渐多,世界舆论对战后苏、美、英关系开始有一种不乐观的估计,甚至有人预测很快就会爆发苏联和美、英之间的第三次世界大战。毛泽东并不接受这种不乐观的估计,完全不赞成苏联和美、英之间很快将爆发第三次世界大战的估计。他认为,经过两场世界大战,特别是经过第二次世界大战,全世界人民包括美、英国家的人民,不会再接受第三次世界大战,谁再发动世界大战谁就必然覆灭。而且经过世界大战的消耗,西方资本主义世界除了美国之外都陷于破产或接近破产,根本承受不了又一场世界战争。美、英统治集团里面确有好战的,但整个统治集团不是清一色的,他们中间有反战的,也有观望的,战后要很快发动对苏战争也不可能。更重要的是,苏联经过第二次世界大战国际地位大大提高,可以发挥左右世界局势的作用,而社会主义苏联是不要战争的。1944年4月25日讨论成立联合国的旧金山会议开幕,毛泽东认为这是一件有积极意义的事情,50多个国家坐在一起讨论成立国际安全机构,说明不仅苏联要和平,美、英也要和平,要求实现战后资本主义的稳定。他在中共七大上说:

现在的世界就是一个矛盾的世界。但是,说苏、英、美三国不团结,说英、美两国要联合日本,联合德国那些俘虏,组织一个反苏反世界人民的第三次世界大战,这种可能性今天存在不存在?不存在,这种可能性是没有的。②

这是关于战后形势的基本判断,有了这个判断,顺理成章地有了又一

---

① 《毛泽东军事文集》第2卷,696页,军事科学出版社、中央文献出版社1993年版。
② 《毛泽东文集》第3卷,378页,人民出版社1996年版。

个判断，即战后存在实现国内和平的可能性。因为，稳定中国，是稳定世界所必需的。

但是，毛泽东也清楚地看到了苏、美之间的矛盾，注意到美国对华政策的两面性，注意到其中包含着激发中国内战的因素。抗战愈接近胜利，毛泽东愈觉察到美国置国民党于自己的控制之下、变中国为由它一国控制的半殖民地的企图，觉察到美国为此会采取扶蒋反共政策，而被抗日战争严重削弱的国民党也将更加依赖美国。毛泽东认为，这种变化很危险，不利于国内和平，因此在中共七大上说："这个变化将是一个长期的麻烦，我们共产党要好好准备。"[①]毋庸置疑，经过惨绝人寰、毁坏空前的第二次世界大战，美国需要世界稳定，以恢复全球生意。中国作为欧亚大陆东缘区的大国，对稳定世界局势具有不可忽视的作用。中国不稳，欧亚大陆就不稳；欧亚大陆不稳，世界就不稳。美国需要中国稳定。但美国的基本国策是称霸全球，由它来主导全球稳定，这就不可避免地要把强大而异己的苏联作为战略对手。在美国称霸全球的战略棋盘上，中国是它在远东制衡和遏阻苏联的主要战略线。这就从根本上决定了美国要一屁股坐到国民党蒋介石集团一边，通过国民党蒋介石集团控制中国，确保中国不被纳入苏联的"势力范围"。它确曾想通过调处国共关系来实现中国国内和平，但前提是保证国民党的统治权。当国民党蒋介石集团决心继续实行独裁统治、彻底拒绝多党派联合执政时，它选边站，站在了蒋介石一边。1944年底美国总统特使赫尔利背弃他与毛泽东等中共领导商定的实现国内和平的《国共协定草案》，而支持蒋介石的以消灭共产党军队为要义的3条反建议，这在毛泽东看来，美国的屁股已完全坐在蒋介石一边，成为破坏中国国内和平的重要因素，给中国已经存在的内战火种添柴加油。可以说，毛泽东始终

---

① 《毛泽东文集》第3卷，387页，人民出版社1996年版。

清醒地估计到，美国基于其全球战略而采取的对华政策中包含着激发中国内战的因素，而这个因素在一定条件下会取得主导地位。

第二，毛泽东认为经过抗日战争，中国社会的阶级关系及阶级力量对比已经发生重大变化，这是制约战后国内政治形势总体走向的根本性因素。毛泽东历来认为，阶级关系变动是建立在阶级力量对比关系发生变动的基础之上的，正确地估量阶级力量对比关系，是正确制定战略策略的必要前提。因此，每到重大历史关头，他都要进行系统而全面的阶级力量对比关系的分析。

毛泽东在中共七大上，表达了对实现国内和平、建设光明新中国的信心。理由是，在抗日战争即将胜利的历史关头，中国共产党已经强大起来了，超越了历史上的任何时候，不仅拥有了一支90万余人的军队和200万余人的民兵，以及过亿人口的根据地，而且在中国人民中间建立起了前所未有的崇高威信，拥有了强大的政治号召力和凝聚力。相比较，国民党的力量在抗日战争中非但没有得到增强，反而因为实行错误的政治路线及战略策略而被严重削弱，降低了威信。1944年应对日本发起的打通大陆交通线作战（豫湘桂战役），国民党军队表现糟糕，大部分部队不经一打，短短几个月时间，就使河南、湖北、湖南、广东、广西等大片区域陷于敌手，国民党的国际威信和国内威信因此大打折扣。特别是国民党统治区，不仅经济接近破产，政治压迫加剧，人民关注的民生、民主问题根本得不到解决，而且贪污腐败、骄奢淫逸成风，各级官吏大发国难财，造成统治集团和人民之间的巨大裂痕，酝酿着民变蜂起的严重危机，加剧了人民对国民党统治的失望情绪。可以说，经过八年全面抗日战争，中国国内阶级力量对比发生了极其深刻的历史性变化，特别是人心有了根本性变化，向着有利于中共而不利于国民党的方向转变。基于这样一种变化趋势，毛泽东对实现国内和平、建设光明新中国抱有信心。他在中共七大开幕式上说：

一个强大的中国共产党，一个强大的解放区，全国人民的援助，国际人民的援助，在这些条件下，我们的希望能不能实现呢？我们认为是能够实现的。这些条件，在中国是从来没有过的。多少年来虽然有了一些条件，但是没有现在这样完备。中国共产党从来没有这样强大过，革命根据地从来没有现在这样多的人口和这样大的军队，中国共产党在日本和国民党统治区域的人民中的威信也以现在为最高，苏联和各国人民的革命力量现在也是最大的。在这些条件下，打败侵略者，建设新中国，应该说是完全可能的。①

同时，毛泽东对中共的"空前强大"所达到的程度，又有十分清醒的估计。他在七大预备会议上说：

我们有九十多万军队，但不是集中的，而是被分割的，打麻雀战；我们根据地有九千多万人口，但也不是一整块，也是分割的；我们的敌人还很强大，有强大的日本帝国主义，还有国民党，这两个敌人不是一个类型的，一个守着我们的前门，一个守着后门。②

而国民党还远未到"一败涂地""不堪一击"的地步。毛泽东对国民党的力量有一个基本估计：

国民党的影响是低落，而不是没有，势力缩小了，但还有相当大的力量。他们有一百五十万军队，我们只有九十一万军队；他们有国际地位，我们没有；他们有两万万人口，我们只有一万万人口；他们有六十年的影

---

① 《毛泽东选集》第3卷，1027页，人民出版社1991年版。
② 《毛泽东文集》第3卷，295页，人民出版社1996年版。

响，我们只有二十四年的影响。①

就是说，国内阶级力量对比，还不足以保证国民党接受联合政府主张，更不足以保证中共领导的革命力量推翻国民党统治，取得国家领导权。而国民党也认为自己的力量强于中共，从而始终抱着用武力消灭中共的强烈企图。这是抗日战争胜利后，国内和平堪忧的根本原因。

第三，毛泽东认为直接决定抗日战争胜利后国内局势的，还是国共两党的关系，其中起决定作用的是国民党的路线和政策，因为国民党掌握着全国政权，在力量上还拥有优势。而国民党所制定和实行的路线、政策，具有把中国引向内战的危险倾向。

毛泽东在中共七大的政治报告中明确指出：

迄今为止，国民党内的主要统治集团，坚持着独裁和内战的反动方针。有很多迹象表明，他们早已准备，尤其现在正在准备这样的行动：等候某一个同盟国的军队在中国大陆上驱逐日本侵略者到了某一程度时，他们就发动内战。②

毛泽东之所以作出这样的判断，主要依据有以下几个方面。

一是国民党当局1943年3月出版了一本由蒋介石署名、陶希圣捉刀，名为《中国之命运》的小册子。③毛泽东很看重这本小册子，当时就布置陈伯达撰文予以评说。陈伯达撰写的《评〈中国之命运〉》于1943年7月21日在《解放日报》刊出。同日，毛泽东电示时任中共中央南方局副书记兼宣传部

---

① 《毛泽东文集》第3卷，414页，人民出版社1996年版。
② 《毛泽东选集》第3卷，1051页，人民出版社1991年版。
③ 《中国之命运》的主旨思想是，"中国的命运，完全寄托于中国国民党"，中国必须实行"一个主义""一个政党"，而今后中国的命运完全在于"内政"，实现统一于三民主义，集中于国民党。

长、统战部长的董必武，要求将陈文"设法秘密印译成中、英文小册子，在中外人士中散布"①。毛泽东认为，《中国之命运》这本小册子表明，国民党蒋介石集团根本不打算放弃"一个政党""一个主义""一个领袖"的专制独裁纲领，并且在为重新拾起"攘外必先安内"的反动政策作舆论准备。在这本小册子发表后不久，毛泽东在中央党校二部开学典礼上说："看样子国民党是下决心要同我们打仗了，他们没有一时一刻不是在想要消灭我们。"②

二是国共谈判始终未能取得突破性进展。八年全面抗战中，国共双方一直在谈。随着抗战胜利曙光升起，随着中共力量的发展壮大，国共之间的谈判日益聚焦到承认各党派合法地位、八路军新四军编制规模及驻防地、中共领导的根据地政权合法性等问题上面，而这些问题几乎没有一件可以谈得拢。毛泽东在中共七大上说："我们从来是主张要谈的，七大的文件上也规定了要谈，至于谈拢的希望是一丝一毫也没有。"③国民党无意用政治手段解决纷争，剩下的选择就是战争手段。

三是蒋介石很干脆地拒绝了中共同美国总统代表赫尔利商定的《国共协定草案》。1944年11月7日美国总统代表赫尔利到达延安。他带来了一份由他提出经蒋介石修订的协定方案。④从8日到10日，毛泽东亲自同赫尔

---

① 《毛泽东文集》第3卷，49页，人民出版社1996年版。
② 《毛泽东文集》第3卷，61—62页，人民出版社1996年版。刘少奇1943年7月23日致电饶漱石、陈毅明确表达了这个判断："蒋在三月间出版《中国之命运》一书，其中心目标就是反对共产主义和共产党，并为内战作准备……"（《中共中央文件选集》第14册，80页，中共中央党校出版社1992年版）
③ 《毛泽东文集》第3卷，413—414页，人民出版社1996年版。
④ 1943年10月赫尔利到达中国执行调处国共关系的任务。28日他提出一份协定基础文件，交给蒋。蒋作了修改后，于11月7日返还赫尔利。当天，赫尔利抵达延安。经蒋修改的协定草案共5点：（1）中国政府与中共将共同合作，求得国内军队之统一，以便迅速打败日本和重建中国；（2）中共之军队应服从并执行中央政府及其军事委员会之命令；（3）中国政府及中共均拥护孙中山之主义，在中国建立民有、民治、民享之政府，双方将实行各种政策，以期促进和发展民主政治之程序；（4）中国只有一个中央政府和一个军队，中共军队经中央政府整编后，其官兵的薪俸和给养按等级享受与政府军队同等待遇，其各部队装备和军需品之分配亦将得到同等待遇；（5）中国政府承认中共并将使之为合法政党，所有国内之各党派，均将得到合法之地位。（参见杨奎松：《国民党的"联共"与"反共"》，512—513页，社会科学文献出版社2008年版）

利举行了4次会谈,在赫尔利带来的协定草案基础上商谈出一份新的《国共协定草案》,共5条:(1)国共应共同工作,统一中国一切军事力量,迅速击败日本重建中国;(2)国民政府应改组为包含所有抗日党派和无党派政治人物的联合国民政府,军事委员会改组为由所有抗日军队代表所组成的联合军事委员会;(3)联合政府应拥护孙中山先生在中国建立民有民享民治之政府的原则,实行促进民主和进步的政策;(4)所有抗日军队应遵守与执行联合国民政府及其联合军事委员会的命令;(5)联合国民政府承认国民党、共产党及所有抗日党派的合法地位。中共中央批准了这个草案。10日,毛泽东、赫尔利在这份草案上签字。然而,蒋介石毫无通融地拒绝了这个草案,提出3条反建议[①],坚持"在中国,将只有一个国民政府和一个军队",要求中共交出军队,作为获得合法地位的交换。耐人寻味的是赫尔利的态度,他在延安时完全赞成中共的5条建议,并且参与了5条建议的讨论和拟定,而回到重庆后却完全站到了蒋介石一边,为蒋介石的3条建议做说客。这使毛泽东更加深切地感到,国共谈拢的可能性微乎其微,并深切感受到美国在国共纷争中站在了国民党一边。

四是国共之间的军事摩擦始终没有停止。在抗日战争期间,只要国内外气候一有变化,国民党就要掀起反共高潮,而且每次制造反共高潮都是以军事手段为主,政治舆论作辅助。外敌当前尚且如此,外敌消失后,国民党会有什么样的作为可想而知。1945年2月间,毛泽东在中共中央党校讲时局问题时说:"我们天天要求团结起来,国民党现在口里也讲要团结起来,因为他们不讲不行,但是他们心里恨我们恨得要死。我这个话是有根

[①] 赫尔利在重庆向中共代表周恩来转达国民党的复案要点:(1)允将中共军队加以整编,列为正规国军,国民政府承认中共合法地位;(2)中共对于国民政府之抗战及战后建国,应尽全力拥护之,并将其一切军队移交国民政府军事委员会统辖;(3)国民政府之目标为中共所赞成,即为实现孙总理之三民主义,建立民有民治民享之进步及其发展之政策。(参见杨奎松:《国民党的"联共"与"反共"》,515页,社会科学文献出版社2008年版)

据的，不是乱讲的。蒋介石亲自讲过：'共产党如果不解散，我死了的时候眼睛还是睁着的。'死后眼睛还不闭，一句古话就叫做'死不瞑目'。"①蒋的这句"死不瞑目"的话，是在1939年初向王明、周恩来等当面说的，他要求中共解散，全部加入国民党，成立一个所谓"大党"②。蒋的这句话被牢牢地印刻在毛泽东的脑海里，时时提醒他国共的政治对立具有不可调和性，而政治对立闹到走不下去的时候就是战争。

五是抗日战争愈加接近胜利，国民党蒋介石集团用武力消灭中共的意图愈加彰显。1945年4月8日，蒋介石批准了军令部的清剿"奸军"计划书，要求各战区务必于4月底前"部署完成"，7月以前"根绝之"。在此前后，国民党各战区加紧了对中共武装力量的压迫和作战，国共之间的军事摩擦增多。8月4日，即美国在日本广岛投下原子弹（8月6日）的前2天，苏军大举出兵中国东北（8月8日）的前5天，毛泽东指示活动在中原地区的郑位三、李先念等人，明确要求他们准备"对付必然到来的内战局面"，并且要把做好这种准备作为"今后工作的出发点"③。战后国共肯定会打起来，只是大打和小打的问题，这是毛泽东的基本判断。

综合看，在抗日战争胜利前夕，毛泽东对战后国内形势的估计十分清醒，认为和平与内战两个前途并存，既存在维护国共合作局面、避免内战的可能，也存在着局部内战乃至全面内战的可能。虽然，依国共关系的紧张与缓和的转换，毛泽东有时要乐观一些，有时要看得严峻一些，但始终不排除爆发内战的可能，区别只在于，是局部内战还是全面内战。

---

① 《毛泽东文集》第3卷，251页，人民出版社1996年版。
② 1939年1月22日王明、周恩来等电告中央书记处前一天与蒋会谈情况："对两党关系，他（指蒋）说：共产党员退出共产党，加入国民党，或共产党取消名义将整个加入国民党，我都欢迎，或共产党仍然保存自己的党我也赞成，但跨党办法是绝对办不到的。我的责任是将共产党合并国民党成一个组织，国民党名义可以取消，我过去打你们也是为保存共产党革命分子合于国民党，此事乃我生死问题，此目的如达不到，我死了心也不安，抗战胜利了也没有什么意义，所以我的这个意见，至死也不变的。"（《中共中央文件选集》第12册，5—6页，中共中央党校出版社1991年版）
③ 《毛泽东文集》第3卷，452、453页，人民出版社1996年版。

三、立于不败之地

仅仅有了对战后形势的预判还远远不够，应付局面，关键是要制定出正确的战略策略，采取正确的战略步骤。

毛泽东认为，中共战后的战略指导原则，应该是争取和平、制止内战。因为，人心在和平而不在战争。虽然，能不能实现和平，并不取决于中共，而取决于执掌政权并且力量相对强大的国民党，但是中共必须把争取和平放在首位，努力制止内战，实现和平前途，如果内战不可避免，至少也要推迟内战爆发，能争取到短暂和平也是好的；但同时又必须对可能爆发的内战做好充分准备。他在中共七大上明确指出：

我们要用各种方法制止内战。现在的揭露就是一种方法，我们要经常揭露，在大会文件上、在报纸上、在口头上揭露。此外，还要用别的办法来制止内战。内战越推迟越好，越对我们有利。抗战八年以来，我们的政策就是使蒋介石既不能投降又不能"剿共"。我们的政策还要这样继续下去，使他不敢轻易地发动内战，但是我们要准备他发动内战。[①]

这个方针可以用六个字来概括，就是："争取和，准备战"。实行这六个字，可以保证中共立于不败之地。

第一，高举"和平、民主、团结"的旗帜。立于不败之地，首先要掌握政治主动，而根本的政治主动，是赢得民心。"水可载舟，亦可覆舟"，得民心者得天下，失民心者失天下。经过八年艰苦抗战，民心在和平，谁能够给人民带来和平，谁就能够赢得民心，逆之，则丧失民心。毛泽东深

---

① 《毛泽东文集》第3卷，388—389页，人民出版社1996年版。

谙民心所在。1945年8月23日，他在政治局扩大会议上专门谈了争取和平问题，他说：

我们现在的口号是和平、民主、团结，过去的口号是抗战、团结、进步。和平是可能取得的，因为中国人民需要和平，苏、美、英也需要和平，不赞成中国打内战。中国过去是大敌当前，现在是疮痍满目，前方各解放区损失严重，人民需要和平，我们党需要和平。①

口号即旗帜。中共把"和平、民主、团结"确立为旗帜，反映了对民心的把握和尊重。

高举"和平、民主、团结"的旗帜，需要把政治谈判作为重要斗争手段，作为解决争端的基本途径。毛泽东在中共七大上说："我们从来是主张要谈的，七大的文件上也规定了要谈，至于谈拢的希望是一丝一毫也没有。但现在我们还不向全国人民宣布，因为一宣布，下文必然就是打倒蒋介石。我们说现在可能性总还有一点，这一点我们也不放弃，就是在没有破裂以前还要谈判。"②只要还保持着国共合作的政治框架，政治谈判就是必需的。

毛泽东对于解决国共两党的争端，从来没有把"宝"押在政治谈判上。他清楚地知道，蒋介石的灭共之心始终不死，同中共进行政治谈判是因为力量还没有部署到位，一旦力量部署好了他就会举起屠刀。但是，毛泽东决不轻视运用政治谈判手段。一者，毛泽东认为在一定条件下，如国际环境改善（苏、美、英团结合作）、革命力量壮大、人民反战等，国共两党谈判是可以获得某些实质性成果的。二者，政治谈判是维护国共合作的重要途径，战后要继续维持国共合作局面，就不能放弃两党的谈判。而且只要国共关系没有

---

① 《毛泽东文集》第4卷，5页，人民出版社1996年版。
② 《毛泽东文集》第3卷，413—414页，人民出版社1996年版。

破裂，谈判取得实质性成果的可能性就存在；只要这种可能性还存在，即使是很少一点，也要努力去争取。三者，政治谈判旗帜具有强烈的道义性，特别是在人心思和的国际国内环境下，谁高举政治谈判旗帜，谁就能够掌握政治主动，赢得舆论和人心。八年全面抗战，国共摩擦时紧时松，但中共始终以积极姿态开展国共谈判，努力用商讨的办法解决双方之间的争端。

抗战胜利后，国共之间最重要的一次政治谈判，就是1945年8月28日到10月11日毛泽东亲赴重庆与蒋介石面对面进行的和平谈判。这是毛泽东应对战后局势走出的重要一步棋，是赢得政治主动的一步棋。

抗战烽火刚刚熄灭，蒋介石就释放出了消灭共产党，取缔共产党领导下的武装力量和解放区的明确信号，国内和平堪忧，但在军事摊子尚未铺好之前，蒋介石要先打政治牌。8月14日国民党政府与苏联签订了《中苏友好同盟条约》，当天蒋介石向毛泽东发出第一份邀请电报，称"共同商讨，事关国家大计，幸勿吝驾"[1]，并且在《中央日报》上公布了这份电报。蒋介石要借《中苏友好同盟条约》之利置中共于政治被动，他的如意算盘是，如果毛泽东不接受邀请，拒绝谈判，可顺势将内战责任推给共产党，而他算定毛泽东不敢来重庆。蒋介石的这步棋在毛泽东的预计之外，但毛泽东从容应对，先要摸摸蒋介石的底。16日，毛泽东复电蒋介石，要求蒋对同日以朱德名义发出的关于取消解放区武装力量受降日伪军之禁令的那份电报作出答复，"等你表示意见后，我将考虑和你会面的问题"[2]。20日蒋介石再次向毛泽东发出邀请电，用语更加恳切，并再次把电报公布在《中央日报》上，但对毛泽东提出的要求只字不提。毛泽东于22日复电："兹为团结大计，特先派周恩来同志前来晋谒。"[3]蒋介石见毛泽东还未明确表示亲赴重庆，以

---

[1] 杨天石：《找寻真实的蒋介石——蒋介石日记解读》（下），426—428页，山西人民出版社2008年版。
[2]《毛泽东年谱（1893—1949）》下卷，7页，人民出版社、中央文献出版社1993年版。
[3]《毛泽东年谱（1893—1949）》下卷，9页，人民出版社、中央文献出版社1993年版。

为得计，23日再次发电邀请，直逼毛泽东，称"惟目前各种重要问题，均待与先生面商"①并依然将电报公布在《中央日报》上。蒋介石根本不相信毛泽东会亲赴重庆，但他要把戏做足，把自己"维护和平"的政治形象树起来。

毛泽东深知蒋介石为人，知道赴重庆会冒什么样的安全风险，党内同志都不同意他去冒这个风险，但毛泽东还是决然答应蒋介石邀请亲赴重庆。这个决心是在收到蒋介石第二份电报后便定下来了，并且做好了自己离开延安后由刘少奇主持中央工作的政治安排。毛泽东在23日政治局扩大会议的主旨讲话中明确说道："恩来同志马上去重庆谈判，谈两天就回来，我和赫尔利接着就去。"在会议总结讲话中，毛泽东再次明确表示："我是否去重庆？今天的会议决定还是去，而不是不去。但是去的时机由政治局、书记处决定。所以回赫尔利的电报是先派恩来去。如果赫尔利、邵力子来请，我就和他们一起去，这个姿态比较好。"②此时的安排是，先派周恩来去谈，然后毛泽东再赴重庆。收到蒋介石第三份电报后，毛泽东决定不再等了。25日王若飞从重庆返回延安，毛泽东同政治局7位委员连夜磋商。26日政治局正式召开会议，毛泽东在会议上说："我去重庆的问题，昨晚政治局七同志同若飞商谈，决定答复魏德迈的电报，去。这样，我们可以取得全部的主动权。"③同日，毛泽东为中共中央起草了关于同国民党进行和平谈判的党内通知，将亲赴重庆进行和平谈判通告全党。之所以要亲赴重庆进行和平谈判，毛泽东用"可以去和必须去"④七个字说明了理由。

为什么说"可以去"？因为还有争取和平的空间。在国内外制止战争的诸条件还在发挥作用的情况下，去重庆谈和平，"是可以解决一些问题

---

① 杨天石：《找寻真实的蒋介石——蒋介石日记解读》(下)，429页，山西人民出版社2008年版。
②《毛泽东文集》第4卷，9页，人民出版社1996年版。
③《毛泽东文集》第4卷，15页，人民出版社1996年版。
④ 这句话是毛泽东在26日政治局会议上所说的。

的"①。只要和平还有一线希望，就要百分之百去争取，要争取把暂时和平转变为长久和平，努力把中国推进到和平民主建国的道路上去。

为什么说"必须去"？因为"去"比"不去"、"早去"比"晚去"更能争取到政治主动。关于这一点，毛泽东说得很清楚："在我们党采取上述步骤后（指毛泽东赴重庆进行和平谈判，并准备作适当让步——引者注），如果国民党还要发动内战，它就在全国全世界面前输了理，我党就有理由采取自卫战争，击破其进攻。"②

在蒋介石发出3份邀请电报期间，斯大林曾两次来电力主毛泽东接受蒋介石的邀请，强调中国再打内战，就可能把民族引向灭亡的危险地步。③现在国内有学者称毛泽东去重庆是被斯大林"劝"去的，甚至是委曲求全。事实并非如此！毛泽东一生不畏任何强权，只做他认为正确的事情，在亲赴重庆进行和平谈判这件事情上也是如此。就是说，毛泽东亲赴重庆，完全是主动的选择，即使没有斯大林的电报，毛泽东也会亲赴重庆与蒋介石面谈。其一，争取战后和平是中共既定方针，毛泽东赴重庆进行和平谈判，是贯彻这个方针的行动。其二，早在苏德战争爆发，苏、美、英结成反法西斯同盟后，毛泽东就曾考虑亲赴重庆与蒋介石面谈，以取得国共合作的实质性成果④。此

---

① 《毛泽东文集》第4卷，16页，人民出版社1996年版。
② 《毛泽东选集》第4卷，1154页，人民出版社1991年版。
③ 《在历史巨人身边：师哲回忆录》，308页，中央文献出版社1991年版。
④ 毛泽东在1941年7月15日给周恩来的电报中表示："关于见蒋，张冲既两次来催，似可一见，看他说些什么，如能释放叶挺及发八路几个月饷，国共关系可以转回，但仍不可求之过急。"毛泽东1942年6月30日给周恩来的电报提出：请考虑利用纪念"七七"机会，找王世杰谈一次国共两党关系问题，并表示愿见蒋一谈。周恩来8月14日电告当日见蒋情况，报告蒋约毛赴西安一谈，并说蒋目的"未可测"，提出两个办法：一是以林彪为代表，赴西安见蒋；二是要求蒋偕周至西安，然后周飞延安，再同一人（林或其他负责人）回西安见蒋。毛泽东以中共中央名义复电周恩来："毛现患感冒不能启程，拟派林彪同志赴西安见蒋，请征蒋同意，如能征得同意带你至西安，你回延面谈一次。随即偕林或朱赴西安见蒋则更好。"8月19日毛泽东再次复电周恩来："依目前形势我似应见蒋，我感冒已10天，过几天要动也可以动。"周恩来当即回电：与蒋晤面时间"似嫌略早"，可由林或朱"先打开谈判之门"，"一俟具体谈判有眉目"，毛再来渝。8月22日中共中央政治局会议经过讨论，决定先派林彪去，毛与蒋面谈看情况再定。（《毛泽东年谱（1893—1949）》中卷，312、390、398—400页，人民出版社、中央文献出版社1993年版）

次应蒋之邀，是把曾经的设想付诸实行。其三，毛泽东深知在这个历史关头亲赴重庆与蒋介石面谈，是中共在中国政治舞台上的一次重要亮相，可以使全国人民真切了解到中共争取和平的诚意，这种机会稍纵即逝，必须紧紧抓住。其四，国共谈判自抗战以来一直在进行，虽然没有谈出什么实质结果，但保证了国共两党之间的有效沟通和相互了解，毛泽东对赴重庆谈判谈什么、怎么谈、能谈出什么结果是心中有底的，因而完全可以掌握行动的主动权。更重要的是，毛泽东对斯大林的"再战必亡"论根本不同意[①]。从这一点看，毛泽东亲赴重庆进行和平谈判绝不是对斯大林"劝说"的被动服从，而是依据中国人民利益所在作出的自主抉择。况且，毛泽东的政治理念是把基点放在依靠中国人民自己力量之上，并不企望从苏联那里得到援助，对斯大林的建议顶多是择善听之。

要使谈判取得实质性成果，谈判双方均须作出某些让步或妥协，这也是考验谈判双方真诚与否的重要尺度。毛泽东是带着诚意去重庆的，争取能够谈出一个维护国内和平的结果，因此在出发前就做好了让步准备。毛泽东在赴重庆谈判前的政治局会议交代了让步的底牌："去重庆，要充分估计到蒋介石逼我作城下之盟的可能性，但签字之手在我。谈判自然必须作一定的让步，只有在不伤害双方根本利益的条件下才能达到妥协。我们准备让步的第一批地区是广东至河南的根据地，第二批是江南的根据地，第三批是江北的根据地，这要看谈判的情况，在有利条件下是可以考虑让步的。"[②]其实，在抗战胜利前夕，毛泽东就有这样的让步考虑，准备答应国民党在战后将黄河以南中共部队集中到黄河以北，让出若干块南方根据地，以维护战后的和平

[①] 师哲回忆："这时，斯大林通过苏军驻延安情报组转来一份电报。内容主要是：中国不能再打内战，要再打内战，就可能把民族引向灭亡的危险地步等等。这电文引起了毛主席的极大不快，甚至很生气。他这样说：'我就不信，人民为了翻身搞斗争，民族就会灭亡？'"（《在历史巨人身边：师哲回忆录》，308页，中央文献出版社1991年版）

[②]《毛泽东文集》第4卷，15页，人民出版社1996年版。

局面。当然，这种让步是有原则的，以不损害人民根本利益为底线。对于中共来说，有两条决不能让：一条是，中共领导的军队可以压缩整编，但决不能取消；再一条是，可以让出若干个解放区，但也决不能取消。这是两条根本利益，如果丢掉了，中共的地位也就彻底丢掉了，光明中国的前途也就彻底丢掉了。因此，这两条是中共让步的"止步"点。

8月28日，毛泽东偕同周恩来、王若飞，在赫尔利和张治中陪同下，乘美军机飞抵重庆，开启了为时43天的和平谈判活动。

事实证明，蒋介石邀请毛泽东举行和平谈判，完全是虚晃一枪，并无任何诚意。当毛泽东在重庆机场走下飞机时，蒋介石竟然还没有准备好谈判方案，两手空空。双方谈判是以毛泽东通过周恩来于9月3日提出的十一条谈判要点①为基础开始的。经过曲折艰苦的谈判，10月10日双方代表签署了《国民政府与中共代表会谈纪要》（又称《双十协定》），次日毛泽东返回延安。虽然重庆谈判所达成的共识有限，特别是在解放区地方政府、国民大会代表选举等问题上双方争执不下，军队问题实际上也没有解决，而且蒋介石压根就没有打算遵守这个协定，但是毛泽东却收获到了他想得到的东西——"全部主动权"，即政治主动权。

---

① 中共提出的"谈判要点"：(1)在和平、民主、团结基础上实现全国统一，建设独立、自由和富强的新中国，彻底实现三民主义。(2)拥护蒋先生，承认蒋先生在全国的领导地位。(3)承认国共两党及抗日党派的平等合法地位，确立长期合作、和平建国方针。(4)承认解放区部队及地方政权在抗日战争中的功绩的合法地位。(5)严惩汉奸，解散伪军。(6)重划受降地区，解放区抗日军队参加受降工作。(7)停止一切武装冲突，令各部暂留原地待命。(8)实行政治民主化、军队国家化、党派平等合法。(9)政治民主化的必要办法：由国民政府召集各党派及无党派代表人物的政治会议，各党派参加政府，重选国民大会；由中共推荐陕甘宁边区及热河、察哈尔、河北、山东、山西五省省府主席、委员，绥远、河南、安徽、江苏、湖北、浙江、广东及东北十省府副主席，北平、天津、开封、上海四特别市副市长，推行地方自治，实行普选。(10)军队国家化之必要办法：公平合理地整编全国军队，确定分期实施计划；解放区部队编成16个军48个师，驻地集中于淮河流域及陇海路以北地区；中共及地方军事人员，参加军委会及其他各部工作；设北平行营及北方政治委员会，以中共人员为主任。(11)党派平等合作的必要办法：释放政治犯；保障各项自由，取消一切不合理禁令，取消特务。（《毛泽东年谱(1893—1949)》下卷，18—19页，人民出版社、中央文献出版社1993年版）

一是中共提出的"和平、民主、团结"①口号写进了《双十协定》。这就意味着国民党接受了中共的口号，赞同将这个维护和平的口号作为建国方针的基础，如果它发动内战，就是背信弃义。正如毛泽东说："谈判的结果，国民党承认了和平团结的方针。这样很好。国民党再发动内战，他们就在全国和全世界面前输了理，我们更有理由采取自卫战争，粉碎他们的进攻。"②

二是有了同国民党开展斗争的强有力的政治武器。重庆谈判之后，国民党再向解放区发动进攻，中共就可以拿《双十协定》来说话，要求它兑现协定，停止战争行为，维护双方之间的和平，从而凸显了中共的自卫立场，占据了政治上的有利地位。

三是戳穿了国民党说共产党不要和平的谎言。毛泽东离开延安前，曾说自己做好了被蒋介石扣押的准备，但也一定要去，这就极大地彰显了中共谋求和平的诚意。在谈判中，中共同意让出分布在广东、浙江、苏南、皖南、皖中、湖南、湖北、河南等8个省区内的根据地，同意解放区部队缩编为20～24个师而放弃了48个师的主张，作出了重大让步，促成协定签字。毛泽东知道蒋介石是在做戏，但却把假戏当真戏做③，让民众看清楚了，谁是真要和平，谁是假要和平。

第二，在国共合作的政治框架内争取斗而不破。苏德战争爆发后，中共中央在为纪念抗日战争5周年而发表的《七七宣言》中明确指出："在团结问题上，中国共产党认为：中国各党派不但在抗战中应是团结的，而且在抗战后也应是团结的。"并表态："中国共产党承认，蒋委员长不仅是抗

---

① 在《双十协定》正式文本中，增加了"统一"二字，为"和平、民主、团结、统一"。
②《毛泽东选集》第4卷，1159页，人民出版社1991年版。
③ 重庆谈判期间，毛泽东会见张澜，张表示不相信蒋介石有和平民主的诚意，是假戏。毛说，我们就来一个假戏真做，让全国人民当观众，看出真假，分辨是非，这场戏就大有价值了。(《毛泽东年谱（1893—1949）》下卷，18页，人民出版社、中央文献出版社1993年版)

战的领导者，而且是战后新中国建设的领导者。"①毛泽东在翌年1月25日给彭德怀的电报中进一步阐述了这一方针：

在德、意、日打倒后，国际国内形势均会发生根本变化，这一形势是利于人民不利于独裁的。但蒋在抗战中有功劳，同时人民心理厌恶内战，故我们应争取在抗战后与国民党建立和平局面，在民主、民生上做文章。去年七七宣言是在这个基点上发的。②

正是从这样一个基点出发，虽然摩擦不断，但中共决不单方面全面破裂国共两党关系。中共认为，战后国共合作共同建国的有效组织形式，就是各党派合作的联合政府。毛泽东明确告诉全党：中共要努力争取建立联合政府，尽管来自国民党的阻力重重，希望很渺茫，但仍应努力去争取。按照毛泽东的话说就是：请国民党组织联合政府，他不出来就请，总不出来就总请，"在全面破裂以前我们还是要请，明天早晨破裂，今天晚上我们也还要请"③。中共曾设想在解放区建立"解放区人民联合会"，但明确指出这个联合会不是第二个中央政府，完全不同于土地革命战争时期的苏维埃中央政府，只是一个过渡时期联合各解放区的组织形式，不是对联合政府的替代。毛泽东还曾经分析，如果中国成立联合政府可能会有几种形式，最初很可能是"独裁加若干民主"，并且"将存在相当长的时期"，即便如此，中共"还是要参加进去，进去是给蒋介石'洗脸'，而不是'砍头'"④。坚持联合政府主张，实际上就是坚持国共合作的政治框架。应该

---

①《中共中央文件选集》第13册，410、412页，中共中央党校出版社1991年版。
②《毛泽东文集》第3卷，1页，人民出版社1996年版。
③《毛泽东文集》第3卷，414页，人民出版社1996年版。
④《毛泽东文集》第4卷，7页，人民出版社1996年版。

说，中共的联合政府主张是认真而真诚的。^①但国民党坚持一党独裁和专制，坚决拒绝联合政府主张，不留任何余地。重庆谈判之后，中共不再公开提联合政府主张，但也没有公开宣布放弃联合政府主张，一直为建立联合政府留下政治回旋空间。甚至在国民党发起全面内战、破坏政协决议独自召开"国大"后的一段时间里，中共在公开宣传中仍然不提打倒蒋介石，而以履行停战协定和实现政协决议为口号，也就意味着中共在内战爆发后的一段时间里，仍然为建立联合政府留下了政治回旋空间。

第三，仍然坚持"蒋反我亦反，蒋停我亦停"[②]，以斗争达到团结，做到有理有利有节。这是中共在实行抗日民族统一战线的过程中始终坚持的一条重要方针。毛泽东认为，正是因为坚持了这样一条方针，抗日民族统一战线才得以维系，战后要维持国共合作局面，确保国内和平仍必须坚持这条方针。在1945年8月23日政治局扩大会议上，毛泽东阐述了抗战胜利后中共的方针政策，论及了处理国共关系的基本方针，他说：

对国民党的批评，本来决定停一下的，但因为日本宣布投降，蒋介石

---

① 杨尚昆回忆："还要说明一点，毛泽东在七大上号召建立联合政府，指的是在蒋介石领导下的联合政府。抗日战争一胜利，毛泽东就去重庆和蒋介石谈判。建交谈判，我们是有诚意的，一旦谈判成功，我们就参加蒋介石的南京政府。为此，中央已经作了充分准备，一是参加政府的人选。南京政府里几个部的部长、几个省的省长，要由共产党选派。比如四川省，就内定吴玉章当省长，我当副省长。二是我们参加南京政府以后，党中央放在什么地方，那时初步打算放在苏北的淮安。淮安是老解放区，离南京也近，一天之内可以往返。"（苏维民：《杨尚昆谈新中国若干历史问题》，35页，四川出版集团、四川出版社2010年版）

② 苏德战争爆发后，蒋介石加大反共宣传，并试图压迫中共军队撤到黄河以北，酝酿新一轮反共高潮。在制止蒋掀起新一轮反共高潮的斗争中，毛泽东于1941年7月30日在给黄克诚并告刘少奇的电报中提出："华中山东部队决不北上，对蒋之进迫则采取自卫政策，对国民党每一反共宣传与反共行动仍是人不犯我、我不犯人的方针，对蒋、何是何反我亦反何，何停我亦停。此种方针应备长期坚持下去，不为一时一事所动，望注意为盼。"（《毛泽东军事文集》第2卷，656页，军事科学出版社、中央文献出版社1993年版）1945年8月13日毛泽东在延安干部大会上讲演《抗战胜利后的时局和我们的方针》，他说："在皖南事变以后，有一次，国民党的联络参谋问我们的去向如何。我说，你天天在延安还不清楚？'何反我亦反，何停我亦停。'现在是：'蒋反我亦反，蒋停我亦停。'"（《毛泽东选集》第4卷，1127页，人民出版社1991年版）

下令要我们"驻防待命",所以不得不再批评它一下,今后要逐渐缓和下来。以后我们的方针仍是"蒋反我亦反,蒋停我亦停",以斗争达到团结,做到有理有利有节。不可能设想在蒋介石的高压下,不经过斗争就可以取得我们的地位。[1]

毛泽东对同蒋介石的合作有这样一个基本判断:"蒋介石是共产党的敌人,但我们又不得不同他搭伙。"[2]同蒋介石"搭伙",不能只讲团结不讲斗争,必须以斗争求团结。特别是当蒋介石实施武力压迫时,中共必须敢于用武力实施反击,使蒋切实感觉到痛,切实感觉到反共得不到好处,因而有所顾忌。毛泽东说:在承认解放区和解放军的问题上,国共之间"争论一定是非常激烈的,双方可能要打打停停,甚至可能要打痛蒋介石才能逼他让步"[3]。同蒋介石打交道,没有武的一手是根本行不通的。

抗日战争胜利后,国共之间第一场严重斗争,就是"争夺胜利果实"。在日本败局已定之际,毛泽东于1945年8月11日在亲笔起草的《中央关于日本投降后我党任务的决定》中告诫全党:日本投降后国民党势必"夺取抗日胜利的果实","这一争夺战,将是极猛烈的"。果不其然,同日蒋介石就发布三道命令,命令国民党军"加紧作战,积极推进,勿稍松懈";命令沦陷区伪军"负责维持治安";命令中共武装力量"就原地驻防待命",不得向敌伪"擅自行动"。针对蒋介石的倒行逆施,毛泽东指出:"蒋介石对于人民是寸权必夺,寸利必得。我们呢?我们的方针是针锋相对,寸土必争。"[4]所谓"针锋相对",即国民党磨刀我也磨刀,国民

---
[1]《毛泽东文集》第4卷,7页,人民出版社1996年版。
[2]《毛泽东文集》第4卷,16页,人民出版社1996年版。
[3]《毛泽东文集》第4卷,6页,人民出版社1996年版。
[4]《毛泽东军事文集》第3卷,11页,军事科学出版社、中央文献出版社1993年版。

党动武我也动武，绝不允许国民党轻易把人民已经得到的权利夺走，更不允许国民党屠杀人民。当然，不拒绝国共谈判，不拒绝必要的妥协和让步，但政治谈判须有武装力量作后盾，有武装斗争相配合，否则就没有地位，也得不到任何东西。毛泽东赴重庆谈判期间，晋冀鲁豫军区部队于9月中旬至10月中旬发起上党战役，挫败了向晋东南地区进犯的阎锡山部，歼敌3万余人，收复了被侵占的以长治为中心的上党地区。毛泽东总结上党战役经验指出："人家打来了，我们就打，打是为了争取和平。不给敢于进攻解放区的反动派很大的打击，和平是不会来的。"[1]结束重庆谈判返回延安后，毛泽东又指挥晋察冀、晋绥两军区发起平绥战役，指挥晋冀鲁豫军区发起平汉战役（又称"邯郸战役"），阻止国民党独占华北，并保证华北和东北之间交通。他认为，这些战役"关系我党在北方的地位及争取全国和平局面"[2]，意义重大，务求必胜。中共在抗日战争胜利后的自卫反击行动，使蒋介石切实感受到自己的力量准备和兵力部署尚不到位，想发动全面内战心有余而力不足，从而为中国赢得了短暂和平。如果没有中共强有力的自卫反击行动，让国民党顺利控制华北、华东和东北，迅速完成兵力部署，全面内战的爆发会更早一些，而且中共会在战略上处于更加被动的境地。

第四，做好爆发全面内战的充分准备。毛泽东认为，蒋介石的内战方针是已经确定的，他之所以没有立即发动内战，还要同中共举行谈判，主要原因是他还有许多困难：一是中共力量壮大了，有了近1亿人口的根据地，有了将近100万人的军队和200万人的民兵；二是国统区人民反对内战，牵制着蒋介石；三是国民党内部也有一部分人不赞成内战；四是苏、英、美需要和平，都不赞成中国打内战；五是蒋介石的摊子还没有铺好，

---

[1]《毛泽东选集》第4卷，1159页，人民出版社1991年版。
[2]《毛泽东军事文集》第3卷，57页，军事科学出版社、中央文献出版社1993年版。

兵力分散。①但是，对蒋介石不能抱任何幻想，不能企望他良心发现，携手中共和平建国。毛泽东指出：

不要打内战的只是中国共产党和中国人民，可惜不包括蒋介石和国民党。一个不要打，一个要打。如果两方面都不要打，就打不起来。现在不要打的只是一个方面，并且这一方面的力量又还不足以制止那一方面，所以内战危险就十分严重。②

毛泽东在这里所说的"内战危险"，不是指局部内战，而是全面内战，那种局部内战在抗战八年期间一直没有停止过，而且抗战胜利后还有愈演愈烈之势。中共的政策是阻止蒋介石发动全面内战，但要准备阻止不了他发动全面内战。

毛泽东在中共七大结论报告中，要求全党不仅要看到光明，更要准备应对困难。他一下子列举了17条可能的"困难"，其中一条是"爆发内战"。他说：

抗战八年以来，我们的政策就是使蒋介石既不能投降又不能"剿共"。我们的政策还要这样继续下去，使他不敢轻易地发动内战，但是我们要准备他发动内战。③

---

① 毛泽东在抗战胜利后一段时间里曾多次分析国民党暂时还不能发动内战的原因。毛泽东1945年8月13日在延安干部大会上说："蒋介石要放手发动内战也有许多困难。第一，解放区有一万万人民、一百万军队、二百多万民兵。第二，国民党统治地区的觉悟的人民是反对内战的，这对蒋介石是一种牵制。第三，国民党内部也有一部分人不赞成内战。"(《毛泽东选集》第4卷，1130—1131页，人民出版社1991年版）1945年8月23日在政治局扩大会议上说："国民党本身有这些困难，加上解放区的存在，共产党不易被消灭，国内人民和国际反对国民党打内战，因此内战是可以避免和必须避免的。"(《毛泽东文集》第4卷，6页，人民出版社1996年版)
② 《毛泽东选集》第4卷，1125—1126页，人民出版社1991年版。
③ 《毛泽东文集》第3卷，389页，人民出版社1996年版。

中共七大以后，毛泽东反复强调注意内战危险，做好应变准备。日本宣布投降后，毛泽东更加明确地告诫全党：

蒋介石要发动全国规模的内战，他的方针已经定了，我们对此要有准备。全国性的内战不论哪一天爆发，我们都要准备好。早一点，明天早上就打吧，我们也在准备着。这是第一条。现在的国际国内形势，有可能把内战暂时限制在局部范围，内战可能暂时是若干地方性的战争。这是第二条。第一条我们准备着，第二条是早已如此。总而言之，我们要有准备。有了准备，就能恰当地应付各种复杂的局面。①

其实，毛泽东对抗战胜利后国内局势走向的判断，在一段时间里认为两种可能性都存在。面对战与和两种可能性，中共的任务是制止内战、争取和平，但也要准备内战制止不住，准备全面内战在某一天早晨突然爆发。在抗日战争胜利的历史关头，毛泽东反复提醒全党不要忘记1927年的深刻教训，不要忘记北伐胜利之际因国民党的背叛而遭遇重大挫折的惨痛历史，就是要求全党在面对两种可能性的时候，要对国共矛盾不可调和的一面始终保持清醒，对蒋介石的反动本性和背信弃义性格保持清醒，始终要立足于战的可能性做准备。毛泽东认为："这一点很重要，有这一点和没有这一点是大不相同的。"②没有这一点，免不了要吃大亏；有了这一点，才能保证自己立于不败之地。1946年11月，毛泽东在中共中央会议上总结抗日战争胜利前后实现战略转变的成功经验时说："国共这次决裂，和一九二七年不同。那次我们是完全被动的，这次我们有了准备，干部们对前途是清楚

---

① 《毛泽东选集》第4卷，1134页，人民出版社1991年版。
② 《毛泽东选集》第4卷，1126页，人民出版社1991年版。

的，群众也懂得。"①有准备和没准备大不一样，有了物质上和精神上的准备，就使自己立于不败之地，无论是战还是和，就都可以应付裕如。

四、求得有利于我之和平

"求得有利于我之和平"这句话，出自毛泽东1946年5月1日关于四平、本溪作战问题给林彪的电报②，但却是毛泽东在抗日战争胜利后争取和平建国前途所坚持的基本指导方针。

日本投降后，毛泽东在1945年8月23日政治局扩大会议上明确指出："现在的情况是，我国抗日战争阶段已经结束，进入了和平建设阶段。"③结束重庆谈判回到延安后，10月20日毛泽东在致各中央局的电报中进一步指出："目前开始的六个月左右期间，是为抗日阶段转变至和平建设阶段的过渡期间。今后六个月的斗争，是我们在将来整个和平阶段中的政治地位的决定关键。"④这些论述表明毛泽东有一个基本判断：抗日战争胜利后，由于国际形势和国内民心，加上人民力量壮大和国民党内战部署不到位，虽然蒋介石有发动内战之心，但中国还是有可能进入和平建设阶段，而从抗日战争阶段转变到和平建设阶段，不可避免地要经过一个过渡期。中共在这个过渡时期的斗争结果，不仅决定和平阶段能否到来，而且决定中共在未来和平建设阶段中的地位，从而也就决定未来中国的基本走向。

中共毫无疑义地拥护和平，但和平不是一厢情愿的事情，抗战胜利后的中国能不能走向和平，还要看蒋介石要不要和平。

---

①《毛泽东文集》第4卷，200页，人民出版社1996年版。
② 毛泽东的电报说："因此，我们必须在四平本溪两处坚持奋战，将两处顽军打得精疲力竭，消耗其兵力，挫折其锐气，使其以六个月时间调集的兵力、武器、弹药受到最大消耗，来不及补充，而我则因取得长、哈，兵力资材可以源源补充，那时，便可能求得有利于我之和平。"（《毛泽东军事文集》第3卷，195页，军事科学出版社、中央文献出版社1993年版）
③《毛泽东文集》第4卷，4页，人民出版社1996年版。
④《毛泽东文集》第4卷，40页，人民出版社1996年版。

从重庆谈判结束到召开政协会议前后的一段时间里，毛泽东对蒋介石有一个基本分析，认为他属于国民党的中派①，并指出这一派的主张有两条，"第一条是一切革命党全部消灭之；第二条是如果一时不能消灭，则暂时保留，以待将来消灭之"②。蒋介石的本意是彻底消灭中共及其领导下的人民军队和解放区，实现有利于维护其独裁专制统治的"和平"，从而恢复和维持抗战前的旧秩序。这是根深蒂固，不可移易的。但是，在国际国内环境制约下，在还没有充分把握彻底消灭中共军队的情况下，蒋介石会接受暂时和平，即暂时保留中共及其领导的人民军队和解放区。中共如果能充分利用暂时和平，利用蒋介石的"暂时保留"，积极创造条件，促使蒋介石知难而退，就有可能把暂时和平转变为长期和平。

需要指出的是，中共在抗战胜利后一段时间里并没有立即夺取全国政权的打算和安排。当时，中共的政治设想是促成由国民党领导的联合政府，中共加入进去，以合法斗争形式逐步改造国民党，改造国家政权，达到建设新民主主义国家的目的。毛泽东在1945年8月23日政治局扩大会议上说："现在我国在全国范围内可能成立资产阶级领导的而有无产阶级参加的政府。"③所谓资产阶级领导的政府，即国民党领导的政府，中共加入进去，不是去"砍头"，而是帮助国民党"洗脸"。由周恩来起草、毛泽东署名的关于同国民党谈判的十一条意见，明确表态"拥护蒋先生，承认蒋先生在全国的领导地位"④。到1945年底，当国共两党为争夺华北、东北控制权大打出手时，毛泽东在党内还是明确地说："我们不成立中央政府，蒋介石下

---

① 毛泽东在1946年3月15日政治局会议有一个分析，认为国民党内部分裂为反苏反共与和苏和共两大集团，而和苏和共集团中又分为中派和左派。蒋介石属于中派。（《毛泽东文集》第4卷，97页，人民出版社1996年版）
② 《毛泽东文集》第4卷，97页，人民出版社1996年版。
③ 《毛泽东文集》第4卷，7页，人民出版社1996年版。
④ 《毛泽东文集》第4卷，20页，人民出版社1996年版。

讨伐令，我们也只是要他收回成命。"①就是说，中共承认国民党政府的中央领导地位。

1946年1月5日中共代表和国民党政府代表就停止军事冲突、恢复交通问题达成协议；10日蒋介石和毛泽东分别代表国共双方同时下达了停战令。这一天，长期酝酿的政治协商会议正式开幕，经过参加会议各党派代表协商讨论，31日通过了《和平建国纲领》。会议期间，蒋介石作出了保证人民自由、各政党一律平等、实行地方自治和普选、释放政治犯的"四点口头承诺"。2月1日，中共中央向全党发出《关于目前形势与任务的指示》（以下简称《指示》），宣布"从此中国即走上了和平民主建设的新阶段"，"中国革命的主要斗争形势，目前已由武装斗争转变到非武装的群众的和议会的斗争，国内问题由政治方式来解决"②。《指示》对中共参加政府、军队整编作出了初步安排。这份《指示》是经毛泽东修改审定后发出的。③应当说，中共做好了参加由国民党领导的联合政府的准备，同时也做好了在国民党执掌国家领导权的情况下实现国内和平的准备④，体现了维护国内和平的极大诚意。

这时的关键问题所在，是实现何种"和平"。

蒋介石所想的和平，不是中共想要的和平。毛泽东认为，蒋介石要把经过八年全面抗战、人民力量获得极大发展的中国拉回到抗日战争以前的状态去。他说："至于蒋介石呢，他消极抗战，积极反共，是人民抗战的绊

---

① 《毛泽东文集》第4卷，76页，人民出版社1996年版。
② 《中共中央文件选集》第16册，62—63页，中共中央党校出版社1992年版。
③ 《毛泽东年谱（1893—1949）》下卷，55页，人民出版社、中央文献出版社1993年版。
④ 在1946年2月、3月间，毛泽东及其他中共领导人曾认真考虑加入政府的问题。2月2日中共中央致电陈毅，要求巩固华中现有地区，因中央机关将来可能搬迁到淮阴办公。2月6日毛泽东为中共中央起草致重庆中共代表团电报，同意代表团所提出的中共参加宪草审议委员会和国民政府人选名单。2月12日毛泽东主持政治局会议，讨论同国民党谈判整军方案问题。3月4日中共中央在延安举行欢迎军事三人小组晚会，张治中在同毛泽东交谈时说：政府改组了，中共中央应该搬到南京去，您也应该住到南京去。毛泽东回答说：我们将来当然要到南京去，不过听说南京热得很，我怕热，希望常住在淮阴，开会就到南京。

脚石。现在这块绊脚石却要出来垄断胜利果实，要使抗战胜利后的中国仍然回到抗战前的老样子，不许有丝毫的改变。这样就发生了斗争。"[①]全面抗战前的中国是什么样子呢？全面抗战前，蒋介石进行了十年"剿共"战争，实行独裁专制统治，维持着半殖民地半封建的社会制度。经过八年全面抗战，中国人民彻底赶走了日本侵略者，同时在部分区域建立了人民民主政权，即中共领导下的解放区及人民军队，享有了在部分区域按照人民自己的意愿解决民主、民生问题的权力，中国社会发生了深刻变化。蒋介石根本否定这个变化。他的逻辑是：中共交出军队和解放区，国民党给中共以合法地位。中共的逻辑则相反：先国家民主化，然后军队国家化。具体说就是，先建立联合政府，实行政治改革，中共取得合法地位，然后国民党和共产党同时交出军队，建立党、军分立的统一的国家军队。毛泽东认为，唯有按照后一个逻辑实现的和平，才能是有利于人民的和平，从而才是中共所能接受的和平，而只有这种和平才是建设光明中国所需要的和平。

可以说，在抗战胜利后的近一年时间里，中共对国民党的政治斗争和军事斗争，基本是围绕着"求得有利于我之和平"这个主轴展开的。

要"求得有利于我之和平"，毛泽东认为最重要的就是占领东北，控制华北，把东北、华北、西北3块根据地连成一片，形成倚北向南的战略态势。拥有了这样的战略态势，中共就拥有了相当的优势，而蒋介石想吃掉中共及其领导的军队也就难上加难了，从而不得不接受中共提出的和平条件。

抗战胜利后，中共把巩固和扩大解放区的战略重心，摆在了华北、东北，并随着国共夺取东北的展开，重心日益压向东北。

[①]《毛泽东选集》第4卷，1129页，人民出版社1991年版。

在得到苏联出兵东北的消息后，1945年8月11日毛泽东在党内指示中要求各战略区"猛力扩大解放区，占领一切可能与必须占领的大小城市与交通要道"①。次日，毛泽东致电各中央局，明确提出"我党必须力争占领之交通线及沿线大小城市"的"目录清单"②，包括平绥路东段、北宁路、正太路、道清路、白晋路、德石路、平汉路北段、陇海路东段、津浦路、胶济路等及沿线城市，同时致电华中局，要求"力争占领津浦路及长江以北、津浦以东、淮河以北一切城市"，"并以有力部队配合八路军占领陇海路"③。这样一个攻势，基本上是按照控制华北、华东大小城市及主要交通线，从而占领华北全部、华东大部，并扼控进军东北通道的意图展开的。但是，这个意图未能全部实现。在8月23日政治局扩大会议上，毛泽东说："我们曾力争在进入和平阶段前进入若干大城市，如北平、天津、太原，没有成功。"④原因是多方面的，主要原因是自己的力量不够。因此，毛泽东及时调整进攻方针，明确提出"今后还要进军一个时期，夺取更多的中小城市"⑤。夺取北平、天津、太原这样的大城市不行，转而争取多占领如石家庄、大同、张家口这样的中小城市。

最重要的调整，是在毛泽东赴重庆谈判期间。9月17日，代理中共中央主席的刘少奇致电毛泽东，提出调整战略方针的问题："为了实现这一计划⑥，我们全国战略必须确定向北推进、向南防御的方针。否则我之主力分散，地区太大，处处陷于被动。"⑦这个意见得到毛泽东首肯。9月19日刘少奇主持的政治局会议把新的战略方针正式表述为"向北发展，向

---

① 《毛泽东文集》第3卷，454页，人民出版社1996年版。
② 《毛泽东军事文集》第3卷，6页，军事科学出版社、中央文献出版社1993年版。
③ 《毛泽东军事文集》第3卷，4页，军事科学出版社、中央文献出版社1993年版。
④ 《毛泽东文集》第4卷，4页，人民出版社1996年版。
⑤ 《毛泽东文集》第4卷，7页，人民出版社1996年版。
⑥ 指为了完全控制和巩固热河、察哈尔并夺取东北，必须集中重兵于冀东的计划。
⑦ 《中共中央文件选集》第15册，279页，中共中央党校出版社1991年版。

南防御"。这个战略方针的要旨是：完全控制热、察两省，并争取控制整个东北。根据这一新的战略方针，不仅黄河以北的八路军全力向北，而且华中新四军也须调遣部分主力向北，迅速形成屯兵冀东、进占东北的行动态势。

两个月后，毛泽东于11月1日就今后作战部署问题致电各战略区负责人，把"向北发展，向南防御"方针，进一步明确为第一个作战方向是东北，华北、华中是第二个作战方向，并均以支援和策应东北作战为原则。① 毛泽东的注意力集中到了东北，中共军事布势的重心转向阻止和迟滞国民党军北进，尽可能地把国民党军队挡在东北大门之外。

这时，东北形势于中共有利，一方面，中共军队先机进入东北，而苏联也明里暗里支持中共军队进入；另一方面，国民党军北进行动迟缓，加上中共在华北作战行动的阻滞，其进占东北的兵力部署迟迟到不了位。因此，毛泽东此时的战略谋划是控制整个东北。11月3日毛泽东致电重庆中共代表团，提出："目前形势于我有利，我必须达到下列目的：华北、东北、苏北、皖北及边区全部归人民自治（孙中山主张），仅平、津、青三地可暂时驻一小部中央军，将来亦须退出。"他还强调："东北由东北人民自治军保护治安，中央军不得开入，否则引起内战，由彼负责。"② 11月4日毛泽东致电晋冀鲁豫、晋察冀和山东军区领导人，部署增兵东北，并明确提出："……我可争取时间布置内线作战，决心保卫沈阳不让蒋军进占。一俟苏军撤退，我方即宣布东北人民自治。"③ 毛泽东把控制东北看得十分重要，认为有了整个东北（或者有了大部分东北），就有了"求得有利于我之

---

① 这份电报说："我党任务是夺取东北，巩固华北、华中，而十一月开始之主要作战方向已转至东北方面，第二作战方向则是华北、华中。"（《毛泽东军事文集》第3卷，107—108页，军事科学出版社、中央文献出版社1993年版）
②《毛泽东文集》第4卷，57页，人民出版社1996年版。
③《毛泽东文集》第4卷，63页，人民出版社1996年版。

和平"最强有力的筹码。

然而，争夺东北的斗争远比设想的复杂，不仅因为控制整个东北的目标，超出了中共当时的能力，而且因为国共两党在东北的争夺，还受制于苏联在中国东北的军事行动，受制于苏、美两个大国的较量。

在山海关至锦州一线被国民党军攻占后，毛泽东即觉察到蒋介石在美国帮助下增兵东北的速度超出了原先估计，控制整个东北的目标已不可能实现，因此着手调整东北行动方针，在12月28日电报中指示东北局，中共今后的工作重心须转向在东满、北满、西满建立巩固的军事政治根据地，而建立根据地的地区则应选择在"距离国民党占领中心较远的城市和农村"，"工作重心是群众工作"①。在停战协议生效和政协会议召开前后，毛泽东认为东北实现和平的可能性在上升，曾一度打算让出从沈阳至哈尔滨及整个长春铁路线②，以体现中共争取和平的诚意。这意味着，中共准备在国民党掌握东北主权的情况下经略东北解放区。但蒋介石的底牌却是独占东北，根本拒绝在政治谈判中谈中共在东北的合法地位问题。蒋介石意识到东北对国共双方的意义，因而把争夺东北作为战略重点，把控制整个东北作为准备全面内战的关键步骤，把东北问题排除在停战谈判之外。因此，停战协议生效后，关内各地的内战大体平息了下来，而东北内战却有越打越大之势。

苏联态度暧昧，也增加了东北问题的复杂性。1945年8月14日，中苏签订《中苏友好同盟条约》。苏联从确保自己在远东地区的利益、维护战时

---

① 《毛泽东军事文集》第3卷，148页，军事科学出版社、中央文献出版社1993年版。
② 毛泽东1946年3月13日致电东北局和重庆中共代表团说："在谈判中，你们现在可以承认在停战条件下国军可以接收沈阳至哈尔滨之长春路上各城市（路两旁不在内），至政府军以后再要进驻哪些地区和我军须从哪些地区撤退，须待政治问题解决及我军驻防地确定，并须到东北和我军负责人商讨后才能具体解决。到东北和我军负责人商讨一点须十分重视。但我们内心的盘子，长春路的主要部分（即沈阳至哈尔滨）及抚顺、鞍山、本溪、营口、辽阳等数地，是要让给国民党的。"（《中共中央文件选集》第16册，90页，中共中央党校出版社1992年版）

大国合作体制的立场出发，加之低估中共实力，因此在一个时期内不公开支持中共进占东北，甚至更愿意配合国民党军队进占东北，从而在一定程度上压制了中共在东北的行动。有鉴于此，毛泽东曾一度把控制整个东北的方针调整为部分控制东北的方针，甚至曾设想不仅让出四平至长春一线，而且要让出长春至哈尔滨一线，仅控制广大乡村地区。1946年4月，苏军开始从东北撤军。此时苏美冷战已现端倪，苏联对美国帮助蒋介石大量增兵东北非常不满，一改原来配合国民党军进驻的态度，在其撤退之前建议中共派军队填补苏军撤离后的空白。①毛泽东视情而动，及时作出方针调整，于3月24日电示东北局，明确提出了"全力控制长、哈两市及中东全线"的方针，要求"不惜任何牺牲反对蒋军进占长、哈及中东路"②。这时，毛泽东的战略谋划是控制从长春至哈尔滨的大半个东北，不仅造成背靠苏、蒙的有利态势，而且以控制大半个东北为筹码，迫使蒋介石承认中共在东北的合法地位。毛泽东认为，在蒋介石破坏停战协议，试图用武力逼迫中共就范的情况下，中共再作让步姿态，只能使蒋更加强硬，而中共在东北乃至全国的局面就会更加困难，全面内战将加速到来。

正是在这种背景下，毛泽东部署了四平保卫战。在毛泽东看来，对于当时的国共斗争全局而言，四平保卫战的胜败具有重要的指标性意义。只要守住四平，中共控制住从长春至哈尔滨的大半个东北，就能比较有把握地制止蒋介石发动全面内战，迫使他走到政治解决国共争端的道路上来。

毛泽东部署四平保卫战，一反自己的指挥传统，强调不惜代价地死守，打成了阵地防御战，而且打了整整一个月，部队伤亡甚重，成为一场消耗

---

① 中共中央东北局领导人1946年2月、3月间曾多次电告中共中央，苏军私下或公开表示支持中共进占东北。(参见杨奎松：《国民党的"联共"与"反共"》，612—621页，社会科学文献出版社2008年版)
②《毛泽东军事文集》第3卷，153页，军事科学出版社、中央文献出版社1993年版。

战。①这场仗该不该这样打,党内是有争论的。当四平保卫战打成胶着状态时,时任西满军区司令员的黄克诚就致电林彪建议撤兵,在数电未得到回复的情况下又直接向中央发电,建议停止消耗巨大的四平激战。在1959年庐山会议期间,黄克诚当面对毛泽东说:"当年不应该固守四平。"毛说:"固守四平是我决定的。"黄说:"是你决定的也是不对的。"毛说:"那就让历史和后人去评说吧!"②黄克诚的意见有一定道理,但毛泽东要求固守四平,是从当时的国共斗争全局着眼的。毛泽东认为,如果让国民党顺利占领四平,进而顺利进占长春,它必然会得寸进尺,"大内战将来得更快",从这一点考虑,"四平街保卫战支持的时间愈长愈有利"③。四平失守后,毛泽东便预感到全面内战将难以避免。5月21日,即东北民主联军退出四平第三天,中共中央向全党发出通知,指示全党工作重心是"必须使全国性内战爆发时间尽可能推迟",以争取准备时间,这表明此时中共对形势的判断有了重大转变,开始做爆发全面内战准备。④

事情往往是这样,"取法乎上,仅得其中"。经过近一年的较量,中共未能实现建立一个东北、华北、陕北解放区连成一片的大根据地的战略构想,但还是从日伪军手中收复了大片地区,扩大了解放区,特别是进入东北,在西满、北满、东满站住了脚,从而大大增强了实力基础。尤为重要的是,毛泽东面对复杂多变的战后形势,辩证结合原则性和灵活性,正确施策,确保国内形势无论向哪个方向发展变化,中共都能立于不败之地,把战略主动权牢牢掌握在手里。

---

① 结束四平保卫战后,毛泽东1946年5月27日电告各战略区负责人:"故四平防御战为一时特殊条件所致,不能成为我一般的作战方针。"(《毛泽东军事文集》第3卷,236页,军事科学出版社、中央文献出版社1993年版)
② 《黄克诚自述》,203—205页,人民出版社1994年版。
③ 《毛泽东文集》第4卷,116、117页,人民出版社1996年版。
④ 1946年5月28日,在南京的周恩来电告中央:"蒋自进长春后,在全国更积极备战","现内战已临全面化边缘"。(《周恩来年谱(1898—1949)》,668页,中央文献出版社、人民出版社1989年版)

第一，在军权问题上决不做单方面让步。军权实际上是人民革命力量的生存权和发展权，在军权问题上犯错误必将招致灭顶之灾。毛泽东关于军权问题的原则性是确定无疑的，即"解放区军队一枪一弹均必须保持"①，但又不拒绝在国共谈判中谈军队整编问题，愿意在军队规模、编制等问题上作出让步，而且也不拒绝在国家民主化（中共及其领导的解放区获得合法地位，成立各党派参加的联合政府）前提下，和国民党同步交出军队，建立由联合政府领导的统一的国家军队②，体现出了推进和平进程的极大诚意。同时，毛泽东始终把握住一条重要原则：在军权问题上决不做单方面让步。在党和军队关系问题上，完全依照国民党的做法，它不真正实行党、军分立，中共也决不搞党、军分立，坚持你做我才做，你做到哪一步我就做到哪一步，既高度灵活，又坚守住底线，确保自己不会赤手空拳地面对武装到牙齿的国民党。在变幻莫测的斗争形势面前，紧紧抓住了军权，就有了主动，应付得了东西南北八面来风。

第二，在解放区问题上既有所让又有所不让，一切以不损害根本利益为原则。为了达成国内和平，中共准备在解放区问题上作出让步，放弃若干个经略多年的解放区，但这种放弃必须以不损害人民根本利益为原则。一是国民党必须承认解放区的合法地位。毛泽东认为，解放区和

---

① 《毛泽东军事文集》第3卷，54页，军事科学出版社、中央文献出版社1993年版。
② 在政协通过《和平建国纲领》后，中共中央在党内指示中告知全党："我党即将参加政府，各党派亦将到解放区进行各种社会活动，以至参加解放区政权，我们的军队即将整编为正式国军及地方保安队、自卫队等。在整编后的军队中，政治委员、党的支部、党务委员会即将取消，党将停止对于军队的直接指导（在几个月之后开始实行），不再向军队发出直接的指令，我党与军队的关系，将依照国民党与其军队的关系。但军队中的全部党员仍保留党籍，各级军政干部仍留原来部队服务，政治工作必须加强。"（《中共中央文件选集》第16册，63—64页，中共中央党校出版社1992年版）毛泽东在1946年2月12日讨论同国民党谈判方案问题的政治局会议上说："美国和蒋介石要以全国军队统一来消灭我们，我们要统一而不被消灭。军党分立还不是最危险的，合编分驻才是最危险的。杂牌军还没有与蒋介石的嫡系部队合编，连杂牌的集团军都没有与蒋介石嫡系部队杂合编。我们现在只有对付好，才能摆脱危险。全国军队统一，原则上我们只好赞成，实行步骤要看具体情况，这是我们与法国不同的。"（《毛泽东年谱（1893—1949）》下卷，57页，人民出版社、中央文献出版社1993年版）

人民军队是人民利益的根本所在，要求国民党承认解放区合法性的意义就在于，"借以保障人民在战争中所作的政治上、军事上、经济上与教育上的地方性的民主改革"①，保障中国社会经过八年全面抗战所取得的历史性进步。中共在政治谈判中所力争的地方自治，就是解放区的合法地位。二是基本根据地必须巩固并获得发展。毛泽东在赴重庆谈判前，曾在政治局会议上交底，准备分三批逐步让出广东至河南、江南和江北的一些根据地，把中共武装力量集中到黄河以北，强调这是"以局部的让步换取在全国的合法地位"②。同时又交代，"陇海路以北迄外蒙一定要由我们占优势。东北也要占优势"③。这片跨越西北、华北、东北的解放区，是中共的基本根据地，有了这一片基本根据地，中共的根基就牢固了。④毛泽东明确指出，对于国民党向解放区发动的进攻，坚决予以回击，实行"针锋相对，寸土必争"的方针，既要让蒋介石认识到内战不好打，又要使自己逐步地做强做大。

第三，以两手对两手，决不单方面放弃武的一手。毛泽东和中共其他领导人有一个共识：蒋介石同中共谈判是缓兵之计，并无诚意解决问题，而且一面谈判一面动武，以武力逼中共就范，玩的是两手策略。针对蒋介石的两手策略，毛泽东明确说道："我们的方针，既要确定同蒋介石谈判，同时准备蒋一定要打。蒋采取两面策略，我们就学他，也实行两手。"⑤蒋介石要打，那就奉陪，而且要打赢，唯有打赢了，才会有和平。同蒋介石打，就要把军队集中起来，实行战略性转变，打正规运动战，这既是保卫

---

① 《毛泽东文集》第4卷，26页，人民出版社1996年版。
② 《毛泽东文集》第4卷，8—9页，人民出版社1996年版。
③ 《毛泽东文集》第4卷，15页，人民出版社1996年版。
④ 朱德在1945年9月19日讨论战略方针和部署等问题的政治局会议上说："'南面定天下'，古来如此，我们将来也会如此，但我们现在要争取北方。只要北方行，南方不巩固甚至丢掉一些地方也是需要的。苏北、皖中、长江流域，准备做交换条件，我们要来个主动的行动，形成北面归我的形势。"
［《朱德年谱（新编本）》中，1210页，中央文献出版社2006年版］
⑤ 《毛泽东文集》第4卷，76页，人民出版社1996年版。

解放区所必需的，也为力量发展所允许。在苏联出兵后，毛泽东即要求各战略区"将我军大部迅速集中，脱离分散游击状态，分甲乙丙三等组成团或旅或师，变成超地方性的正规兵团，集中行动"，"解决日伪后，主力应迅速集结整训，提高战斗力，准备用于制止内战方面"[1]。运用正规兵团，毛泽东在华北、华中、东北、中原等区域部署一系列自卫作战行动，有力阻止了国民党军向解放区的进犯，同时也迟滞了蒋介石发动全面内战的步伐。

第四，把方针放在自己力量的基点上。美、苏两个大国的对华政策，对中国国内形势走向具有巨大影响。美国实行扶蒋反共政策，已经昭然若揭。苏联受同国民党政府签订的《中苏友好同盟条约》制约，不会给中共提供实质性帮助[2]。可以说，中共不仅处于无外援的境地，还须面对美国的敌视；而蒋介石集团则拥有优越得多的国际条件，既有美国的政治、经济、军事的全方位援助，还有苏联给予的外交承认和对中苏条约的信守。在此境地下怎么办？毛泽东明确指出："我们的方针要放在什么基点上？放在自己力量的基点上，叫做自力更生。"[3]既不对美国抱任何不切实际的幻想，不惧怕美国的"恐吓"，也不指望苏联能提供更多的帮助，更不要把中国革命的前途和命运放在争取苏联的赞同和支持上面。[4]毛泽东相信中国的命运要由中国人民自己来决定，依靠中国人民自己的力量，完全有把握取得中国革命的胜利。而依靠自己的力量，首先要发展壮大自己的力量。毛泽东

---

[1]《毛泽东军事文集》第3卷，1页，军事科学出版社、中央文献出版社1993年版。

[2] 毛泽东在1945年8月23日政治局扩大会议上分析未能得到北平、天津等大城市的原因时说：原因之一，就是"苏联为国际和平和受中苏条约的限制，不可能也不适于帮助我们。我们的武器是步枪，没有外援很难打下日本占领的大城市"。(《毛泽东文集》第4卷，4页，人民出版社1996年版)

[3]《毛泽东军事文集》第3卷，17页，军事科学出版社、中央文献出版社1993年版。

[4] 1946年6月30日，毛泽东致电即将赴苏治病的罗荣桓，指示："你到目的地后，除治病外，请找菲里波夫(斯大林代称)对满洲情况有所陈述，但勿作过高与过多要求，东北斗争主要靠自力更生。此外，请就你所知对关内解放区情况有所陈述，勿作任何要求，因关内应完全靠自力更生。"(《毛泽东年谱(1893—1949)》下卷，102页，人民出版社、中央文献出版社1993年版)

提出了在解放区开展减租减息、生产、练兵三大运动，在民众基础、经济实力、军事力量等方面实现一个大提升。有了人民支持，再加上经济上有办法，军事上有力量，即便没有任何外援，也完全可以顶住美蒋联手施加的政治压力和军事压力。

夺取全国解放战争胜利的四部曲

一、内线防御：粉碎蒋介石的进攻

1946年6月26日，国民党军队用30万兵力分四路向宣化店地区发起进攻，企图围歼中原解放区李先念部。此时，蒋介石的战略方针是全面进攻、速战速决，争取3～6个月内歼灭中原、山东、华中、晋冀鲁豫、晋察冀、晋绥等关内各解放区的中共军队，然后再掉过头来集中力量解决东北问题，最终目标是彻底消灭中共及其领导的军队和解放区，实现国民党的一统天下。蒋介石强调，这场战争的成败关系国民党的生死存亡。[①]

面对蒋介石的全面进攻，毛泽东的方针是：决不退让半步，用自卫战争粉碎蒋介石的进攻。

早在5月29日毛泽东即电示各军区领导人，要求他们做好应付国民党大举进攻的"作战之充分准备"[②]。6月初，在国民党军队收紧对中原军区部队的包围后，毛泽东明确指示各军区领导人，大打迹象已经明显，要以强有力的反击行动粉碎国民党的进攻。他在6月19日给晋冀鲁豫、晋绥、晋察冀、山东等军区领导人的电报中说：

> 观察近日形势，蒋介石准备大打，恐难挽回。大打后，估计六个月内

[①] 1946年6月17日，蒋介石在东北对军官发表讲话，声言：国民党最后的敌人是谁？大家都知道，就是中国共产党。因此，"这一次'剿匪'的成败，就是本党革命的生死关头"。（参见杨奎松：《国民党的"联共"与"反共"》，645页，社会科学文献出版社2008年版）

[②]《毛泽东军事文集》第3卷，239页，军事科学出版社、中央文献出版社1993年版。

外时间，如我军大胜，必可议和；如胜负相当，亦可能议和；如蒋军大胜，则不能议和。因此，我军必须战胜蒋介石进攻，争取和平前途。①

全面内战打响后，毛泽东7月20日亲笔起草中共中央对党内的指示，明确告诉全党：

只有在自卫战争中彻底粉碎蒋介石的进攻之后，中国人民才能恢复和平。②

中共努力争取和平前途，但当蒋介石彻底放弃和平、挥舞屠刀杀人时，中共的唯一应对之道，就是奋起自卫，以武力对武力，以大打对大打。

国民党发动全面内战时，其统治区大约730万平方公里（约占国土总面积的76%），3.39亿人口（约占总人口的71%），控制着全部大城市和大部分中小城市以及交通干线；其总兵力约430万人，其中正规军约356万人，非正规军约74万人；正规军陆军86个整编师（军）246个旅（师）200万余人，特种兵36万人，空军16万人，海军3万人，后方联合勤务总司令部所属部队及其他军事机关和院校共约101万人；在86个陆军整编师中，有22个是美械、半美械装备；空军编8个大队，各类飞机900余架；海军通过接收日伪军舰艇和英、美转让的舰艇，初具规模。而且，蒋介石背后有美国鼎力支持。美国例外地延长对华《租借法案》，继续向蒋介石提供经济、军事援助，廉价转让军事物资，派出军事顾问团，甚至出兵帮助蒋介石控制一些重要港口和基地。

中共领导的解放区，至1946年6月，面积约228万平方公里（约占国土

---

① 《毛泽东军事文集》第3卷，277页，军事科学出版社、中央文献出版社1993年版。
② 《毛泽东军事文集》第3卷，354页，军事科学出版社、中央文献出版社1993年版。

面积的24%），人口约1.36亿（约占总人口的29%），仅控制部分中小城市；总兵力约127万人，其中野战军61万人，地方部队及后方机关66万人；野战军辖有纵队及相当于纵队的师共22个，旅及相当于旅的师共94个；武器装备主要是抗日战争期间从日伪军手中缴获的，以步兵轻重武器为主，有少量中小口径火炮。总的来说，中共军队，军种单一，没有海、空军支援；重武器少，弹药不足，火力弱；缺乏现代运载工具，部队机动和后勤运输只能依靠步行和人力。①至于国际援助，则根本没有。

这样一个力量对比态势，使得蒋介石自信可以用军事手段一举消灭中共及其武装力量。②但是，毛泽东却有完全相反的看法。

1946年8月6日，毛泽东在延安枣园同美国记者安娜·路易斯·斯特朗进行了一次著名谈话。面对蒋介石貌似强大的攻势，面对手里握着原子弹给蒋撑腰的美国，毛泽东高屋建瓴地说了一句话："一切反动派都是纸老虎。"并断言："我们所依靠的不过是小米加步枪，但是历史最后将证明，这小米加步枪比蒋介石的飞机加坦克还要强些。"③反动派总有一天要失败，我们总有一天要胜利。毛泽东对最终战胜蒋介石充满了自信。这个自信来自哪里？就来自对国共双方力量对比的本质把握。

毛泽东始终认为，战争双方力量的优劣之势，绝不仅仅取决于军力，更不取决于一两件新式武器，而是取决于双方全部力量要素的综合对比，特别是取决于人心向背和士气高低。他在1946年7月20日的党内指示中分析了国共双方的优劣对比：

---

① 关于国共双方力量的数据，均取自军事科学院军事历史研究部编著的《中国人民解放军全国解放战争史》。
② 蒋介石曾对他的军官说：抗战前不能军事解决中共，因为有日本侵略，牵制了力量；赶走日本人后，可以集中力量对付中共，因此军事解决是极容易的事情。而且，中共在四平、本溪等地作战中，表现出来并无多大进步，战术和江西时代一样。军队基本上是乌合之众，没有多大实力，而国民党则有空、海军，有重武器和特种兵，如果配合得好，运用得灵活，就一定能速战速决，把中共消灭。（参见杨奎松：《国民党的"联共"与"反共"》，645页，社会科学文献出版社2009年版）
③《毛泽东选集》第4卷，1195页，人民出版社1991年版。

蒋介石虽有美国援助，但是人心不顺，士气不高，经济困难。我们虽无外国援助，但是人心归向，士气高涨，经济亦有办法。因此，我们是能够战胜蒋介石的。全党对此应当有充分的信心。①

基于这个分析，毛泽东断言，蒋介石如果没有美国援助，顶多可以支持一年左右；而中共虽然一天也不愿意打，但形势迫使不得不打的话，则可以一直打到底。②

同时，毛泽东又认为，由于蒋介石在军力上占有优势，中共取得胜利的过程必将曲折而艰苦。在战争爆发后的半年到一年时间里，中共的战略指导是以自卫战争粉碎国民党的进攻。他11月21日在中共中央会议上指出：

蒋介石的进攻是可以打破的，经过半年到一年消灭他七八十个旅，停止他的进攻，我们开始反攻，把他在美国援助下七八年积蓄的力量在一年内打破，使国共两党的力量达到平衡。达到了平衡就很容易超过它。那时我们就可以打出去，首先是安徽、河南、湖北、甘肃，然后可以再向长江以南发展，这大约要用三到五年的时间。当然我们也不能说那时就能消灭蒋介石，我们宁可把事情估计得严重一些，最坏也无非是打十五年，打得我们连一个县城都没有了，这些我们也要有准备。③

这是毛泽东在战争初期的一个通盘考虑。第一，取得战争胜利是有把握的，但整个战争进程将经过两个阶段，前一个阶段处于战略防御，后一

---

① 《毛泽东选集》第4卷，1187页，人民出版社1991年版。
② 见毛泽东1946年8月6日和美国记者安娜·路易斯·斯特朗的谈话。
③ 《毛泽东文集》第4卷，198—199页，人民出版社1996年版。

阶段将转入战略反攻（进攻），战场也将随之由黄河流域转移到长江流域，中间不需要一个战略相持阶段。第二，在第一阶段，以自卫战争扭转力量对比的优劣之势，达到国共双方力量大体平衡，然后再超过国民党，为战略反攻（进攻）创造必要条件。第三，战争第一阶段的时间在1年左右，第二阶段要用3年到5年，但也要做更长时间的准备，即准备应付出现最坏的情况。

关键是在战争第一阶段，只要能用半年到一年时间粉碎国民党进攻，就能掌握战略主动。

蒋介石发动全面内战，是从围歼中原李先念部开始的[①]。他的战略谋划是，先把黄河以南中共军事力量全部歼灭或驱赶过河，然后再消灭黄河以北中共各根据地。1946年6月26日拂晓，国民党军向中原李先念部驻地宣化店发起四路围攻。这后来被视为全面内战的肇始。随后，国民党军对华中、山东、晋冀鲁豫、晋察冀、晋绥等中共根据地发动全面进攻。

要粉碎国民党全面进攻，必须实行正确的战略指导。

在政治上，毛泽东实行广泛动员人民的方针，一是把抗日战争时期实行的减租减息运动发展为土地改革运动，满足农民的土地要求，夯实中共的群众基础；二是搞好统一战线，不仅要在解放区搞统一战线，而且要在国统区搞统一战线，把尽可能多的人团结在中共周围，最大限度地孤立国民党蒋介石集团。

在军事上，毛泽东以扭转战争双方军事力量对比为目标，着眼战争全局，根据战场实际情况，经过及时调整，确立并贯彻了三条基本方针。

[①] 1946年6月13日，国防部撰写作战计划："今后作战方针，应关内重于关外。关内首先打通津浦、胶济两铁路，肃清山东半岛，控制沿海口岸。"蒋介石改变这个计划，5天后下令首先解决位于鄂豫交界处的李先念部。（参见杨奎松：《国民党的"联共"与"反共"》，646页，社会科学文献出版社2008年版）

(一)立足内线作战,实行诱敌深入方针

在得到蒋介石即将发动大规模内战的确切情报后,毛泽东于6月19日致电各战略区领导人,作出应对国民党大打的战略部署:

大打后,我晋察冀热辽主力应对付热河及平津方面蒋军主力,以一部协助贺、李对付傅作义及夺取同蒲北线,以又一部协助刘、邓、薄夺取正太线。

我贺、李统一指挥晋绥主力及聂、刘一部,准备粉碎傅作义之进攻及夺取同蒲北线,以一部协助刘、邓、薄夺取晋西南及同蒲南线。

我晋冀鲁豫主力应对付河南方面蒋军主力,其余用于夺取正太线、同蒲南线及晋西南,最后协同晋西北、晋东北夺取太原。

拟以陈赓为司令员、薄一波为政治委员,组织指挥机关,统一指挥太行(太南不在内)、太岳、晋西南(吕梁)及晋东北靠近正太路两个分区之一切党政军民力量,其任务为夺取同蒲南线、晋西南全区、白晋路之东沁线及太原、娘子关间之正太路。[①]

之后,毛泽东又先后指示各战略区领导人,规定了具体任务:晋冀鲁豫刘(伯承)邓(小平)部以豫东为主要方向,集中力量攻取长垣、考城、民权、兰封、封丘、商丘等各点,着重于野战中消灭敌有生力量,相机占领开封;山东陈(毅)舒(同)部集中力量配合苏皖北部各区,攻取黄口、砀山、虞城、涡阳、夹沟、符离、宿县等各点,调动徐州之敌于野战中歼灭之,相机占领徐州;华中粟(裕)谭(震林)部主力前出蚌浦间铁路,歼灭该区及由浦口北进之敌;晋察冀聂(荣臻)萧(克)部的基本任务是保卫地方和夺取"三路四城"[②];晋绥贺(龙)李(井泉)部在保卫地方的同时,南下夺取同蒲

[①]《毛泽东军事文集》第3卷,277—278页,军事科学出版社、中央文献出版社1993年版。
[②] 三路,指平汉路北平至石门(石家庄)段、正太路、同蒲路;四城,指保定、石门、太原和大同。

北线。

这是一个在南北两线①实施外线进攻作战,并"着重向南"②的总体部署,意在敌进我进,打敌侧后,置敌进攻力量于无用,在战略上陷敌于被动之中。另外,毛泽东也有保护老解放区不被敌破坏、确保己方战争基础的意图。③

全面内战爆发后,毛泽东很快发现上述部署不符合敌我力量对比的实际情况,实施外线作战反陷自己于被动,随之调整战略部署。7月4日,毛泽东致电南线的晋冀鲁豫、山东和华中各战略区领导人,指示他们"先在内线打几个胜仗再转至外线"④。13日,毛泽东进一步指示南线各战区领导人:对桂系军队进攻淮北,"应有反击准备,但鲁南大军仍不宜此时南下","刘邓所部亦在现地整训待机,不要轻动","待敌向我苏中、苏北展开进攻,我苏中、苏北各部先在内线打起来,最好先打几个胜仗,看出敌人弱点,然后我鲁南、豫北主力加入战斗,最为有利"⑤。适时调整战略部署,使我军由被动转入主动。

南线率先转入内线作战。华东野战军的主要任务由出击淮南津浦路转向苏北、苏中展开,与鲁南、豫北我军结成相互配合之势,并取得了苏中战役胜利,创造了内线歼敌的成功战例。晋冀鲁豫野战军主力则以陇海路为轴线,在宽正面上实施重点突袭,定陶、巨野、鄄城等战役创造了歼灭敌有生力量的成功战例,稳固控制了东西交通命脉。

---

① 解放战争中,中共军事布局以晋察冀、晋绥、东北为北线,以晋冀鲁豫、山东及华中为南线。
② 毛泽东在1946年6月22日致晋冀鲁豫、山东两战略区领导人的电报中,就南线作战计划说:"这一计划的精神着重向南,与蒋的精神着重向北相反,可将很大一部分蒋军抛在北面,处于被动之中。"(《毛泽东军事文集》第3卷,248页,军事科学出版社、中央文献出版社1993年版)
③ 毛泽东1946年6月22日致晋冀鲁豫、华中战略区领导人的电报中说:"如能逐步渡淮而南,即可从国民党区域征用人力物力,使我老区不受破坏。"(《毛泽东军事文集》第3卷,284页,军事科学出版社、中央文献出版社1993年版)
④《毛泽东军事文集》第3卷,320页,军事科学出版社、中央文献出版社1993年版。
⑤《毛泽东军事文集》第3卷,340页,军事科学出版社、中央文献出版社1993年版。

北线部署的调整要晚一些，是在大同、集宁战役之后。9月18日，毛泽东致电晋察冀军区领导人聂荣臻等，提出北线应对国民党军进攻张家口之策的要点：一是集中主力于适当地区待敌分路前进，歼灭其一个师，得手后看形势如有可能，再歼其一部；二是"以歼灭敌有生力量为主，不以保守个别地方为主，使主力行动自如，主动地寻找好打之敌作战"①；三是准备必要时放弃张家口。这实际上改变了北线作战部署，放弃"三路四城"计划，由外线进攻作战转向内线机动防御作战。至此，中共在战略全局上确立和实施了以内线诱敌深入作战粉碎国民党全面进攻的战略指导方针。②

同由外线作战转向内线作战这一战略调整密切相联系的是，毛泽东进一步明确了立足"持久打算"的战略方针。在全面内战爆发之初，毛泽东曾估计"6个月内外时间"或"半年至一年内"可以见分晓。但到6月26日，毛泽东在给华中局的指示中即提出了"一切作长期打算"③的要求。7月11日，毛泽东在给东北局林彪的电报中明确指出：

克服和战问题上的混乱思想，准备以长期艰苦斗争取得和平。

在这个一心一意准备以长期艰苦斗争去取得和平的总方针下，我们的方法就是从战争、从群众工作、从解决土地问题改善人民生活，从其他一切努力，去增加革命力量，减少反动力量，使双方力量对比发生于我有利的变化。④

---

① 《毛泽东军事文集》第3卷，487页，军事科学出版社、中央文献出版社1993年版。
② 粟裕回忆："确定先在内线打几个胜仗，再转至外线，这是战争初期中央军委对原定战略计划的一次调整，对解放战争的胜利发展起着重要作用。"（《粟裕战争回忆录》，360页，解放军出版社1988年版）
③ 《毛泽东军事文集》第3卷，301页，军事科学出版社、中央文献出版社1993年版。
④ 《毛泽东军事文集》第3卷，333页，军事科学出版社、中央文献出版社1993年版。

在7月20日党内指示中，毛泽东进一步强调了"为着粉碎蒋介石的进攻，必须作持久打算"①的方针。

确立起实施内线作战和作持久打算的方针，诱敌深入解放区，在战略上实施持久消耗作战，保证了中共军队在敌强我弱情况下获得了更大的行动自由权，增大了胜算把握。

（二）以歼灭敌有生力量为主，实行大规模运动战

从全面内战爆发之始，毛泽东就把歼灭敌有生力量作为战略指导的基本环节，把成建制歼敌作为战争指导的重要抓手。他在1946年10月1日党内指示中做了一个估算：向解放区进攻的国民党军，除伪军、保安队、交通警察部队等不计外，共计190余个旅；在过去3个月时间里，它有25个旅被我歼灭，而它担任野战的兵力又有相当部分改任守备，"一方面，不断被我歼灭，另方面大量地担任守备，因此，它就必定越打越少"；如能继续歼灭敌25个旅，我军即可能停止国民党军进攻，部分地收复失地，并由防御转入进攻；当我军再能实现歼灭敌25个旅时，就可以收回大部至全部失地，并扩大解放区，而国共军力对比也必起重大变化。毛泽东强调说：

欲达此目的，必须在今后三个月内外，继续过去三个月歼敌二十五个旅的伟大成绩，再歼敌二十五个旅左右。这是改变敌我形势的关键。②

毛泽东历来认为，战争指导的重心应放在歼灭敌人有生力量上面，这不仅为"保存自己、消灭敌人"的战争目的所规定，也为中国革命战争敌强我弱的基本态势所规定。解放战争要扭转敌我力量对比的优劣之势，必须紧紧抓住歼灭敌人有生力量这个关键。

---

① 《毛泽东军事文集》第3卷，355页，军事科学出版社、中央文献出版社1993年版。
② 《毛泽东军事文集》第3卷，504页，军事科学出版社、中央文献出版社1993年版。

毛泽东围绕歼灭敌人有生力量提出了一整套作战方法，其核心方法就是"集中优势兵力，各个歼灭敌人"。在10月1日党内指示中，毛泽东明确指出："集中优势兵力，各个歼灭敌人，是过去三个月歼敌二十五个旅时所采用的唯一正确的作战方法。"[1]在给各战略区的作战指示中，毛泽东强调最多的就是这一作战方法。

毛泽东在9月16日中央军委指示中对这一作战方法作了深入阐述，强调指出："实行这种方法，就会胜利。违背这种方法，就会失败。"[2]要求把这一作战方法，不但必须应用于战役的部署方面，而且必须应用于战斗的部署方面。他说，这种方法的好处，就是一能全歼，二能速决。全歼，能最有效地打击敌人，迅速削减缺少二线兵力的敌人，打击敌人士气，并最充分地补充自己，振奋人心；速决，则使我军有可能各个歼灭敌人的增援队，也使我军能够避开敌人的增援队。在敌人武器装备占优势的情况下，必须强调集中优势兵力、各个歼灭敌人的作战方法。

如何才能做到集中优势兵力、各个歼灭敌人呢？具体方法包括以下几点。

一是坚持你打你的我打我的（各打各的），实行完全主动作战，"致人而不致于人"，不被敌人牵制反而牵制敌人，在敌人进攻面前有胜算把握就坚决歼灭之，否则就先退一步，在运动中创造战机，然后赢得胜利。就是说，不被敌人牵着鼻子走，用自己所熟悉、能发挥自己优势的方法同它打仗，"我"能吃掉"你"时坚决吃掉"你"，"我"吃不掉"你"时则不能让"你"吃掉"我"；"你"打"我"时让"你"打不着，"我"打"你"时则要打掉"你"；时机不成熟时"我"决不同"你"硬拼，一旦时机出现，"我"则毫不犹豫地扑向"你"。这是毛泽东运动战作战思想的核心。

---

[1]《毛泽东军事文集》第3卷，505页，军事科学出版社、中央文献出版社1993年版。
[2]《毛泽东军事文集》第3卷，483—484页，军事科学出版社、中央文献出版社1993年版。

二是集中优势兵力，先打弱的，后打强的。集中数倍于敌的绝对优势兵力，首先包围歼击敌一个旅或团，而这个旅或团应是敌军各部中较弱的，或者较少援助的，或地形、民情于我有利于敌不利的，得手后依情况，再歼敌一个或几个旅。

三是集中兵力用于主要方向，坚决反对平分兵力对付诸路之敌，不仅战役部署要把主要兵力用于主要方向，而且战斗部署也须把主要兵力用于主要方向，不要企图一下子同时全部歼灭来犯之敌，因而造成平分兵力，处处攻击，处处不得力，拖延时间，难以奏效。

四是以集中兵力打运动战为主，以分散兵力打游击战为辅，这是内战不同于抗战的重要之处，因为情况变了，作战方式也应随之改变。

五是应根据不同情况，灵活运用集中优势兵力、各个歼灭敌人的作战方法。在敌处于进攻地位、我处于防御地位时，必须运用这一作战方法。在敌处于防御地位、我处于进攻地位时，可分为两种情况：如我兵力多而敌军较弱，或我军出敌不意发动突然袭击，可同时攻击若干部分敌军；如我军兵力不足，则应对敌所占诸城一个一个地夺取之，而不是同时攻击几个城镇的敌军。

六是以歼灭敌有生力量为主要目标，不以保守地方为主要目标。为着集中兵力歼击敌军，或为避免主力遭受敌严重打击，可以允许放弃某些地方。我军只要能够大量消灭敌有生力量，就有可能恢复失地，并夺取新的地方。进一步说，主动放弃某些地方，等于把包袱丢给敌人，而自己获得了行动自由权，可主动寻找好打之敌作战。实现集中优势兵力、各个歼灭敌人，这是最重要的一条。在这一点上，毛泽东对蒋介石，是反其道而行之。蒋介石看重占领地方，特别是占领大中城市，而且一旦占领就死死抓住，不到迫不得已决不放手。每占一地，蒋都以为向胜利目标又前进了一步，而不知道面对毛泽东这样的对手，每占一地而又不知道放手，只是给自己又背上一个包袱，使己方陷入被动之中。

毛泽东肯定了华中粟裕、谭震林部举行的苏中战役①和晋冀鲁豫刘伯承、邓小平部举行的定陶战役②，认为这两个战役是集中优势兵力、各个歼灭敌人的经典战例。

（三）各战略区相互策应，促使国民党军的进攻张力快速达到顶点

从战略上消耗敌人力量，一靠歼灭敌之有生力量，二靠分散敌之有生力量。而分散敌之有生力量，又有两个途径：一是不计较一城一地之得失，把一些地方让给敌人，使敌之野战部队日益多地转变成守备部队，减损其能够用于进攻的机动力量；二是各战略区相互策应，促使敌在所有方向上同时开战，拉长其战线，从而使其向我各战略区进攻的有限兵力不敷使用，促其进攻张力很快达到顶点。

全面内战爆发时，中共在关内拥有陕甘宁、晋绥、晋察冀、晋冀鲁豫、山东（辖华中）、中原等六大战略区，而且这些分布在西北、华北、华东、华中的战略区基本连接成片，提供了开辟广阔战场的有利条件。毛泽东充分利用这个条件，在长江以北和黄河流域广大区域开辟了广阔战场。

毛泽东1946年6月19日给晋冀鲁豫、晋绥、晋察冀、山东四大战略区领导人的电报，要旨就是以大打对付大打，各大战略区同时举行反击行动，遍地开打，形成各大战略区的相互策应、相互配合之势。在毛泽东的战略谋划上，北线的晋察冀、晋绥是一个整体，南线的晋冀鲁豫、山东是一个

---

① 国民党军第一绥靖区汤恩伯部15个旅约12万兵力，于1946年7月发起进攻苏中解放区作战。人民解放军华中军区首长粟裕、谭震林决心在苏中解放区前沿江都至如皋一线迎击北进之敌。华中部队采取每战集中优势兵力打敌一部的战法，依托解放区的有利条件，连续作战45天，先后取得了宣泰战斗、如（皋）南战斗、海安战斗、李堡战斗、丁（堰）林（梓）战斗、如（皋）黄（桥）战斗、邵伯战斗的胜利，歼敌6个旅、5个交通警察大队共5万余人，史称"七战七捷"。
② 1946年9月，国民党军郑州绥靖公署和徐州绥靖公署共调集32个旅约30万兵力向冀鲁豫地区发起进攻，企图歼灭刚刚结束陇海战役的解放军晋冀鲁豫军区主力。解放军晋冀鲁豫军区部队在刘伯承、邓小平指挥下，利用郑州、徐州两个方向进攻之敌指挥的不统一和相互间隔，先集中兵力打较弱的郑州方向进犯之敌，而对郑州方向进犯之敌，又选择其中最弱的整编3师作为首战目标，得手后卷击慌忙撤退的敌整编47师。整个战役历时5天，共歼敌4个旅1.7万余人。

整体，而南北两线之间又是一个更大的整体。各大战略区的作战行动相对独立，它们之间的相互策应、相互配合一般是战略性的，但也有战役性的，当某一战略区遭敌进攻时，毛泽东会视情况部署其他战略区采取配合行动。7月间，毛泽东电示晋冀鲁豫军区领导人刘伯承、邓小平，要求他们配合山东军区部队的作战[1]，抑留和牵制向苏中、山东进攻的国民党军。8月间，毛泽东电示晋冀鲁豫的刘伯承邓小平、山东的陈毅、苏中的粟裕，要求他们分别在苏中、鲁南（汴徐线）、豫东（徐蚌线）等地区积极作战，大量歼敌，迫使蒋介石从追击中原野战军的部队中抽调数个旅向东向北增援，帮助中原军区部队在陕南、豫西、川东、鄂西等地站住脚跟。[2]毛泽东还曾数次电示粟裕，要求其部在苏中多坚持一个时期，强调这"对全局有极大利益"[3]。在毛泽东的战略运筹和统一指挥下，解放区战场形成一个看似各自为战，实则相互策应、相互配合的大棋局。各战略区在大局下行动，筹划部署作战，不仅着眼本战略区，而且着眼其他战略区，以自己的积极作战行动配合其他战略区的作战行动，当自己当面压力减轻时，就以积极作战行动吸引敌兵力，减轻其他战略区的压力。各战略区之间的相互策应、相互配合，常常打乱国民党军的作战计划，使之不得不临时变更部署，陷于穷于应付的被动之中。如晋冀鲁豫军区1946年8月上旬发起的陇海战役，就

---

[1] 毛泽东1946年7月21日致电刘伯承、邓小平，指示："估计陈宋第一个战役可能于数日内结束，第二个战役可能于月底开始，我刘邓军来不及配合第一个战役，但是可能与必须配合第二个战役。因此，提议刘邓军日内即开始运动，28日前或29日前到达攻击准备位置，于30日或31日动手夺取汴徐线。"（《毛泽东军事文集》第3卷，358页，军事科学出版社、中央文献出版社1993年版）

[2] 毛泽东1946年8月9日致电刘、邓、陈、粟，指示：8月10日至9月10日一个月内，"如我粟裕军能在苏中歼敌二至三个旅，陈宋军能在徐蚌线及其以东歼敌二至三个旅，刘邓军能占领汴徐线及豫东、淮北十余城，并歼敌二至三个旅，共歼敌六至九个旅，则于大局有极大利益。一则蒋军向苏中、苏北进攻必受顿挫，二则新黄河受我军威胁，这两点均将迫使蒋介石从我中原方面抽调至少数个旅向东向北增援。如嗣后我军有更大胜利，中原军面前之蒋军被调向东向北者必愈多，因而使我中原军能在陕南、豫西、川东、鄂西、鄂中、鄂东、皖西等七八处地方站住脚跟，即是战略上一大胜利。"（《毛泽东军事文集》第3卷，396页，军事科学出版社、中央文献出版社1993年版）

[3]《毛泽东军事文集》第3卷，402页，军事科学出版社、中央文献出版社1993年版。

迫使国民党军不得不把准备投入华东的精锐第五军、整编第十一师调到冀鲁豫战场,减轻了山东军区的压力。

解放战争初期,毛泽东在战略指导上遇到的一个重要问题,是中原军区部队突围后的落脚地问题。当国民党进攻中原军区部队的部署基本到位时,毛泽东6月23日回复中原局的请示:"同意立即突围,愈快愈好,不要有任何顾虑,生存第一,胜利第一。"① 当中原军区部队主力向西胜利突围后,毛泽东7月5日指示中原军区负责人郑位三、李先念:

你们任务是活动于鄂西北、豫西南广大地区,一面保存自己,同时钳制大量敌人,对全局贡献极大。②

7月13日,毛泽东更加明确地指示郑位三、李先念:

我中原军之任务是以机动灵活之行动,在鄂豫皖川陕广大地境内,在外线牵制反动派大量军队,帮助我内线作战部队取得胜利,是为作战之第一阶段;然后我内线部队渡淮向南,与中原军会合,夺取信阳、大别山、安庆之线,是为第二阶段。③

至此,毛泽东明确了中原军区突围后的战略任务是在敌后创立根据地,在外线发挥牵制敌人的作用。这一安排,既是出于避免硬闯敌重重阻击线带来重大损失的考虑,更是出于抑留和牵制敌于外线、分散敌人兵力的考虑。可以说,毛泽东所确定的中原军区部队突围后的行动方针,充分

---

① 《毛泽东军事文集》第3卷,288页,军事科学出版社、中央文献出版社1993年版。
② 《毛泽东军事文集》第3卷,324页,军事科学出版社、中央文献出版社1993年版。
③ 《毛泽东军事文集》第3卷,338页,军事科学出版社、中央文献出版社1993年版。

体现了他的遍地开打的总体战略。根据毛泽东的战略部署，中原军区部队向西越过平汉线后向豫鄂陕、鄂西北两个方向挺进，以游击战争开辟根据地，在敌后站住了脚，实现了中央赋予的在外线牵制敌人的战略任务[①]。毛泽东1947年5月28日以中共中央名义致电中原局负责人郑位三、李先念，指出：

我中原各部为着反对卖国贼蒋介石的进攻，从去年七月起在陕南、豫西、鄂西、鄂中、鄂东、湘西等地，在极端困难条件之下，执行中央战略意图，坚持游击战争，曾经钳制了蒋介石正规军三十个旅以上，使我华北、华中主力渡过蒋介石进攻的最困难时期，起了极大的战略作用。[②]

这个战略作用，就是使蒋介石顾此失彼，不能集中兵力用于华北、华中作战，起到了掩护华北、华中作战的重要作用。

二、外线进攻：将战争引向国民党统治区

毛泽东1947年12月在中共中央扩大会议（即杨家沟会议）上的讲话，把1947年6月作为解放战争发生战略转折的时间节点，认为此前是蒋介石进攻、我们防御的阶段，此后是我们转入进攻、蒋介石转入防御的阶段。毛泽东强调说："以前，我们把转到外线作战称为反攻，不完全妥当，以后都要叫进攻。"[③]因为，1947年6月以后，我军在战略上转入外线作战，把战争引向了国民党统治区，并开始逐步把国民党军事力量驱逐出解放区。

---

① 毛泽东曾指示中原军区王震部立足甘南开辟根据地，发挥策应西北根据地的战略作用。但甘南地区国民党军势力强大，王震部难以立足，不得不退入西北根据地。
②《毛泽东军事文集》第4卷，87页，军事科学出版社、中央文献出版社1993年版。
③《毛泽东文集》第4卷，328页，人民出版社1996年版。

毛泽东从1947年春末夏初间开始筹划和部署转入战略进攻（当时称为"战略反攻"）。5月4日，毛泽东致电刘伯承、邓小平、陈赓、谢富治、陈毅、粟裕等，提出了关于战略进攻的最初设想：

刘邓军十万立即开始休整，巳东（韵目代日，即6月1日——引者注）以前完毕，巳东后独力经冀鲁豫出中原，以豫皖苏边区及冀鲁豫边区为根据地，以长江以北，黄河以南，潼关、南阳之线以东，津浦路以西为机动地区，或打郑汉，或打汴徐，或打伏牛山，或打大别山，均可因时制宜，往来机动，并与陈粟密切配合行动，凡有共同作战之处陈粟军受刘邓指挥。①

8日，毛泽东致电刘伯承、邓小平、陈毅、粟裕等，再次提出：

刘邓军仍按中央辰支（即5月4日——引者注）电，争取于巳东前休整完毕，巳灰（即6月10日——引者注）前渡河，向冀鲁豫区与豫皖苏区之敌进击，第二步向中原进击。②

以后，毛泽东在给各战略区的一系列电文中数次提到举行战略进攻的打算，表明毛泽东此时已定下了举行战略进攻的决心。他最初的设想很清晰，就是以刘邓军为主前出中原地区，陈粟军作战略配合③，把战争引到国民党统治区。至于刘邓军前出中原到哪里，是打大别山，还是打伏牛山，或打郑汉路、汴徐路，尚无定论。另外，在力量使用上，还没有把陈

---

① 《毛泽东军事文集》第4卷，50页，军事科学出版社、中央文献出版社1993年版。
② 《毛泽东军事文集》第4卷，64页，军事科学出版社、中央文献出版社1993年版。
③ 毛泽东1947年6月1日电示陈毅、粟裕等："你们和刘邓之间在目前阶段上均只须作战略配合，不须作战役配合。你们的战役作战应完全单独进行。"（《毛泽东军事文集》第4卷，89页，军事科学出版社、中央文献出版社1993年版）

谢军作为经略中原的战略力量，而是准备放在西北战场，支援彭德怀军作战。

到6月，毛泽东进一步提出了"全面反攻"的概念。14日，他在给朱德、刘少奇的电报中明确提出："就全局看，本月当为全面反攻开始月份。"①关于"全面反攻"，毛泽东的战略考虑有两点：一是各战略区在停止敌军进攻的基础上转入进攻作战，恢复解放区并乘机扩大之。在南线，"山东、太行两区力求占领长江以北"；在北线，"力求占领中长、北宁、平承、平石、平绥、同蒲各路之大部及路上除平、津、沈以外各城，孤立平、津、沈，如能占领沈阳则更好"；在西北，"力求占领甘、宁大部"②。二是全面进攻最初阶段的战略重心放在中原方向，以刘邓军前出中原。至于刘邓军进入中原地区后，是南出大别山，还是西出伏牛山，或在平汉线和陇海线纵横往来，毛泽东并没有确定下来。但是，部署刘邓军前出中原决心已定。6月下旬刘邓军以突然动作南渡黄河，举行鲁西南战役，开启了解放战争战略进攻的序幕。

7月21—23日，中共中央在陕北靖边的小河村召开扩大会议。会议的最后一天，毛泽东致电刘伯承、邓小平以及陈毅、粟裕等，作出了刘邓军前出大别山的部署：

刘邓对羊山集、济宁两点之敌，判断确有迅速攻歼把握，则攻歼之，否则立即集中全军休整十天左右，除扫清过路小敌及民团外，不打陇海，不打新黄河以东，亦不打平汉路，下决心不要后方，以半个月行程，直出大别山，占领大别山为中心的数十县，肃清民团，发动群众，建立根据地，

---

①《毛泽东军事文集》第4卷，102页，军事科学出版社、中央文献出版社1993年版。
②《毛泽东军事文集》第4卷，134页，军事科学出版社、中央文献出版社1993年版。

吸引敌人向我进攻打运动战。①

毛泽东定下了刘邓军直出大别山的决心。

与此同时,毛泽东还作出了两个与此相关的重要决定。一是陈谢军的任务不再是执行西渡黄河、转入西北战场配合彭德怀军作战,而调整为南渡黄河进入豫西,发挥战略牵制作用,配合刘邓军跃进大别山。二是以陈粟军的叶陶两纵队南渡长江,前出闽浙赣,创建闽浙赣根据地,从而形成一个梯次跃进的战略格局。②至此,毛泽东完成了战略进攻的总体布局:以南线为重心,刘邓军、陈粟军、陈谢军三支战略力量在黄河和长江之间展开,相互配合,扯乱国民党军的中原体系。

从1946年6月到1947年6月,解放战争打了整整一年,毛泽东此时发起战略进攻,特别是以刘邓军前出大别山,可谓正当其时。毛泽东的战略考虑有三。

首先,这是贯彻推翻国民党蒋介石集团统治之政治目标的战略抉择。蒋介石发起全面内战后的一段时间里,中共的斗争目标还是停止内战,回到政治协商会议时的状态。然而,1946年10月11日国民党军傅作义部攻占张家口后,蒋介石在南京召开国民党独办的"国民大会",这昭示着他把国共和谈之路彻底堵死了,国共冲突再无调和余地,解放战争的实际目标成为推翻蒋介石集团的统治。但毛泽东对公开提出"打倒蒋介石"的政治口号持慎重态度。他在1946年11月召开的中共中央会议上说:"现在是否要提打倒蒋介石?我们做这个工作而不提这个口号,口号仍然是恢复一月

---

① 《毛泽东军事文集》第4卷,147页,军事科学出版社、中央文献出版社1993年版。
② 1947年7月27日,陈毅、粟裕、谭震林致电中央军委,建议再在内线歼敌1个月以利而后转入敌后作战。(《粟裕文选》第2卷,324页,军事科学出版社2004年版)毛泽东采纳陈、粟、谭的建议,取消了叶、陶两纵队前出闽浙赣的部署,集中华东野战军在长江以北歼灭国民党军主力。

十三日停战协定生效时的双方位置和实现政协决议。"①此时，全面内战已经打了近半年，中共不公开提"打倒蒋介石"，但实际上按这个目标努力。1947年2月，中共中央政治局召开扩大会议，讨论党内指示《迎接中国革命的新高潮》。毛泽东在会议上仍然说："我们现在的口号还不是打倒美蒋，但实际上是要打倒他们。"②毛泽东表示中共方面不堵死和平的可能，也不拒绝谈判，但休战只是一种临时步骤，并不涉及原则的问题，"所谓原则的问题，就是反帝反封建"，即彻底解决帝国主义与中华民族、封建主义与人民大众这一主要矛盾。这就进一步指明，这场革命战争的前途只有一个，就是彻底推翻国民党蒋介石集团的统治。中共中央发出的"七七口号"，提出了反对蒋介石的内战、饥饿、独裁、卖国政策，成立民主联合政府，以及没收官僚资本，实行土地革命，保护民族工商业等主张，实际上明确了彻底打倒蒋介石的政治目标。1947年7月21—23日召开的小河中共中央扩大会议，是战略转折关头的一次重要会议。毛泽东在会议上明确提出："对蒋介石的斗争，计划用五年时间来解决，从过去这一年的成绩来看是有可能的。"③毛泽东这时所说的"解决"，就是"打倒蒋介石"，而不再是恢复停战协议生效时双方位置和实现1946年1月政协会议决议。毛泽东部署刘邓军前出大别山，即是按照推翻蒋介石统治这个政治目标的要求布局全面进攻的。大别山位于鄂豫皖三省交界，南临长江，北控中原，俯瞰武汉和南京，是国民党统治区的战略腹地。在大别山建立根据地，实质是为在中原地区与国民党进行战略决战准备条件。刘邓军前出大别山是一步险棋，也是一步妙棋。8月7日，刘邓军分三路突然南进，直插大别山，一下子打乱了蒋介石的战略步骤，战场态势为之一变，中共由战略防御转入战略进

---

① 《毛泽东文集》第4卷，199页，人民出版社1996年版。
② 《毛泽东文集》第4卷，221页，人民出版社1996年版。
③ 《毛泽东文集》第4卷，266页，人民出版社1996年版。

攻，把战争引向了国民党统治区，国民党由战略进攻转入战略防御，解放战争向彻底推翻国民党蒋介石集团统治的方向迈出了关键而坚实的一步。

其次，加快扭转敌我力量对比，促进中国革命高潮尽快到来。1947年2月，毛泽东在中共中央政治局扩大会议上讨论《迎接中国革命的新高潮》时指出，中国总的形势是"革命高潮快要到来"。他说："这种高潮在近半个世纪的中国历史上有过三次，第一次是辛亥革命，第二次是北伐战争，第三次是抗日战争，这三次都是全国规模的……现在全国规模的第四次革命高潮，可能很快到来。"①这是一个大判断。毛泽东作出这个判断的依据，一个是全国政治形势向有利于中共的方向发展。他指出，辛亥革命中共没有参加，北伐战争和抗日战争是中共和国民党共同领导的，而第四次革命高潮是中共单独领导的，并且国民党由于逆潮流而丧失人心，国民党统治区的反蒋运动逐步高涨。毛泽东特别提到《大公报》关于中国前途的看法，指出这家拥护蒋介石而又同蒋介石有分歧的报纸，提出中国的前途有三，一是政治协商，二是南北朝，三是中共夺取全国政权（即所谓"十月革命的前途"），唯独没有说蒋介石统一中国的前途。不仅《大公报》如此，其他中间派的报纸也没有一家说蒋介石可以统一中国，甚至连国民党的报纸也不能不说只有民主才有出路。这说明蒋介石集团已经陷入孤立，连中间派都离他而去，其统治的社会政治基础已经瓦解。再一个依据就是军事形势。经过半年较量，已歼灭蒋介石进犯解放区的正规军56个旅，蒋介石的攻势虽然还在继续，但已成强弩之末，不仅军队战斗力严重衰减，而且士气日益下降。毛泽东有把握地说："我军如能于今后数月内，再歼灭其四十至五十个旅，连前共达一百个旅左右，则军事形势必将发生重大的变化。"②军事形势进一步向有利于中共、有利于人民解放事业的方向发展，以彻底

---

① 《毛泽东文集》第4卷，219页，人民出版社1996年版。
② 《毛泽东选集》第4卷，1212页，人民出版社1991年版。

推翻帝国主义、封建主义为目标的中国革命高潮势必到来。毛泽东在1947年5月30日为新华社撰写的评论中说："中国事变的发展，比人们预料的要快些。一方面是人民解放军的胜利，一方面是蒋管区人民斗争的前进，其速度都是很快的。为了建立一个和平的、民主的、独立的新中国，中国人民应当迅速地准备一切必要的条件。"①适时转入战略进攻，把战争引向国民党统治区不仅可以扩大军事胜利，歼灭更多的国民党军队有生力量，而且可以进一步增加国民党的经济困难，从而进一步动摇和瓦解它的社会政治基础，促成中国革命高潮加快到来。

最后，加快打破国民党军对各解放区的进攻，缓解解放区的经济和军事压力，确保和扩大已经取得的战略主动权。蒋介石在全面进攻受挫后，把重兵集中压到西北战场和山东战场，转入重点进攻。②从全面进攻到重点进攻，战场基本在解放区展开，一年时间，给解放区造成巨大损耗，特别是西北战场和山东战场的损耗尤其严重。要进一步扩大战略主动权，瓦解国民党军的攻势，迫使其退出解放区转入守势，使解放区获得休养生息的机会，有效办法就是跳出外线作战，由战略防御转入战略进攻。1947年7月30日，毛泽东接连给刘伯承、邓小平等发去两封电报，说道："现陕北情况甚为困难（已面告陈赓），如陈谢及刘邓不能在两个月内以自己有效行动调动胡军一部，协助陕北打开局面，致陕北不能支持，则两个月后胡军主力可能东调，你们困难亦将增加。"又说道："边区受胡军蹂躏，人民损失甚大，粮食缺乏，又加天旱，人口减至九十万。"③邓小平回忆说："毛主席打了个极秘密的电报给刘邓，写的是陕北'甚为困难'。当时我们二

---

① 《毛泽东选集》第4卷，1227页，人民出版社1991年版。
② 郭汝瑰在他的回忆录中说："有人说蒋介石重点进攻，是从山东和陕西两翼进行钳形攻势。事实上他没有这样高的战略水平。进攻山东，是他主观以为进攻延安后，可抽调主力在山东寻求决战，是进攻延安后的临时决策而不是预定计划。"（《郭汝瑰回忆录》，175页，中共党史出版社2009年版）
③ 《毛泽东军事文集》第4卷，158、160页，军事科学出版社、中央文献出版社1993年版。

话没说，立即复电，半个月后行动，跃进到敌人后方去，直出大别山。"①可见，缓解解放区压力是毛泽东举行战略进攻的重要考虑之一。毛泽东在1947年8月6日给刘伯承、邓小平等的电报中分析说：

> 我两路（刘邓军和陈谢军——引者注）南出后，合肥、安庆、鄂东、汉口、平汉沿线，汉水流域及南阳、潼关、洛阳等地均须守备，而要守备这许多地方，非有几十个旅不可。敌在山东、鲁西、陕北之机动部队共有四十五个旅（山东二十九，鲁西八，陕北八），守备兵力则有九十六个旅（被歼者在内）。为要抽出几十个旅守备长江、汉水、平汉各地，不但有大减陇海线及其以北各地守备兵力之可能，且有将机动兵力一部改为守备兵力之可能。如此，则全局可能引起变化。②

这个"全局变化"，首先就是国民党在解放区的攻势将大为削弱，甚至会被迫退出解放区。8月11日，毛泽东在致陈毅、粟裕的电报中更加明确地指出：刘邓军南下，陈粟军策应刘邓军南下，"总的意图是将战争引向国民党区域，使我内线获得喘息机会，以利持久"③。中国革命高潮是与革命战争的开展紧密联系在一起的，解放区稳固了，革命战争的胜利扩大了，将强有力地促进中国革命高潮的到来。

转入战略进攻后的4个月时间里，中国革命战争形势发生根本性变化。1947年10月10日，中共中央颁布了毛泽东起草的《中国人民解放军宣言》，明确提出"打倒蒋介石，解放全中国"的口号，宣布了以推翻蒋介石独裁

---

① 《邓小平文选》第3卷，339页，人民出版社1993年版。
② 《毛泽东军事文集》第4卷，171页，军事科学出版社、中央文献出版社1993年版。
③ 《毛泽东军事文集》第4卷，189页，军事科学出版社、中央文献出版社1993年版。

统治、建立新中国为目的的"八项政策"①,这标志着中共开始公开用"打倒蒋介石"的口号来号召群众、动员群众了。12月,中共中央在陕北米脂县杨家沟召开会议,讨论和通过了毛泽东的报告《目前形势和我们的任务》,这是一份发展全面进攻、推动革命高潮的纲领性文件,由此杨家沟会议成为具有里程碑意义的会议。毛泽东在会议上说:"孤立蒋介石的问题,过去在长时期内没有得到解决。土地革命战争时期,我们比较孤立。进入抗战时期,蒋介石逐渐失掉人心,我们逐渐得到人心,但问题仍没有根本解决。直到抗战胜利以后这一两年来,才解决了这个问题。""二十年来没有解决的力量对比的优势问题,今天解决了。"他明确指出:"中国革命已经进入高潮,将来还会更加高涨。"②毛泽东在《目前形势和我们的任务》中满怀信心地宣布:"这是一个历史的转折点。这是蒋介石二十年反革命统治由发展到消灭的转折点。这是一百多年以来帝国主义在中国的统治由发展到消灭的转折点。这是一个伟大的事变。这个事变所以带着伟大性,是因为这个事变发生在一个拥有四亿七千五百万人口的国家内,这个事变一经发生,它就将必然地走向全国的胜利。"③中国人民解放军实行的全面进攻,已经不可遏制地向夺取全国胜利迅猛发展。

转入战略进攻后这个仗该怎么打?毛泽东在《目前形势和我们的任务》

---

① "八项政策":(1)联合工农兵学商各被压迫阶级、各人民团体、各民主党派、各少数民族、各地华侨和其他爱国分子,组成民族统一战线,打倒蒋介石独裁统治,成立民主联合政府。(2)逮捕、审判和惩办以蒋介石为首的内战战犯。(3)废除蒋介石统治的独裁制度,实行人民民主制度,保障人民言论、出版、集会、结社等项自由。(4)废除蒋介石统治的腐败制度,肃清贪官污吏,建立廉洁政治。(5)没收蒋介石、宋子文、孔祥熙、陈立夫兄弟等四大家族和其他首要战犯的财产,没收官僚资本,发展民族工商业,改善职工生活,救济灾民贫民。(6)废除封建剥削制度,实行耕者有其田的制度。(7)承认中国境内各少数民族有平等自治的权利。(8)否认蒋介石独裁政府的一切卖国外交,废除一切卖国条约,否认内战期间蒋介石所借的一切外债。要求美国政府撤退其威胁中国独立的驻华军队,反对任何外国帮助蒋介石打内战和使日本侵略势力复兴。同外国订立平等互惠通商友好条约。联合世界上一切以平等待我之民族共同奋斗。
② 《毛泽东文集》第4卷,328、333、329页,人民出版社1996年版。
③ 《毛泽东选集》第4卷,1244页,人民出版社1991年版。

中所提出的"十大军事原则"回答了这个问题。这"十大军事原则"是：

（1）先打分散和孤立之敌，后打集中和强大之敌。（2）先取小城市、中等城市和广大乡村，后取大城市。（3）以歼灭敌人有生力量为主要目标，不以保守或夺取城市和地方为主要目标。保守或夺取城市和地方，是歼灭敌人有生力量的结果，往往需要反复多次才能最后的保守或夺取之。（4）每战集中绝对优势兵力（两倍、三倍、四倍、有时甚至是五倍或六倍于敌之兵力），四面包围敌人，力求全歼，不使漏网。在特殊情况下，则采用给敌以歼灭性打击的方法，即集中全力打敌正面及其一翼或两翼，求达歼灭其一部、击溃其另一部的目的，以便我军能够迅速转移兵力歼击他部敌军。力求避免打那种得不偿失的，或得失相当的消耗战。这样，在全体上，我们是劣势（就数量来说），但在每一个局部上，在每一个具体战役上，我们是绝对的优势，这就保证了战役的胜利。随着时间的推移，我们就将在全体上转变为优势，直到歼灭一切敌人。（5）不打无准备之仗，不打无把握之仗，每战都应力求有准备，力求在敌我条件对比下有胜利的把握。（6）发扬勇敢战斗、不怕牺牲、不怕疲劳和连续作战（即在短期内不休息地接连打几仗）的作风。（7）力求在运动中歼灭敌人。同时，注重阵地攻击战术，夺取敌人的据点和城市。（8）在攻城问题上，一切敌人守备薄弱的据点和城市，坚决夺取之。一切敌人有中等程度的守备、而环境又许可加以夺取的据点和城市，相机夺取之。一切敌人守备强固的据点和城市，则等候条件成熟时然后夺取之。（9）以俘获敌人的全部武器和大部人员，补充自己。我军人力物力的来源，主要在前线。（10）善于利用两个战役之间的间隙，休息和整训部队。休整的时间，一般地不要过长，尽可能不使敌人获得喘息的时间。①

---

① 《毛泽东军事文集》第4卷，353—354页，军事科学出版社、中央文献出版社1993年版。

关于"十大军事原则",毛泽东强调了两点:第一,人民解放军的这一整套战略战术是建立在人民战争这个基础上的,任何反人民的军队都不能利用这些战略战术;第二,在人民战争的基础上,人民解放军建立了以军民一致、官兵一致、瓦解敌军为要旨的强有力的革命政治工作,这是战胜敌人的重大因素。毛泽东强调的这两点,是"十大军事原则"的精髓所在,也是它的独到之处,因此也只能为具有人民军队性质的人民解放军所掌握和运用。因此,人民解放军的战略战术虽然已为蒋介石的军队以及帮助他们的美国在华军事人员所熟知,并千方百计地寻找对付办法,但却依然不能挽救他们的失败。他们在战争初期曾把实行这一套战略战术的人民解放军看作软弱可欺,以为他们每占领解放区一个地方就离完全消灭中共军事力量近了一步,然而仅仅一年半时间,他们就发现形势发展完全出乎意料,占领的地方越多,反而越被动,不得不由战略进攻转入战略防御,不仅吐出了所占解放区的全部地方,而且开始丧失原本属于他们的地方。毛泽东在阐述"十大军事原则"时,对最终打败蒋介石集团,夺取解放战争的彻底胜利充满了信心。

三、战略决战:三大战役一气呵成

毛泽东在1947年12月的杨家沟会议上指出,解放战争初期是自卫性质,那时的方针是迟滞内战;现在要消灭蒋介石,已不是自卫性质[①],点明了中国革命战争转入战略进攻的主题。为实现这个主题,须作更为宏大的文章。

1948年3月20日,在陕北军事形势明朗,中共中央准备东渡黄河转移华北之际,毛泽东为中共中央起草了发给全党的情况通报,提出了准备在

---

① 陈毅于1948年2月21日传达毛泽东在1947年12月中共中央扩大会议(杨家沟会议)上的讲话。

1949年建立由中国共产党领导的、有民主党派参加的中央人民政府的历史性任务。要完成这个任务，军事上必须取得更大胜利，占领更多地方，尤其要夺取沈阳、北平、天津这样的头等大城市，把东北、华北、华东、华中等战略区连成一片，这就要求在南北两线组织更大规模战役，歼灭更多的敌人有生力量。在这份通报里，毛泽东第一次明确预断"五年左右（一九四六年七月算起）消灭国民党全军的可能性是存在的"[①]。4月30日—5月25日，中共中央书记处在河北省阜平县城南庄召开扩大会议，决定在中原、黄淮地区打几场大仗，把国民党军主力消灭在江北。9月8日，中共中央政治局会议在西柏坡召开，讨论了最后战胜蒋介石集团、建设新民主主义中国的政治、经济、军事等重大问题。会议通过了中共中央军委制定的人民解放军《战争第三年军事计划》，确定人民解放军将在长江以北和华北、东北作战，全国的重心在中原战场，北线的重心在北宁路一线。毛泽东在会议上明确宣布"我们的战略方针是打倒国民党"，因此我们的战略任务是"军队向前进，生产长一寸，加强纪律性，由游击战争过渡到正规战争，建军五百万，歼敌正规军五百个旅，五年左右根本上打倒国民党"[②]，表明了举行具有战略决战性质的大规模战役的意图。

从1948年9月到1949年1月，人民解放军先后发起辽沈战役、淮海战役、平津战役，共历时4个月又19天，歼灭国民党军正规军144个师（旅），非正规军29个师，共154万余人，国民党军位于东北、华东、华北的精锐重兵集团全部被歼灭。毛泽东历来慎言战略决战，他在指挥三大战役时从未使用"战略决战"四个字，但三大战役确属战略决战性质的战役。战略决战，是决定战争胜负的关键性战役，是双方的主力决战，失败方由于丧失主力或主力损失惨重而处于绝对劣势，胜利方则拥有了绝对优势，战争

[①]《毛泽东军事文集》第4卷，439页，军事科学出版社、中央文献出版社1993年版。
[②]《毛泽东文集》第5卷，133页，人民出版社1996年版。

胜券在握。三大战役之后，国民党军在长江以北，除了西北的胡宗南集团和马步芳集团之外，再无其他可堪一击的军事力量，人民解放军南北两线主力全部压到长江一线，渡江战役指日可待。中国革命战争已经取得了决定性的胜利。早在辽沈战役刚刚结束时，毛泽东就在给新华社写的社评中说："原来预计，从一九四六年七月起，大约需要五年左右时间，便可能从根本上打倒国民党反动政府。现在看来，只需从现时起，再有一年左右的时间，就可能将国民党反动政府从根本上打倒了。"[1]仅过了半年多时间，毛泽东把对解放战争进程的预断缩短了两年左右。1948年12月30日，毛泽东发表题为《将革命进行到底》的新年献词，他开宗明义地说："中国人民将要在伟大的解放战争中获得最后胜利，这一点，现在甚至我们的敌人也不怀疑了。"[2]达成此形势，三大战役起了直接作用。

毛泽东作为最高统帅，紧紧把握战役关键环节实施指挥，正确解决了战役时机、战役枢纽、战役节奏、战役配合、政治瓦解等一系列问题，使在不同地域、先后展开的三大战役既错落有致，又一气呵成，实现了决战决胜。

（一）战役时机。战略决战的时机选择，首先取决于敌我力量对比。战争双方力量对比发生根本或重大转变，往往是力量占优势一方发起战略决战的适当时机。解放战争进行到1948年3月，国民党军在数量上还占优势，全军总计尚有365万余人，作战力量292万余人；人民解放军全军总计249万余人，其中正规部队132万余人，非正规部队（含地方部队、游击队、后方军事机关、军事学校等）116万余人。同1946年6月全面内战爆发时相比，国民党军减少了65万余人，人民解放军则增加了121万余人。然而，国民党军的质量下降幅度远远大于其数量的下降幅度，它的正规军的师、旅有

---

[1]《毛泽东军事文集》第5卷，219页，军事科学出版社、中央文献出版社1993年版。
[2]《毛泽东军事文集》第5卷，459页，军事科学出版社、中央文献出版社1993年版。

相当一部分是从战斗力颇弱的地方部队和投降伪军升级而来的,并且师、旅编制人数减少了大约四分之一。更重要的是,它的大约一半的师、旅曾被人民解放军歼灭或重创过,经过重建或补充,有的还经过数次被歼数次重建,官兵士气低落,战斗力严重衰退,除了在个别战场还能举行战役进攻之外,在大部分战场均处于被动挨打的境地。与之相反,人民解放军不仅数量大幅度增加,而且质量也有了大幅度提升,特别是经过新式整军运动,极大激发了官兵把革命战争进行到底的决心和勇气,部队士气高昂。人民解放军战斗力大为增强,不仅进一步提升了实施大规模运动战能力,而且具备了夺取大中城市的攻坚能力。敌我力量对比已经发生了有利于中国革命的重大变化。

这种变化率先出现在东北战场。经过1947年下半年到1948年初的秋季攻势作战和冬季攻势作战,至1948年8月,人民解放军东北战略区的总兵力达到了103万人,其中野战军70万人,军区武装33万人,控制了东北97%的地域面积、86%的人口和95%的铁路线,东满、西满、南满、北满的解放区基本连成一片。而东北国民党军几经补充才达到55万人,其中正规军仅48万人,被分割在长春、沈阳、锦州、葫芦岛等几个孤立点上,完全处于被动地位。

在华东战场上,到1948年10月,华东野战军兵力约36万人。济南战役之后,由于华东、华北两大解放军区完全连成一片,华东野战军基本解除了后顾之忧,可以集中兵力向南。活跃于华中地区的中原野战军,在攻克郑州、开封之后,以主力一部15万人乘胜东进,与华东野战军形成战役配合之势。再加上地方部队,我军在华东战场的总兵力达到60万之众。国民党军在华东地区的刘峙集团,共约70万人,部署于津浦路徐州至蚌埠段两侧地区和陇海路海州至徐州地区。华东我军与国民党军兵力对比在数量上未占完全优势,但因连战连捷而士气旺盛,与国民党军士气低迷形成鲜明对比。

在华北战场上，国民党军傅作义集团主力连同其他部队50万余人，被置于从山海关到张家口的500余公里狭长地带上。东北野战军主力80万人在结束辽沈战役之后迅速入关，加上华北军区第2、第3兵团13万余人以及其他地方部队，总兵力约100万人。

在东北、华东、华北三个战场上，人民解放军取得显著优势，这是毛泽东定下战略决战决心的客观基础。

战略决战选择在1948年下半年展开，还取决于敌之动态。进入1948年后，国民党统帅部不得不在战略上实行收缩防御，但又犹豫不决，担心失地带来更严重的政治、军事后果，在退守之间举棋不定。对付这种情况，毛泽东的基本考虑就是不让国民党军实现收缩，特别是不让国民党军各重兵集团退守长江一线，麇集成一团，而将其歼灭于各战略区。

国民党军的收缩迹象首先出现在东北。1948年3月美军驻华军事顾问团团长巴大维向蒋介石提出"撤出满洲"的建议。蒋回绝了这个建议，明确表示了"全力确保东北"的决心，但面对东北兵力不足和供给困难的局面，也不得不调整东北战略，提出在固守长春的同时，以沈阳主力打通沈阳至锦州的交通线，然后将沈阳主力撤到锦州，强化东北和华北的联系，并在战况不利时可以将主力撤至华北或经海路撤至华中。但蒋的意图遭到接替陈诚任东北"剿总"司令的卫立煌的反对。卫害怕运动中被歼，力主坚守沈阳，以待时局变化，蒋的意图因而得不到贯彻。毛泽东在得知国民党军有撤出东北或向北宁线收缩的意图后，即有了就地全歼东北境内国民党军的设想。他早在2月7日就致电东北野战军领导人指出："对我军战略利益来说，是以封闭蒋军在东北加以各个歼灭为有利。"[①] 8月5日他再次向东北野战军领导人指出："关于敌人从东北撤运华中之可能，我们在你们

[①]《毛泽东军事文集》第4卷，391页，军事科学出版社、中央文献出版社1993年版。

尚未结束冬季作战时即告诉了你们，希望你们务必抓住这批敌人，如敌从东北大量向华中转移，则对华中作战极为不利。"[①]毛泽东要求东北野战军坚定南下作战的决心，全力阻止东北境内国民党军向华北、华中（华东）撤退。9月5日，毛泽东明确指示，东北野战军秋季作战的重点应放在卫立煌、范汉杰系统，准备在北宁线上展开大规模作战。7日，毛泽东正式提出辽沈战役的作战方针：东北野战军主力由长春一线南下北宁线，切断东北卫立煌部和华北傅作义部的联系，封闭卫立煌部于东北境内，力争予以全歼。因而，东北野战军必须确立打"前所未有的大歼灭战的决心"，"争取将卫立煌全军就地歼灭"[②]。辽沈战役的决心，确定在东北国民党军准备撤而又未撤之际。

辽沈战役取得决定性胜利后，国民党统帅部于11月初开始调整南线部署，以华中白崇禧集团防御平汉路南段及长江中游地区，钳制我中原野战军；以华东刘峙集团防御津浦路徐州至蚌埠段，并准备失利时南撤，退至淮河实施防御。济南战役之后，毛泽东在9月下旬与华东野战军领导人商讨下一步作战行动时即提出，华东我军应准备打三场大仗，"第一个作战应以歼灭黄兵团于新安、运河之线为目标"，"歼灭两淮高宝（淮阴、淮安、高邮、宝应——引者注）地区之敌，为第二个作战"，"歼灭海州、连云港、灌云地区之敌，为第三个作战"[③]。毛泽东在10月11日给华东野战军领导人的电报中正式提出淮海战役作战方针，重申第一阶段作战以歼灭黄百韬兵团为重心，同时将原拟定的第二个作战调整为战役第三阶段，将第三个作战调整为战役第二阶段。此时准备实施的淮海战役还是"小淮海"，即打通山东与苏北的联系，为下一步歼灭徐州之敌和实施长江浦口方向作战创造

[①]《毛泽东军事文集》第4卷，563页，军事科学出版社、中央文献出版社1993年版。
[②]《毛泽东军事文集》第5卷，2页，军事科学出版社、中央文献出版社1993年版。
[③]《毛泽东军事文集》第5卷，19页，军事科学出版社、中央文献出版社1993年版。

条件。战役打响后,毛泽东根据"徐州敌有总退却模样"迅速调整战役目的,于11月9日数次电示华东野战军及中原野战军领导人:在围歼黄百韬兵团的同时须直出宿县,切断徐蚌线,力争在徐州附近全歼敌主力,坚决阻止敌退至淮河以南或长江以南,战役规模随之由"小淮海"发展为"大淮海"。淮海战役的决心,也是确立在华东国民党军行将撤至淮河以南防线而又未动之际。

蒋介石在东北国民党军主力被全歼后试图放弃平津,将华北国民党军南撤以加强长江防线,但傅作义因对蒋的吞并图谋深怀戒心而不想南撤。加之蒋、傅都估计东北我军结束辽沈战役后至少需要3个月时间进行休整,而傅部尚能应付华北我军,因而决定暂时固守平津地区,待时局有变再作打算。毛泽东在筹划辽沈战役时就把歼灭东北和华北国民党军作为一体来考虑。辽沈战役即将结束时,毛泽东致电东北野战军领导人,指示他们准备"协同华北力量歼灭傅作义主力,夺取平津及北宁、平绥、平承、平保各线,完成东北与华北的统一"[①]。辽沈战役刚一结束,毛泽东即部署华北,迅速形成阻止傅作义部西逃或南逃的战役布势。毛泽东在12月11日给东北野战军领导人的电报中阐述了平津战役的指导方针,其要旨即就地解决傅作义部。中央军委曾电示东北野战军领导人指出,让华北傅作义部西逃或南逃,我们将可以轻松拿下北平和天津,但对以后战争进程不利;特别是让傅作义部南逃到长江一线,将增大我们最终打败蒋介石的困难。

可以说,战略决战选择在1948年下半年展开,就是要乘东北、华北、华东之敌要撤未撤之际,将其就地全歼,把战线压到长江一线,创造出彻底推翻蒋介石集团统治的战略胜势。

(二)战役枢纽。战役枢纽是战役开合的关键,决定战役全貌乃至结

[①]《毛泽东军事文集》第5卷,157页,军事科学出版社、中央文献出版社1993年版。

局。确定战役枢纽是战役指挥的最重要环节，也最见指挥功力。毛泽东指挥三大战役以抓战役枢纽为中心。他确定战役枢纽，既着眼于战役全局，又着眼于战争全局，实现了三大战役的一气呵成，达成了决定战争最终命运的战略决战目标。

先来看辽沈战役。进入1948年以后，东北战场上的国民党军主力被分割在长春、沈阳、锦州、葫芦岛一线的各个点上，我东北野战军在完成冬季作战任务后主力摆在了长春，围困长春守敌。毛泽东早在1947年10月13日回复东北野战军领导人请示攻克吉林的电报时就指出："你们攻克吉林后，应将主攻方向转至北宁平绥两线。沈阳、锦州间，锦州、山海关间，山海关、天津间，天津、北平间，北平、张家口间均为很好作战地区。"[①]毛泽东此时正在思考当人民解放军转入战略进攻后如何进一步大量歼灭敌有生力量，以加快解放战争进程问题。而要在东北境内大量歼灭国民党军，毛泽东认为必须把作战重心从长春一线转移到北宁线，野战军主力南下，造成关门打狗之势。需要注意的是，毛泽东此时已经把东北和华北两个战场作为一体来考虑，有了把东北野战军主力用于华北作战的想法，因此毛泽东考虑辽沈战役枢纽，兼顾到下一步华北乃至华东的作战行动。毛泽东定下举行辽沈战役决心后，坚决要求东北野战军主力先置长春守敌于不顾，南下北宁线，把攻克锦州作为主要着力点。当东北野战军领导人因顾虑攻打锦州有可能腹背受敌而犹豫不决时，毛泽东敦促他们坚定南下决心，数次去电，告诉他们能否取得战役主动权，决定于能不能迅速攻克锦州，如果掉头打长春，将增加下一步行动的困难。战役发展证明，毛泽东把攻克锦州作为战役枢纽是完全正确的。东北野战军置长春守敌于不顾，越过沈阳直插锦州，使沈阳卫立煌部处于两难境地，既不敢不顾长春专力援锦，

[①]《毛泽东军事文集》第4卷，305页，军事科学出版社、中央文献出版社1993年版。

也不能眼看着丢掉锦州，形成了我专而敌分的战场态势。更重要的是，东北野战军打下锦州后，东北境内国民党军立即溃围决堤，顷刻瓦解，不仅驰援锦州的廖耀湘集团被全歼，长春守敌也不得不宣布起义，除从营口逃走少量部队外，东北境内的国民党军绝大部分被歼。这样的战役结果，不仅使东北全境获得解放，而且破坏了蒋介石加强华中力量的计划，为实现在长江以北消灭国民党军主力的战略意图创造了重要条件。

淮海战役有一个从"小淮海"到"大淮海"的发展过程，战役枢纽也有一个转移过程，这是淮海战役非常特殊的一点。第一个枢纽是抓住黄百韬兵团。毛泽东1948年10月11日给华东野战军领导人的电报指出：

本战役第一阶段的重心，是集中兵力歼灭黄百韬兵团，完成中间突破，占领新安镇、运河车站、曹八集、峄县、枣庄、临城、韩庄、沭阳、邳县、郯城、台儿庄、临沂等地。①

围歼黄百韬兵团，撕开了国民党军以徐州为中心的防御体系，不仅可以打通苏北和山东的联系，而且可以调动徐淮地区守敌。果然，当黄百韬兵团被困阻在碾庄地区后，蒋介石赶紧调兵遣将，命令已位于徐淮的邱清泉、李弥、孙元良三兵团向徐州集中，同时急调位于豫西的黄维兵团东进，位于长江一线的刘汝明、李延年两兵团北进，从而形成了国民党军重兵集团麇集徐淮的战场态势，大规模战略决战呼之欲出。然而，蒋介石却又罔顾左右，露出了将徐州守军全部南撤，沿长江重新构筑防御线的意图。毛泽东根据战场态势以及敌之动态，把战役重心转向宿县。宿县位于徐州和蚌埠之间，是控制徐蚌铁路的枢纽。11月9日，毛泽东复电中原野战军和华东

---

① 《毛泽东军事文集》第5卷，66页，军事科学出版社、中央文献出版社1993年版。

野战军领导人，肯定他们根据徐州之敌有总退却模样，迅速部署截断敌退路是正确的，并进一步作出指示：

陈邓直接指挥各部，包括一、三、四、九纵应直出宿县，截断宿蚌路，四纵不应在黄口附近打邱清泉，而应迅速攻宿县，一纵在解决一八一师后，应立即去宿县。华野三、广两纵的任务是对付邱清泉，但应位于萧县地区从南面向黄口、徐州线攻击，以便与宿县我军联系。①

毛泽东于同日又发一电，明确指示："应极力争取在徐州附近歼灭敌人主力，勿使南窜。"②作出此部署的目的是"破坏敌人总退却的计划，遭我全部歼灭，并占领徐州"，这意味着淮海战役所要达到的目的，由攻歼淮阴、淮安和连云港之敌，打通山东和苏北联系，为向徐州、浦口线作战创造条件，转变成歼灭国民党军重兵集团于以徐州为中心的徐淮地区，把战线直压到长江，即由"小淮海"发展成为"大淮海"，在南线进行战略决战。③此后，毛泽东又数次致电要求集中兵力拿下宿县。中原野战军于16日攻克宿县后，徐州、蚌埠地区之敌顿时被分割为南北两个部分，徐州之敌的陆路补给通道和南撤之路均被切断，不仅被团团围住的黄百韬兵团成为死棋，而且被堵在双堆集的黄维兵团，被困在徐州的邱清泉、李弥、孙元良三兵团也成为死棋，最后的命运就是一个个被吃掉。攻克宿县，是"小淮海"发展成为"大淮海"的关键步骤，是战役的第二个枢纽。11月23日毛泽东致电中原野战军领导人，指出造成战役扩大之势的主观原因，是

---

① 《毛泽东军事文集》第5卷，182页，军事科学出版社、中央文献出版社1993年版。
② 《毛泽东军事文集》第5卷，184页，军事科学出版社、中央文献出版社1993年版。
③ 粟裕回忆："随即又收到军委9日复示：'齐（8日）辰电悉。应极力争取在徐州附近歼灭敌主力，勿使南窜。华东、华北、中原三方面应用全力保证我军的供给。'这个电报虽短，真是字字千钧。中央已下定决心将徐州之敌就地歼灭，将淮海战役变成南线决战。"（《粟裕文选》第3卷，729页，军事科学出版社2004年版）

"我华东、中原两大野战军会合并攻占宿县"①，肯定了攻占宿县对于由"小淮海"扩展为"大淮海"的决定性意义。

平津战役的战役枢纽不是一个点，而是新保安和塘沽两个点，这是由滞留傅作义集团于平津地区就地解决的战役方针所决定的。傅作义集团50万余人，以平津保三角地区为重心，分布在从山海关到张家口的铁路沿线，摆成一个长蛇阵。辽沈战役结束后，傅作义集团的北面失去依托，加之淮海战役已经打响，黄百韬兵团陷入重围，华北国民党军成孤悬之势，形势岌岌可危。蒋介石面对如此形势，力主傅作义集团南撤，以加强长江一线兵力。傅作义虽看出华北危险，但他出于被蒋吃掉的担心而不愿意南撤，更想西撤，退回绥远老巢，保存实力，以图东山再起，但受其集团中蒋的嫡系部队掣肘，又不敢贸然西撤，因此处于南撤和西撤的两难之间，原地固守成为他的权宜之计。利用傅的矛盾心理，抑留其于华北，成为战役成败的关键。战役从平张线开始，先打张家口，吸引傅作义兵力西向。张家口是傅作义西撤的必经之路，他立即派出自己的嫡系部队三十五军等部西援，然而他很快发现中共军队从东北南下，直压北平，于是又急令三十五军等部迅速回撤。毛泽东抓住这个时机，严令华北部队务必把三十五军等部阻截在宣化和怀来之间，决不能放其东逃。同时，毛泽东命令东北野战军领导人以主力直插平津、津塘之间，切断北平和天津之间的联系，切断天津和塘沽之间的联系，控制平津地区的向海通道。12月11日，毛泽东在给东北野战军领导人的电报中阐述了平津战役的指导方针，其中强调："只要塘沽（最重要）、新保安两点攻克，就全局皆活了。"②只要控制了这两点，傅作义集团便既不能西撤也不能南撤，被牢牢地钉在了平津地区。9日前后，华北部队把三十五军紧紧围困在新保安；12月之前东北野战军入关部

---

① 《毛泽东军事文集》第5卷，263页，军事科学出版社、中央文献出版社1993年版。
② 《毛泽东军事文集》第5卷，361—362页，军事科学出版社、中央文献出版社1993年版。

队以迅猛动作插入北平、天津、塘沽、芦台、唐山之间各点，完成了对天津、塘沽的战略包围，实现了就地解决傅作义集团的战役布势。

（三）战役节奏。三大战役既错落有致又一气呵成，主要取决于战役节奏的把握。三大战役的战役节奏，突出特点是"连续作战"。毛泽东把"发扬勇敢战斗、不怕牺牲、不怕疲劳和连续作战（即在短期内不休息地接连打几仗）的作风"[1]，列为人民解放军打败国民党军必须坚持的"十大军事原则"之一，其好处就是可以收到出敌不意的效果（敌在遭受战役打击后常常以为我军需要休整一段时间才能再战），更多地歼灭敌有生力量。毛泽东指挥三大战役，把"连续作战"原则发挥得淋漓尽致。

最典型的行动，就是东北野战军入关参加平津战役。辽沈战役是东北野战军打的一场空前大仗，损耗颇大，按一般设想，东北野战军需休整数月才能执行下一个战役行动，然而毛泽东的决断却出乎"一般设想"。辽沈战役以11月2日完全攻占营口而胜利结束。10月31日，毛泽东在给东北野战军领导人的电报中同意给1个月左右的休整时间，要求他们于12月上旬或中旬开始出动，于年底或1949年上半年协同华北力量歼灭傅作义部。但时隔半个月，毛泽东即要求东北野战军停止休整，尽早入关。11月16日，毛泽东在给东北野战军领导人的电报中说：

我们曾考虑过你们主力早日入关，包围津沽、唐山，在包围姿态下进行休整，则敌无从从海上逃跑。请你们考虑，你们究以早日入关为好，还是在东北完成休整计划然后入关为好，并以结果电告为盼。[2]

18日，毛泽东下达命令："望你们立即令各纵队以一二天时间完成出

---

[1]《毛泽东军事文集》第5卷，354页，军事科学出版社、中央文献出版社1993年版。
[2]《毛泽东军事文集》第5卷，226页，军事科学出版社、中央文献出版社1993年版。

发准备，于二十一日或二十二日全军或至少八个纵队取捷径以最快速度行进，突然包围唐山、塘沽、天津三处敌人，不使逃跑，并争取使中央军不战投降（此种可能很大）。"① 毛泽东改变计划的原因，就是得知傅作义已经处于严重动摇之中，有了起义动向②，为了歼击蒋嫡系力量以促傅作义走起义之路，所以急令尚未完成休整补充的东北野战军迅即入关，提前发起平津战役。从23日起，东北野战军70万余人分南北两路开始入关，直插平津之间和唐山以东，与华北野战军在平张线的作战行动相配合。12月11日，毛泽东电令东北野战军在25日之前完成对天津、塘沽、芦台、唐山诸点的包围，并要求"你们应该鼓励部队在此两星期内不惜疲劳，不怕减员，不怕受冻受饥，在完成上列部署以后，再行休整，然后从容攻击"③。东北野战军连续作战，入关后未作休整即完成了向天津、塘沽、芦台等要点的穿插，同华北野战部队相配合，将傅作义集团分割开来，堵住了其所有退路，完成了战役布势。从战略决战的全局看，从辽沈战役到平津战役是一个连续作战过程，中间几乎没有间隔，东北野战军刚刚完成空前规模的辽沈战役，紧接着又投入平津战役，大大超出蒋介石和傅作义的预估④，抢到了先手，完全掌握了战役主动权。

　　淮海战役的战役指挥要义之一，也是"连续作战"。11月19日，围歼黄百韬兵团大局已定，毛泽东指示华东野战军领导人粟裕、谭震林等考虑下一阶段作战行动，要求他们准备"协同中原全力打黄维"⑤。23日，歼灭

① 《毛泽东军事文集》第5卷，239页，军事科学出版社、中央文献出版社1993年版。
② 据时任国民党华北"剿总"副秘书长兼政工处长的王克俊回忆，大约于1948年11月17日傅作义授意其女儿傅冬菊（中共地下党员）通过中共地下党给毛泽东发电，联系起义事宜。（《平津战役亲历记》，250页，中国文史出版社2012年版）
③ 《毛泽东军事文集》第5卷，363页，军事科学出版社、中央文献出版社1993年版。
④ 曾任国民党政府国防部作战厅厅长的郭汝瑰回忆："12月2日，蒋介石派参军罗泽闿向傅传达'退保津、沽，确实控制一个海口'的华北战略决策，傅作义虽然赞同，但一直犹豫不决，傅作义可能判断错误，认为东北解放军无论如何需休整1个月方能入关。"（《郭汝瑰回忆录》，246页，中共党史出版社2009年版）
⑤ 《毛泽东军事文集》第5卷，245页，军事科学出版社、中央文献出版社1993年版。

黄百韬兵团次日，毛泽东指示，要求华东野战军、中原野战军在歼灭了黄百韬10个师后，利用"隔断徐蚌，使徐敌完全孤立"这个有利态势，准备用3个月到5个月时间歼灭敌人在徐淮地区尚余的50个师，为此须及时做好兵员和物资的补充，加强政治工作，以利及早转入第二阶段作战①。这两份电报的要旨，就是以连续作战争取更大胜利，为华东野战军、中原野战军下一阶段作战行动定下基调。围歼黄百韬兵团10个师，华东野战军打得十分艰苦，部队很疲劳，因此曾设想消灭黄百韬兵团后，休整十天半个月再转入下一阶段作战。然而，此时黄维兵团强渡浍河，拼命向李延年、刘汝明两兵团靠拢，孤军突出，战机稍纵即逝。淮海前线总前委立即作出决断：以中原野战军全部和华东野战军一部先歼灭黄维兵团，以华东野战军主力阻击徐州和固镇地区增援之敌，视情况歼击李延年、刘汝明兵团。毛泽东立即批准了这个计划，指示："完全同意先打黄维。"并强调："情况紧急时机，一切由刘陈邓临机处置，不要请示。"②华东野战军不顾疲劳，迅速转入第二阶段作战，协同中原野战军在双堆集地区困住了黄维兵团，形成了"吃一个（对黄维兵团），挟一个（对杜聿明集团），看一个（对李延年、刘汝明两兵团）"的战场态势。蒋介石完全没有料到黄百韬兵团刚刚被消灭，黄维兵团又陷入重围，面临被歼命运，一时间方寸大乱，陷于更加被动之中。黄维兵团11个师从被团团围住（11月24日）到被全部歼灭（12月15日），时间仅21天，淮海战役取得第二阶段作战的全胜。11月28日，在围住黄维兵团后第5天，毛泽东凌晨4时致电淮海前线总前委，提出第三阶段作战任务是"解决徐蚌两处之敌，夺取徐蚌"，并要求"第二阶段结束之后，短期休整之前，立即考虑下一阶段作战的兵力部署问题"③。同一

---

① 《毛泽东军事文集》第5卷，263—265页，军事科学出版社、中央文献出版社1993年版。
② 《毛泽东军事文集》第5卷，269页，军事科学出版社、中央文献出版社1993年版。
③ 《毛泽东军事文集》第5卷，284页，军事科学出版社、中央文献出版社1993年版。

天，蒋介石作出放弃徐州决定。晚22时毛泽东致电总前委，要求"须估计到徐州之敌有向两淮或向武汉逃跑可能"①，准备应付意外。30日，杜聿明率邱清泉、李弥、孙元良三个兵团撤离徐州，沿徐州—萧县公路向永城地区转进。华东野战军当即发布了《全歼当面敌人，争取战役全胜的政治动员令》，展开了战役打响以来最大规模的围追堵截，至12月5日在永城陈官庄地区堵住了邱、李、孙三个兵团，形成战役合围，为歼灭黄维兵团后转入第三阶段作战，全部消灭淮河以北之敌做好了准备。此时，华东野战军已经打得非常疲劳，粟裕回忆说：

杜聿明于12月1日率30万人全部撤离徐州。我们以多路多层尾追、平行追击、迂回截击、超越拦截相结合，尽全力追击。实际上我们对杜聿明是网开三面，你向西去也好，向北去也好，向东去也好，就是不让你向南。其他方向都唱空城计。说明我们的力量也差不多用尽了。②

华东野战军发扬连续作战精神，不怕疲劳，敌动我动，终于把仓皇撤退的杜聿明集团包围在了陈官庄。毛泽东指挥淮海战役，一环紧扣一环，使战役三个阶段环环相扣，最终以少胜多，60万打败了80万，由"小淮海"打成了"大淮海"，全歼了长江以北国民党军最精锐力量。

（四）战役配合。三大战役一气呵成，各战略区的相互配合至关重要。解放战争自打响以来，东部战场基本上划分为南北两线，战略决战的布局也是按照南北两线展开。毛泽东指挥战略决战，在北线抓了东北和华北两大战略区的配合协同，在南线抓了华东和中原两大战略区的配合协同。不仅如此，在平津、淮海两战役并举期间，毛泽东还导演了南北两线的配合。

---

① 《毛泽东军事文集》第5卷，289页，军事科学出版社、中央文献出版社1993年版。
② 《粟裕文选》第3卷，735页，军事科学出版社2004年版。

在毛泽东指挥下，各战略区协调动作，密切配合，使蒋介石顾此失彼，左支右绌，穷于应付，最后落得一个满盘皆输的下场。

毛泽东在定下东北野战军南下北宁线攻打锦州的决心时，即着手部署华北野战部队向平绥路发起攻势作战行动，以牵制傅作义，不让他出关援锦。1948年7月22日，毛泽东致电林彪、罗荣桓、刘亚楼，要求他们停止攻击长春计划，"改为提早向南作战的计划"①。第二天，毛泽东致电华北军区司令员聂荣臻等，指示："杨成武立即开始组织西进兵团，担负向绥远作战之任务，此兵团组成为一纵全部、二纵两个旅、六纵两个旅，共三个纵队七个旅，杨成武为西兵团之司令员兼政治委员。从二十六日起至八月九日止共十五天，为休整时间，八月十日开始西进，取道大同以南，务于八月二十五日左右到达归绥附近，并相机夺取归绥，尔后相机向包头、五原、临河地区攻击，占领整个绥西产粮区，或向归绥以东机动，吸引傅作义至少以一个军西援，以利东面之作战。"②同时调整指挥关系，规定华北的杨（得志）罗（瑞卿）耿（飚）兵团准备接受东北野战军赋予的作战任务，杨成武兵团直接受军委指挥，以确保华北作战行动与东北作战行动相协调。9月初华北野战部队发起察绥战役，杨成武兵团向绥远方向进攻，杨罗耿兵团出击平绥路东段，配合东北野战军举行辽沈战役。华北野战部队在平绥路举行的攻势作战，起到了抑留傅作义集团于华北的作用，基本解除了东北野战军攻取锦州作战的后顾之忧。在辽沈战役整个过程中，傅作义集团都被牢牢拴在关内，不敢抽调主力北援。华北野战部队在平绥线的作战行动，不仅有力支援了东北野战军的战役行动，而且也为后来的平津战役作了重要铺垫。辽沈战役结束后，东北野战军入关，直插天津、塘沽、唐山一线，与活动于平绥线的华北野战部队合力，将傅作义集团分割在从张家口到塘

---

① 《毛泽东军事文集》第4卷，541页，军事科学出版社、中央文献出版社1993年版。
② 《毛泽东军事文集》第4卷，544页，军事科学出版社、中央文献出版社1993年版。

沽的各个要点上，使其走不能走，打不能打，完全陷于被动之中。12月11日，毛泽东指示："东北我军正陆续入关，攻击平、津、张、唐诸敌之作战业已开始。这是一个巨大的战役，不但两区野战军应归林罗刘谭统一指挥，冀中七纵及地方兵团，亦应统一指挥。"①将东北野战军和华北野战部队的指挥归于一统，组成集中统一指挥的战役集团，发挥整体作战威力，构成了对傅作义集团的巨大优势，确保北线战略决战的完全胜利。

淮海战役的胜利，是华东和中原两大战略区紧密配合的结果。自从1947年8月以来，晋冀鲁豫野战军（后称中原野战军）、华东野战军和陈谢兵团在中原做"品"字形展开，人民解放军的这三支力量在战略上相互协同，扯碎了国民党军的中原防御体系。举行淮海战役，中央军委把这三支战略力量合为一股，实行战役配合。11月16日毛泽东指示：

此战胜利，不但长江以北局面大定，即全国局面亦可基本上解决。望从这个观点出发统筹一切。统筹的领导，由刘、陈、邓、粟、谭五同志组成一个总前委，可能时开五人会议讨论重要问题，经常由刘、陈、邓为常委临机处置一切，小平同志为总前委书记。②

此时距离战役拉开大幕10天，由"小淮海"发展为"大淮海"的趋势已经彰显，战役规模越打越大，战略意图也由打通苏北和山东的联系，转变为确保长江以北胜局，为南渡长江扫清最后障碍，因此统一指挥华东和中原两大野战军实施战役配合成为必要，淮海前线总前委为此而成立。中原野战军加入淮海战场，成功地攻占宿县和把黄维兵团阻击在双堆集一带，这对于"小淮海"发展成"大淮海"具有重要意义。歼灭黄维兵团和围歼

---

① 《毛泽东军事文集》第5卷，374页，军事科学出版社、中央文献出版社1993年版。
② 《毛泽东军事文集》第5卷，231页，军事科学出版社、中央文献出版社1993年版。

杜聿明集团，华东野战军和中原野战军通力合作，取得了战役全胜，实现了中央军委大定长江以北的战略意图。

毛泽东指挥三大战役的最神来之笔，是协调南、北两线的配合。12月15日，黄维兵团被全歼，此前杜聿明集团的邱、李、孙三兵团已经被团团围在陈官庄一带，淮海战役进入第三阶段，取得全胜指日可待。此时，平津战役已进行了10余天，切断了平绥线，堵死了傅作义集团的西撤之路，但尚未完成对天津、塘沽的分割包围，傅作义集团南撤的海上通道还没有被堵死。在杜聿明集团刚刚被围住时，毛泽东就考虑到全歼该敌可能给平津战役带来的影响。11日他致电东北野战军领导人："此敌解决，蒋匪全局动摇，势必重新部署。有可能以现在上海集中待命之数十艘船突然北上，作接走平、津、塘、唐诸敌之计划，时间决于十天内外。"①要求他们集中兵力，尽可能在10天之内隔断天津、塘沽之间的联系，同时包围唐山，控制住出海口，如果做到这一点，则全局胜算在望。与此同时，毛泽东部署华东、中原野战军暂缓全歼杜聿明集团，让蒋介石还抱有一丝幻想。在同一天给东北野战军领导人发出的关于平津战役作战方针的电报中，毛泽东更明确地说道：

为着不使蒋介石迅速决策海运平津诸敌南下，我们准备令刘伯承、邓小平、陈毅、粟裕于歼灭黄维兵团之后，留下杜聿明指挥之邱清泉、李弥、孙元良诸兵团（已歼约一半左右）之余部，两星期内不作最后歼灭之部署。②

16日，黄维兵团被全歼的第二天，毛泽东电令华东野战军领导人粟裕："我包围杜聿明各部可以十天左右时间休息调整，并集中华野全力然后发起

①《毛泽东军事文集》第5卷，358页，军事科学出版社、中央文献出版社1993年版。
②《毛泽东军事文集》第5卷，362页，军事科学出版社、中央文献出版社1993年版。

攻击。"①作出暂缓围歼杜聿明集团的部署。正如毛泽东所料，1949年1月10日杜聿明集团被全歼后，蒋介石立即调整防御部署，将布防江淮的李延年、刘汝明两兵团以及江北的其他部队撤至长江以南，重新构筑长江防线。但此时，东北野战军已经切断了平津线、津塘线，完成了对天津和塘沽的包围，傅作义集团从海上撤退的通道也被卡死，这不仅决定了平津战役的胜局，而且使蒋介石调傅作义集团南下以加强长江防线的计划完全落空，防守长江的兵力更加捉襟见肘。

（五）政治瓦解。瓦解敌军，是解放军政治工作的三大原则之一。毛泽东说："我们的胜利不但是依靠我军的作战，而且依靠敌军的瓦解。"②解放军在三大战役中以巨大军事优势，辅之以瓦解敌军原则，收到了事半功倍之效。毛泽东视战场实际情况，灵活运用瓦解敌军原则，使这一原则的实践形式得以充分展现，其作用发挥得淋漓尽致。

在辽沈战役中，当锦州被攻克后，已被久困的长春守敌陷入既不能守也不能走的困境，军心发生严重动摇，策动敌军起义的时机成熟。毛泽东在得知策动曾泽生的国民党军第六十军起义的工作取得重要进展后，即电示东北野战军领导人：

你们争取六十军起义的方针是正确的，一兵团对六十军的分析及处置也是对的，惟要六十军对新七军表示态度一点，不要超过他们所能做的限度。吴化文退出济南战斗时，曾以电话告诉王耀武说，我不能打了，但我也不打你等语，这是军阀军队难免的现象。只要六十军能拖出长春，开入我指定之区域，愿意加入解放军序列，发表通电表示反对美国侵略，反对国民党反动统治，赞成土地改革及没收官僚资本，拥护共产党及人民解放军，也就够

---

① 《毛泽东军事文集》第5卷，410页，军事科学出版社、中央文献出版社1993年版。
② 《毛泽东军事文集》第2卷，105页，军事科学出版社、中央文献出版社1993年版。

了。你们应当不失时机和六十军代表加紧商谈，并注意这些代表。①

毛泽东交代了战略决战中争取敌军起义的基本政策，即放下武器，接受解放军改编，同时表明反帝爱国、拥护民主革命的政治态度即可，而不必要求他们立即掉过头来打国民党军，或要求他们立即发表谴责国民党当局的政治声明，给起义者留下转变立场的余地和时间。前线指挥部遵照此指示精神与曾泽生部商谈，顺利达成协议，曾泽生部脱离国民党，按计划交出阵地。曾泽生的六十军起义后，新七军独木难支，而退入关内的通道也被堵死，不得不向解放军投诚。郑洞国的兵团部山穷水尽，也只好缴械投降，长春实现和平解放。

淮海战役三个阶段都贯彻了瓦解敌军工作，有力地配合了军事攻势。在部署围歼黄百韬兵团时，华东野战军作出了策动驻扎在台儿庄、贾汪一线的第三绥靖区冯治安部起义的计划，毛泽东予以肯定。②11月5日华东野战军主力开始从鲁西南单县、邹县一带南下，直插陇海线东段，以切断黄百韬兵团西退徐州之路。8日，长期隐蔽在国民党军的中共地下党员、时任第三绥靖区副司令官的何基沣、张克侠，根据华东局指示，按照华东野战军首长部署，在贾汪、台儿庄地区组织其所属国民党军第五十九军、第七十七军起义，瓦解了国民党军的徐州东北部防线，使华东野战军主力能够迅速插到运河一线，隔断了黄百韬兵团和徐州守敌的联系，掌握了战役主动权③。在围歼黄维兵团的过程中，中原野战军成功地组织了廖运周部的

---

① 《毛泽东军事文集》第5卷，92页，军事科学出版社、中央文献出版社1993年版。
② 毛泽东1948年10月15日给华东军区暨华东野战军领导人的电报说："完全同意你们对冯治安部的方针，望作具体部署，并且要快。"（《毛泽东军事文集》第5卷，88页，军事科学出版社、中央文献出版社1993年版）
③ 粟裕在回忆决策由"小淮海"发展为"大淮海"的过程时曾说："长期隐蔽在国民党军中的何基沣、张克侠两将军即将率部在台儿庄、贾汪地区起义，一旦起义成功，华野可以通过其防区迅速切断黄百韬的退路，全歼黄百韬兵团已更有把握。"再加上其他条件，"我觉得淮海战役发展为南线战略决战的时机已经成熟。"（《粟裕文选》第3卷，727—728页，军事科学出版社2004年版）

起义，极大动摇了黄维兵团的军心。11月27日拂晓，被团团围在双堆集的黄维兵团开始突围，中共地下党员、时任黄维兵团一一〇师师长的廖运周经请示中原野战军首长同意，利用打头阵的机会，在中原野战军接应下，通过解放军阵地向指定地域开进，成功实现了阵前起义。廖运周部的起义粉碎了黄维兵团的突围计划，使之士气一蹶不振，敲定了其覆灭的败局。在陈官庄围歼杜聿明集团的作战中，为配合平津战役，也为缓解部队疲劳，安排了20天左右的休整期，毛泽东要求华东野战军充分利用这个时机开展对敌军政治攻势。12月16日，毛泽东致电粟裕，指示说："向杜、邱、李连续不断地进行政治攻势，除部队所做者外，请你们起草口语广播词，每三五天一次，依据战场具体情况，变更其内容，电告我们修改播发。"[1]次日，毛泽东又发出了由他亲笔为中原、华东两大野战军司令部起草的《敦促杜聿明等投降书》，给前线部队开展政治攻势提供了精神"炮弹"。华东野战军卓有成效地开展了政治攻势，促使陷于困境的杜聿明集团的士气极度低落，成班、成排，甚至成连的官兵向解放军投诚。从1948年12月16日到1949年1月5日的20天时间里，相继投诚者达1.4万余人，平均每天有700余人。[2]杜聿明后来回忆说：

在这期间，解放军停止攻击二十天，国民党军有了喘息的机会。解放军同时展开政治攻势，广播、喊话、送信、架电话、送饭吃等等，也起了瓦解国民党军士气的作用。这些天经常有整排整连的官兵投降解放军，弄得国民党军内部上下狐疑，惶恐不安。[3]

---

[1]《毛泽东军事文集》第5卷，410页，军事科学出版社、中央文献出版社1993年版。
[2] 这些数字来自军事科学院军事历史研究部编著的《全国解放战争史》第4卷。
[3]《淮海战役亲历记（原国民党将领的回忆）》，44页，文史资料出版社1985年版。

平津战役创造了解决国民党军的"天津方式""北平方式""绥远方式",是军事攻势和政治攻势的高度统一。平津战役发起时,中共中央即部署华北地下党开展策动傅作义走和平道路的工作。①当完成对傅作义部的分隔包围,使之既不能西撤,也不能南逃之后,毛泽东要求平津前线指挥部正式开始与傅作义的政治谈判,以争取和平解放北平。1949年1月1日,毛泽东就同傅作义谈判问题复电林彪,指示:"新保安、张家口之敌被歼以后,傅作义及其在北平直系部属之地位已经起了变化,只有在此时,才能真正谈得上我们和傅作义拉拢并使傅部为我所用。因此,你们应认真进行傅作义的工作。"②为了争取傅作义走上和平道路,毛泽东确定的基本方针如下:一是军事攻势和政治攻势同时并举,保持强大军事压力;二是不给傅作义留政治操弄空间,但给他及其部属个人以出路;三是军队必须接受改编,纳入解放军序列;四是必须有时间界限,不能无限期拖延。这是政治谈判的底线,除此之外的其他问题可以协商解决。傅作义倚仗手里还有30余万兵力向中共讨价还价,谈判并不一帆风顺。1月10日,淮海战役胜利结束,同时解放军完成攻击天津部署,天津陈长捷集团已成瓮中之鳖。为促使傅作义认清形势,尽早定下走和平道路的决心,14日东北野战军发起对天津总攻,仅用29个小时,即全歼天津守敌13万人,生俘国民党军天津警备司令陈长捷。攻克天津,等于给傅作义后背猛击一掌,打掉了他讨价还价的重要筹码。16日是双方谈判的重要日子,毛泽东数次发电指示林彪等领导人,对于傅作义提出的数日内由双方共同管理市政、军队出城不

---

① 《全国解放战争史》记载:平津战役发起前夕,中共中央华北局根据中共中央指示,从保全北平的工商业基础和文化古迹,减少人民生命财产的损失出发,认真分析了傅作义的情况,认为傅作义虽然反共甚久,给人民造成了深重灾难,但他曾是抗日爱国将领,与中国共产党领导的武装有过联合抗日的历史,与蒋介石有根深蒂固的矛盾,在国民党蒋介石反动政府行将覆灭时,有争取傅作义用和平方法解决北平问题的可能性。因此,指示北平地下党,应利用平津战场有利的军事形势,大胆利用各种社会关系,特别是傅作义的亲信亲属,直接做傅作义的工作,重点放在争取傅作义走和平解决北平的道路上。

② 《毛泽东年谱(1893—1949)》下卷,428页,人民出版社、中央文献出版社1993年版。

要开得太远太分散等要求，可以酌情同意，同时要做好攻城准备，但务必精密计划，力求避免破坏故宫、大学及其他著名而有重大价值的文化古迹。当日晚，林彪、罗荣桓、聂荣臻与傅作义代表邓宝珊达成和平解放北平的基本协议，为和平解放北平敞开了大门。北平和平解放后，傅作义集团驻绥远董其武部表示了要走和平道路的意愿。公布《关于和平解决北平问题的协议》第二天（23日），毛泽东指示停止绥远方向战斗，与董其武部建立联系。2月22日，毛泽东在西柏坡会见傅作义等人，就解决绥远董其武部问题指出：有了北平的和平解放，绥远问题就好解决了。可以先放一下，等待他们的起义。①1949年3月5日，毛泽东在中共七届二中全会上说：

今后解决这一百多万国民党军队的方式，不外天津、北平、绥远三种。用战斗去解决敌人，例如解决天津的敌人那样，仍然是我们首先必须注意和必须准备的。人民解放军的全体指挥员、战斗员，绝对不可以稍微松懈自己的战斗意志，任何松懈战斗意志的思想和轻敌的思想，都是错误的。按照北平方式解决问题的可能性是增加了，这就是迫使敌军用和平方法，迅速地彻底地按照人民解放军的制度改编为人民解放军。用这种方法解决问题，对于反革命遗迹的迅速扫除和反革命政治影响的迅速肃清，比较用战争方法解决问题是要差一些的。但是，这种方法是在敌军主力被消灭以后必然地要出现的，是不可避免的；同时也是于我军于人民有利的，即是可以避免伤亡和破坏。因此，各野战军领导同志都应注意和学会这样一种斗争方式。这是一种斗争方式，是一种不流血的斗争方式，并不是不用斗争可以解决问题的。绥远方式，是有意地保存一部分国民党军队，让它原封不动，或者大体上不

---

① 毛泽东在会见傅作义时对解决绥远董其武部提出了具体意见：先画一个和平线，让董其武先做好内部工作；派一个联系处，把平绥铁路的东西两方接通，便利人民通邮、来往；把解放区和绥远区的贸易搞起来，逐渐统一货币；加强双方的宣传和文化交流。并作出允诺：该部起义后可以编两个军。

动，就是说向这一部分军队作暂时的让步，以利于争取这部分军队在政治上站在我们方面，或者保持中立，以便我们集中力量首先解决国民党残余力量中的主要部分，在一个相当的时间之后（例如在几个月，半年，或者一年之后），再去按照人民解放军制度将这部分军队改编为人民解放军。这是又一种斗争方式。这种斗争方式对于反革命遗迹和反革命的政治影响，较之北平方式将要保留得较多些，保留的时间也将较长些。但是这种反革命遗迹和反革命政治影响，归根到底要被肃清，这是毫无疑问的。①

毛泽东所总结的平津战役中解决国民党军队的3种方式，被用于彻底消灭国民党军事力量的战略大追击中。

四、战略大追击：宜将剩勇追穷寇

辽沈、淮海、平津三大战役敲定了国民党政权彻底覆灭的命运，中国共产党领导中国人民经过22年艰苦卓绝的斗争，终于看到胜利的曙光。然而，国民党蒋介石集团并不会轻易退出历史舞台，他们还要做最后的挣扎。此时，国民党丧失了东北、华北、华东地区，但还保有长江以南数省以及西北、西南地区。国民党军队还有200万余人（其中可直接用于作战的兵力146万人），分布在从新疆到台湾的广阔地域，并在闽、浙、赣、粤、湘、云、贵、川、陕等省区设立编练司令部，大量征召新兵，计划短时间内把军队扩充至350万到500万人。徐蚌会战（即淮海战役）失败后，国民党统帅部放弃江淮之间组织防御的计划，将残余兵力全部退至长江以南，部署长江防线，试图依托长江天堑保有半壁江山。

同时，国民党发起所谓"和平攻势"。初始推手是李宗仁、白崇禧集

---

① 《毛泽东军事文集》第5卷，513—514页，军事科学出版社、中央文献出版社1993年版。

团，他们的目的是迫蒋下台，夺取最高统治权。1948年12月间，白崇禧在湖北策动省议会议员及一些地方绅士，公开联名发起和平运动，要求恢复与中共的和平谈判。24日白崇禧致电蒋介石，呼吁蒋马上开始和平谈判。李宗仁则明确表示，蒋应主动下野[1]。随之，国民党内兴起一股劝退和主和的风潮。蒋介石迫于内外压力，于1949年元旦发表文告，表示"只要共党一有和平的诚意，能作确切表示，政府必开诚相见，愿与商讨停止战事、恢复和平的具体方法"[2]，同时还隐约表示了准备"引退"的意思。1949年1月21日，蒋在国民党中央常委会议正式宣布"下野"，李宗仁代行总统职务。27日，李宗仁致电毛泽东，表示同意以中共提出的"八项条件"[3]作为谈判基础。李宗仁、白崇禧代表了当时国民党内的反蒋力量，这股力量试图以一个没有蒋的国民党政府来与中共谈判，为国民党争取残喘时间和空间，但他们并不掌握实权。蒋介石同意谈判，一方面迫于压力，另一方面也希望通过谈判能够争取到东山再起的机会。李、白集团和蒋介石集团虽然此时势如水火，但在通过谈判达成缓兵这一点上是比较一致的。

美国对腐败无能的蒋介石政权极度失望，准备停止援蒋，但它又不愿意看到中共夺取全国政权，而是寄希望于国民党内的反蒋势力能够撑起局面，保持半壁江山。因此，美国虽然调整了对华政策，准备放弃蒋介石，但是并没有放弃"国民政府"，只是试图通过"换马"，以李宗仁代替蒋介石，为陷入绝境的"国民政府"找到出路。美国支持李宗仁、白崇禧发起的"和平攻势"，给国民党政权争取喘息机会。同时，美国延长支持国民党打内战的"援华法案"，继续给国民党提供军事援助，帮助国民党把中共遏

---

[1] 杨奎松：《国民党的"联共"与"反共"》，687—688页，社会科学文献出版社2008年版。
[2] 中国人民解放军政治学院党史教研室编印：《中共党史参考资料》第11册，335页，1979年版。
[3] 毛泽东回答蒋介石的元旦公告，提出了和平谈判的八项条件：（1）惩办战争罪犯；（2）废除伪宪法；（3）废除伪法统；（4）依据民主原则改编一切反动军队；（5）没收官僚资本；（6）改革土地制度；（7）废除卖国条约；（8）召开没有反动分子参加的政治协商会议，成立民主联合政府，接收南京国民党反动政府及其所属各级政府的一切权力。

阻在长江以北。尽管这一期间美国在调整对华政策的过程中出现了某些混乱，发出了一些不同声音，但反对中国共产党领导的中国革命却是不变的，还在试图帮助国民党阻止中共军队渡过长江。

这个历史时刻，一个重大问题摆在了中国共产党人面前：能不能、敢不敢夺取中国革命的彻底胜利？毛泽东正确回答并解决了这个问题。

（一）将革命进行到底

1948年12月30日，新华社发表了毛泽东撰写的新年献词《将革命进行到底》。毛泽东在文中宣告：

> 现在摆在中国人民、各民主党派、各人民团体面前的问题，是将革命进行到底呢，还是使革命半途而废呢？如果要使革命进行到底，那就是用革命的方法，坚决彻底干净全部地消灭一切反动势力，不动摇地坚持打倒帝国主义，打倒封建主义，打倒官僚资本主义，在全国范围内推翻国民党的反动统治，在全国范围内建立无产阶级领导的以工农联盟为主体的人民民主专政的共和国。[①]

毛泽东明白无误地说明了"将革命进行到底"的内涵：（1）在全国范围内"彻底干净全部"地推翻代表帝国主义、封建主义和官僚资本主义的国民党政权，不留任何余地，不留任何死角；（2）在全国范围内建立不包括任何反动势力代表、以工农联盟为主体的人民民主专政的国家政权；（3）要一鼓作气打败国民党，不给它留下喘息机会。一句话，这就是中国革命要迅速取得彻底胜利，在全国范围内用人民民主政权的共和国替代站在帝国主义、封建主义、官僚资本主义立场上的国民党政权，为再造一个光明的新中国

[①]《毛泽东选集》第4卷，1375页，人民出版社1991年版。

创造先决政治条件。

"将革命进行到底",这是毛泽东为中共在中国革命即将取得彻底胜利之时所制定的政治纲领。

制定这样一个政治纲领的依据,首先是由中国革命的新民主主义性质所决定的。中国共产党领导的新民主主义革命,目标是彻底推翻帝国主义、封建主义和官僚资本主义的统治,在资产阶级民主革命的基础上,把中国引向社会主义。国民党蒋介石集团用自己的行动证明,他们和这个目标根本不相容,是阻碍实现这个目标的最反动的力量。1947年12月的中共中央政治局会议,是中共开始谋划彻底打倒蒋介石、建设人民民主政权共和国的会议。在会议上毛泽东表达了一个重要思想:蒋介石不可能放弃独裁统治实行民主主义,也不可能支持土地革命,彻底结束中国千年的封建制度,更不会同意中共参与政权建设(全力取缔中共领导的军队,意在削弱乃至取消中共参与政权建设的资格),因此只要蒋介石集团还掌握政权,中共所追求的新民主主义革命前途根本没有实现的可能,中国也就没有一个光明、富强、民主、和平的前途,也正因为如此,中共与国民党蒋介石集团之间已经没有任何妥协的余地,唯一选择就是推翻蒋介石集团的独裁统治,建立共产党领导的人民民主联合政府。毛泽东说:"自古以来,反动派对民主势力就是两条原则:能消灭者一定消灭之,暂时不能消灭者留待将来消灭之。英国现在先消灭政府内部的共产党,对社会上的共产党就慢慢来。我们对反动派也应采取同样的两条原则,我们今天实行的是第一条。"[①]为中华民族前途计,为中国人民根本利益计,只有彻底推翻蒋介石集团的政治统治。"这样,就可以使中华民族来一个大翻身,由半殖民地变为真正的独立国,使中国人民来一个大解放,将自己头上的封建的压迫和官僚资本

[①]《毛泽东文集》第5卷,132—133页,人民出版社1996年版。

（即中国的垄断资本）的压迫一起掀掉，并由此造成统一的民主的和平局面，造成由农业国变为工业国的先决条件，造成由人剥削人的社会向着社会主义社会发展的可能性。"①中共为之浴血奋斗的新民主主义革命目标已经近在咫尺，在这样一个历史时刻不能有任何的迟疑和犹豫，否则将犯历史性的错误。

毛泽东的又一个深远考虑是，不给国民党蒋介石集团留下任何反扑的机会。毛泽东在《将革命进行到底》中把蒋介石一伙人比喻为"蛇一样的恶人"，告诫中共全体党员及中国人民，不要像古希腊寓言中的农夫，可怜冻僵的毒蛇，把它放在自己心口，而受了暖气苏醒过来的毒蛇非但没有丝毫感恩之心，反而咬了恩人一口，使他受了致命伤。以蒋介石为首的国民党反动派，本性残忍而且毫无信义。他们现在大讲和平，只是希望中共及中国人民向那个农夫学习，给他们留一条"生路"，但当他们一旦缓过劲来以后，就会像那条毒蛇一样，猛扑过来，把中共及革命人民置于死地。这是毛泽东基于同蒋介石长期打交道所得到的基本经验。他说：

请大家想一想，从一九三六年十二月西安事变以来，从一九四五年十月重庆谈判和一九四六年一月政治协商会议以来，中国人民对于这伙盗匪曾经做得何等仁至义尽，希望同他们建立国内的和平。但是一切善良的愿望改变了他们的阶级本性的一分一厘一毫一丝没有呢？②

历史是不能忘记的。事实已经一再证明人民的善良并不能改变蒋介石一伙的本性，只要他们有了力量，就一定会再次把人民置于内战的血与火之中，就一定会在全国恢复他们的法西斯独裁统治。如果这样，中国将仍

---

① 《毛泽东选集》第4卷，1375页，人民出版社1991年版。
② 《毛泽东选集》第4卷，1376页，人民出版社1991年版。

处于四分五裂之中，处于内战之中，处于黑暗之中。因此，只有把革命进行到底，彻底消灭国民党蒋介石集团的残余势力，不给他们反扑留下任何余地，中国"才能有独立，才能有民主，才能有和平"[①]。所以"中国人民决不怜惜蛇一样的恶人"，必须让他们绝种。1948年12月25日，中共中央公布国民党战犯名单。时隔1个月，1949年1月25日中共中央又公布第二批战犯名单，两批战犯名单共计57人，表明了彻底清除反动势力的决心。

更重要的，制定这样一个政治纲领的长远考虑是，不允许出现"南北朝"分裂局面，实现国家完全统一。如果解放战争打到长江北岸止步，让蒋介石集团划江而治图谋得逞，继续统治江南广大区域，中国将再一次形成"南北朝"的分裂局面，这不仅将国无宁日，民族复兴也会困难重重，并且难以摆脱被其他大国操控的命运。毛泽东在《将革命进行到底》一文中，并没有专门谈这个问题，但提到彻底打倒蒋介石集团的统治，"由此造成统一的民主的和平的局面"，其中"统一"二字，就是强调只有彻底打倒蒋介石集团的政治统治，才能避免国家被一分为二。试想一下，如果形成了划江而治的局面，今日的中国会是怎样一个情形，这是可以想象到的。李宗仁在他的回忆录里说了这样一番话：

我今天感到庆幸的是：当年与我打交道的美国方面的领袖人物都是一些没有经验的人。这些人在现状不变的局势下指导世界事务是能干的，但处理起严重的国际危机时，则肯定是无能为力。如果他们像约瑟夫·斯大林那样冷酷和精明，像他一样善于抓住时机，中国肯定是会完了。如果美国人全力支持我，使我得以沿长江和毛泽东划分中国，中国就会陷入像今天的朝鲜、德国、老挝和越南同样悲惨的局面了。南部政府得靠美国生存，

[①]《毛泽东选集》第4卷，1376页，人民出版社1991年版。

而北部政府也只能仰苏联鼻息，除各树一帜，互相残杀外，二者都无法求得真正之独立。又因中国是六亿人的大国，这样一来，她就会陷于比前面提到过的三个小国家更为深重的痛苦之中，而民族所受的创伤则恐怕几代人也无法治好了。如果这种事情真的发生了，在我们敬爱祖国的未来历史上，我会成为什么样的罪人呢？①

李宗仁作为当事人所发的这番感慨，生动说明毛泽东抓住历史时机彻底打倒国民党政权，实现南北统一，对于中华民族具有深远历史意义。

制定这样一个政治纲领的客观依据，是国内阶级力量对比发生根本性变化，彻底推翻国民党政权的历史时机完全成熟。早在1947年12月的杨家沟中共中央扩大会议上毛泽东就曾指出："孤立蒋介石的问题，过去在长时期内没有得到解决。土地革命战争时期，我们比较孤立。进入抗战时期，蒋介石逐渐失掉人心，我们逐渐得到人心，但问题仍没有根本解决。直到抗战胜利以后这一两年来，才解决了这个问题。"②毛泽东断言，蒋介石政权已经陷入全面困境，军事、政治、经济都拿不出有效办法，而中共的力量及影响力都空前增长，期盼已久的中国革命高潮正在到来。三大战役结束后，这个趋势更加明朗化。毛泽东在1949年1月8日中央政治局会议通过的党内指示中指出：在平津、淮海、太原、大同等战役结束时，国民党政权在军事方面已经基本上被打倒了，如果再消灭了南京、武汉、西安等地的国民党军队，不但就军事上说，而且就政治上和经济上说，国民党政权是被中共基本地打倒了。中国阶级力量对比已经发生了根本变化，人心站到了中共一边，人民已经抛弃了国民党政权，就连资产阶级也在向中共找出路，跟国民党走的很少。国民党长江以北的战线已经全面崩溃，国民党

---

① 《李宗仁回忆录》（下），715页，广西师范大学出版社2005年版。
② 《毛泽东文集》第4卷，328页，人民出版社1996年版。

在其统治区内也处于极大的混乱和崩溃状态之中。中共已经完全有把握在全国范围内战胜国民党,"必须将革命进行到底,而不容许半途而废"①。阶级力量对比的根本变化,给中国革命取得彻底胜利创造了千载难逢的大好时机,牢牢地抓住这个时机,把革命胜利的可能变为革命胜利的现实,这是中共对历史、对人民必须承担的责任。毛泽东在西柏坡对秘密来访的米高扬说:目前可以说是人心所向,民心所归。这是我们彻底打倒蒋介石、国民党的有利条件和良好时机。"时乎,时乎,不再来。"这个时机不能失去。②毛泽东充满信心地说:"已经有了充分经验的中国人民及其总参谋部中国共产党,一定会像粉碎敌人的军事进攻一样,粉碎敌人的政治阴谋,把伟大的人民解放战争进行到底。"③历史的基本走向常常是在瞬间决定的,紧紧抓住转瞬即逝的历史时机,才能把驾驭历史的缰绳牢牢地掌握在手中。

(二)实现军事追击和建设政权的有机结合

把解放战争进行到底,面临着军事和政治两个方面的任务。从军事上说,是要彻底消灭国民党军队。1948年2月,毛泽东主持起草《中共中央关于土地改革中各社会阶级的划分及其待遇的规定》,这是一份为全国胜利做准备、具有"党纲、政纲、政策几重性质"的文件,毛泽东在文件中指出:"所谓国家权力,首先就是军队的武力。""中国人民如果要消灭帝国主义的、封建的和买办的生产关系,完成民族独立,实行土地改革,没收官僚资本,建立新民主主义的生产关系,借以发展中国的生产力,他们就必须推翻外国帝国主义、本国地主阶级、官僚资产阶级及旧式富农所结合在一起的反动的腐朽的国家权力,首先就必须消灭一切反动军队。"④

三大战役结束后,毛泽东立即部署南渡长江,决不允许国民党蒋介石

---

① 《毛泽东军事文集》第5卷,472页,军事科学出版社、中央文献出版社1993年版。
② 《在历史巨人身边:师哲回忆录》,376页,中央文献出版社1991年版。
③ 《毛泽东选集》第4卷,1379页,人民出版社1991年版。
④ 《毛泽东文集》第5卷,62页,人民出版社1996年版。

集团盘踞江南重植军力,必须彻底摧毁反动国家权力的首要支撑条件。从政治上说,是要建立共产党领导的全国统一政权。当解放战争转入战略进攻后,中共即昭告天下,战争所追求的目标是建立一个不包括国民党反动派在内的民主联合政府。1947年10月10日颁布的《中国人民解放军宣言》明确提出:"本军作战目的,迭经宣告中外,是为了中国人民和中华民族的解放。而在今天,则是实现全国人民的迫切要求,打倒内战祸首蒋介石,组织民主联合政府,借以达到解放人民和民族的总目标。"①在这年底召开的杨家沟会议讨论了建立共产党领导的中央政府的问题,但鉴于彻底消灭国民党军事力量尚需时日,因此毛泽东明确说:"关于组织革命的中央政府,现在暂不考虑。"②时隔9个月,战略决战前夕,在1948年9月召开的中共中央政治局会议上,毛泽东具体阐述了新政权的问题,指出:(1)新政权的性质是"无产阶级领导的,以工农联盟为基础,但不是仅仅工农,还有资产阶级民主分子参加的人民民主专政";(2)"人民民主专政的国家,是以人民代表会议产生的政府来代表它的",这次会议"必须作为议事日程来讨论";(3)不采取资产阶级的议会制和三权鼎立,而采取民主集中制的人民代表会议制度;(4)准备召开政治协商会议,战争第四年筹备建立中央政府,其性质是临时的,名称待定。毛泽东为建立新政权勾画了基本思路和路径。从此,解放战争的战略指导进入军事打击和政权建设并举的新阶段。

首先,各战略区在实施战略追击中按照军事和政治并举的原则经略地方,在歼灭国民党军事力量的同时建立地方政权。建立共产党领导下的全国统一政权,必须在摧毁国民党各级政权的同时,建立从中央到地方的新政权。各战略区是经略地方的战略中枢,既须承担追歼国民党军事力量

---

① 《毛泽东选集》第4卷,1235页,人民出版社1991年版。
② 《毛泽东文集》第4卷,335页,人民出版社1996年版。

的任务，又须承担建设地方新政权的任务，就如刘伯承所说：在新旧政权转换之际，有必要"马上得天下，马上治天下，军政府，军事管制"①。在战略决战即将结束时，毛泽东致电中原、华东野战军领导人，提出下一步的作战方针：（1）华野、中野在完成渡江战役后，协力经营东南，包括皖南、苏南、浙江福建两省，并夺取芜湖、杭州、镇江、苏州、南京、上海、福州诸城而控制之；（2）东野完成平津战役后，执行江汉战役，完成渡江后，第一步经营湖北南部、湖南全省及江西一部，包括夺取武汉、岳州、长沙、常德、宝庆、衡州、郴州、九江、南昌、吉安、赣州在内，第二步夺取两广；（3）华北主力协同东野完成平津战役后，如太原尚未攻克，则协力徐周兵团夺取太原，然后杨罗兵团、杨成武兵团夺取绥远、宁夏，与彭贺会合，徐周兵团则早日与彭贺会合，先肃清兰州、潼关线上及其以南以北诸敌，并夺取潼关、西安、天水、汉中诸城，然后入川。②这是对各战略区分配任务的初步设想，属于未雨绸缪。1949年4月20日夜到21日凌晨，第二、第三野战军在湖口到江阴段突破长江天险，攻占南京；5月15日，第四野战军在团风至武穴段渡过长江，攻占武汉，国民党再无天险可守，解放全中国已经指日可待。各帝国主义国家驻军此时纷纷撤离中国，国民党幻想的国际"干预"烟消云散。5月23日，毛泽东致电各战略区领导人，通告中共中央关于战略部署的调整：（1）第三野战军准备提前入闽，争取于6月、7月两月内占领福州、泉州、漳州及其他要点，并相机夺取厦门；（2）第二野战军的任务由准备协助第三野战军对付美国可能的军事干涉，转变为向西进军，经营川、黔、康；（3）第四野战军主力向中南进军，进入两广；（4）第一野战军年底前占领兰州、宁夏、青海，然后兵分两路，一路由彭德怀率领，位于西北，准备经营新疆，一路由贺龙率领，经营川

---

① 《刘伯承军事文选》（2），470页，军事科学出版社2012年版。
② 《毛泽东军事文集》第5卷，382—383页，军事科学出版社、中央文献出版社1993年版。

北，以便与第二野战军协作解决贵州、四川、西康三省。① 随着各战略区的挺进，中共中央先后批准成立中共中央华东局、华中局（后改中南局）、西南局等，负责所辖新解放区域地方政权建设和经济恢复，这些依托各战略区领导机构成立的中共中央局，在新区地方政权建设上发挥了重要的战略枢纽作用，成为建立共产党领导下的统一全国政权的重要一级。

其次，人民解放军又是一个工作队。辽沈、淮海、平津三大战役结束后，中国革命战争的胜负已见分晓，新政权建设不仅地域将迅速扩大，而且由农村转到城市，中国革命进程将一反过去先农村后城市的方式，而改变为先城市后农村的方式。接收和管理城市是中国共产党面临的全新课题，能不能交出一份令人民满意的答卷，决定着来之不易的革命成果能不能得到巩固和发展。这就给中国革命带来一个极为急迫的问题：接收和管理城市的干部从何而来？平津战役结束后，毛泽东即提出"把军队变为工作队"的方针。1949年2月8日毛泽东在给各野战军领导人的电报中说：

军队不但是一个战斗队，而且主要地是一个工作队。军队干部应当全体学会接收城市和管理城市，懂得在城市中善于对付帝国主义和国民党反动派，善于对付资产阶级，善于领导工人和组织工会，善于动员和组织青年，善于团结和训练新区的干部，善于管理工业和商业，善于管理学校、报纸、通讯社和广播电台，善于处理外交事务，善于处理各民主党派、人民团体的问题，善于调剂城市和乡村的关系，解决粮食、煤炭和其他必需品的问题，善于处理金融和财政问题。总之，过去军队干部和战士们所不熟悉的一切城市问题，今后均应全部负担在自己的身上。

---

① 《毛泽东军事文集》第5卷，591—592页，军事科学出版社、中央文献出版社1993年版。

今后一个时期军队还要担负彻底消灭国民党军队残余的任务，但已经不是主要的了，严重的战争时期已经过去了，"军队还是一个战斗队，在这一点上决不能松气，如果松气，那就是错误的。但是，军队变为工作队，现在已经要求我们这样提出任务了。如果现在我们还不提出此种任务，并下决心去做，我们就会犯极大的错误"①。3月5日毛泽东在七届二中全会的报告中提出：

人民解放军永远是一个战斗队。就是在全国胜利以后，在国内没有消灭阶级和世界上存在着帝国主义制度的历史时期内，我们的军队还是一个战斗队。对于这一点不能有任何的误解和动摇。人民解放军又是一个工作队，特别是在南方各地用北平方式或者绥远方式解决问题的时候是这样。随着战斗的逐步地减少，工作队的作用就增加了。有一种可能的情况，即在不要很久的时间之内，将要使人民解放军全部地转化为工作队，这种情况我们必须估计到。②

毛泽东认为，虽然为新区开展工作准备了数万干部，但远远不够，只有把解放军转化为工作队，新区工作才能有效地开展起来。在长期的革命战争进程中，中国共产党依靠军队开辟和建设根据地，发展党的组织，由此也在军队中培养了一大批不仅懂军事会打仗，而且懂政治会做群众工作的干部队伍，可以成为开展新区工作的现成骨干力量。人民解放军在向全国进军的进程中，在发挥战斗队作用的同时，发挥了工作队作用。在新解放城市，人民解放军以军事管制方式接收和管理城市，担负起保护城市的全部责任；保证了新旧政权交替过程中的社会秩序稳定、城市经济生活的

---

① 《毛泽东军事文集》第5卷，495—496页，军事科学出版社、中央文献出版社1993年版。
② 《毛泽东军事文集》第5卷，514—515页，军事科学出版社、中央文献出版社1993年版。

迅速恢复以及各项社会改革的顺利进行，由进城部队最高指挥机关兼任的军事管制委员会，成为解放初期大中城市人民民主专政国家机关的必要形式。在新解放的农村地区，人民解放军抽调干部战士参加土地改革运动和基层政权建设，保证了土地改革运动的顺利进行，加快了地方基层政权建设。贯彻"把军队变为工作队"方针，有效扩展和巩固了中国革命成果。

最后，加强全党全军的集中统一。1948年4月10日毛泽东致电华东野战军山东兵团领导人，指出他们未经请示和批准便擅自宣布对昌潍地区之敌不加区分地既往不咎的做法是不正确的，因为对于那些民愤大的罪大恶极分子，必须依照人民要求加以惩办，否则会造成对敌方事实上的欺骗，使自己在政治上处于软弱和被动的地位。毛泽东没有就事论事，而是进一步指出："中国新的革命高潮的到来，我党已经处在夺取全国政权的直接的道路上，这一形势要求我们全党全军首先在一切政治上的政策及策略方面，在军事上的战略及重大战役方面的完全统一，经济上及政府行政上在几个大的区域内的统一，然后按照革命形势的发展进一步地考虑在军队的编制和供应上，在战役行动的互相配合上，以及在经济上在政府行政上（那时须建立中央政府）作更大的统一。"必须纠正"地方党和军队党的领导机关不得中央同意，甚至不得中央委托的领导机关（即各中央局、中央分局、前委及其他中央委托的领导机关）的同意，自由地迫不及待地粗率地冒险地规定及执行明显地违背中央路线和政策的某些政策"的做法。坚决改变"地方主义的和经验主义的恶劣作风，事前不请示事后不报告的恶劣作风，多报功绩少报（甚至不报）错误缺点的恶劣作风，对于原则性问题粗枝大叶缺乏反复考虑慎重处置态度的恶劣作风，不愿精心研究中央文件以致往往直接违反这些文件中的某些规定的恶劣作风"[1]，中央的一切政策必须无保

---

[1]《毛泽东文集》第5卷，86—87页，人民出版社1996年版。

留地得到执行。毛泽东在9月召开的中共中央政治局会议上专门讲了"加强纪律性,克服无纪律和无政府状态"的问题,指出:"中央同志要以全力来做这件事,要在战争的第三年内,在全党全军克服无政府、无纪律状态。"[①]毛泽东起草的关于此次会议的通知明确提出:

由于我党我军在过去长时期内是处于被敌人分割的、游击战争的并且是农村的环境之下,我们曾经允许各地方党的和军事的领导机关保持着很大的自治权,这一种情况,曾经使得各地方的党组织和军队发挥了他们的自动性和积极性,渡过了长期的严重的困难局面,但在同时,也产生了某些无纪律状态和无政府状态,地方主义和游击主义,损害了革命事业。目前的形势,要求我党用最大的努力克服这些无纪律状态和无政府状态,克服地方主义和游击主义,将一切可能和必须集中的权力集中于中央和中央代表机关手里,使战争由游击战争的形式过渡到正规战争的形式。[②]

为了加强全党全军的集中统一,加强纪律性,毛泽东抓了两件事:一是建立和强化报告制度,要求各中央局、中央分局和前委须就方针、政策等重大事项,及时向中央报告和请示,并具体规定了报告和请示事项;二是健全党委制,以加强党委集体领导来克服因个人专断而产生的无纪律状态和无政府状态。在中国革命即将取得全国胜利的历史关头,毛泽东狠抓全党全军的集中统一,既着眼于大规模战争的需要,更着眼于建立全国统一政权的需要。

(三)预筹对策防备帝国主义的武装干涉

中国革命的要义是驱逐帝国主义和推翻封建主义,而驱逐帝国主义又

[①]《毛泽东文集》第5卷,138—139页,人民出版社1996年版。
[②]《毛泽东选集》第4卷,1347页,人民出版社1991年版。

是摆在首位，因此中国革命必然遭到帝国主义的反对，在中国革命即将取得全国胜利之际不能不提防帝国主义的武装干涉。1948年12月31日毛泽东发表了《将革命进行到底》的新年献词，1949年1月8日毛泽东在题为《目前形势和党在一九四九年的任务》中指出："我们从来就是将美国直接出兵占领中国沿海若干城市并和我们作战这样一种可能性，计算在我们的作战计划之内的。这一种计算现在仍然不要放弃，以免在事变万一到来时，我们处于手足无措的境地。"同时，毛泽东又认为："中国人民革命力量愈强大，愈坚决，美国进行直接的军事干涉的可能性也就将愈减少，并且连同用财政及武器援助国民党这件事也就可能要减少。"[①]就是说，必须把中国革命进行到底，并对帝国主义的武装干涉保持高度警惕，做好准备，而这种准备愈充分，愈强有力，就愈能遏制帝国主义进行武装干涉的冲动。

解放上海、杭州后，毛泽东于5月28日致电各战略区领导人，指出"近日各帝国主义国家有联合干涉革命的某些象征"，我们的对策：一是彻底歼灭国民党残余势力，使各帝国主义在中国大陆上完全丧失他们的走狗；二是力求经济上的自给自足；三是在华北、华东部署充分兵力，以防美国海军协同国民党海陆军的袭扰。关于防备美国协同国民党袭扰的部署：

除已令杨成武兵团及钟赤兵炮纵在秦皇岛、塘沽布防外，特作如下部署：甲、杨得志兵团和十八兵团一道继续向凤翔方向前进，准备在各兵团会合后，歼灭胡、马在陕甘边境上的主力。如此战能达目的，而华北情况又有需要，则准备将杨得志兵团留在宝鸡、凤翔区域待机，同时尽可能赶快修复洛阳、宝鸡段铁路，以利运输。乙、林罗留一个军位于河南，平时担任剿匪，有事增援开（往）华北。丙、陈饶粟以一个军附必要数目的炮

[①]《毛泽东军事文集》第5卷，473页，军事科学出版社、中央文献出版社1993年版。

兵开青岛附近，待命夺取青岛，尔后即任青岛守卫。南京、镇江、苏州区域已有两个军，浙江区域已有三个军，甚好。吴淞、上海区域应有七个军，特别注意加强吴淞、江阴两区的炮台设备。以上各军，除担任城市守备及乡村剿匪任务者外，均应迅即部署整训。攻取福建的兵力，不要超过两个军。丁、二野全军除一部待命渡赣江配合四野歼灭桂系于袁水流域外，其余在六、七两月内，位于现地主要进行整训，附带帮助剿匪，待两个月后，看情况再定行动方针。①

10月31日，广州解放后，毛泽东致电林彪等人，指示：国防重点为以天津、上海、广州为中心的3个区域。四野在解决广西问题以后，拟以5个军位于两广，担任广州为中心的两广国防；以3个军位于河南，准备随时增援华北；其余各军，位于湘鄂赣3省并以主力位于铁道线上，可以向南北机动。②至此，形成了防备帝国主义武装入侵或干涉的国防部署，一是以东部沿海地区为重点，二是按照华北、华东、华南3个战略区配置兵力，三是保持强大的战略预备机动力量，并将这些力量配置在便于向各战略方向机动的位置上。

（四）在保持军事主动的前提下打开谈判大门

1948年9月中共中央政治局会议是准备夺取全国胜利的会议，在会议结论报告中毛泽东谈到如何应对国民党在走投无路时会提出的"和谈"建议。他说：

我们不要完全拒绝谈判，这是要考虑到人民觉悟的问题。那时可能有两种情形，或者拒绝和谈，或者进行和谈。但现在就要对国民党可能搞的

---

① 《毛泽东军事文集》第5卷，600—601页，军事科学出版社、中央文献出版社1993年版。
② 《毛泽东军事文集》第6卷，35—36页，军事科学出版社、中央文献出版社1993年版。

和谈骗局进行揭露。如果群众觉悟，要打下去，认识到和谈就是让敌人休息后再打，是费力的，那我们就打。如果群众没有这种觉悟，要和，那就进行和谈，一面谈，一面打，并在谈判中教育群众，向群众解释和谈究竟是怎么一回事，事实上还是要继续打下去，不上敌人的当。总之，那时看人民的觉悟，党内党外群众的觉悟，但始终不要把和谈的门关死。无论在党内党外，都不要犯这个错误。①

毛泽东的基本考虑，一是将革命进行到底，绝不养痈遗患，谈也好，不谈也好，都要坚持打下去，彻底消灭国民党的军事力量和推翻国民党政权的目标不能改变；二是着眼于争取民心，通过谈判揭露国民党的"和谈"骗局，让人民自己看清楚国民党的真实用心；三是谈判要和军事打击相配合，可以一面谈一面打，打谈结合，始终保持政治和军事的主动地位。

三大战役结束后，在败局已定的情况下，由美国人导演，以李宗仁、白崇禧桂系为主导，国民党搞起了"和平运动"，要求与中共恢复"和谈"。在党内压力下，蒋介石于1949年元旦发表公告，声称愿与中共商谈停止战事、恢复和平的具体办法，同时又提出要以保持"法统"，保持"宪法"，保持军队作为谈判条件。在蒋介石元旦公告发表的前一天，毛泽东即发表了题为《将革命进行到底》的新年献词，明确指出要用革命的办法彻底消灭一切反动势力。1949年1月6日至8日，中共中央政治局召开会议，讨论并通过了重申"必须将革命进行到底"这一政治立场的决议，要求揭露国民党的"和谈"阴谋。此后几天里，毛泽东对于是否与南京政府进行和平谈判又进行了反复斟酌。

平津战役刚一结束，毛泽东即对国民党发起的"和平运动"作出了回

---

① 《毛泽东文集》第5卷，145页，人民出版社1996年版。

应。10日他致电斯大林回复他关于接受和平谈判的意见，表示准备拒绝与南京政府进行和平谈判，因为和平谈判会给国民党制造骗局的机会，而这种骗局有可能给民众带来某种程度的影响，从而迫使我们党不得不作出某些妥协，然而这背离了我们党确定的彻底推翻国民党统治的政治目标，也背离了国民党必须无条件投降的政治条件。斯大林于14日回电再次建议中共不应拒绝和平谈判，而应该把和平旗帜始终抓在手中，而这并不妨碍彻底消灭国民党及其军队这一政治目标的实现，并且于政治上有利。当天，毛泽东复电斯大林，通知中共做好了与南京政府进行和平谈判的准备，并且针对蒋介石元旦谈话提出的实现和平谈判的五项条件而拟定了八项条件。①同一天，毛泽东以中共中央主席名义发表《关于时局的声明》，指出蒋介石关于"和谈"的建议是虚伪的，因为他的建议中提出了保存伪宪法、伪法统和反动军队等项为全国人民所不能同意的条件作为谈判基础，而这些条件是继续战争的条件，不是和平的条件，是"为着保持国民党政府的残余力量，取得喘息时间，然后卷土重来扑灭革命力量"。尽管如此，为了迅速结束战争、实现真正和平，中国共产党仍然愿意和南京国民党政府及其他任何国民党地方政府和军事集团进行和平谈判，但不是在蒋介石提出的条件基础上，而是在反映了全国人民公意的条件的基础上，即：（1）惩办战争罪犯；（2）废除伪宪法；（3）废除伪法统；（4）依据民主原则改编一切反动军队；（5）没收官僚资本；（6）改革土地制度；（7）废除卖国条约；（8）召开没有反动分子参加的政治协商会议，成立民主联合政府，接收南京国民党反动政府及其所属各级政府的一切权力。毛泽东的这个声明坚持了彻底结束国民党统治、彻底消灭国民党军队以及不允许划江而治的原则立场，同时又展现了灵活性，提出以中共的八项条件为基础进行谈判，把

---

① 关于毛泽东与斯大林之间围绕着和平谈判问题交换意见的过程，参见《在历史巨人身边：师哲回忆录》和杨奎松著《毛泽东与莫斯科的恩恩怨怨》。

政治主导权抓到手。

李宗仁于1月21日上台后,以"代总统"身份表示愿意以中共的"八项条件"作为谈判基础,并采取了诸如邀请民主人士赞助和谈、宣布取消全国戒严令、将"剿匪总司令部"改称"军政长官公署"等"培养国内和平空气"的措施。其实,国民党的实权仍然抓在已宣布"引退"的蒋介石手里,他还指挥着军队和特务系统,掌握着军事和政治的实际控制权。而李宗仁本人的真实想法,是阻止中共军队过江,争取保住半壁江山,然后取代蒋介石执掌国柄。面对李宗仁发动的新"和平攻势",毛泽东先后发表了《中共发言人评南京行政院的决议》《四分五裂的反动派为什么还要空喊"全面和平"？》《国民党反动派由"呼吁和平"变为呼吁战争》《评国民党对战争责任问题的几种答案》《南京政府向何处去？》等文章,揭露国民党反动派此时"呼吁和平",目的是保存实力,以图东山再起,告诫国人对国民党的求和本质保持清醒的认识。与此同时,毛泽东开启了谈判大门。他在七届二中全会上说：

我们的方针是不拒绝谈判,要求对方完全承认八条,不许讨价还价。其交换条件是不打桂系和其他国民党主和派；一年左右也不去改编他们的军队；南京政府中的一部分人员允许其加入政治协商会议和联合政府；对上海和南方资产阶级的某些利益允许给以保护。这个谈判是全面性的,如能成功,对于我们向南方进军和占领南方各大城市将要减少许多阻碍,是有很大利益的。不能成功,则待进军以后各个地进行地方性的谈判。

毛泽东还指出,我们要对于谈判成功后许多麻烦事的到来做好准备,要准备一副清醒的头脑去对付钻到肚子里的孙行者,但"我们不应当怕麻烦、图清静而不去接受这些谈判,我们也不应当糊里糊涂地去接受这些谈判。我们的原则性必须是坚定的，我们也要有为了实现原则性的一切许可的和必需的灵活性"①。这些话道出了开启谈判的基本考虑：一是谈判解决问题，减少损害和阻力，这符合人民利益，因此不拒绝谈判；二是八条必须被全部接受，但也准备作出某些让步；三是要准备谈判失败，靠军事解决问题；四是在与国民党中央层面的谈判不成功的情况下，不排除与各个地方政权的谈判。

与启动谈判相配合的是，数次顺延渡江作战时间。淮海战役结束后，毛泽东即部署华东和中原两大野战军做渡江准备。2月4日邓小平、陈毅给中央去电，提出把渡江作战由原定的4月提前到3月，不给国民党将武汉兵力转移到南京、上海留出时间。毛泽东于8日复电同意，指出："你们加紧整训，准备提前一个月出动，甚好。"②9日刘伯承、陈毅、邓小平等致电中共中央，提出了渡江作战的具体计划，毛泽东复电说："同意你们三月半出动，三月底开始渡江作战的计划，望你们按此时间准备一切。"③同时，毛泽东电示林彪、罗荣桓、聂荣臻，要求东北野战军出动两个军10万余人迫抵汉口，以钳制白崇禧部不能向南京增援。至4月初，担任渡江作战任务的部队先后抵达长江北岸，做好了渡江作战的各项准备。3月中旬国共协商决定4月1日开始谈判。3月19日毛泽东指示第三、第二野战军领导人：

（一）是否攻占两浦（浦口、浦镇——引者注），要待谈判接触数天才能决定。如谈判有成功希望，则不要攻占两浦，以利和平地解决接收南京问题，如谈判没有成功希望，则看军事上是否有必要攻占两浦，如攻占两浦为渡江作战所必须，则攻占之。如无此种必须，则可置之不理。（二）决定四月一日

---

① 《毛泽东选集》第4卷，1436页，人民出版社1991年版。
② 《毛泽东军事文集》第5卷，495页，军事科学出版社、中央文献出版社1993年版。
③ 《毛泽东军事文集》第5卷，500页，军事科学出版社、中央文献出版社1993年版。

为南京代表到达北平并开始谈判之日期（此日期要待三月二十五日才公开宣布），大约在四月五日以前即可判明谈判有无希望。你们大概可以在四月六日左右实行夺取北岸据点（不一定包括两浦）之作战，四月十日实行渡江。①

在半个月的谈判进程中，中共不仅表现出了极大的灵活性，而且表现出了极大的耐心。4月15日中共采纳国民党代表团在处置战犯、对待国民党政府和军队人员以及联合政府组成等问题的意见后，形成了《国内和平协定》（最后修正案），并规定4月20日为最后签字日期。毛泽东于14日电示总前委（中央军委决定在淮海战役期间组成的总前委，在渡江战役中照旧行使领导军事及作战的职权）："渡江时间仍按四月二十二日（卯养）实施，不要改变。但有可能再推迟几天，即推迟至四月二十五日（卯有），迟至四月二十七日（卯感）。是否如此，要待四月十八日左右才能确定。"②并要求向部队师以上干部着重说明推迟渡江的理由。4月20日，南京国民党政府拒绝在协定上签字；翌日，毛泽东、朱德下达《向全国进军的命令》；是夜，人民解放军百万大军发起渡江作战。从整个谈判进程看，毛泽东始终做两手准备，一方面争取谈判成功，实现和平渡江，另一方面准备谈判失败，用武力解决渡江问题，而立脚点则放在后者。4月16日毛泽东在给总前委的电报中指出："你们的立脚点应放在谈判破裂用战斗方法渡江上面，并保证于二十二日（卯养）一举渡江成功。"③两手准备，保证了不管谈判成功与否，都能掌握政治主动和军事主动。

（五）把起义部队改造为人民解放军

毛泽东总结了三大战役特别是平津战役经验，把解决国民党残余军事

---

① 《毛泽东军事文集》第5卷，520页，军事科学出版社、中央文献出版社1993年版。
② 《毛泽东军事文集》第5卷，537页，军事科学出版社、中央文献出版社1993年版。
③ 《毛泽东军事文集》第5卷，542页，军事科学出版社、中央文献出版社1993年版。

力量的方式归结为天津、北平、绥远三种。随着战略追击的展开，华东、华南、西南、西北等地区的国民党军队大批起义和投诚，从战略决战结束到1950年初的1年时间里，共计有120余万国民党军队官兵起义和投诚。把这些起义和投诚部队改造为人民解放军，既是彻底结束解放战争所必需的，也是巩固新生人民政权所必需的。毛泽东在中共七届二中全会上即预见到改造起义部队，将是解放战争末期面临的一项重要工作，因而专门讲了改造起义部队的问题：第一，这些部队要按照人民解放军的制度改造为人民解放军，肃清部队中的反革命遗迹和政治影响，使之成为人民军队，改变其性质归属；第二，这种方式可以避免伤亡和破坏，但并不是不用斗争解决问题，而是一种不流血的斗争方式，解放军要学会这种斗争方式；第三，决不要以为反革命力量顺从我们了，他们就成了革命党了，他们的反革命思想和反革命企图就不存在了，他们中的许多人将被改造，他们中的一些人将被淘汰，某些坚决的反革命分子将受到镇压。这些论述是改造起义部队的大政方针，总的原则就是彻底改造旧军队，绝不留下任何后患。

在实际运作中，毛泽东注意方式方法，争取波澜不惊，不出乱子，平稳完成起义部队的改造。

第一，发挥起义将领的作用。承认起义将领在其所属部队中享有的威望，团结他们，发挥好他们的作用，对于和平地改造旧军队至关重要。毛泽东注意到这个问题。如在争取湖南程潜、陈明仁起义时，毛泽东于1949年7月4日致电第四野战军司令员林彪等提出：

为了妥善接收湖南全省及解决我军供应，除成立联合机构外，请林邓考虑程潜现任军政党各项职务暂时均予保留，利用程潜名义发号施令，以利接收全省及筹措给养。因联合机构是解决编军等事的，由双方派员组成，程潜本人未必参加，似不如保留程潜职务，管理我军尚未到达地区的民政、军政事宜，使不陷于无政府状态。①

程潜、陈明仁于长沙起义发表通告后，8月5日毛泽东会同朱德复电指出：设立由程潜领导的中国国民党湖南人民临时军政委员会及由陈明仁领导的中国国民党湖南人民解放军司令部两个临时机构，并强调临时军政委员会不应为空洞名义，应行使必要之职权。又如在改造绥远董其武部的过程中，让傅作义负主要责任。10月24日毛泽东在北京接见绥远省委书记高克林、省军区司令员姚喆等人，并特意请傅作义出席。他在谈话中指出：绥远要成立军政委员会，直属中央领导，省政府、军区归军政委员会领导，由傅作义任主任，乌兰夫任副主任，军区也由傅作义任司令员，乌兰夫、姚喆任副司令员，省政府主席由董其武担任。毛泽东强调说：傅作义要负主要责任，因为他管辖的地区人口多，有120多万人口，绥东解放区只有80万人口，军队也是他的多。关于改造绥远董其武部的安排，毛泽东提出"就按傅先生提出的四个原则三个步骤②去进行"③。很显然，毛泽东认为绥远董其武部的改造要能够顺利、平稳地完成，必须借助傅作义的影响力。也正是出于这样的考虑，由第一届全国政治协商会议产生的中华人民共和国中央人民政府人民革命军事委员会成员包含了程潜、张治中、傅作义、蔡廷锴、龙云等著名起义将领，而这种安排的目的，就如周恩来所说：军队里有起义的成分，所以军事领导机关需要有他们的代表人物。

---

① 《毛泽东军事文集》第5卷，627页，军事科学出版社、中央文献出版社1993年版。
② 傅作义于1949年9月12日致电华北军区负责人薄一波、聂荣臻，提出改造绥远董其武部的四原则：（1）坚决团结，耐心教育，使最大多数干部均可万全。（2）肃清特务，使不能散布反动宣传，发生破坏作用。（3）纪律不好的小单位，需妥慎安排，以免操之过急，流为地方土匪盗贼，影响治安及生产建设。（4）军队逐渐整编教育，最后转入工农业生产。实施步骤：（1）董其武等通电发出后，即彻底成为解放区、解放军，与反动政权断绝关系，并站在敌对立场。（2）董其武通电发出后，立即先恢复交通。（3）他们要求我保证他们，并要求我负责教育整编。故于董其武等通电发出后，成立军政委员会，拟再以几个月时间进行思想教育，并调整人事，逐渐将干部中进步的和落后的分开。
③ 《建国以来毛泽东军事文稿》上卷，46页，军事科学出版社、中央文献出版社2010年版。

第二，视起义部队为"自己的部队"。改造起义部队最重要的是，收人的同时必须收心。蒋介石运用各种手段统一了军队，但只是形式上的统一，实际上却有嫡系和非嫡系之分，那些非嫡系的原地方军阀所属部队被视为异己，在编制、装备、保障等各个方面予以歧视，甚至"借刀杀人"，除之而后快，因此他的军队内部是分崩离析的，这成为他军事失败的重要原因。毛泽东改造起义部队，首先要求把这些部队视为"自己的部队"，同等对待。原因是什么呢？毛泽东在谈绥远董其武部改造时说："一切都是为了人民的利益。打仗，是为人民求解放；和平解放，团结改造，也是为了人民的利益。"①解放军是人民的军队，起义部队站到了人民一边，就是自己的部队，绝无嫡系、非嫡系之分。从全国情况看，当时对于起义部队按照两种方式处置，规模较大者，如湖南陈明仁部、绥远董其武部、新疆陶峙岳部给予编制，基本按原建制编入解放军序列；而规模较小者，则拆散原建制，经过教育改造后，分别补入解放军各部队，如西南地区起义部队即如此处置。毛泽东对于较大规模起义部队的改编，要求在编制、补充等方面要做到一视同仁。陈明仁部起义后改编为中国人民解放军第二十一兵团，根据其部兵力，给了2个军6个师的编制，而没有刻意予以压缩。毛泽东还指示林彪等人：

为使该兵团从陈明仁起，全体官兵安心供职，增强其彻底改造的决心，表示我们对程、陈及该兵团看成和自己人一样，我们认为如有可能，应在该兵团编整及纪律做得有些成绩的时候，给他们补充一批人枪，其来源可从对白崇禧作战的缴获中取得。这样一做，可以增强我们对该部的领导权及发言权。再则在湖南全省平定及土改实行以后，即在大约一年以后，如该兵团表

---

① 《建国以来毛泽东军事文稿》上卷，46页，军事科学出版社、中央文献出版社2010年版。

现好，而我们的地方部队，例如独立师、团等又可以集中时，可以考虑编一个军加入该兵团，使陈明仁有三个军。这对于改造该兵团是有作用的。①

针对陈明仁提出去前线打仗立功的要求，毛泽东特别指出：未整训马上去前线，逃兵必多；待作了初步整训之后，如有作战机会，让其参加一两次作战。国民党军张轸部在武汉起义后，毛泽东指示华中局："张部的粮食、经费照我军待遇，并从我军抽调一二个师与张轸部合编为一个军，由张轸为军长，以我们一人为副军长。"毛泽东的用意很明白，就是要使起义部队官兵感受到一视同仁，能够安心新的环境，逐步使起义部队自觉自愿地融入解放军，成为解放军的一员。

第三，以争取和团结大多数为原则。起义部队来自敌对营垒，长期受国民党反共思想影响，内部人员和思想状况都非常复杂，其中不乏一些坚持反共立场的反动分子，存在诸多隐患，可以说，改造起义部队最核心，也最困难的是人的问题。毛泽东在与绥远负责人谈话时专门谈了关于对待起义人员的方针问题。他说：

我们对起义人员的方针是又团结又改造。只有团结，没有改造不行。反动阶级、反革命分子的阴谋破坏活动是不会罢休的，他们还要同我们作拼死的斗争，这种斗争的时间还会很长，绝不能麻痹。过去是敌人，现在成了朋友，这是有条件的。凡愿意同我们合作与可能争取同我们合作的人，都要耐心帮助、教育、改造，很好地同他们合作，从改造中逐步肃清过去反动派的一切遗迹和对他们的政治影响，以马列主义思想代替国民党的反动思想。对那些坚决反对改造和破坏改造的反革命分子与特务，必须打击与镇压。要争

---

① 《建国以来毛泽东军事文稿》上卷，8—9页，军事科学出版社、中央文献出版社2010年版。

取团结多数,他们内部也一样是两头小、中间大,思想激进的可以鼓励,进步缓慢的可以等待。对基本方针要拥护,但允许有差异。对他们不能用粗暴的方法,不能下大雨,要像下小雨一样才能渗透进去。要按照他们的具体情况和能够接受的程度进行思想政治教育,不能强迫灌注。[1]

毛泽东的这段话体现的基本思想就是,改造起义人员必须斗争与团结并举,对于反动分子及反动思想必须坚决斗争,那些顽固不化的反动分子必须淘汰,而对于大多数中间分子则坚持帮助和团结的方法,以思想教育为主,允许他们转变立场和思想有一个过程,并且会参差不齐,最终要把大多数人争取和团结过来。为此,要让大多数起义官兵感到生活有保证,发展有前途,能够看到政治进步所带来的希望。即使对那些顽固不化的反动分子也要给饭吃,淘汰出部队能够有出路。毛泽东关于绥远董其武部的改造方针,贯彻了中共七届二中全会关于改造起义部队的基本方针原则,并总结了前期改造其他起义部队的经验,具有普遍适用性。从实际操作情况看,对于士兵主要开展以诉苦为主要内容的阶级教育,启发他们的阶级觉悟,并且实行三大民主,使他们由衷地感受到了解放,感受到了政治平等,从而与国民党的反动影响划清界限,定下跟共产党走的决心。对于军官,则通过举办各类学习班、训练班,进行系统的思想改造,使他们深入理解中国共产党的方针政策,同时进行甄别,视情予以安置:对率部起义的高级将领给予适当安置,使他们享有相应的政治地位;对具有军事学术造诣的人员,安排到军事院校执教,发挥他们的学术优长;对年纪较轻并有文化有技术的人员,一般予以留用;对文化偏低且无技术的人员,则复员或资遣还乡;对顽固不化的反动分子和作恶多端的特务分子,则进行管

---

[1]《建国以来毛泽东军事文稿》上卷,46—47页,军事科学出版社、中央文献出版社2010年版。

训或依法处理。

第四，在起义部队中实行党的领导及解放军的政治工作制度。解放军的人民军队性质根源于党对军队的绝对领导及党在军队中的政治工作，改造起义部队，使之转变为人民军队，从根本上说，就是要把它置于党的领导之下，并在其中开展解放军的政治工作。毛泽东在中共七届二中全会上所确定的改造起义部队的基本方针，即"按照人民解放军制度将这部分军队改编为人民解放军"[①]，而人民解放军制度的核心内容是党对军队的绝对领导及政治工作制度。毛泽东同绥远负责人谈董其武部的改造时也指出：原则已经确定，就是"团结一致，力求进步，改革旧制度，实行新政策"。董其武部暂不变动，待条件成熟时再按解放军制度整编，争取一年达到目的。毛泽东还强调：师以下暂不派政治工作人员。而已经派去的人员，要注意研究情况，了解起义官兵心理，掌握新的工作方法。就是说，起义部队按照解放军制度进行改编这是毫无疑义的，但可以分步骤分阶段推进，努力创造条件，使起义官兵能够自觉自愿地按照解放军制度进行改编。这项工作本身就是解放军的政治工作，是在起义官兵中建立党的威信，争取官兵信任的工作，因此原则是确定的，而贯彻原则的方法则必须灵活，必须以理服人，必须用合作而不是压迫的办法服人，"切不能采用国民党特务的那套办法"，使起义官兵从心里佩服共产党，愿意跟着共产党走，这是顺利推进起义整编的重要保证。在毛泽东领导下，改造、整编起义部队的工作顺利推进，经过半年到一年时间120余万起义部队全部改编为人民解放军，随后这些部队参加了剿匪、抗美援朝以及国家经济建设，为国防和国家经济建设发挥了应有作用。

[①]《毛泽东选集》第4卷，1525页，人民出版社1991年版。

跋 中国革命战争的哲学——毛泽东军事辩证法

毛泽东留下的最弥足珍贵的军事理论遗产是军事辩证法。

"军事辩证法"这个概念是毛泽东创造的。据曾任解放军政治学院院长的莫文骅回忆,1960年5月,时任空军司令员刘亚楼向他提起,说自己手里有一份毛主席写的"军事辩证法"提纲。之后,刘亚楼派人把提纲送到了政治学院,是一份油印件。莫文骅曾聆听毛泽东讲《中国革命战争的战略问题》,他判断说,从内容和口气上看,这份提纲是毛主席的,别人写不出来。把这份提纲和《中国革命战争的战略问题》相比较,可以看出前者是后者的雏形。由此可以推断,毛泽东在1936年10月下旬到12月上旬给红军大学一科(上干队)学员讲授"中国革命战争的战略问题"期间,最初拟定的题目是"军事辩证法"。"军事辩证法"这个概念由此问世,在延安时期广为传播。

这里有两个问题。首先一个问题是:毛泽东为什么创立了"军事辩证法"学说?这与毛泽东总结十年土地革命战争的经验教训有关。在此期间,对于仗该如何打、实行什么的战略战术,党内、军内一直存在争论。毛泽东所创立的一套独具特色、灵活机动的战略战术,被第一、二、三、四次反"围剿"作战证明是行之有效的,是符合中国革命战争实际情况的,因而取得了一次又一次的胜利。但到了第五次反"围剿",这套战略战术被打入"冷宫",转而采用了一套僵硬呆板的作战方法,结果是被迫举行战略大转移,不仅经营多年的中央革命根据地丧失殆尽,而且中央红军也损失了近九成，中国革命几近绝境。教训惨痛而深刻。毛泽东总结经验教训，统一全党全军思想从来都不是就事论事，而是强调"务本"。所谓"务本"，一是政治上求得一致，即思想统一到党的纲领和路线上来；二是思想路线上求得一致，即思想方法统一到辩证唯物论和历史唯物论上来，而这一条更具根本性。有了思想方法上的共同语言，才会有政治上、军事上的共同语言。毛泽东说："头痛医头，脚痛医脚，所谓补苴罅漏的办法，结局将使大局溃败。"[①]这实在是有感而发。因此，毛泽东不仅要告诉红军指挥员具体的战略战术原则，更要告诉红军指挥员应该运用什么样的思想方法来思考战略战术问题。基于此种考虑，毛泽东把他所阐述的关于中国革命战争的军事战略理论称为军事辩证法。由此，我们可以给毛泽东军事辩证法下这样一个定义：

毛泽东军事辩证法是关于中国革命战争指导的哲学，是中国共产党人认识战争、驾驭战争的马克思主义战争观和方法论。

越是战略的，就越是哲学的，而上升为哲学的军事理论，即具有了超越有限时空的普遍性意义。

再一个问题是：毛泽东为什么在正式成文时没有用"军事辩证法"，而是用"中国革命战争的战略问题"作题目呢？他本人对此没有任何解释，我们只能揣测。毛泽东之所以用"中国革命战争的战略问题"而没有用"军事辩证法"作题目，很可能是考虑到前者比后者更接"地气"，更容易被我军指挥员理解和接受，毕竟这篇著作是用来指导中国革命战争的，需要各级指挥员能够一看题目便知道这篇著作讲什么，方便他们掌握著作要

---

① 《毛泽东哲学批注集》，第103页，中央文献出版社1988年版。

旨。毛泽东不仅看重理论创造，更看重理论能够被军队指挥员掌握和运用，并成为实际行动。唯有如此，理论才能转化为克敌制胜的现实物质力量。这体现了毛泽东军事辩证法所坚持并贯彻始终的辩证唯物主义的实践逻辑。

毛泽东军事辩证法都讲了一些什么道理呢？

中国共产党人的战争观

所谓战争观，即关于战争基本问题的理论。毛泽东是站在中国共产党人的立场上来认识战争基本问题的。中国共产党人在中国这块土地上从事革命战争面临的基本问题主要有四个：一是中国革命为什么只能用战争来解决问题；二是凭什么对中国革命战争的光明前景抱有信心；三是中国革命战争的力量源泉在哪里；四是在敌我力量对比如此悬殊的情况下，中国革命战争能够取得胜利的依据是什么。回答这四个问题，涉及战争观问题，包括战争与政治的关系、战争和民众的关系、战争中人与物的关系等。如何回答这些问题，决定了中国共产党人对待战争的基本立场和态度，也决定了中国共产党人实施战争指导的立足点。

1. 中国革命之所以唯有战争一途可走，毛泽东指出，是由半殖民地半封建的中国社会的阶级斗争的政治所决定的

帝国主义、封建主义和官僚买办资产阶级的势力，特别强大且特别顽固，再加上几千年的封建专制主义传统，它们对待工农革命所使用的手段唯有武力，所以中国无产阶级政党扩大影响、组织队伍、积聚力量的唯一途径就是武装斗争，主要的组织形式唯有军队，而不像西方国家的无产阶级政党那样，有议会可以利用，积聚革命力量可以通过和平手段来实现。这就是"战争是政治的继续"这条规律在中国革命中的具体实现形式。这就是说，中国革命战争是由中国社会的阶级斗争和民族斗争所具有的不可调和性、尖锐对抗性所决定的，是中国社会的阶级斗争和民族斗争的最高斗争形式，具有历史的必然性。因此，中国共产党人在战争、军队这些问题上决不能犯幼稚病，否则就什么也得不到。同时，制定中国革命战争的军事战略，必须把握中国社会的阶级斗争和民族斗争的政治，而一旦忘记了阶级斗争和民族斗争的政治，势必迷失政治方向，犯颠覆性错误。这是中国共产党人战争观的首要一条。

2. *中国革命战争之所以有光明的前途，毛泽东指出，源于这场战争的政治性质所具有的进步性和正义性*

战争的政治性质，即进步与否、正义与否，是决定人心向背的根本因素，从而也就成为决定战争前途的根本因素。中国革命战争的政治性质是争取民族解放和阶级解放，具有进步性和正义性，从而决定了这场战争是人心所向，可以得到民众的广泛支持。这是中国革命战争能够赢得光明前途的根本依据。但是，战争的进步性、正义性要转化为支持战争的现实力量，需要有一条能够彰显战争进步性、正义性的政治路线以及相应的政略和策略，使革命战争的果实归于人民。在实践中，正义战争的政治路线并不一定与战争的正义性质画等号。例如，民族解放战争是正义战争，但往往是民族内部不同阶级、不同政治集团的合作，从而也就往往有不同的政治主张及政治路线。在历史上，争取民族解放的战争多有失败，原因很多，其中最重要的一条，就是战争的政治路线不能彰显战争的正义性质，因而也就不能释放出它所拥有的孕育于人民中间的强大力量。因此，中国革命战争的战略指导不仅要解决好军事战略问题，还必须解决好政治路线问题，并制定和实行一整套能够体现这条政治路线的政略和策略。

3. *中国革命战争到哪里寻找力量？毛泽东指出，"战争的伟力之最深厚的根源，存在于民众之中"*

"兵民是胜利之本。"只要把老百姓都发动和组织起来，造成人民战争的汪洋大海，就没有什么敌人是不可战胜的。而要动员和组织民众支持、

— 351 —

参加革命战争，就必须有一个真正代表人民利益的政治领导力量，有一支紧紧和人民站在一起的人民军队，同时要把政治动员作为最重要的事情来做，告诉所有老百姓战争所要达到的目的和打败敌人的方式方法，并建立起能够把民众有效组织起来的武装力量体制，实行一套能够发挥民众力量的战略战术。只要实行了这种"真正的人民战争"，即人民以高度的自觉性和组织性支持、参加革命战争并发挥主体作用，中国革命战争就获得了用之不竭的力量源泉，就具有了强大的韧性和持久力，具有了逆境取胜的强大能力。战争终究是力量的竞赛，而最伟大的力量则是人民的力量。获得了人民力量的支持，中国革命战争便是战无不胜的。因此，中国共产党人有充分的理由把战略放在自己力量的基点之上，依靠人民战胜所有强敌。毛泽东领导中国共产党人从不向任何强大力量的威胁低头，就是因为他相信自己的背后站着亿万中国人民。

4. 在敌我力量对比如此悬殊的情况下凭什么取得胜利？毛泽东指出，人的因素是决定战争胜负的根本因素

赢得战争固然离不开武器、技术、地理、经济、外部援助等诸条件，但决不仅仅取决于这些，因为有了这些还只是有了分出胜负的可能，要分出胜负，还必须加上主观努力，即人的自觉能动性，特别是要加上主观指导能力。主观指导能力的高下，是决定战争胜负的决定性因素。因此，计算胜负决不能仅仅计算武器装备的优劣，还须加上主观指导能力的高下。在战争史上，劣势一方打败优势一方的战例屡见不鲜，其中奥妙就在于战争双方指导能力的高下：劣势一方的战争指导能力高于优势一方，从而有效弥补了武器装备等方面的劣势；或者优势一方在战争指导上犯了重大错误，给对方提供了可乘之隙。这说明优势一方并非必胜，而劣势一方也并非必败，最终的胜负还要取决于战争指导能力的高下，这就给劣势一方战胜优势一方留下了巨大的操作空间。因此，在大力改善武器的同时，努力在赢得人心、鼓舞士气，特别是在提高战争指导能力上下功夫，充分而正确地发挥人的自觉能动性，那么，中国革命战争的力量虽然弱小，但仍然有赢得胜利的可能。正确认识和把握战争中人与物的辩证关系，不仅为实行正确的战争指导所必需，而且为坚定必胜信念所必需。

一切从战争实际出发的军事认识论

中国革命战争的悬殊力量对比，对战争指导提出了极高要求，须尽量避免犯大的错误，而避免犯大的错误的唯一途径就是要做到主观与客观相符合，至少是大体相符合。中国革命战争指导，要达到主观和客观相符合，需要解决好三个基本问题：一是一般与特殊的关系，二是正确估量敌我力量对比，三是找出中国革命战争特有的规律，并将这些规律应用于自己的行动之中。要解决好这三个基本问题，必须遵循辩证唯物主义的认识路线，即一切从中国革命战争的实际出发。毛泽东为讲授"中国革命战争的战略问题"备课期间，认真阅读了苏联哲学家西洛可夫等撰写的《辩证法唯物论教程》，并作了大量批注，其中批注较多地集中在认识论和辩证法上面，可见毛泽东在总结土地革命战争时期三次"左"倾错误的教训时，高度重视认识路线问题。

1. "着眼其特点和着眼其发展"

这是毛泽东阐述中国革命战争指导所必须遵循的认识路线时，首先强调的一条，因为土地革命战争吃亏就吃亏在不懂这个道理。在此期间，犯"左"倾错误的指导者们或者搬用俄国十月革命的经验，或者搬用北伐战争的经验，或者搬用军事条令所规定的一般性指导原则，或者搬用马克思主义关于武装起义的个别论断，而不了解或根本不屑于了解中国革命战争的特殊性，以及基于这种特殊性所形成的特殊规律，而一般干部则往往被他们引经据典的高谈阔论所迷惑。毛泽东指出，指导中国革命战争不能不研究一般战争规律，也不能不研究特殊的革命战争规律，更不能不研究更加特殊的中国革命战争规律。战争情况的不同，决定着不同的战争指导规律。中国革命战争发生在一个半殖民地半封建的东方大国，发生在第一次大革命失败之后，所以既不能搬用俄国十月革命的经验，也不能抄用北伐战争的经验，更不能套用军事条令所规定的一般性指导原则，而必须搞清楚这场战争的独特之处，掌握它特有的规律。不懂得这个道理，机械搬用理论或他人经验，做削足适履的事情，没有不打败仗的。因此，要正确指导中国革命战争，必须懂得普遍性和特殊性的辩证道理，懂得仅仅掌握了马克思主义理论还远远不够，还要搞清楚中国情况，要学会运用马克思主义普遍真理解决中国革命战争的特殊问题，这就是把马克思主义中国化。这里的关键，也是难点，在于认识中国情况，找出中国革命战争的特殊规律，并用于指导中国革命战争的实践。要赢得中国革命战争，就必须破解这个难题。

2. 不要看轻了"知彼知己，百战不殆"这句话

认识战争规律颇为特殊的一点是，不仅要熟知敌我双方情况，而且要把双方情况加以综合比较，从中找出战争的规律，用以指导自己的行动。这是由战争这种实践活动的特殊性所决定的，因为战争是敌我双方的对抗性活动，战争规律是在双方全部情况相互作用下形成并发挥作用的，所以认识战争规律需要做到"知彼知己"。十年土地革命战争中所犯的三次"左"倾错误，从认识论上说，便是既暗于知彼，也暗于知己，夸大自己的力量，低估敌人的力量，动不动就宣告"总危机"已经到来，"革命高潮"已经出现，总想去夺取敌人力量强大的中心城市，总想毕其功于一役，结果是一次次碰得头破血流。其间，也有低估自己力量、高估敌人力量的情况，结果是逃跑主义或投降主义。总结经验教训，实行正确战争指导，做到知彼知己实在是太重要了。这是战争指导做到一切从实际出发的基本前

提。毛泽东在《中国革命战争的战略问题》《论持久战》中都提到"知己知彼，百战不殆"这句话，将这句话称为"孙子的规律"，并强调这句话"仍是科学的规律"，要求"我们不要看轻这句话"，可见毛泽东对这句话的看重。

3. 遵循科学的认识流程来解决战争指导的主客观矛盾

战争领域充满了"迷雾"，战争规律具有概然性（或然性）。军事指挥员需要既果敢坚定，又不鲁莽行事，这就要求找出行动规律，并善于把这些规律运用于自己的行动中。首先是必要和周到的侦察，然后是依据侦察所得到的全部材料形成判断、定下决心、作出计划，这里需要"去粗取精、去伪存真、由此及彼、由表及里"的思索。认识过程至此没有停止，还需要在计划实施中检验它是否正确，如果不合乎实际情况，还需要对计划进行调整和修正，这是战役战斗中常有的情况。这是一个实践、认识、再实践、再认识的过程，战争胜负便取决于在这个过程中能否解决好主客观矛盾。指挥员要做的就是"把主观和客观二者之间好好地符合起来"，统统符合很难达到，但只要大体符合，特别是在有决定意义的部分做到符合，就有了胜利的基础。智勇双全的成熟指挥员，是在长期的战争实践中摸熟了一切与战争有关的条件，找出了行动规律，从而比较能打胜仗。这样的军事指挥员，不是初出茅庐或仅善于纸上谈兵的角色能够相比的。

"运用之妙"的战争指导艺术辩证法

战争情况是辩证的，因此战争指导也必须是辩证的。中国革命战争指导在相当长的时间里遇到的基本问题是：如何实现以弱胜强。这里需要很强的辩证思维能力，需要高度自觉的辩证法。毛泽东军事辩证法从中国革命战争实际出发，阐述了中国革命战争指导必须处理好的几个基本辩证关系。

1. **保存自己和消灭敌人的辩证关系**

凡是打过仗的人都知道保存自己和消灭敌人这条原则，军事理论家们对此也多有论述，但把保存自己和消灭敌人规定为战争本质的，毛泽东是第一人。他说："保存自己消灭敌人这个战争的目的，就是战争的本质，就是一切战争行动的根据，从技术行动起，到战略行动止，都是贯彻这个本质的。"[①]中国革命战争以弱军对强军，作战的基本经验是保存力量待机破敌，即面对强敌进攻，先作战略退却以保存军力，为反攻做准备，待有了好打之时、好打之地再发起反攻，粉碎敌人的进攻。这种作战经验上升到理论原则，就是保存自己和消灭敌人。土地革命战争期间的"左"倾冒险在军事上背离了保存自己和消灭敌人这个战争的本质，不顾红军力量弱小、技术落后的现状，与强敌打堂堂之阵，做乞丐与龙王比宝的蠢事，最后换来的唯有失败。毛泽东把保存自己和消灭敌人规定为战争的本质，就是要求中国革命战争指导要以此为立足点，增强处理保存自己和消灭敌人辩证关系的自觉性。

2. **全局和局部的辩证关系**

毛泽东强调关于全局和局部的辩证关系是每一级指挥员都必须掌握的。中国革命战争要想扭转敌强我弱这一基本态势，需要经过一个曲折而漫长的过程，其进程呈现为波浪式的发展，落实到战役战斗行动上，往往是反攻和进攻之后就要转入退却，而退却到一定点又要转入反攻和进攻，这就需要各级指挥员善于走一步看两步、三步乃至四步，这就需要各级指挥员善于从战争全局来把握每一场战役和战斗。毛泽东认为，处理好事关全局的战略问题，是争取胜利的关键。他总结自己的战争经验时说："搞军事工作要先搞战略。我从来不研究兵器、战术、筑城、地形四大教程之类的东

[①]《毛泽东军事文集》第2卷，311页，军事科学出版社、中央文献出版社1993年版。

西。那些让他们去搞。四大教程我根本不管,我也不懂。我只研究战略、战役。"①不仅如此,他还要求各级指挥员都要懂得一些战略问题。在毛泽东思想的培育下,我军各级指挥员在处理战略问题上形成了两个重要传统。一个是着力于正确战略决策,力避在政治路线、战略方向、作战思想、战役枢纽等关乎战争战役全局的战略性问题上犯大的错误。战略错误具有颠覆性。再一个是战略一经确定,上下同心、协力确保战略目标和战略计划的实现,这就是全局观念。毛泽东确立了一个原则:局部服从全局。在局部看来可行,而全局不可行,以局部服从全局;反之亦然,在局部看来不可行,而在全局看来可行,也应以局部服从全局。毛泽东把这一条上升为共产党员的党性原则。

3. 决定战场态势的优势与劣势、主动与被动这两对范畴的辩证关系

毛泽东指出,主动权是军队的行动自由权,失去了行动自由权,就离失败不远了。因此,战争指导的核心问题是力争主动和力避被动。而主动与被动,是以优势和劣势为客观基础的。处于优势的军队容易掌握主动,处于劣势的军队容易处于被动,这是一般的道理。那么,处于劣势的军队就没有争取主动、取得胜利的可能吗?毛泽东富有创造性地阐释了绝对优势和相对优势、绝对劣势和相对劣势的辩证关系,指出战争双方的总体优劣之势在战争初、中期往往是相对的,绝对的总体优劣之势通常只出现在战争尾声,而总体优劣之势的这种相对性,就决定了双方优劣之势是可以转换的。具体说,就是劣势一方可先用自己的局部和主动,向着优势一方的局部劣势和被动,一战而胜,再及其余,各个击破,积小胜为大胜,从而在总体上转为优势,取得战争全局的胜利。其中的道理就在于,优、劣势只是主、被动的客观基础,但不等于主、被动的现实,只有经过主观努

---

① 《建国以来毛泽东军事文稿》下卷,291页,军事科学出版社、中央文献出版社2010年版。

力的竞赛才能分出主、被动，劣势一方经过主观努力，完全有可能摆脱劣势和被动，夺取最终的胜利。搞懂这个道理，不仅为实行机动灵活的战争指导所必需，而且为劣势一方树立必胜信念所必需。

4. 作战线的流动性和固定性的辩证关系

通俗地讲，就是"走"与"打"的关系。落实到作战形式上，就是运动战、游击战和阵地战的关系；落实到作战目的上，就是保守地方和歼敌有生力量的关系。毛泽东认为，敌人强大和我军弱小，决定了我军作战最显著的特点之一，就是没有固定作战线，作战方向、作战地域都是变动不居的，常常需要在大范围进退的运动中寻找和创造歼敌机会，即"打得赢就打，打不赢就走"。这就是"你打你的，我打我的"，即完全自主的作战，用适合自己并且熟悉的方法作战，让敌人落入自己的路数跟着自己跑，而不是自己跳进敌人的路数跟着敌人跑。这就是始终把作战着力点放在歼灭敌有生力量上面，而不在乎一城一地的得失，把包袱甩给敌人，自己则轻装上阵，做到"说走就走，说打就打"，始终保持战场上的行动自由权。这就是坚决避免不利条件下的无把握决战，而执行有利条件下的有把握决战，"留得青山在，不怕没柴烧。"在保存军力和保存土地之间，选择保存军力，不害怕根据地的缩小，用暂时的失去换取永久的保存是值得的。毛泽东同时指出，随着我军的日益强大，我军作战线的流动性也会随之缩小，直到固定下来，但在我军尚弱小时，决不能拒绝流动性。

5. 战略与战役战斗之间的辩证关系

毛泽东军事辩证法最精彩的部分，就是揭示了战略和战役战术之间的相反相成，如承认战略上的防御，同时承认战役战斗上的进攻；承认战略上的持久，同时承认战役战斗上的速决；承认战略上的消耗，同时承认战役战斗上的歼灭；承认战略上的内线，同时承认战役战斗上的外线，如此等等。毛泽东所创造的以诱敌深入为核心的积极防御军事战略，正是辩证地处理了进攻与防御、退却与反攻、集中与分散、内线与外线、持久与速决、消耗与歼灭等一系列矛盾关系，实行战略上的防御、内线、持久、消耗与战役战斗上的进攻、外线、速决、歼灭相结合，以迂为直，以退为进，以攻为守，扬长避短，避实击虚，实现了高度的机动灵活作战。

毛泽东军事辩证法的普及，为我军培养、造就了一大批智勇双全的指挥员，引领全军上演了一出出威武雄壮的战争活剧，战胜了国内外强敌，使整个中国发生了天翻地覆的大变化。新中国成立后，我军经过70余年的现代化建设，特别是经过改革开放40余年的发展，已经有了长足进步，拥有了一批可以"叫板"世界先进军事技术的武器装备，有望在不远的将来可以同发达国家军队站在同等技术平台上展开竞争。这是不是意味着创立于我军以弱对强时期的军事辩证法已经失去了价值呢？回答是否定的。毛泽东曾说，敌人早已熟知我们的作战原则，但他们既学不了，也对付不了。原因何在？毛泽东强调了两条：一条是我军的人民军队性质和所从事战争的正义性，使我军获得了人民的广泛支持，实行了真正的人民战争；再一条是我军实行强有力的政治工作，具有无与伦比的凝聚力和战斗力，激发出强大的战斗精神。我以为还可以加上一条，就是我军把毛泽东军事辩证法作为看家本领，战争指导艺术胜敌一筹。这些是敌人想学也学不了的。我军要延续历史的光荣，在未来信息化加智能化战争中继续克敌制胜，这些是不能丢的。打赢未来信息化加智能化战争，我军需要创新战争指导艺术，特别是需要把现代科技运用融入指挥艺术中，但也需要继承我军传统指挥艺术的精华，保持自我。固守传统而不知变通的军队，应付不了下一场战争；盲从他人而丧失自我的军队，同样应付不了下一场战争。我军的战争指导艺术既要创新又要保持自我，毛泽东军事辩证法这个底色始终不能抹去。

后　记

因为患疾动了一个大手术，因为妻子突然病故，几经搁笔，前后有10多年时间，终于完成了这部书稿。为什么要坚持完成它？因为它凝结了我运用史论结合的方法来研究毛泽东军事思想的体会，不把这些体会传达出去，实在觉得可惜。

这部书稿能够出版，要感谢军事科学院政治部宣传部原副部长包国俊大校，他与北京出版集团共同策划和组织了"中国军事专家文库"的出版，把我这部书稿收录其中。要感谢北京出版集团的陈飞和王曷灵两位老师，他们从出版和发行的角度对书稿提出了宝贵意见，尤其是感谢他们及北京出版集团对传播军事理论的热心和担当。要感谢我的学生李明，他帮我校对了书稿中的引文，做了一件很枯燥的工作。还要特别感谢军事科学院原副院长任海泉中将，他字斟句酌地审读了书稿，提出了非常重要的修改意见，并且对错字漏字一一予以指出，实在令我感动。书稿的最终完成，离不开我的妻子肖丰雪的关爱和照顾，她给了我信心和勇气，重新振作起来，为书稿落下了最后一笔。

于北京石景山西黄村

2022年2月